社会保障の
原点を求めて

イギリス救貧法・貧民問題(18世紀末〜19世紀半頃)の研究

吉尾 清

関西学院大学出版会

社会保障の原点を求めて
イギリス救貧法・貧民問題〔18世紀末～19世紀半頃〕の研究

目　次

第1部　イギリス18世紀末～19世紀初頭におけるプア・ローの展開
　　　　──農業州バークシャの事例を中心にして

序　章　旧プア・ロー研究への視角と課題 …………………… 9
　　はじめに
　1　わが国における旧プア・ロー研究の現状
　2　英米における最近の旧プア・ロー研究
　3　本論文の視角と対象の限定

第1章　救済の拡大と救貧支出の増大 ………………… 31
　第1節　ギルバート法とスピーナムランド制度
　第2節　18世紀末～19世紀初頭におけるバークシャ
　第3節　救貧支出の増大とその特徴
　第4節　救済対象の質的変化
　第5節　雇用政策としての意義

第2章　救貧行政と政策主体 ……………………………… 61
　第1節　バークシャにおける治安判事とその出身階層
　第2節　バークシャにおける貧民監督官
　第3節　救貧行政における治安判事と貧民監督官との関係
　小　括

第3章　救貧税の負担構造と転嫁 ……………………… 83
　第1節　救貧税の性格と負担構造
　第2節　救貧税の転嫁について
　小　括

結びと展望 ……………………………………………………… 99
　付図1
　付図2

付図3
付図4
論文要旨

第2部　イギリス救貧法・貧民問題（18世紀末～19世紀半頃）の研究

第1章　D. デイヴィスの救貧政策とスピーナムランド制度 ････113
　はじめに
　第1節　*The Case of Labourers in Husbandry*
　第2節　スピーナムランド制度とデイヴィスの提案
　第3節　スピーナムランド制度における救済水準
　第4節　結びにかえて

第2章　サー・トマス・バーナードと貧民の境遇改善協会 ･･････129
　はじめに
　第1節　バーナードと協会
　第2節　『報告集』について
　第3節　バーナードの貧困観
　第4節　協会の活動と影響
　第5節　ロンドンにおける熱病病院の設立と協会
　第6節　結びにかえて

第3章　F. M. イーデンのプア・ロー批判 ････････････････157
　はじめに
　第1節　『貧民の状態』の構成
　第2節　「序文」について
　第3節　プア・ロー批判
　第4節　結びにかえて

第4章　F. M. イーデンの貧困観 ････････････････････････179
　はじめに
　第1節　「貧民の状態」の構成
　第2節　救貧税増加とその原因
　第3節　イーデンの貧困観
　第4節　対仏戦争下の貧民の状態
　第5節　結びにかえて

第5章　スタージス・バーンの1817-1819年のプア・ロー改革 ···· 211

はじめに
第1節　『17年報告』
第2節　1818年法
第3節　救貧税悪用防止法案をめぐる議論
第4節　1819年救貧法改正法
第5節　1819年居住制限法改正法
第6節　特別教区会の設立
第7節　結びにかえて

第6章　ロンドンにおける乞食をめぐる問題, 1800-1824年 ······ 227

はじめに
第1節　マーティンによる乞食の実態調査
第2節　ロンドンにおける乞食撲滅協会
第3節　協会の提案と浮浪者法の改正
第4節　浮浪者法の制定
第5節　結びにかえて

第7章　ワークハウス訪問協会について ···················· 257
── *Journal of the Workhouse Visiting Society* を中心として

はじめに
第1節　ワークハウス訪問協会の発足とその方針
第2節　*Journal* について
第3節　*Journal* の廃刊
第4節　結びにかえて

第8章　リチャード・ウッドワードのプア・ロー論 ··············· 279

はじめに
第1節　ウッドワードのプア・ロー論
第2節　*An Address* について
第3節　影響
第4節　結びにかえて

第 9 章　ニコルズの報告書とアイルランドにおけるプア・ローの特徴‥‥299
　　はじめに
　　第 1 節　第 1 報告書について
　　第 2 節　第 2 報告書について
　　第 3 節　1838 年アイルランド救貧法の成立
　　第 4 節　1838 年法アイルランド救貧法について
　　第 5 節　結びにかえて

参考文献　　327

著者略年譜・主要業績　　341

あとがき　──論文集の編集・刊行について　　343

地名・人名索引　　345

事項索引　　348

法令索引　　352

第1部

イギリス18世紀末〜19世紀初頭におけるプア・ローの展開

農業州バークシャの事例を中心にして

序章　旧プア・ロー研究への視角と課題

はじめに

　近年，わが国では福祉国家（welfare state）をめぐる議論がさかんである。財政上の問題から，福祉国家の「危機」，福祉（welfare）の「見直し」が議論されることが多いが，そうした視角からのみ福祉国家を論じるのでは十分ではなかろう。こうした状況の中で，最近では単なる表面上の問題だけでなく，福祉国家の理念や源流をさぐりその機能を分析しようとする研究も次第になされるようになってきた[1]。

　一方イギリスにおいては，1985年6月3日に，サッチャー政権がグリーン・ペーパー（政府白書）を出し，イギリスの社会保障制度は1942年の『ベヴァリッジ報告』以来43年ぶりに大幅な改革と方向転換がなされようとしている。そうした動向に影響されてか，英米においても，福祉国家，社会保障をめぐる研究がなされ，そうした問題とも関連して，旧プア・ロー（Old Poor Law）に関する綿密な研究が，近年相次いで発表されている[2]。

　それでは旧プア・ロー研究は，いかなる問題意識をもっていかに展開されてきたのか。本章ではまずわが国における研究状況を示し，次に最近の英米での研究動向を検討したのちに，本論文における検討視角と検討の時期及び対象の限定について述べることとする。

1　わが国における旧プア・ロー研究の現状

　戦後，わが国においては，社会政策の本質をめぐる論争がはなばなしく展開されたが，この時期に上梓された労作は，多かれ少なかれこの論争にかかわらずにはいられなかった。

論争において，終始批判の対象とされたのは，いわゆる「大河内理論」[3]であった。大河内一男氏（故人）は，みずからの社会政策理論のなかで，社会政策＝「労働力」政策とし，その対象を「生産要素である労働力」とした。そして資本を「個別資本」と「総資本」とに二分し，前者は，「剰余労働に対する吸血鬼的の渇望」をもち，「本能的」であり，「短期」的，「非合理的」であるとし，後者は，「理性的」であり，「長期」的，「合理的」であるとし，この「総資本」を社会政策の主体として位置づけた。さらに氏は，社会政策を「残虐立法」社会政策（「労働力の創出と陶冶」，「賃労働」，「労働力」創出政策），工場法社会政策（「労働力の確保，培養」），労働組合社会政策（「意識化され組織化された労働力」，「闘う労働力」の登場）という順序でとらえ，これらの社会政策を，終始一貫してその政策主体を「総資本」とする労働力政策として規定した[4]。

「大河内理論」に対しては，社会政策の本質と定義をめぐる岸本英太郎氏らによる批判をはじめ，いわゆる「段階論」欠如の批判，近年の賃労働研究者からの内在的批判等，様々な視角からの批判並びにその批判的継承がなされてきた。その中でもとりわけ，本論文の対象とする旧プア・ロー研究の分野からみると，第1の局面として，政策主体をめぐる問題状況が指摘できるのである。

1961年の大前朔郎氏の研究[5]は，原資料に基づき，旧プア・ローとりわけ1782年ギルバート法（22 George Ⅲ. c. 83），スピーナムランド制度（Speenhamland System）の検討を通じて，「大河内理論」を批判するものとして先駆となった。

「大河内理論」に対して，大前氏が何よりもまず批判の対象としたのは，その政策主体についてであった。すなわち，大河内氏が，社会政策の政策主体を一貫して「総資本」としたのに対し，大前氏は，1782年（ギルバート法制定）-1834年（新プア・ロー制定）前までの間，イギリスにおいては，政策主体は「資本家的地主階級」であったとしたのである。

1782-1834年といえば，産業革命進行中の時期であり，イギリスにおいては，とりわけ綿工業部門を中心に産業資本が勃興，確立しつつあった時期である。しかし大前氏は，「少なくとも1832年までの政治権力機構は地主階級によって握られていた」[6]ことを強調する。つまりこの時期，産業資本家は，一方で経済的には資本制生産を促進しつつ成長しながらも，他方で政治的に

は地主階級に圧倒され権力をもちえなかったのである。したがって大前氏にとっては，この時期を，「産業革命→大工場制の突然の出現→資本による労働の完全支配→資本の経済的勝利による政治的権力の掌握→自由化（レセフェール）のためのあらゆる政策の実施」[7]と「直接的抽象的」にとらえるわけにはいかなかったのである。

　氏は分析の時期を1782-1834年に限定し，この時期に制定され，実施されたギルバート法とスピーナムランド制度をとりあげ，これらの政策は，結果として産業資本の蓄積を促進したが，その意図は，当時の政策主体たる地主が，資本制生産への適応，権力機構の維持，農村での労働予備軍維持をしようとした点にあったことを結論として提示した。

　さらに氏は従来，救貧政策の対象がポーパー（被救恤民）(pauper)であることから，同政策が社会事業（社会政策ではない）であると考えられてきた見解を否定し，1782-1834年のギルバート法，スピーナムランド制度は，現役労働者をもその対象とすることから，たんなる社会事業対策ではなく，英国産業革命期の労働政策であるとした。

　なおイギリスにおける1782-1834年の政策主体を地主とする見解は，翌年（1962年）小山路男氏によっても支持された[8]。

　以上のような大前氏の見解に対して，翌年（1962年）ただちに反論した[9]のが山之内靖氏であった。氏は，「重商主義＝原始蓄積体制期に農民層分解の所産として創出された産業資本」[10]こそが，17世紀末葉から19世紀初頭にかけての救貧法体制においても，政策主体であったことを強調した。そしてこの時期の救貧法体制（定住法，ギルバート法，スピーナムランド制度を含む）をすべて「産業資本の発展を保障するための労働政策」[11]として位置づけた。

　さらに山之内氏は，大前氏を批判して，政策主体＝地主とする「理論的欠陥は，産業資本と地主の経済的社会的利害における対立という局面のみが前提とされ，原始蓄積という特定の歴史的課題をめぐって地主がその推進主体たる産業資本の積極的同盟者となるという局面がまったく見落とされている」[12]ことであるとした。山之内氏によれば，ギルバート法並びにスピーナムランド制度の課題は，「資本制的蓄積の機械的段階にとって必要不可欠な相対的過剰人口を，産業革命終了期にいたるまで維持・温存しつづけることであった」[13]。原蓄期以来，政策主体を一貫して産業資本ととらえる氏

にとって，この時期のイギリス救貧体制は，何よりも「工業的利害の保障体系」[14]としてはたらき，それは「農業的利害の犠牲」[15]の上に成り立っていたのである。

ところで，山之内氏は，この時期の政治権力を「産業資本家を中核とし，近代地主をその積極的同盟軍とする強力な連合勢力」[16]と規定したが，高島道枝氏は，逆に「近代地主を中核とし産業資本家を含めた政治権力」[17]と考えた。そうして，「産業資本の要求も地主階級の利害に対立しない限り実現された」[18]とし，「この点大前氏の見解は筆者（高島）のそれに似ている」[19]とした。

したがって高島氏によれば，スピーナムランド制度を中核とする手当制度は，「地主・資本家の連帯利益実現を意図する労働政策」[20]として位置づけられ，同制度は，①「救貧法のもっている**家父長**的な**最低生活保障**原理をその適用の対象を現役労働者に拡大し，資本蓄積補助手段として利用すること」[21]，②「**一応の労働者の当面の生活の確保→労資関係の安定＝反抗阻止**」[22]という「二重の課題を担うもの」[23]であったとする。

さて，70年代に入ると，政策主体をめぐるこれまでの論争に触発されて，武居良明氏の研究[24]があらわれた。氏は，これまで工業地帯における「ギルバート＝スピーナムランド」[25]制度の分析が不十分であったことを指摘した上で，同制度下での対立を，「産業革命＝農業革命の進展にともなって自らの存立の基盤を奪われていく前貸人，小生産者，小農民（peasantry）の三階級と，工場主，地主，借地農民の三階層およびあらたに発生してきた工場労働者階級」[26]との間に見出し，こうした対立，からみを主として救貧税（poor rate）負担の転嫁問題を軸にして，19世紀初期の約30年間に限定して論じた。その中で例えば，「ギルバート＝スピーナムランド」制度は，前貸人層と工場主層にとって，極貧生産者の暴動を防いだという点では両者ともにプラスとなったが，それ以外では，前貸人層にはプラス，工場主層にはマイナスのインパクトを与えたこと等が分析される。

氏は，工場地帯について，地域論もまじえつつこれまでにない問題視角で分析を行ったが，工場労働者は，友愛会[27]を結成し，賃金補助による救済を滅多に必要としなかったとし，北部工業地帯における賃金補助制度の影響を従来のクラッパムやトレヴェリアン等と同様に否定する立場をとった。この点はなお検討さるべき問題点が残されていると思われるのである。

同じく 70 年代には森建資氏が,「スピーナムランド制が主に農業における労働力再生産機構の一環として創出・展開していったにもかかわらず両氏（大前氏，山之内氏）ともに農業における資本蓄積の様態と農業労働力再生産の機構を解明することを通じて政策分析を行うという視点を充分に展開しているとは言い難い」[28]として従来の研究を批判した。そして森氏は，「スピーナムランド制の主要舞台たる南部・東部・中部の穀作地帯の農業労働力の存在形態を農業における資本蓄積とかかわらしめて考察し，その労働政策との関連を問う」[29]た。森氏の研究は経済史面での確かな裏づけのもとに従来の研究をさらに進めたが，氏のいう結論の1つ,「スピーナムランド制の生成・展開・解体は農業資本の資本蓄積の様態に規定され，農業資本の意向に沿ったものであった」[30]という見解は，山之内氏の結論を受けつぐものと思われる。

1782-1834 年の旧プア・ローの政策主体をめぐる問題は，以上のような論争をへて現在に至っている。

旧プア・ロー研究をめぐる第 2 の局面は政策主体の問題とも関連して，救貧行政の中身をめぐる研究動向についてである。この点についても近年，わが国で新たな研究が出はじめている[31]が，端的に言えば，わが国においてはこれまで，法律の条文をもとにして分析がすすめられ，実際にその法律がどこまで有効たりえたのかといった問題を，州（county）レベル，ないしは教区（parish）レベルにまで掘り下げて検証するということが少なかった。これには資料的な制約ということもあるが，プア・ロー（Poor Law）の研究においては，法そのものの研究というよりも，それがいかに実施され，いかなる影響を実際に及ぼしたのかを分析することの方がはるかに重要なのである。

J. D. マーシャル[32]は,「プア・ローの歴史を制定法のリストによって解釈するのはとりわけ好ましくない。法令全書の内容が多くの地域で実際に行われたことと完全に関連しているという保証はない。法令は原理の手引きとしてのみ有効である」[33]と述べている。ウェッブ夫妻（Webb, Sidney, 1859-1947, Webb, Beatrice, 1858-1943）も救貧行政について，「法令集と教区役人の実際の行政との間には，18 世紀においては，ふつうほんの偶然のつながりしかなかった」[34]としている。また法律家によれば，イギリスにおいては,「18 世紀は制定法の数も少なく，（その）解釈は自由であった」[35]と

いう。

　さらに、1662-1782年の"parochial laissez faire"[36]（「教区自由放任」……救貧行政が何ら統一もなく、各教区で勝手に行われていたこと）の時期を経て、1782年（ギルバート法制定）-1834年（新プア・ロー制定）前までの時期も、救貧行政は、教区、教区連合（Union）、地域ごとに行われていた。したがってこの時期の救貧行政は、地域レベルでのより詳細な分析が必要となってくるのである。

　前述した政策主体の問題も救貧行政のなかで検討していくことが必要なのだが、その手がかりは、すでに例えば、山之内、高島の両氏によっても提示されている。

　すなわち、高島氏は、ギルバート法、スピーナムランド制度の時期の**政治権力**を「近代地主を中核とし産業資本家を含めた政治権力」[37]としながら、一方で救貧行政においては、「農村では主として農業資本家が、都市教区では、工業資本家が貧民監督官として選別される」[38]ことを理由に、「貧民救済金の終局的な醵出者（コントリビューター）である多数の大地主が、その運営に力をもたず、救貧行政の方針に反対する力の弱いこと」[39]を指摘した。

　また政策主体を一貫して産業資本と規定した山之内氏も同様に救貧法体制の実施を担当する地方行政の推進者が、地主層からではなく、借地農業者や、小産業家層から選出されていたことをあげ、「地方自治体制の現実的遂行者たる農業資本家や小産業家層と、議会において多数を占めた地主層との政治的勢力配置――階層的利害の反発と牽引――に関する分析を抜きにして、イギリス重商主義の政治権力を規定することは不可能である」[40]とし、「少なくとも議会議員の社会的出身のみをもってこの時期を地主支配の段階と規定し、救貧法体制を地主のための労働政策と断定するような安易な傾向には、方法論的な疑問が提示されうる」[41]とした。

　しかるに、以上のような両氏の見解には、次の点において、なお検討課題が残されていると思われる。

　第1に、農村では貧民監督官が農業資本家から選ばれたとしても、救貧行政において実際に農業資本家がいかなる役割を果たし、彼らの利害がそこでいかに反映され、それは地主の力、影響からどこまで自由であったのか、また地主はそれに対して手を拱く（こまね）だけだったのかといった問題を分析しなければならない。貧民監督官が、農業資本家、工業資本家から選ばれたからといっ

て，直線的に彼らが救貧行政において力をもっていたと即断することはできない。山之内，高島の両氏は，重要な指摘をしながら，みずからの理論を裏づけるだけの実証分析が不足しているように思われる。

　第2に，教区レベルで配置された貧民監督官の上には，州レベルでの治安判事がいたのであり，この官職についたのはいかなる人であり，彼らは実際の救貧行政において貧民監督官とどのようにかかわっていたのか，あるいは両者の力関係はどうであったのかという視点からも，実例を中心にして，より一層考察が深められなければならない。両氏の研究はこうした点においてまだ不十分であると思われる。

　旧プア・ローをめぐる第3の局面は，救貧政策の経済的基盤をなす救貧税の負担構造と転嫁をめぐる問題である。救貧税負担はいかなる階級がない，それはいかに転嫁されたのかという問題は，救貧政策の主体，救貧行政にかかわる者の間の力関係と密接につながっているだけに重要な問題である。

　この問題について，大前氏は土地，家屋の所有者，つまり地主階級が救貧税の大半をになったことを示した[42]。

　山之内氏は，「救貧税が不動産税として土地所有および家屋——家屋のうちには店舗・仕事場・工場が含まれるが——を中心的税源としており，しかも土地所有対家屋の負担比率において，土地所有の負担部分が圧倒的に高かったという事実」[43]を大前氏の研究によって認めながらも，一方で，産業資本家による救貧税負担を指摘し，その負担が地主へと，あるいは小農民へと転嫁されたことを強調した。

　高島氏は，救貧税の直接の支払者を農業資本家としたが，「彼ら（農業資本家）は，この負担によって自らの懐を痛めることもなく，これによって痛痒を感じなかったといえる。何故なら，この農業資本家にかけられた負担は，救貧税増大を理由として，地主に対する地代軽減要求となって，最終的には，土地所有者たる地主に転嫁されえたからである」[44]としたが，この見解は，山之内氏の見解とよく似ている。

　森氏は，「救貧税は土地・家屋の占有者に賦課されるため借地農がこれを払う建前であったが，地代の減額を通じて地主に転嫁される」[45]としながらも，「地主は救貧税負担増大などからスピーナムランド制に対し批判的となりえる」[46]とか，「救貧税は地主・資本主義的大経営にのしかかった」[47]とか述べている。つまり森氏の見解は，地主は転嫁を通じてのみ間接的に救

貧税を負担したのか，あるいは彼らは直接的に救貧税を負担したのか，あるいはこの両方であったのかという点がややあいまいなように思われる。

以上のようにこの問題をめぐっては見解の相違があるのだが，このような問題が，旧プア・ローをめぐる第3の局面である。

第4の局面は，「1834年報告」の評価をめぐる問題状況についてである。問題をスピーナムランド制度が及ぼしたとされるインパクトに限定してみておこう。

高島氏によれば，「スピーナムランド制を中核とする手当制度」は，南部の農業者に対して次のような影響を及ぼしたとされる[48]。その要点は以下の通りである。

①賃金を低下させた，②農業労働者の全般的被救恤民化，③独立労働者を失業させた，④労働の勤勉，能率を低下させた，⑤早婚の流行を促した，⑥労働者たちに「手当を受ける権利」「救済される権利」の観念を培養した。

ここで問題となるのは，高島氏がいかなる資料によって上記の結論を導出したのかという点である。氏によれば，上記①〜⑥のほとんどは，カール・マルクス（Marx, Karl, 1818-1883）の『資本論』，もしくは，Report from his Majesty's commissioners for Inquiring into the Administration and Practical Operation of the Poor Laws, 1834（以下，『1834年報告』と略記する）を資料として導かれたものである。しかるに，同報告が述べた旧プア・ロー像に対しては，高島氏が先の論文を発表する1964年より前にも，かなりの批判があびせられていた。

『1834年報告』では，スピーナムランド制度がおよぼしたとされる悪影響がくり返し述べられ，同制度は汚名をかぶせられるのであるが，その結論を鵜呑みにしていいのであろうか。すでにイギリスでは，例えばウェッブ夫妻によっても1920年代に『1834年報告』が批判され，最近ではアメリカの学者によっても，同報告の真価を疑う研究が発表されており，同報告が描出した旧プア・ロー像は，最近の地域研究を足がかりとして次第に崩されつつある。

『1834年報告』の内容，それの及ぼした影響等は，本論文の課題を超えるものであるが，同報告が旧プア・ロー，とりわけスピーナムランド制度に対して下した評価については，批判的に論じられるべきであろう。なお，こうした視点とは別に，最近では1834年のプア・ロー改革を救済される権利（right to relief）の起点として評価する大沢真理氏の研究[49]が発表されている。

以上，わが国における1960年代以降の旧プア・ロー研究の状況を，①政策主体，②救貧行政の内容，③救貧税の負担構造と転嫁，④『1834年報告』によるスピーナムランド制度の評価，という主として4つの問題視角に整理し，その中で従来の研究の到達点，並びに不足点を私なりに明らかにしてきたが，もちろん旧プア・ロー研究は，これにとどまるものではない。そこで以上のような研究を経て，現在のわが国における旧プア・ロー研究はどこに位置し，どのような問題意識をもってその解明が進められつつあるのかという点についてもみておきたい。

故大河内一男氏は，1979年に出版された著書のなかで，救貧法や社会事業は，たんに貧困者を救済保護するという慈恵的なものではなく，それらが，「それぞれの時代におけるマンパワーをつくり出すための政策と緊密に抱き合わされていたという点」[50]を強調する。氏によれば，救貧法や社会事業による扶助は正常な働き手として「社会復帰」ができるまでの応急措置であり，常にマンパワー・ポリシーと結びつけて理解される。

氏はこうした視点から，スピーナムランド制度が，「低賃金労働者に適用」[51]されることによって，「彼らの労働意欲や社会復帰への意欲をにぶらせてしまった」[52]点をあげ，その悪しき影響を指摘する。こうした視点から，氏によっては，スピーナムランド制度は，「本来の救貧法の理念とは異なった方向に，救貧法が濫用された」[53]としてマイナスの評価が与えられるにすぎない。

大河内氏のこうした見解は，大前氏らによる批判を意識したものといえようが，「社会事業とよばれ，救貧法と名づけられてきたもの」[54]として，社会事業と，救貧法とを並列して理解されるあたり，従来の見解を保持しているとみてよかろう。氏の理論的支柱は，あくまで社会政策＝労働力政策なのである。氏によれば，スピーナムランド制度は，1834年の救貧法改正法によって崩壊し，同法によって，「再びマンパワーとしての社会復帰のねらい」[55]が達成されるのである。

大河内氏は，スピーナムランド制度の評価については，高島氏と同様『1834年報告』の内容を踏襲しているといえよう。

ところで，こうした視点とは別に，中西洋氏は1979年，『日本における「社会政策」・「労働問題」研究　資本主義国家と労資関係』と題する大著の中で1章をさき[56]，わが国における従来のプア・ロー研究を綿密に検討し，プア・

ロー研究に関して，今後の1つの方向，問題視角をわれわれに提示し，同研究における理論的土台の構築に貢献した。

中西氏によれば，「救貧法の究明は，資本主義社会の——頭脳をというよりは——肉体＝資本主義国家機構の生成・確立のプロセスを明らかにするものとして，〈資本主義国家〉の概念的把握に積極的貢献をなすにちがいない」[57]のであり，「資本主義経済にとってみれば，救貧法は，自己の基底的存在条件としての労働力商品の生産をみずから直接には掌握しえないという欠陥を外側からカヴァする機構としてある」[58]。こうして氏の問題視角は，資本主義国家の中で，救貧法はいかに位置づけられるかという点におかれた。

さらに氏の指摘は，「政策対象の"人格"的成熟度の変化とその追認」[59]等，多くの興味深い点に及ぶ。しかし氏の考察は，すべて「法の客観的分析」に即した理論的分析である。例えば氏は救貧行政の生成，発展に関心を寄せつつも法律上の規定をたどるにおわっている。救貧法の分析において，実証がとりわけ重要であることはすでに述べた通りだが，この分折とは，理論と実証が一体となってはじめて評価されるのであって，その意味で中西氏の理論的分析は，今後実証によってその真価を問われなければなるまい。

さて，「はじめに」の所でも述べたように現在わが国では福祉国家の源流をさぐり，その機能を分析する研究や，社会政策論の再構築をめぐる議論[60]が出ているが，そうした中で旧プア・ローにまでさかのぼって触れられることは少ないし，触れられるとしても，法律の条文のみで同法を理念的かつ表面的にたどろうとする方法が目立つ。

しかるに，ひるがえって英米における同分野での研究状況をみるならば，近年とみに意欲的な研究が次々と発表されている。英米においては，一体いかなる問題視角から旧プア・ロー研究が進められつつあるのであろうか。

2　英米における最近の旧プア・ロー研究

英米における最近の旧プア・ロー研究には，次のような問題意識・特徴点がみられる。それは，①社会保障の原点を求める，②『1834年報告』への批判，③地域論ないしは地域研究の高まり，④旧プア・ロー像の再構築，の4点である。これらの論点は相互にかかわり合っているので，以下最近の研究を概観しながらふれることにする。

まず，①の論点についてであるが，M. ブルースや M. ブローグが，とりわけ旧プア・ローを現代の社会保障とかかわらしめて論じていることに注目したい。

ブルースは，「救貧法を福祉サーヴィスの最初のもの」[61]として位置づけ，1601年のエリザベス救貧法（43 Elizabeth, c. 2）での基本原則は，1834年の救貧法改正法を経た後も，「1948年（国民扶助法）に至るまでこの国の法律として命脈を保った」[62]とした。そして，イギリス最後のプア・ロー（1930年，労働党の提案によるもの）を，1601年のエリザベス救貧法と比較し，「貧民救済の基本原則がいかに不変のままに止め置かれたか」[63]ということを指摘した。

またブローグも，「旧プア・ローは，賃金増加，家族手当，失業補償，公共事業の要素を結合して，いわば『福祉国家の小さな模型』を構成していた」と述べる[64]。

現代の「福祉国家」と，旧プア・ローとを単純に結びつけることはできないとしても，彼らは，福祉国家の源流を求めて，『1834年報告』にしばられることなく，旧プア・ローのいまだはっきりとは解明されていない意義なり，影響なりを原資料によってうかびあがらせようとしているのである。そうした研究が，新たな歴史観を生み出す糸口ともなりうるのである。

次に③の論点であるが，『1834年報告』の主要な目的のうちの1つは，スピーナムランド制度を撤廃することであったから，同報告はのちにみるように，スピーナムランド制度が及ぼしたとされる「悪影響」を極めて意図的に非難したのである。しかるに，近年そうした『1834年報告』の内容が疑問視されはじめ[65]，そのことが③の地域論ないし地域研究の高まりとなり，そうして得られた分析結果を足がかりとして，④の旧プア・ロー像の再構築が試みられているのが現在の研究状況である。

英米の研究の層は厚いが，以下代表的な研究をあげつつ，主としてスピーナムランド制度をめぐる論点を中心にして，比較的最近の研究にしぼって，その分析の到達点を明らかにしたい。

1960年頃までの研究のうち代表的なものの1つとして，K. ポランニー（Polanyi, Karl, 1886-1964）の業績[66]がある。彼によれば，スピーナムランド制度は，地主階級によって案出され，その目的は，1795年の定住法の緩和（35 George Ⅲ. c. 101）によって，「労働者の身体の移動がもはや拒否

できなくなっているにもかかわらず，自由な全国的規模の労働市場を容認することから当然生ずる賃金騰貴を含む地方環境の動揺を地主が回避しようと」[67]することにあった。しかるに，スピーナムランド制度は，結果的に，大衆の貧困化を促進し，近代的労働者階級の出現を遅らせ，競争的労働市場の確立を妨げた。そして同制度は，農村においては，好きな時に調達できる居住貧民の農業予備軍の保障として機能し，工業都市においても採用された。またポランニーによれば，救貧行政という観点からは，同制度は「極めて後ろ向きの措置」[68]とされている。なぜなら，第1章第1節においてみるように，ギルバート法が，救済さるべき貧民範疇の区分をしたのに，スピーナムランド制度は，現役，非現役を問わず，すべての勤労者と貧民（poor）に，一定の救済を与えることによって，貧民と被救恤民の境目をなくし，彼らを被救恤民化したからである。

以上がポランニーの見解であるが，貧民と被救恤民との境目をなくした原因を，スピーナムランド制度のみに帰するとすれば，それはいい過ぎであろう。すでに同制度が導入された段階で，現実に貧民と被救恤民とを区別することが難しいほど人々の窮乏化が進んでいたと考えられるからである。またポランニーの見解は，より実証的に裏づけられることが必要であると思われるが，スピーナムランド制度の研究の先駆として評価されねばならない。

1960年代になると，相ついで意欲的な論文があらわされた。ブローグは，63年の論文[69]で『1834年報告』に対して，同報告が，「スピーナムランド政策のはたらきについて，不完全な理論的分析しかせず，事実を表面的にしか調査しなかったことが，あまりにも一面的な解釈を生み出した」[70]と批判した。スピーナムランド制度，手当制度を廃止することは，同報告の重要な目的であった。同報告を下敷きにして，従来，旧プア・ロー（スピーナムランド制度，手当制度を含む）は，①人口増加を促進し，②労働者の賃金を低下させ，③地代を減らし，④ヨーマンリーを滅ぼし，⑤税支払い者に負担を課し，⑥労働者を墜落させ，農業生産高を低下させた，とする見解が述べられてきたが，ブローグは，『1834年報告』を「でたらめに非歴史的な報告」であるだけでなく，「でたらめに非統計的感情的表現」[71]であるとし，上記の見解（①〜⑥）をことごとく否定した。ブローグのこうした見解は，問題点を含みつつも他の研究者を大いに刺激する内容を備えていた。

ブローグは，労働者の賃金に関する特別委員会（Select Committee of

Labourers' Wages）による1824年の報告をもとにスピーナムランド制度が普及していた諸州（第0-1図の濃・淡灰色地の地域）と，スピーナムランド制度が普及していなかった諸州（第0-1図の白地の地域）とに区分し[72]，前者における1人当り救済費が，後者における1人当り救済費よりも高いことを示したが，救貧税の増加については，スピーナムランド制度にその原因を帰すことはできないことを述べて，『1834年報告』を批判した。

　ブローグは，翌年(1964年)にも論文を発表し[73]，スピーナムランド制度は，ナポレオン戦争中は最も普及していたが，1817年及び1818年のプア・ローに関する委員会報告書並びに，1824年の労働者の賃金に関する特別委員会の厳しい批判により，同制度は廃棄されたと思われると示唆した[74]。また氏は，スピーナムランド制度が普及していた諸州において，人口1人当たりの救済費が高いのは，旧プア・ローが雪だるま式にふくれあがっていった結果によるのではなく，小麦生産地域特有の慢性的失業及び標準以下の賃金のためであるとした。

　ブローグの論文は，旧プア・ローに対して従来述べられてきた「通説」を否定するものであったが，それに対してはさまざまな反響が寄せられ，そうした中からもすぐれた研究が生み出されることになった。J. D. マーシャルは，ブローグの論文を評価し，『1834年報告』に問題があることを認めつつも，同報告を責めるだけでは問題は解決しないとし，チャドウィック（Chadwick, Edwin, 1800-1890）やシーニア（Senior, Nassau William, 1790-1864）ら，同報告の委員達の独自の調査の本質，一貫して彼らの調査を支配し，ゆがめたと思われる態度の2点について考察しなければならないとし，みずからそれを行った[75]。

　J. D. マーシャルがブローグの論文を評価したのに対し，J. S. テイラーは，ブローグの論文に真っ向から反対した[76]。ブローグは，1824年の労働者の賃金に関する特別委員会の調査結果を用いているが，テイラーは，この議会報告書は，賃金補助の普及に関するブローグの問いに対する答えを備えていないという。なぜなら，たとえ賃金率（wage scales）についてmagistrates[77]の同意があった所でも，その賃金率がどの程度実施されたかということは，わからないからである。したがってこの報告書を下敷にしてブローグが行った，スピーナムランド制度が普及していた諸州とそれが普及していなかった諸州との区分は疑わしいとするのである。

またブローグは，ヨーマンリーの消滅は 18 世紀におきたもので，19 世紀初頭に増大しつつあった救貧税負担とは関係がないとするが，テイラーは，救貧税負担の増大は，18 世紀にもおこっている（1748-1750 年と 1783-1785 年の間に救貧税額は 3 倍になった）ことを指摘し，ブローグがこのことを説明しなかったことを批判した。結局テイラーは，ブローグが旧プア・ローを分析するにあたって，賃金補助制度のみに焦点をあてて，他の定住法等とのかかわりを考慮していないことから，「あまりにもわずかなデータで，あまりにも多くの結論に到達した」[78]と批判した。そうして，地域研究を積み重ねて旧プア・ローの全体像をつくることの重要性を強調した。

以上，ブローグの提示した問題をめぐってかわされた議論は，旧プア・ロー研究のより一層の解明を迫り，ますます実証研究が必要とされるようになった。こうした研究状況のなかから，議会報告とは別に，教区等にあるおびただしい原資料を下敷きにしたいくつかのすぐれた地域分析が，ますますその精練度を極めつつ抽出されてくるのである。そうした視角からの分析として，最近の M. ニューマンの研究に注目したい。

ニューマンは 1982 年それまでの研究成果をまとめ，上梓した[79]。氏は，厖大な量の一次資料を分析することによって，1795-1834 年の間のバークシャ（Berkshire）における貧民，救貧問題等をさまざまな角度から考察した。氏の研究では，当時のバークシャにおける事実がそのまま描き出されている。したがって，それは何らかの理論や思想によって選別されたものとは違い，そのまま一次資料としての価値をもつ。ニューマン自身が序文で述べている。「たとえ私の研究が，理論的もしくはイデオロギーの確信を特に助長するものではないとしても，この研究の結論が理論的目的のために適応してもらえれば結構である」。

ちなみに，ニューマンの研究については，これまでわが国の何人かの研究者が触れている[80]（ただし彼らが触れているのは，ニューマンが 1982 年以前に発表した論文である）が，それらはすべてスピーナムランド制度の消極的評価と結びつけて理解されている。しかし私には，ニューマンの分析結果が，必ずしも同制度の消極的評価を示しているとは思えない。このことについては，本論で明らかにされるであろう。

ところで，ニューマンと同じくバークシャを扱ったものとしては，M. C. サトレによる最近の研究[81]があげられる。同研究は，主として 1834 年

第0-1図　イギリスにおける賃金補助制度の普及

(1824年調査)

注) 1　(出所) Blaug, 1963, p.158.
　　 2　図の淡い灰色地の諸州では，大部分の教区において1824年時に救貧税から賃金補助がなされた。賃金補助制度は，濃い灰色地の諸州ではとりわけ普及した。地図の中央部分にある太い線は高賃金の北部諸州と低賃金の南部諸州とを区分する。

の新プア・ローがバークシャにいかなる影響を与えたかを検討し，さらに1834年以降の同州における貧民問題について述べている。

　以上，最近の英米の研究状況を，①社会保障の原点，②『1834年報告』

への批判（とりわけスピーナムランド制度への評価に限定して），③地域論ないしは地域研究，④旧プア・ロー像，とりわけスピーナムランド制度についての再評価といった観点からみてきた。こうした研究状況をふまえて，次に本論文での問題視角並びに対象について検討を進めて行く。

3 本論文の視角と対象の限定

　以上，旧プア・ローに関する内外の研究史を概観する中で，いくつかの問題点や，従来の研究に欠けていた点がうかびあがってきた。そうした点を念頭に置きながら，以下本論文での問題視角を提示しておきたい。

　本論文では，分析の時期を1795-1820年に限定し[82]，当時イングランド南部農業州バークシャがかかえていた貧民問題に対して，プア・ロー，救貧行政がいかに機能し，それがいかなる意義をもちえたのかという点を中心に検討する。時期をそのように限定したのは，同時期がギルバート法，スピーナムランド制度実施の時期であり，すでに種々の点で完全なる「教区自由放任」の時期ではなくなりはじめていた時期であり，イギリス産業革命のただ中で，貧困問題がかつてないほどに大きな問題となりつつあった時期であったからである。地域をとりわけバークシャにしぼったのは，何よりもスピーナムランド制度が同州において制定されたからであり，同州はイングランドのなかでも貧民の窮乏化がすすみ，貧民の救済，雇用については，さまざまな方策がとられたからである。プア・ロー施行の実態と意義を，地域を限定して分析することの重要性については，「研究史」のところで触れたが，わが国におけるプア・ロー研究では，資料的制約もあって，そうした地域論ないしは地域研究がまだ不足しており，その点で英米の研究に学ぶところが多い。ただし，本論文での分析は，バークシャについてのみ論じるのではなく，常に他地域との比較を念頭に置きつつ，バークシャの特質をうかびあがらせるようにしたい。

　次に，本論文での視角と課題を示しておこう。

　まず第1に，イギリス産業革命が進行しつつあった18世紀末から19世紀初頭のイングランド，とりわけバークシャの概況をみたのちに，同州において，ギルバート法，スピーナムランド制度はどの程度実施されていたのかということについてみる。続いてこの時期における救貧支出の増大とその特徴

について，北部諸州，南部諸州，バークシャをとりあげ比較しながら検討する。そうしてバークシャにおける救済対象の質的変化とその特徴点，それに関連して，スピーナムランド制度がもっていた意義を考察したい。最後に雇用政策としてのプア・ローを検討する。上記の分析を通じて，この時期にバークシャにおいて実施されたプア・ローはそれ自身様々な矛盾を内包しつつも，一定の歴史的意義をもちえたことを提示したい。

　第2に，救貧行政と政策主体の問題について考察を進める。第2章が，この問題に関する分析の中心をなす。分析は，従来，救貧行政を地域レベルの実態にまで掘り下げた研究が，わが国においてはほとんど欠如していたことの反省に立って行われるが，すでに「研究史」のところで述べたように，高島氏，山之内氏らが到達した結論の真実を改めて問い直すことに直結する。すなわち，教区において救貧行政にたずさわったのが，貧民監督官［借地農 (tenant farmer)，小店主，商人ら］だからといって単純に彼らを政策主体としてしまうことはできないのである。教区レベルでの貧民監督官の分析とともに，州レベルでの治安判事はどのような階層出身者なのかという問題，また治安判事は，教区レベルでの救貧行政においていかなる影響を及ぼしたのかという問題の分析がなされなければならない。したがって，本章での視角は，バークシャにおける両者の内在的分析と，救貧行政における両者の権限関係を問うことにしぼられる。そのことによって，当時の救貧行政における政策主体が明確にされるであろう。

　第3に，救貧税負担とその転嫁問題について考察する。第3章がその中心をなすが，まず救貧税の基本的性格について考察しておきたい。その上で，救貧税負担はいかなる階級がにない，それはいかに転嫁されたかという問題を論じる。この問題は政策主体の問題と関連して考察したい。次に，農村においては，従来地主・借地農間での救貧税負担，転嫁問題を中心に論じられてきたが，労働者への税負担転嫁，とりわけ家賃への転嫁とその意味を検討することで新たな視点を示したい。

　本論文では，1795-1820年のバークシャの事例を中心に英米における最近の研究結果をもふまえ，およそ以上の3つの問題を中心にして考察を進めて行きたい。

注）

1) 福祉国家論をめぐるわが国での最近の研究としては，例えば①小山路男（1983），②東京大学社会科学研究所（編）（1984），③戸原四郎（1984），④貝塚啓明（1984）。なお②，③に対する批判としては，⑤荒又重雄（1985）がある。
2) この分野における英米のここ10年の代表的な研究としては，例えば以下のものがあげられる。① Oxley, 1974, ② Cowherd, 1977, ③ Satre, 1978, ④ Dunkley, 1982, ⑤ Neuman, 1982.
3) 大河内一男［1940］(1969)，同（1952），同（1982）。
4) 大河内氏は，「総体としての資本が，近代的な賃金労働者を確実にその手に把握するまでには，『初期資本主義』の数世紀が必要だった」（大河内一男（1982），151ページ）とされる。しかるに，封建制から資本制への移行期，資本主義の萌芽期，産業革命前夜といった時期を「初期資本主義の数世紀」とひとまとめにとらえる歴史観は問題があり，すでに例えば，岡田与好氏は，1961年に「初期資本主義的労働政策は，17世紀のブルジョア革命を画期としてはじめて，絶対主義的労働立法からの産業ブルジョアジーの解放──『産業における自由放任主義』 Laisser-faire industry（リプソン）の確立──の方向に向かって，本質的に新たな労働立法としての『団結禁止法』の発展を伴いながら展開された」ことを指摘した（岡田与好（1961），146-147ページ）。
5) 大前朔郎（1961）。
6) 大前朔郎（1961），17ページ。
7) 大前朔郎（1961），15ページ。
8) 小山路男（1962）。ただし，小山氏の目的は，政策主体を追求することに集中されるのではなく，「救貧法史の基本問題を，できるかぎり忠実に検討」（同（1962），1ページ）することにあった。
9) 山之内靖（1962），同（1966）。
10) 山之内靖（1966），284ページ。
11) 山之内靖（1966），284ページ。
12) 山之内靖（1966），284-285ページ。
13) 山之内靖（1966），82ページ。
14) 山之内靖（1966），327ページ。
15) 山之内靖（1966），327ページ。
16) 山之内靖（1963），53ページ。
17) 高島道枝（1964a），89ページ。
18) 高島道枝（1964a），89ページ。
19) 高島道枝（1964a），89ページ。
20) 高島道枝（1964b）。
21) 高島道枝（1964a），87ページ。
22) 高島道枝（1964a），87ページ。
23) 高島道枝（1964a），87ページ。
24) 武居良明（1970），同（1971）。
25) 武居良明（1970），2ページ。

26) 武居良明 (1970), 5-6 ページ。
27) 武居氏の「友愛会」についての理解は，武居良明 (1971) の中で示されたが，それは，中野保男 (1981) の中で厳しく批判された。
28) 森建資 (1974), 1 ページ。
29) 森建資 (1974), 11 ページ。
30) 森建資 (1974), 16 ページ。
31) 例えば，福井修 (1983)。
32) J. D. マーシャルは，旧プア・ローの特徴を①その行政は教区単位で行われていた。②社会的安定を与え，不満を和らげ，暴動や反逆心を防ぐという動機があった。③くり返し，何年にもわたってすでに地方で，あるいは一般に行われてきたことの合理化であり，1662 年の定住法 (13&14 Charles II. c. 12) でさえ，すでに認められた原理や主義に基づいていた。抑止的ワークハウス，ラウンズマン制度，教区連合，賃金補助制度等は，法制化されるずっと以前から，しばしば一定の地方で皆に知られていたか利用されていた。④ 1601 年から 1834 年の間，何ら一貫した実施体系がなかった。⑤地方による差異，地理的な差異があったことの 5 点にまとめた (Marshall, J. D., 1968, pp. 9-11)。
33) Marshall, J. D., 1968, p. 11.
34) Webb, [1927] 1963, p. 149.
35) 矢崎光圀 (1984), 13 ページ。
36) Marshall, D., 1926, contents V.
37) 高島道枝 (1964a), 89 ページ。
38) 高島道枝 (1964b), 104 ページ。
39) 高島道枝 (1964b), 104 ページ。
40) 山之内靖 (1966), 321 ページ。
41) 山之内靖 (1966), 321 ページ。
42) 大前朔郎 (1961), 84-88 ページ。
43) 山之内靖 (1966), 326 ページ。
44) 高島道枝 (1966), 105 ページ。
45) 森建資 (1974), 13 ページ。
46) 森建資 (1974), 13 ページ。
47) 森建資 (1974), 15 ページ。
48) 高島道枝 (1964b), 93-102 ページ。
49) 大沢真理 (1983)。同論文はのちに補筆修正され，大沢真理 (1986) に所収。
50) 大河内一男 (1979), 21 ページ。
51) 大河内一男 (1979), 26 ページ。
52) 大河内一男 (1979), 26 ページ。
53) 大河内一男 (1979), 26 ページ。
54) 大河内一男 (1979), 21 ページ。
55) 大河内一男 (1979), 27 ページ。
56) 中西洋 (1982), 281-365 ページ。
57) 中西洋 (1982), 282 ページ。

58) 中西洋（1982），281ページ。
59) 中西氏によれば，絶対王政期には，貧民は，無能な貧民と労働能力ある貧民とに2分され，1722年ナッチブル法（9 George I. c. 7）では，救済拒否権をもちうるという限りで主体＝近代人とみなされるようになり，1782年のギルバート法により，労働する意志をもつものとして人格化された。貧民は，産業革命を経て，賃労働者と化して行くわけだが，中西氏による貧民のとらえ方もそれに通じる。それに関連して，この時期の貧民に対してしばしば"labouring poor"という表現が使われるが，それについてマルクスは次のように記している。「『労働貧民』〔"labouring poor"〕という表現は，イギリスの法律のなかでは，賃金労働者階級が注目に値するようになる瞬間から見出される。この『労働貧民』は，一方では『怠惰な貧民』〔"idle poor"〕すなわち乞食などに相対するものであり，他方ではまだ羽をむしられた鶏にはなっていないで自分の労働手段の所有者である労働者に相対するものである。この『労働貧民』という表現は法律から経済学に移されて，カルペパーやJ. チャイルドなどからアダム・スミスやイーデンに至るまでの人々に用いられている（後略）」(Marx, [1867] 1962, S. 788, 邦訳, 991ページ）。
60) 岡田与好（1981），武川正吾（1985）。
61) Bruce, 1968, p. 23, 邦訳, 37ページ。
62) Bruce, 1968, p. 20, 邦訳, 32ページ。
63) Bruce, 1968, p. 20, 邦訳, 32ページ。
64) Blaug, 1964, p. 229.
65) 例えばブルースは次のように述べている。「1834年に発表された1832年委員会の報告書は，そのアプローチの仕方において，社会的・政治的調査における一つの進歩を示しているとはいえ，立法の改正を熱望する政府の要請に応えて，取り急ぎ提出されたものであった。生々しいケーススタディのかたちでそれが提供した証拠は，慎重な判断を下すための証拠を提示するというよりは，むしろ，予定された主張の裏づけになるよう意図されていた。それは，まさしく，ウェッブ夫妻が『グッド・コピイ』（新聞用語で，その内容のおもしろさと筆致のすぐれた原稿のことをいう）と呼んだものであった。ウェッブによれば，補助委員たちがその調査行から持ち帰ったものは，大部分が救貧行政の特別の失敗例の異常なまでの収集に満ち，……特定の教区吏員の行動に関するありのままの詳報であり，そして，彼らの特異性についての興味ある逸話から成っていた。この報告書にすばらしい成功を収めさせ，かつ持続的な影響力を持たせたのは，委員会の勧告のゆるぎない自信，および救貧法の望ましくない状態が一般に知れわたったこととともに，報告書のこのおもしろさであった。トーニーは，その著『宗教と資本主義の興隆』の中で，これを適切にも『19世紀の社会政策の記念碑の一つ』であることを立証した『かのにぎにぎしく影響力の大きい，そして粗野な非歴史的報告書』と評している。確かに，それは，エリザベス制度の取扱いにおいても，また当時の諸問題の分析の点でも非歴史的であった。報告書が，スピーナムランド制度の弊害の指弾に集中したことは，当時の状態についての把握が不完全で適切でなかったことを反映している。そしてそれは，

救貧に依存することが、『怠惰、浪費、または悪習』に起因する——以前から言われてきた伝統的な見解であったが——もので、『普通の注意と勤勉さがあれば避けられるはずであった』ことを示す証拠にあまりにも安易に依存してしまった。世論が長い間そうであったように、それは失業もあり得ることを見落としており、例えば、病気が極度の貧困の原因となることに考え及ばなかった。貧民救済の問題が、理解されてきた以上に複雑であることがわかったのは、実に、病気の発生と救貧の要求との関係にチャドウィックその他の人々が動かされた、その時であった。そこから、(中略)『労働者階級の衛生状態』に関する1842年のチャドウィックの報告書が登場することになるわけである。その後の改革立法の多くは、大なり小なり、1834年の救貧法報告書のギャップを埋めることをその目的としていたといってよい」(Bruce, 1968, p. 81, 邦訳、135-136ページ)。

66) Polanyi, [1957] 1975. ポランニーの見解は、例えばホブズボームによっても高く評価されている。Hobsbawm & Rudé, 1969でのスピーナムランド制度についての記述は、ポランニーの論を踏襲している。
67) Polanyi, [1957] 1975, p. 89, 邦訳、120-121ページ。
68) Polanyi, [1957] 1975, p. 94, 邦訳、127ページ。
69) Blaug, 1963.
70) Blaug, 1963, p. 152.
71) Blaug, 1963, p. 152.
72) 1824年の調査結果をブローグの図のように示すにはやや無理がある。なぜなら1824年「賃金報告書」の調査項目の1「借地農業者によって雇用されている労働者は、その賃金の全部もしくは一部を教区の救貧税から受取っているか」という質問に対してかえってきた答えは、単純に"Yes,"もしくは"No,"だけではなく、"Yes, some parishes."とか"Yes, part."とか"Yes, in some instances, or to infirm persons."といったものも多いからである。なおこの「1824年調査」の結果をもとにした分析は、大前朔郎 (1961)、72-78ページを参照。
73) Blaug, 1964.
74) こうした見解は、Mitchelson, 1968, p. 21, Baugh, 1975によって否定された。
75) Marshall, J. D., 1968.
76) Taylor, 1969. 1963年のブローグの論文は、最近カワードも批判している。Cowherd, 1977, pp. 151-152.「ブローグ教授の暗示に富んだ論文は、1824年の報告書に対するクラッパムの誤解をくり返すことになっている。私は、氏の結論のうちいくつかには同意するが、同論文は事実に関するひどい誤りによってだいなしになっている。1824年アンケートは、ブローグのいうように教区には送られなかった (p. 159)。①氏はさらに手当制度とスピーナムランド政策とを混同している。②産業資本家が、不作の年に、より繁栄していたという氏の仮定は、明らかにまちがいであろう (p. 155)。③ブローグは、1824年の委員会が、ラウンズマン制度と雇用税 (labour rate) とを混同したというが、同委員会が両者を混同していないことは明らかである」。「1824年の報告書および労働者の賃金に関する委員会によって集められた証拠は、救貧行政に関する最良の情報

源である。これらの資料は注意して使われるべきであるが，より一層，研究する価値のあるものである。賃金に関するデータはとりわけ批判的に論じられるべきである」。（カワードが引用しているページは，ブローグの論文のページである）。なお前述したように，1824年の調査報告に基づいた分析は，ブローグよりはやく大前氏が行った。高島氏も，高島道枝（1965）において，同調査報告をもとに分析を行った。

77) magistratesについては第1章の注1）を参照のこと。
78) Taylor, 1969, p. 297.
79) Neuman, 1982.
80) 森建資（1974），11ページ，伊部英男（1979），93ページ，大沢真理（1979），55-56ページ。大沢真理氏の論文はのちに補筆修正され，大沢真理（1986）に所収。
81) Satre, 1978.
82) 本論文での考察の時期である18世紀末～19世紀はじめは，トーリー党の全盛（ホイッグ党の凋落）の時期であったことに注意しておきたい。1830年，ホイッグのグレイ内閣が成立し，やっと「約半世紀に及んだトーリーの優越時代」がおわった。（青山吉信，今井宏（1982），164ページ）。また，18世紀末～19世紀はじめという産業革命進行中の時期において，イギリスにおける政治体制は，古い体質が温存されたままであった。「産業革命＝工業化による社会や経済の変化が，政治のシステムに反映されるまでには，19世紀も30年代をまたなければならなかったのである」（青山吉信，今井宏（編）（1982），130ページ）。

第1章　救済の拡大と救貧支出の増大

第1節　ギルバート法とスピーナムランド制度

　18世紀末から19世紀初頭にかけてのイギリスは,産業革命[1]の進展によって成長を遂げつつも，一方ではナポレオン戦争を経験し，農業不況，恐慌，貧困の蔓延とそれに伴う救貧税の増大に苦しんでいた。イギリス産業革命の主導部門はいうまでもなく綿工業であり，綿工業の急速な発展が，鉄工業，石炭業，機械工業の発展を促した。これらの部門は相乗作用を及ぼしつつ，産業革命が推進されたのである。ただし本論文での考察の時期である1795－1820年は，イギリス産業資本確立の時期とされる19世紀の20-30年代[2]より前であり，工場労働者もまだそれほど多くなかった[3]ことに注意しておきたい。産業革命は経済構造だけでなく社会的政治的構造をも変化せしめた。資本・賃労働の形成とともに，両者の対立が次第に顕著になり，政治構造においても，1832年以降，従来の貴族，地主支配の政治体制は新興の産業ブルジョアジーによって，以前ほどの安定を保てなくなりつつあった。こうしたことから1795-1820年という時期は，産業革命の進展のなかで，経済，社会，政治面での種々の変化があらわれつつあったいわゆる過渡期であったといえよう。

　ところで,18世紀末～19世紀には,産業革命と同時に農業革命も進展した。技術的な面では，18世紀末からのノーフォーク農法（穀物，牧草および根菜類の輪栽式）や脱穀機の普及等があげられよう。しかし何よりこの時期には，エンクロージャー運動，すなわち農場の集中と合併がすすみ，農業における三分化――地主・農業資本家・労働者――が形成されることが重要である。

　さてこうした産業革命，農業革命の進展のなかで，労働者の状態[4]はど

うであったのであろうか。本論文の課題である 1795-1820 年に限定して労働者の賃金を第 1-1 図によってみると，その上昇はわずかであったことがわかる。さらに第 1-2 図によって，農業労働者の週当たり平均賃金は低下傾向にあったことがわかる。

　イギリス産業革命が労働者の生活水準を上昇させたか低下させたかということについては見解の分かれるところであるが[5]，1795-1820 年の農業労働者についてみれば，彼らは窮乏化していたといえよう。貧困の原因はさまざまであったが，先にみたような実質賃金の低下，1792 年以降の穀物価格の大幅な変動と凶作時における同価格の高騰（第 1-3 図参照），とりわけ冬季における農業労働者の失業，機械の導入による熟練度の稀釈，貧民の生活を圧迫する税金等が考えられよう。さらに，エンクロージャーの進展[6]と農具の発達も農業労働者の生活を圧迫した。またこの時期には，常雇い制度が衰退し，従来の年ぎめという長期雇用形態から，週雇い，日雇いという短期かつ不安定な雇用形態へと変えられ，それに応じて賃金も週賃金，日給へと変化してくるのであり[7]，このことが労働者の生活を一層不安定なものとし，彼らを貧困へとおとしめる原因となったことも見逃せない。

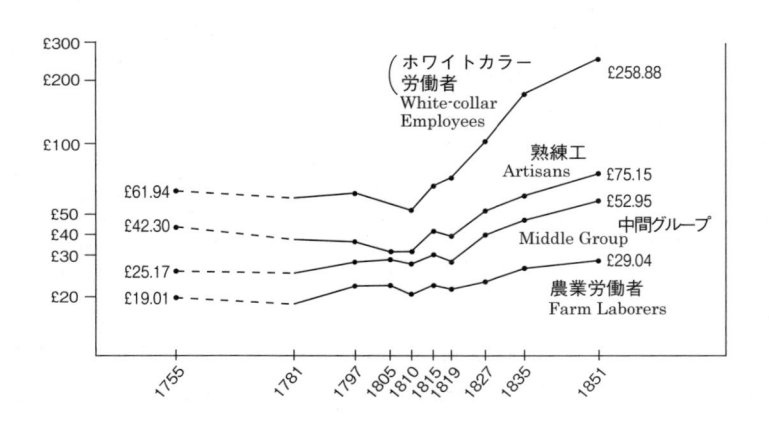

第 1-1 図　イギリスにおける成人男子常勤労働者の平均賃金，1775-1851 年
(物価一定とした場合)

注）　（出所）Lindert & Williamson, 1983, p. 12 より．

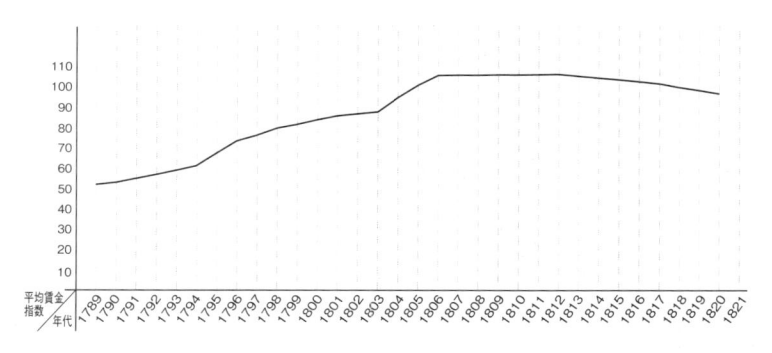

第1-2図　イングランド及びウェールズにおける農業労働者の
1週間の平均賃金指数，1789-1820年

（1891年＝100とする）

注）　（出所）*Abstract of British Historical Statistics*, pp. 348-349 より作成。

　この時期のイギリス農業の景況は，① 1790年代-1813年までの好況期（「農業の黄金時代」Golden Age for Agriculture，ただし厳密には1802-1804年の『農業の窮迫』期がある）と，② 1814-1836年までの不況期（「イギリス農業の最暗黒の時代」The Blackest Periods of English farming）とに大きく区分できるが[8]，農業の好況が必ずしも労働者への分配となってあらわれなかったことにも注意しておきたい。なおイギリス農業の景況が，穀物の輸出入に反映されたことは第1-3図により明らかである。

　18世紀末〜19世紀初頭のプア・ローは以上のような状況，貧民の生活状態の悪化のなかで展開されたのである。

　この時期の政策としてはギルバート法（1782年），スピーナムランド制度（1795年），団結禁止法（1799年，1800年）等があげられるが，注意してみると，そうした政策のとられた年は，凶作の年と一致している。（第1-3図参照）。この時期の労働政策としては，この他にもラウンズマン制度，ギャング制度等があるが，ここでは，本論文での問題視角から，ギルバート法，スピーナムランド制度の内容に限定して，その重要点を述べておきたい。

　1782年のギルバート法は，第二次エンクロージャー，産業革命によって生み出されてきた大量の貧民を，1722年ナッチブル法によって勤労場内に収容することが不可能となったことから制定された。ギルバート法は数々の重要な規定を含み，長文であるが，その中でもここでは貧民の区分とそれぞ

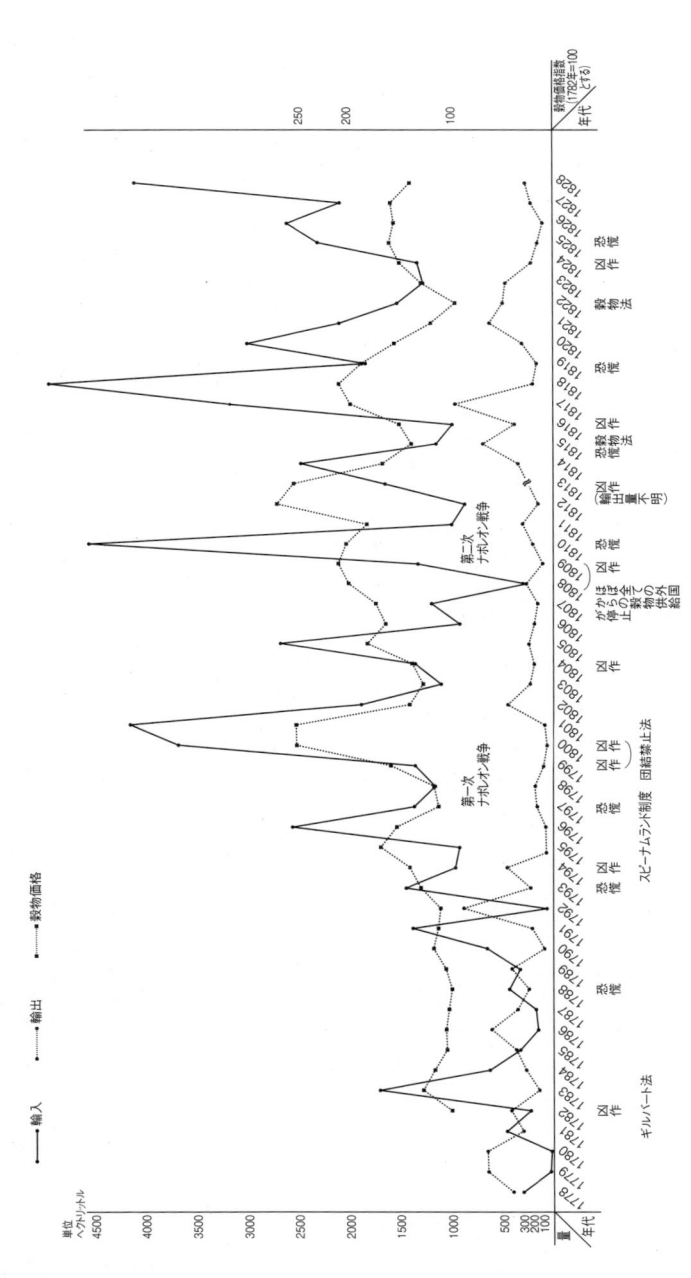

34　第1部　イギリス18世紀末〜19世紀初頭におけるプア・ローの展開

第1-3図　グレイト・ブリテンにおける穀物（小麦・小麦粉）の対外貿易（1778-1828年）と穀物価格（1782-1828年）の動向

注）1　（出所）輸入と輸出についてはミッチェル（編）(1983), 357-358ページ, 364ページより作成。穀物価格については, Review of Economic Statistics and Supplements, pp. 282-283 より作成。
2　穀物（小麦・小麦粉）の輸出入量については, アイルランドとの貿易を含む。アイルランド南部は, 1923年4月から外国として扱われる。
3　1782-1828年の穀物価格については, 小麦, 大麦, エンバク, ライ麦, エンドウ豆を含む。また1792年からはエンドウ豆も含む。

れへの対応策並びに救貧行政機構の再編成についてみておきたい。

同法は次のように貧民を区分し，それぞれの対応策を決めた。

①老人，虚弱者，無能力者（impotent）以外の者は救貧院（poor house）に収容されない。彼らは自らの労働によっては自活できないが，できる限りの仕事をすることで雇用されるべきである[9]。

②労働能力および労働意欲がありながら雇用を得ることのできない者は，貧民保護官（guardian of the Poor）が個々にはたらき，彼らに近くで賃労働を見つけてやること，さもなければ，「このような人々を雇用口が見つかるまで泊めてやり，扶養し，維持すること，もしくはそうするよう警告すること」。さらに，稼得高の不足分を補うことが要求された[10]。

③怠惰で自堕落な者は，矯正院（house of correction）で重労働を行うべきである[11]。

④「災難もしくは不幸によって自分のいる教区の負担になる」乳幼児は，査察官（visitor）の賛成を得て救貧院に送られるか，雇用される。そうでなければ，農業への年季奉公，あるいは商売や職業につく年齢まで，同意された週ごとの手当で，近隣のりっぱな人のところに置かれてもよい[12]。

以上のように同法は，①により，労働能力のある健康な者は救貧院に収容されないことを定め，②，④で限定つきではあるが，貧民の「生存権」「労働権」を強制，保障し[13]，③で怠惰な者への厳罰を定めた。

さらに同法は，救貧行政機構の再編成を提言した。まず救貧院の運営については，教区が連合して取り組むよう，教区連合制を奨励した。さらに「その行政を担当する**有給**の諸吏員，即ち，貧民保護官（guardian of the poor），救貧院管理官（governor of the poor house），および財務官（treasurer）を置き」[14]，この救貧院を視察する巡察官（visitor）を任命し，「この総体を治安判事が統轄する」[15]とした。同法によって，従来貧民監督官がもっていた権限が分割され，それらの権限が新たに設置された官職に付与され，貧民監督官の権限は救貧税の徴収のみに縮小された。しかし，逆に治安判事の権限は拡大された。

次に1795年のスピーナムランド制度について述べる。同制度は1795年5月6日に，バークシャのスピーナムランド（Speenhamland）にあるペリカン・イン（Pelican Inn）で決議された賃金補助制度である。同制度はパンの価格と家族の数に応じて，すべての貧困ではあるが勤勉な人とその家族が得るべ

き賃金を決め，賃金がその額を下回る場合には，その額との差額を補助するというものである。同制度は 1796 年には制定法化された（ウィリアム・ヤング法，36 George Ⅲ. c. 23）。同制度では，ギルバート法②の規定にみられたような賃金補助制度が前面に打ち出され，その対象が現役労働者にまでより一層拡大されたことが重要である。賃金補助制度は，1795 年以前にも行われていたし，それによる救済水準はまちまちであったが，ともあれ，さまざまな批判を受けつつも 1834 年新プア・ローに至るまで，農業諸州のみならず，商工業諸州にも普及したのである。

それでは上記の 2 つの制度は，本論文でのちに詳しく分析するバークシャにおいては，どの程度普及していたのだろうか。この点についてのみ，最近の研究結果によって，最初に若干みておくことにしたい。

まずギルバート法はバークシャではすぐには実行されなかった。1797 年 6 月，同法は，制定後 15 年にしてコルシー（Colsey）での公の集会において，救貧税支払者の 3 分の 2 の同意を必要条件として，採用されている。また教区連合の形成は全国的にみてもはかばかしくなかったが，バークシャにおいても同様であり，同州における教区連合の例は，1834 年に至るまでは，ウォーリングフォード（Wallingford）の 3 つの教区〔セント・ピーター（St. Peter），セント・レオナルド（St. Leonard），セント・マリー・デモア（St. Marry deMore）――これらの教区はすべて都市との境界線に位置する〕による連合が記録されているだけである[16]。

次にスピーナムランド制度の普及についてみる。ニューマンは，バークシャにおけるスピーナムランド制度の影響を調べるために，同州内の 16 教区[17]をサンプルとして選出し分析した。それによると，16 教区のうち 2 教区では賃金補助制度を採用していなかったが，残りの 14 教区では賃金補助制度ないし家族手当制度が採用されていた。また賃金補助制度が採用された教区では，スピーナムランドで定められた救済水準にしたがわず，すべてそれより低い水準で救済が与えられていたことが判明した[18]。以上のような分析結果は何を意味するのであろうか。まずスピーナムランド制度の普及の度合いについて，ニューマンが調査したのはバークシャ 148 の教区のうち 16 でしかないことに注意しておくべきである。つまりこの調査はバークシャにおけるスピーナムランド制度の普及を必ずしも正確に示すものとはいえない。それにもかかわらず，14 教区では，賃金補助制度ないし家族手当がとられ

ており，スピーナムランド制度の影響は確かにあったといえる。次に救済水準について。スピーナムランド制度そのものを忠実に実施した教区は1つもないといえよう[19]が，これをもってスピーナムランド制度を過少評価するとすれば早計である。制定法がそのままの形で実行されたことはまれであったのである。ここでは，スピーナムランド制度よりも低い水準で救済が与えられていたことの方が重要である。

　以上，バークシャにおけるギルバート法（教区連合の結成に限定して），スピーナムランド制度の普及状況と救済水準について概観したが，これらの政策によるところの院外救済（outdoor relief），雇用政策については，第4節，第5節でより具体的に検討する。

第2節　18世紀末～19世紀初頭におけるバークシャ

　バークシャ[20]は，イングランド南部に位置し（付図2参照），広さが4万6450エーカーの州である。19世紀への変わり目の時期に，バークシャには，148の小さな教区，おそらく50の小村（hamlet），特別行政管轄区（liberty），十人組（tything），礼拝堂管轄区（chapelry）があった。州は約20のハンドレッド（hundred）に分けられ（付図1参照），アビンドン（Abingdon），レディング（Reading），ウォーリングフォード，ウインザー（Winsor）には議会のバラ（borough）があり，メイデンヘッド（Maidenhead），ニューバリー（Newbury），ウォーキンガム（Wokingham）には合併した市場町があり，グレート・ファリントン（Great Farington），ハンガーフォード（Hungerford），イースト・イルスレイ（East Ilsley），ランボーン（Lambourn），ワンテイジ（Wantage）には合併していない市場町があった。なおバークシャはセイルズベリー（Sailsbury）の主教管区〔diocese……1人のbishop（主教）の管轄下にある中教区で，英国では約50ある〕内に入っていた。

　同州の人口は，1801年に11万1000人，1811年に12万人，1821年に13万3000人，1831年には14万7000人となった。1801年についていえば，11万1000人のうち，州内の4つの共同体で，2万1808人を占めた（レディングのバラ……3つの教区があり，共同体としては同州で最大，9,770人，アビンドンのバラ……4,566人，ニューバリーの町……4,275人，ニューウィン

ザー……3,197人）。また11万1000人（正確には109,215人）のうち，3万8000人は主に農業に従事しており，マニュファクチュア，商売，手仕事に従事していた人は1万7000人であった。ちなみに1831年時では，同州の3万1081の家族のうち，1万4047は農業に従事しており，商業に従事していたのは9,884であった。このようにバークシャは，1831年時においてもなお農業に従事する者が最も多い「農業州」であったのである[21]。

とはいえ，例えばレディングでは，19世紀への変わり目の時期には，絹のリボン，繻子から帆布までさまざまな織物をつくり，また当地には，ビール醸造所，なめし皮工場，レンガ工場，鉄工場もあった。

またニューバリーは，ウールの服の取引で栄えていたが，19世紀までにはそれもかなり衰退し，これが当地における貧民増加，救貧税増加[22]の主因となった。

またアビンドンでは，1808年には，約3,000人の男女，子供が袋地のマニュファクチュアに雇われていた。

19世紀初頭に同州で富裕であったのは，ファリントン（Farington）のフィリップ・プュージー（Philip Pusey），バックランド（Buckland）のロバート・スロックモートン（Robert Throckmorton），ハムステッド（Hamstead）のクレイバン（Craven）卿，ウォーキンガムのマーシャル（Marshall）やジョン・ウォルター（John Walter）といった人達であったが，彼らのうちでも最大の地主はクレイバン卿[23]（第7世）であった。彼は州内の各地で土地を有し，その価値は，年間7,000ないし8,000ポンドであったと推定されている。一方，最も財産のある平民（commoner）はエドワード・ロブデン（Edward Loveden）であり，その財の価値はクレイバン卿と同じ位のものであったという。なおバークシャには，5,000ポンド以上の価値のある土地の所有者は，ほとんどいなかった。彼らは普通，同州に住んでおり，不在地主の割合はかなり低かった。また中，小の自由保有権所有者の割合が大きかった。

こうした状況の中で18世紀末〜19世紀初頭の時期には農業革命が進行したが，バークシャにおける第2次エンクロージャー運動の進展と，農具の発達についてみておこう。

ピアス（Pearce）の計算によると，1794年時，同州で囲込まれた土地，公園，森は約17万エーカーであり，25万エーカーは共有の牧草地や丘陵草原地帯のままであった。ところが，メイバー（Mavor）によると，1807年まで

に，同州内の全教区148のうち，61が完全に囲込まれ，32がほとんど囲込まれ，13が約半分囲込まれ，大部分が共有の牧草地であったのは22，すべてが共有地であったのは3と変化した。1782-1834年の間には53のprivate enclosure Acts が成立し，18世紀末〜19世紀初頭にかけて，同州でもエンクロージャーが大規模に行われたのである[24]。エンクロージャーは，小屋住農や小土地保有者を賃労働者におし下げ，安価もしくは無料の燃料を奪い，貧民の生活を圧迫する大きな原因となったのである。

　農具の発明では，とりわけ脱殻機（threshing machine）が重要である。脱殻機はバークシャで用いられ，まもなく全州で採用されるようになった[25]。メイバーによると，バークシャでは，1808年に多数の脱穀機がすでに導入されていた。農業不況にみまわれて，農業資本家は，労働節約のため脱穀機を導入したため，従来行われてきたからざお（flail）を使っての脱穀は次第に行われなくなってきた。そしてこのことが，結果として農業労働者の排出となってあらわれたのである。当初は脱穀機の導入後も，農業労働者は土地耕作のため雇用口があると考えられていたのだが，ナポレオン戦争後は土地耕作がはかばかしくなく，脱穀機の導入は，明らかに農業労働者の雇用口を減少せしめたのである[26]。

　最後にバークシャにおいて労働者はどこから調達されたのかについてみておきたい。労働力需要の季節的偏倚[27]は，農業地帯特有のことであった。例えばレディングの労役場には，1795年頃主として子供と老人が収容されていたが，彼らの一部は借地農のところへ働きに出かけたとイーデン（Eden, Frederick Morton, Sir, 1766-1809）は記している[28]。またバークシャの借地農は，収穫期にはレディングのほかに，アビンドン，ニューバリーの労役場から労働者を連れて来て，彼らに6週間は充分な食事を与え，ビールを飲ませ，多くの賃金を支払うが，収穫期が過ぎると，彼らを放出し，労働者は1年の残りの期間は，都市によって扶養された[29]という記録もある。

第3節　救貧支出の増大とその特徴

(1) 救貧支出の地域的類型

本節では，まずイングランド及びウェールズにおける救貧支出の推移をみたのちに，イングランド及びウェールズを北部，南部に二分し，救貧支出の地域的類型をみる。

イングランドおよびウェールズにおける救貧支出の推移は第1-4表の通りである。第1-5図より，イングランド及びウェールズにおいては，貧民救済費と小麦価格との間に相関関係のあることがわかる。つまり，豊作時（小麦価格下落）には貧民救済費が下落し，不作時（小麦価格上昇）には同費用が上昇している。したがって，貧民の生活，救済費は何よりもまず，直接的には小麦等の穀物収穫高に大きく左右されたのであり，小麦価格の高騰→救貧税の増大という悪循環があったのである。なお救貧支出のピークは，1813年，1818年にみられるが，これの直接的原因も，それぞれの年の前年の凶作によるものと思われる。次に貧民救済費の推移を州別にみてみる。イングランド及びウェールズを北部と南部とに大別してみた場合[30]，北部諸州，南部諸州それぞれにおける貧民救済費の推移は，第1-6表において，示される。

第1-4表　イングランド及びウェールズにおける小麦価格，救貧支出の推移

(1803年, 1813-36年)

年代	小麦1クォーターの価格 s. d.	人口	救貧税及び州税 £.	貧民救済と維持のための支出 £.	1人当たりの負担額 s. d.	注
1803	64　8	9,210,000	5,348,205	4,077,891	8　$10\frac{1}{4}$	
1813	108　9	10,505,800	8,648,841	6,656,106	12　8	
1814	73　11		8,388,974	6,294,581		
1815	64　4		7,457,676	5,418,846		
1816	75　10		6,937,425	5,724,839		
1817	94　9		8,128,418	6,910,925		
1818	84　1	11,876,200	9,320,440	7,870,801	13　3	第1次最高額
1819	73　0		8,932,185	7,516,704		
1820	65　7		8,719,655	7,330,254		
1821	54　4	11,978,875	8,411,893	6,959,251		

年代	小麦1クォーターの価格 s.	小麦1クォーターの価格 d.	人口	救貧税及び州税 £.	貧民救済と維持のための支出 £.	1人当たりの負担額 s.	1人当たりの負担額 d.	注
1822	43	3		7,761,441	6,358,704			
1823	51	9		6,893,153	5,772,962			
1824	62	0	12,517,900	6,836,505	5,736,900	9	2	第2次最低額
1825	67	6		6,972,323	5,786,989			
1826	58	9		6,965,051	5,928,502			
1827	56	9		7,784,352	6,441,088			
1828	60	5		7,715,055	6,298,000			
1829	66	3		7,642,171	6,332,410			
1830	62	10		8,111,422	6,829,042			
1831	67	8	13,897,187	8,279,218	6,798,889			
1832	63	4	14,105,600	8,622,920	7,036,969	10	0	第2次最高額
1833	57	3		8,606,501	6,790,800			
1834	51	11	14,372,000	8,388,079	6,317,255	8	$9\frac{1}{2}$	新プア・ロー
1835	44	2	14,564,000	7,373,807	5,526,418	7	7	
1836	39	5	14,758,000	6,354,538	4,717,630	6	$4\frac{3}{4}$	

注) （出所）Nicholls, 1854, Vol. 2, pp. 465-466 による。

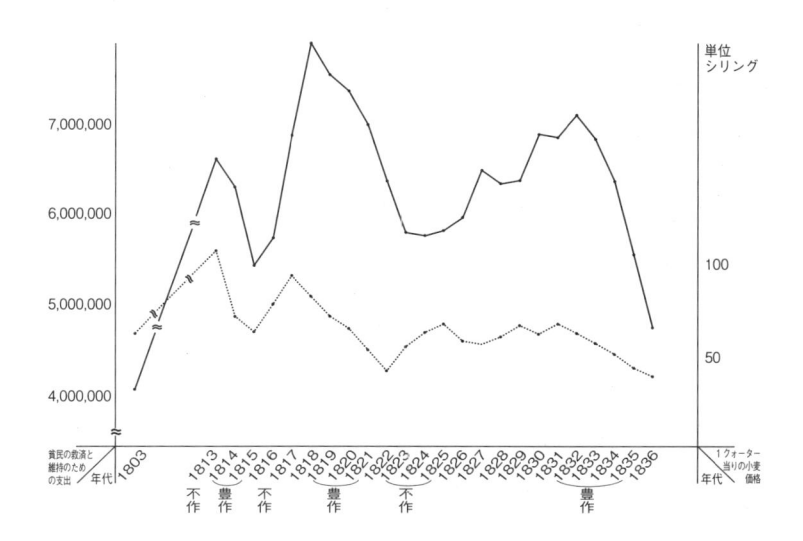

第1-5図　イングランド及びウェールズにおける貧民の救済，維持のための支出――，並びに小麦価格………の推移

(1803年，1813-36年)

注)　（出所）Nicholls, 1854, Vol. 2, pp. 465-466 より作成。

第1-6表 イングランドおよびウェールズにおける州別1人当たりの貧民救済費の推移

北部諸州	1802年 s.	1802年 d.	1812年 s.	1812年 d.	1821年 s.	1821年 d.	1831年 s.	1831年 d.
レスターシャ	12	4	14	8	15	4	10	1
ラットランド	10	1	13	8	10	9	9	1
サリー	10	0	13	8	12	11	10	3
リンカーンシャ	9	2	10	10	13	2	13	2
ヨークシャ（東ライディング）	7	6	12	6	11	0	8	7
スタッフォードシャ	6	11	8	6	8	11	5	7
チェシャ	6	11	10	0	7	11	5	5
ダービー	6	9	10	2	8	3	4	8
ノーサムバーランド	6	8	7	11	9	5	7	3
ウェストモーランド	6	8	9	9	8	7	8	6
ダーラム	6	6	9	11	9	4	5	5
ヨークシャ（西ライディング）	6	6	9	11	8	8	6	3
ヨークシャ（北ライディング）	6	5	8	4	8	1	6	0
ノッティンガムシャ	6	4	10	10	8	3	6	6
カムバーランド	4	9	6	9	7	10	5	6
ランカシャ	4	5	7	5	5	8	4	2
平　均	7	3	10	3	9	7	7	3

南部諸州	1802年 s.	1802年 d.	1812年 s.	1812年 d.	1821年 s.	1821年 d.	1831年 s.	1831年 d.
サセックス	22	7	33	1	22	7	17	7
オックスフォードシャ	16	2	24	10	15	7	12	10
バッキンガムシャ	16	1	22	9	16	7	14	0
ノーサンプトンシャ	14	5	19	11	21	9	18	4
ウィルトシャ	13	11	24	5	13	9	13	10
ケント	13	6	17	1	16	10	13	3
ノーフォーク	12	5	20	0	16	10	15	6
ハンティンドンシャ	12	2	16	9	13	11	13	4
エセックス	12	1	24	7	16	6	14	9
ケンブリッジ	12	1	17	0	14	5	11	11
ベッドフォードシャ	11	9	17	6	15	8	15	8
ハートフォードシャ	11	5	13	10	13	9	11	9
サフォーク	11	5	19	4	15	2	17	7
ドーセットシャ	11	4	17	5	13	1	10	2
ウォーリックシャ	11	3	13	4	10	3	7	10
ヘレフォード	10	5	17	9	12	2	10	6

南部諸州	1802年		1812年		1821年		1831年	
	s.	d.	s.	d.	s.	d.	s.	d.
ウースターシャ	10	3	11	11	9	5	7	3
ソマセット	8	11	12	3	9	11	8	11
グロスターシャ	8	8	11	7	8	8	9	6
ミドルセックス	8	7	10	7	9	7	9	0
モンマス	8	0	9	1	6	6	4	4
シュロップシャ	7	11	11	5	8	10	6	10
デヴォンシャ	7	3	11	5	9	7	7	6
コーンウォル	5	10	9	5	7	9	5	10
ウェールズ	5	7	7	7	10	5	8	3
平　　均	11	6	17	10	13	3	11	1

注）1　（出所）1802年，1812年については，Blaug, 1963, pp. 178–179より。1821年，1831年については伊部英男（1979），71–72ページ（原典は *Parliamentary Paper Poor Law*）より作成。
　　2　ブローグも1821年，1831年について1人当り救済費を載せているが，1832年の調査による数字とはくい違っている。

　第1–6表よりわかることは，南部諸州は北部諸州に比べて一般に1人当たりの貧民救済費が高いが，同費用の推移のパターンは一致しているということである。このことは，南部諸州（農業州が多い）の方が北部諸州（工業州が多い）よりも一般により貧困であったことを示すが，同時に産業革命の進展下において，両地域が密接に結びついていたことを示しているといえよう[31]。

(2) 農業地帯バークシャにおける救貧支出の推移と特徴

　バークシャのドレイトン（Drayton）教区における救貧税額とレディングの市場における小麦価格の推移（1793–1802年）をグラフ化してみると（第1–7図参照），先にイングランド及びウェールズにおいてみたのと同様，救貧税額と小麦価格との間には相関関係がみられる。つまり，凶作による小麦価格の高騰が貧民の生活状態を悪化させ，救貧税額の増大をまねく大きな原因となったと考えられる。

　次にバークシャにおける救貧支出の推移をみてみよう。第1–8表よりわかることはバークシャにおける貧民救済費の推移がイングランドおよびウェールズにおけるそれと類似しているということである。相違点としては，

先にみたようにイングランド及びウェールズにおいては，1818年が救貧支出のピークなのに，バークシャにおいては，1818年よりもむしろ1813年がそのピークとなっていることが指摘できる。このことよりバークシャにおいては，1816-17年の凶作によるインパクトをある程度やわらげることができたとみてよかろう。

　それに関連して，バークシャにおける1人当たりの貧民救済費を，全国と比較してみておくことが必要である。先の第1-6表より，同州における1812年，1821年の貧民救済費に注目したい。1812年には，それは27シリング1ペニーの高さであったが，1821年には15シリング11ペンスにまで低下しているのである。この期間に貧民救済費をこれだけ低下しえたのは，イングランド及びウェールズの中でも，バークシャとウィルトシャ，それにサセックスぐらいであり，このことは注目に値する。それではなぜバークシャにおいては，1812-1821年の間にこれほどまでに貧民救済費を低下せしめることができたのであろうか。

　ニューマンも，対仏戦争後から1821年の間に，貧民救済費の負担をうまく減らした州の中でもバークシャがとりわけ目立っていたことを指摘している。その理由として，1819年救貧法改正法（59 George Ⅲ. c. 12）によってつくられた特別教区会（select vestry）が効を奏したためであると考えている[32]。

　特別教区会は，従来寡頭支配的となっていた教区会にかわって創設されたものであり①貧民救済における多大の権限を特別教区会に付与し，治安判事の介入を防ぐこと（治安判事はえてして貧民に対して寛大な救済を与えるよう貧民監督官に命令したため），②救済すべき貧民とそうでない貧民とを性格（勤勉であるか，怠惰であるか）によって選別すること，③小土地の貸与によって貧民の自立を促すこと等の方策をとることによって，何よりも貧民救済費の縮小を目的としていた。ニューマンはバークシャにおける特別教区会の効果について実例をあげつつ述べている[33]が，全国的にみればバークシャにおける特別教区会の数は少ない方であった。

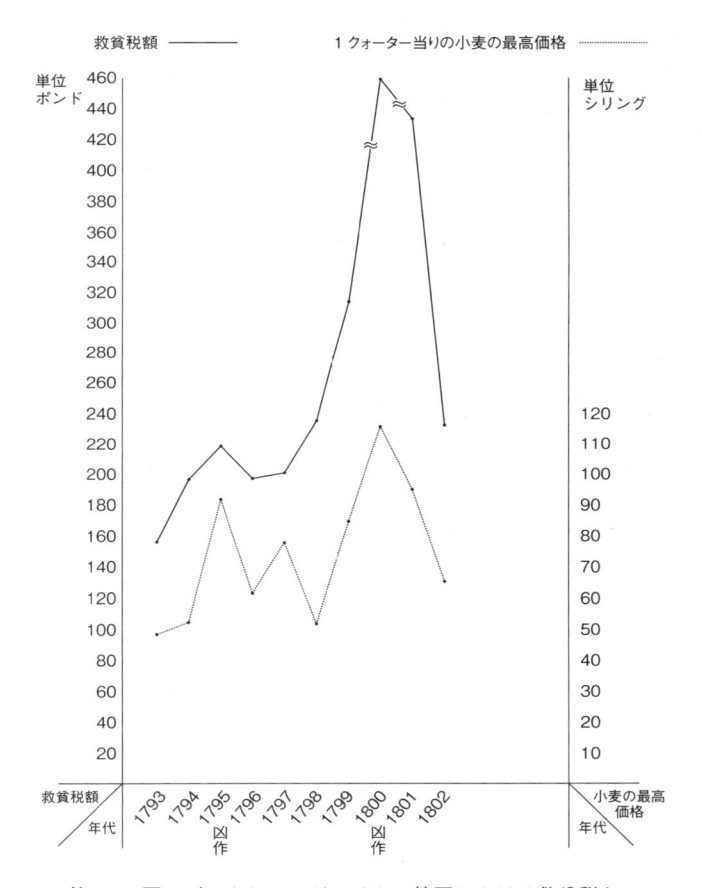

第1章　救済の拡大と救貧支出の増大　　45

救貧税額 ────　　　1クォーター当りの小麦の最高価格 ········

第1-7図　バークシャ，ドレイトン教区における救貧税と，
同州レディングの市場における小麦価格の推移
(1793-1802年)

注)　(出所) Neuman, 1982, p. 151 より作成。

第1-8表　バークシャにおける救貧支出の推移（1803年，1813-1836年）

年代	査定された救貧税額 （単位：ポンド）	そのうち貧民のために 使われた費用 （単位：ポンド）
1803	96,861	85,605
⋮		
⋮		

46　第1部　イギリス18世紀末〜19世紀初頭におけるプア・ローの展開

年代	査定された救貧税額 （単位：ポンド）	そのうち貧民のために 使われた費用 （単位：ポンド）
1813	188,418	165,106
1814	156,335	133,838
1815	122,352	104,509
1816	119,674	105,815
1817	150,385	141,870
1818	173,917	157,959
1819	159,783	143,243
1821	186,593	112,659
1824	109,137	91,110
1828	112,124	96,258
1832	144,297	121,217
1833	136,400	114,718
1834	127,230	103,641
1835	109,305	88,694
1836	86,120	67,344

注）　（出所）*House of Commons Parliamentary Papers*, Vol. XLIV, 1839, pp. 4-7 より抜粋。

　1823年3月25日現在で，イングランドの41の州と区（riding…ヨークシャ（Yorkshire）をノースライディング，イーストライディング，ウェストライディングに3分した行政区画）には2,452の特別教区会があり，このうち約半分の1,220は「ケアード（Caird）の境界線」[34]の北の15の州と区の中にあり，そのうちチェシャ（Cheshire），ランカシャ（Lancashire），ヨークシャだけで611（全イングランドの特別教区全数の約25％）を占めていた。したがって残りの1,232の特別教区会は「ケアード（Caird）の境界線」の南側にある，より多くの州の中にあったのであり，この南部における特別教区会の集中はあまりなかった。例えば，ベッドフォードシャではわずかに12，バークシャでは25，ケンブリッジシャでは17，ハートフォードシャでは18，ハンティンドンシャでは11，ミドルセックスでは15，サリーでは21，ウィルトシャでは29であった[35]。バークシャ，ウィルトシャの特別教区会は合わせてわずか54であるにもかかわらず，1812-1821年にかけて貧民救済費は他州と比べて最も減少した（第1-6表参照）。しかるに一方，全イングランドの約25％に相当する611の特別教区会が集中していたチェシャ，ランカ

シャ，ヨークシャにおいては同時期，必ずしも貧民救済費が大幅に減ったとはいえない（第1-6表参照）。以上の事実より，特別教区会の創設と貧民救済費の減少とはそれほど相関関係のあるものではないといえよう。したがって私は，同教区会の創設は貧民救済費減少の一因とはなりえても，主因とはなりえないと考える。

　同時期に貧民救済費を前述の如く減少しえた最大の原因を私は，1819-1821年にかけての豊作に求める。1812年は不作であり，どの州においても貧民救済費は増大した。しかるに，1821年には1819年から続く豊作のために7つの州を除き全イングランドで貧民救済費が減少した[36]。バークシャ，ウィルトシャ，サセックス等でその減少の度合，額が大きかったのは，これらの州がいずれも農業州であり，1812年時の不作と1821年時の豊作の格差がそれだけ大きかったからである。バークシャにおける貧民救済費は，1812年時には全イングランド中，サセックスについで2番目に高かったが，1821年には大幅に減少し，1822-1823年後再びゆっくりと増大しはじめる[37]が，1831年には1人当たり13シリング8ペンスとなり全イングランド中9番目にまで下がったのである。

第4節　救済対象の質的変化

　18世紀末〜19世紀初頭にかけての時期には窮乏者の増大，賃金補助制度の普及等によって，救済の対象が質，量ともに変化してくる。本節では1802-1803年の報告をもとに，救済対象の変化とその特徴について考察を深めたい。同報告（第1-9表参照）より読みとれるところをまとめると以下のようになる。

　第1に，農業諸州と，商工業諸州とを比較すると，人口に占める被救恤民の割合は概して農業諸州の方が高いといえる。（ただし，商工業諸州に入っているサリーは，人口に占める被救恤民の割合が42.5％と非常に高く，恒常的な救済と時々の救済の比率もほぼ50％，50％である）。(vii)欄参照。

　第2に，救済された被救恤民に占める労働能力のない者と労働能力のある者との割合についてみると，後者の割合が農業諸州において86.6％，商工業諸州において84.8％という圧倒的比率を占めている。(xi)欄参照。つまり

第1部　イギリス18世紀末〜19世紀初頭におけるプア・ローの展開

第1-9表　1802-1803年に救済された被救恤民の分類
1802-1803年の報告①より

州　群　②	恒常的に院外（outdoors）で救済された人数③ 大人	恒常的に院外（outdoors）で救済された人数③ 子供	恒常的に院内（indoors）で救済された人数③（大人および子供）	時々救済された人数④	救済者の総数（i〜ivの合計）
	(ⅰ)	(ⅱ)	(ⅲ)	(ⅳ)	(ⅴ)
農業諸州					
ベッドフォードシャ	2,516	2,014	674	2,072	7,276
バークシャ	5,620	7,533	1,169	8,266	22,588
バッキンガムシャ	6,505	6,493	1,260	5,392	19,650
ケンブリッジシャ	3,870	3,164	892	3,368	11,294
エセックス	11,219	10,737	2,969	13,412	38,337
ヘレフォード	4,515	3,419	303	3,542	11,779
ハートフォードシャ	4,197	2,749	1,754	4,649	13,349
ハンティンドンシャ	1,588	1,483	353	1,322	4,746
リンカーンシャ	6,609	5,303	1,112	5,821	18,845
ノーフォーク	13,668	11,004	3,996	14,114	42,782
オックスフォード	6,538	8,055	1,243	6,148	21,985
ラトランド	498	300	169	393	1,360
サフォーク	8,066	8,096	4,098	15,850	36,110
サセックス	9,415	16,947	3,823	6,891	37,076
ウィルトシャ	12,500	16,900	1,617	11,111	42,128
農業諸州合計	97,325	104,197	25,432	102,351	329,305
工業ならびに商業諸州					
ダーラム	7,099	4,866	746	2,596	15,307
グロスターシャ	11,851	12,299	1,857	10,893	36,900
ケント	9,227	10,939	6,387	15,129	41,682
ランカシャ	14,448	15,858	2,719	13,175	46,200
ミドルセックス	12,185	11,037	15,186	24,765	63,173
ノーサンプトンシャ	7,801	3,285	600	2,618	14,304
スタッフォードシャ	6,829	7,245	1,828	6,608	22,510
サリー	5,173	8,532	5,268	17,167	36,140
ウォーリックシャ	10,624	9,544	1,981	6,416	28,565
ヨークシャ（ウェストライディング）	20,149	17,721	2,534	13,961	54,365
工業ならびに商業諸州合計	105,386	101,026	39,106	113,328	359,146
イングランドならびにウェールズ合計	336,119	315,150	83,468	305,899⑤	1,040,716

第 1 章   救済の拡大と救貧支出の増大   49

1801年の人口⑦（単位千人）	各州の人口に占める被救恤民の割合 % $\frac{(v)}{(vi)}$	救済者総数の内時々救済された人の占める割合 % $\frac{(iv)}{(v)}$	労働能力のない者⑥	労働能力のある者（大人および子供）⑧	救済者総数の内労働能力のある者の占める割合 % $\frac{(x)}{(v)}$	救済者総数の内恒常的に院内にいる被救恤民の割合 % $\frac{(iii)}{(v)}$
(vi)	(vii)	(viii)	(ix)	(x)	(xi)	(xii)
63	11.5	28.5	1,172	6,104	83.9	9.3
111	20.3	36.6	2,872	19,716	87.3	5.2
108	18.2	27.4	2,529	17,121	87.1	6.4
89	12.7	29.8	1,579	9,715	86.0	7.9
200	19.2	35.0	4,850	33,487	87.3	7.7
88	13.4	30.1	2,083	9,696	82.3	2.6
97	13.8	34.8	1,890	11,459	85.8	13.1
38	12.5	27.9	611	4,135	87.1	7.4
209	9.0	30.9	3,294	15,551	82.5	5.9
273	15.7	33.0	7,366	35,416	82.8	9.3
112	19.6	28.0	2,912	19,073	86.8	5.7
16	8.5	28.9	268	1,092	80.3	12.4
214	16.9	43.9	4,115	31,995	88.6	11.3
159	23.3	18.6	3,231	33,845	91.3	10.3
184	22.9	26.4	5,219	36,909	87.6	3.8
1,961	16.8	31.1	43,991	285,314	86.6	7.7
149	10.3	17.0	3,494	11,813	77.2	4.9
251	14.7	29.5	5,094	31,806	86.2	5.0
245	17.0	36.3	4,567	37,115	89.0	15.3
673	6.9	28.5	6,928	39,272	85.0	5.9
—	—	39.2	8,407	54,766	86.7	24.0
132	10.8	18.3	4,613	9,691	67.8	4.2
243	9.3	29.4	3,863	18,647	82.8	8.1
85	42.5	47.5	3,720	32,420	89.7	14.6
207	13.8	22.5	3,922	24,643	86.3	6.9
591	9.2	25.7	9,867	44,498	81.9	4.7
*2,576	*14.9	31.5	54,475	304,671	84.8	10.9
9,235	11.3	29.4	116,829	873,887	84.0	8.0

50　第1部　イギリス18世紀末〜19世紀初頭におけるプア・ローの展開

注) 1　（出所）Williams, 1981, pp. 149-150 より。
　　　原典は *Abstract of Returns relative to the Expense and Maintenance of the Poor British Parliamentary Papers* 1803-1804, Vol. XIII.
　　　ただし（vi），（vii），（viii）については，筆者が付加。
　2　表中＊はミドルセックスを除いた数値。
　3　第1-9表の①〜⑧については，ウィリアムズが次のような注をつけている。
　① イングランド及びウェールズの1万4611の教区，場所が1802年4月20日から1803年4月12日の間に報告書を作成した。
　② 州群（農業諸州，工業，商業諸州）の分類はディーン並びにコールによる。
　③ 表の質問10は当年（1802-1803年）を通じて恒常的に救貧税から救済された人々の数について尋ねた。それに対する答えは，院内，院外での恒常的な年金受領者（pensioners）の総計を表している。
　④ 表の質問12は次のように尋ねた：「当年（1802-1803年）において時々救済された人の数はどれ位か？　教区は負担となった人の数の平均もしくは救済されたすべての被救恤民の総計のどちらかを報告したのかもしれなかった。そして，後者の場合（救済されたすべての被救恤民の総計）は当年において1度以上救済を得た人を2度数えているということを考慮しなくてもよい。すべての被救恤民の総数は，平均して負担となった人数の2倍ないし3倍であろう。教区によってどのような種類の総計が報告として返ってきたかについては直接に知る方法がない。しかし，同報告においては，あいまいな質問には1つの意味で理解されるという内的証拠があり，また同報告は，比較することが可能であり，かつ不都合なしに共に合計されるであろう一種の総計を表しているという内的証拠がある。ここで重要な点は，時々救済された人の数（iv欄）と被救恤民の総数（v欄）との間の関係は州ごとの基準で著しく一致しているということである。例えば農業諸州のグループをひとまとめにして考えた場合，時々救済された者は，救済されたすべての被救恤民のうち31.1%を占め，農業諸州15州のうち13州弱がその割合が28-37%である。商工業州の場合，この割合は種々さまざまであるが，すべての被救恤民のうち「時々救済された者」が26-39%を占める州は10州のうち6州である。商工業について，すべての被救恤民のうち「時々救済された者」の割合は平均すると31.5%でありこれは農業諸州の場合の平均とほぼ等しい。
　⑤ 1813-1815年の時期については，the 'Abstract of Returns Relative to the Expense and Maintenance of the Poor' (*British Parliamentary Papers*, 1818, Vol. XIX) が，時々救済された人々についての情報をより多く含んでいる。同報告の質問9は「時々救済された教区民の数」について尋ねている。1815年については，イングランドおよびウェールズについて，時々救済された被救恤民は42万3150人でこれは被救恤民総数93万7977人のうち45%を占めた。これらの数字は，時々救済された人のグループの相対的な重要性が増したということを示している。それで，1813-15年に時々救済された被救恤民の総数は1802-1803年時のそれとは直接には比較しえないことを強調しておくことが重要である。1802-1803年時に時々救済された被救恤民の総数は，非教区民の救済を除いた数字であるが，1815年時には，非教区民の救済は，救済を受けている何百万という被救恤民のうち約5分の1を占めていた。
　⑥ これらの労働能力のない人々は，質問13によって，「60歳以上もしくは慢性的な病気が他の欠陥」のある者として定義されている。このような人々は，もちろん，(i) - (iv)欄の小計に，また総計は (v) 欄に入れられている。
　⑦ 人口総計はミッチェル（編）(1983), 81-82ページによる。なお，各州の人口に

しめる被救恤民の割合は，ウィリアムズも計算しているが，⑦の人口統計に照らしあわせて，$\frac{(v)}{(vi)}$ を出したところ，ウィリアムズの計算にはいくつかの誤謬がみられたため，それを訂正した。(viii) 欄は訂正後のもの。なおウィリアムズも1801年の人口統計を使用している。
⑧ 労働能力のある大人と，扶養されている子供の統計は，(v) 欄の被救恤民の総数から (ix) 欄の労働能力のない者を差し引くことによって計算された。
以上は，Williams, 1981, pp. 152-53 による。ただし，⑦は筆者による。

　この時期には，労働能力のある被救恤民が救済者の大半を占めていたのであり，その中でも労働能力のある男性の被救恤民の増加が著しかったのである[38]。1795年に至るまでは，救済の対象とされる者の大部分は女性，しかも未亡人であり，子供，病人，老人は少なかったのだが，1795年以降，労働能力のある男性に対する救済が増してくるのである[39]。
　第3に，労働能力のない人々（60歳以上，もしくは慢性的な病気か他の欠陥のある人）は被救恤民のうち約16％だが，数としては，16万6829人に達しており無視できない。(ix) 欄参照。
　第4に，恒常的に院内で救済された被救恤民は，救済対象となった被救恤民全体のうち8％を占めるにすぎず，この時期には，院外救済が一般化していたといえる。(vii) 欄参照。院外救済の普及は，ギルバート法，スピーナムランド制度の普及によるところが大きい。
　第5に，救済は必ずしも恒常的なものではなく，時々救済するという方法が約3分の1を占めていた。(iv)，(viii) 欄参照。つまり被救恤民のうち約3分の1は，恒常的な被救恤民として定着することなく，被救恤民と被救恤民でない者との境目を行き来していたと考えられる。これは政策主体の意図としてとらえる必要がある。すなわち，ここには被救恤民が恒常的な被救恤民として社会の最下層に沈澱，定着してしまうのを防ぐため，救済をすべて恒常的なものとはしてしまわず，ある種の被救恤民に対しては救済を時々しか施さないことによって，被救恤民から被救恤民でない者への上昇を手助けし，そのことによって救貧税負担を少しでも軽減しようという意図があったとみてよい。
　しかるに一方，時々救済するということの意味は，低賃金労働者の雇用政策賃金補助制度との関連においてこそ理解されなければならない。つまり農業資本家は高賃金がかかるであろう独立労働者をはじめから雇おうとはせず，むしろ独立労働者を働きに出し，再び教区の救貧税受領者として戻って

52　　第1部　　イギリス18世紀末〜19世紀初頭におけるプア・ローの展開

きた彼らを雇い入れようとしたのである[40]。なぜなら彼らは低賃金で雇用することができ，不足分は救貧税から補填されたからである。（この点は第3章で救貧税転嫁論との関連で再び論じる）。

　次にバークシャについてみておこう。同州では人口に占める被救恤民の割合が20.3％と高く（第1-6表の25州のうち4番目に高い），人々の窮乏化を示している。さらに時々救済された人々の割合が高く（36.6％），貧民と被救恤民との境界線付近にいる人々の比率が高かったことをうかがわせる。また院内救済の割合は5.2％と低く，被救恤民のほとんどは院外で救済されていたことがわかる。

　以上，1802-1803年の報告を中心として，救済対象の質的変化をみてきたが，労働能力のある者の救済の増加，院外救済の普及という事実は，18世紀から19世紀初頭にかけて，ギルバート法，スピーナムランド制度，ラウンズマン制度等の政策が普及していたことと結びつく。ここではその中でも，序章での問題意識から，スピーナムランド制度のつかんだ救済対象と同制度の意義についてみておこう。1795年5月6日に，バークシャのスピーナムランドで決議された賃金補助制度は第1-10表に示されている。

第1-10表　スピーナムランド制度で決議された救済方法並びに救済水準
（1795年5月6日）

1ガロンのパン価格	得るべき賃金		男性一人		独身女性一人		夫妻		夫妻と子供一人		夫妻と子供二人		夫妻と子供三人		夫妻と子供四人		夫妻と子供五人		夫妻と子供六人		夫妻と子供七人	
	s.	d.	s.	d.	s.	d.	s.	d.	s.	d.	s.	d.	s.	d.	s.	d.	s.	d.	s.	d.	s.	d.
	1	0	3	0	2	0	4	6	6	0	7	6	9	0	10	6	12	0	13	6		0
	1	1	3	3	2	1	4	10	6	5	8	0	9	7	11	2	12	9	14	4	15	11
	1	2	3	6	2	2	5	2	6	10	8	6	10	2	11	10	13	6	15	2	16	10
	1	3	3	9	2	3	5	6	7	3	9	0	10	9	12	6	14	3	16	0	17	9
	1	4	4	0	2	4	5	10	7	8	9	6	11	4	13	2	15	0	16	10	18	8
	1	5	4	0	2	5	5	11	7	10	9	9	11	8	13	7	15	6	17	5	19	4
	1	6	4	3	2	6	6	3	8	3	10	3	12	3	14	3	16	3	18	3	20	3
	1	7	4	3	2	7	6	3	8	6	10	6	13	0	15	2	18	3	20	5	20	11
	1	8	4	6	2	8	6	9	8	10	11	0	13	3	17	6	19	8	21	6	21	10
	1	9	4	6	2	9	6	9	9	0	11	3	13	6	15	9	18	0	20	3	22	6
	1	10	4	9	2	10	7	1	9	4	11	7	14	1	15	8	21	0	23	5	23	5
	1	11	4	9	2	11	7	2	9	7	12	0	14	5	16	10	19	3	21	8	24	1
	2	0	5	0	3	0	7	6	10	0	12	6	15	0	17	6	20	0	22	6	25	0

注）　（出所）Eden, [1797] 1966, p. 577 より。なおここでいう1ガロンのパンとは，2等の小麦でつくられ，重さ8ポンド11オンス（約3.94kg）のパンと定められていた。

第1-10表よりわかるように，スピーナムランド制度は，パンの価格と家族（子供）の数に応じて，得るべき最低賃金を決め，それに満たない場合には，その不足額が補填されることを決めたのである。例えば，第1-10表より，1ガロンのパン価格が1シリングの時，夫妻は4シリング6ペンスの賃金を得るべきであるとされ，パン価格が1シリング6ペンスの時，夫妻と子供4人の家族は，14シリング3ペンスの賃金を得るべきであるとされたのである。

　このスピーナムランド制度について，ニューマンは，ブローグの見解（家族手当をその起源と意図に関してスピーナムランドの賃金補助金と混同すべきではない）にしたがって同制度による賃金補助と，子供の負担に耐えきれない家族への「家族手当」とを区別する立場をとっている。例えば，ニューマンは，「ブラッドフィールド（Bradfield），イースト・ヘンドレッド（East Hendred），サニングヒル（Sunninghill）の記録では，手当制度の存在が認められるが，それは子供の負担に耐えきれない家族への単なる『家族手当』にすぎない」[41]と述べて，これを賃金補助制度と区別している。

　しかし私は，スピーナムランド制度そのものにニューマンのいう「子供の負担に耐えきれない家族への『家族手当』」が含まれていたと考える[42]。なぜならすでにみたように，スピーナムランド制度による賃金補助制度は，子供の数がふえるにつれて，またパン価格が上昇するにつれて，得るべき賃金水準を上昇させたからである。このことの意義は，限定つきではあるが，スピーナムランド制度は，「家族手当」，「児童手当」といった社会保障の萌芽を含みもっていたということである。『1834年報告』によっては，同制度が及ぼしたとされる悪影響のみが述べられるが，先に述べたように，同制度がもっていた積極面を見逃してはならない。

第5節　雇用政策としての意義

　以上，18世紀末〜19世紀初頭のプア・ローをめぐる問題について，イングランド及びウェールズとバークシャとを比較しつつ検討してきたが，最後にバークシャにおける雇用政策の実施をみるなかで，それがいかなる意義をもったかについて考察したい。

　貧民を仕事につけることはすでに1601年エリザベス救貧法において意図さ

れていたが，実際にはほとんど行われず[43]，続いて17世紀，18世紀には，労役場において貧民の雇用がなされ，そこから利益を得ようとする試みがなされたが，そうした試みは失敗した[44]。18世紀末～19世紀初頭における雇用政策のうち成功したものとして，いわゆる公共事業への雇用政策があげられる。

　ギルバート（Gilbert, Thomas, 1720-1798）は1781年にみずから編み上げたプア・ロー改革案を提出した時（翌年制定法化），すでに雇用問題の重要性に気づいていた。

　彼は州の道路の修理や運河の建設に雇用口を見出すという，いわば公共事業への就労をもって失業対策の1つとするというケインズ政策に似た政策を頭に描いていたのである。この政策は，とりわけ冬季に仕事の少ない農業地域では有効であった。

　こうした政策は事実，バークシャにおいてなされたのであるが，以下そうした例[45]をいくつかみておこう。ウォーフィールド（Warfield）の教区では，労働能力のある被救恤民については救済するだけで，彼らの労働力を利用していなかったのだが，1814年1月には道路工事に使う砂利を掘るために被救恤民が雇用された。またハンガーフォード（Hungerford）の教区会では，1816年11月に冬の間4つの十人組（tything）の検査官の監督の下で，労働能力のある被救恤民が，道路での仕事，他の公共の仕事に1日1シリングでつくよう命令された。またシンフィールド（Shinfield）教区会の議事録（1768年から中断なく記されている）によれば，1818年にはじめて，過剰労働者が砂利取り場や道路で働いていることが記されている。サッチャム（Thatcham）特別教区会の契約では，1818年12月に男性の被救恤民は救済を受ける返礼として，砂利を掘ることとされていた。またウォーリングフォードのセント・ペーター（St. Peter）の貧民監督官は，以前には過剰労働者に「仕事がない」時に金を払っていたが，1822年秋には，砂利仕事をする彼らに金を払いはじめた。

　こうした実例からもわかる通り，貧民を救済と雇用の両面から支えようとしたギルバート法の理念は，現実の政策として実施されていたのである。ギルバート法の"主観的意図"は，「この法が**近代的失業者のカテゴリーを史上はじめて把んで，これに独自の対策を講ずる必要を指定した点に要がある**」[46]とした中西氏の指摘は，以上のような史実によってより鮮明になった。さらに以上のような史実は，バークシャにおいては，大前氏の指摘する「教

第 1 章　救済の拡大と救貧支出の増大　55

区による**雇用の強制**であり，同時に**救済の強制**」[47]，より積極的には，労働者や貧民にとって，「雇用と生存の二つの権利が保障」されていたことを裏づけているといえよう。そしてこの点こそが，18 世紀末〜 19 世紀初頭における雇用政策の特徴であり，意義である。

注)

1) イギリス産業革命の時期については，見解の分かれるところであるが，その始期について，A. トインビーは，ジョージ 3 世の即位の年，つまり 1760 年前後と考えている。しかし，「綿工業の技術革新は 60 年代から活発化するのだが，人口や貿易，物価などの変化はむしろ 1740 年代と 70 年代末から 80 年ごろに二段階の加速を経験している」ことから，「むしろ 40 年代と 80 年代前後に二段階のスタートを考えるべきであろう」とする見解もある。またその終期についても定説はなく，「産業資本主義に固有の循環性の恐慌が本格的にあらわれた 1848 年を主張する者」や，「機械そのものが機械でつくられるようになる時点，言いかえれば機械工業が確立する 1850 年代をあげる者もある」。(青山吉信，今井宏 (1982)，158-159 ページによる)。

2) 吉岡昭彦（編）(1968)，7-8 ページ。

3) 浜林正夫氏は，「1831 年には手織工 24 万人にたいして工場労働者は 18 万 7000 人にすぎず，羊毛工業の中心地ヨークシャにおいても梳毛工場労働者は 1833 年でわずか 9,000 人あまりである。その他の産業を加えても工場労働者とよびうるものは 20 万そこそこであったのではあるまいか」，「1831 年においても労働者のうち工場労働者の占める比率はいちじるしく低く，10％以下であり，農業労働者，手工業的家内労働者，家事労働者が労働者総数の 7 割以上を占めている」としている (浜林正夫 (1980)，55-56 ページ)。

4) 18 世紀末期農業労働者階級の状態については，イーデン，デヴィット・デイヴィス (Davies, David, 1742-1819)，アーサー・ヤング (Young, Arthur, 1741-1820)，ハスバッハ等の資料を用いて，新井嘉之作氏が論じている (新井嘉之作 (1959)，375-389 ページ。なお，19 世紀初期農業労働者階級の状態については，同，413-432 ページが参考になる)。

5) イギリス産業革命は，労働者の生活水準を上昇させた (「楽観論」) か下落させた (「悲観論」) かというテーマについては論争が続いている。「楽観論者」としては，J. クラッパム，T. S. アシュトン，ロストウ，ハートウェルらがあげられ，「悲観論者」としてはマルクス，エンゲルス，A. トインビー，マントウ，ハモンド夫妻，ホブズボームらがあげられる。最近では，1960 年代，70 年代と 2 度にわたって，*Economic History Review* 誌上において，ハートウェルとホブズボームの間でこのテーマをめぐって激しい論争がくりひろげられた。この問題は地域，時期，労働者の階層を考慮して，また労働者の生活全般 (賃金，食料，衣服，住宅等々) の質と量の両面から検討すべきであろうが，問題はかなり複雑であ

る。最近では，LindertとWilliamsonがLindert & Williamson, 1983を発表し，労働者を階層別に分けて分析を行っている。なおこの問題については，琴野孝（1961），小松淑郎（1963），同（1964），松村高夫（1970）を参照。

6) エンクロージャーについての最近の研究として，Turner, 1984がある。
7) Hobsbawm, 1968, p. 83, 邦訳，124ページおよび永田正臣（1985），173-182ページを参照。
8) 毛利健三（1964）。
9) Gilbert, 1781, p. 7.
10) Webb, [1927] 1963, p. 275.
11) Gilbert, 1781, p. 7.
12) Nicholls, 1854, Vol. 2, p. 94.
13) 大前朔郎（1975），33ページ。
14) 中西洋（1982），306ページ。
15) 中西洋（1982），307ページ。
16) Satre, 1978, p. 47.
17) サンプルとして選ばれた16の教区は，バークシャ全土に散らばっており，人口は教区によってさまざまであったが，それらの教区での主な職業は1つの教区を除いて農業であった。この16教区が選ばれたのは，それらの教区に1795-1834年までの資料が充分に残存していたことにもよる。
18) この分析結果は，Neuman, 1982, pp. 160-166による。
19) ニューマンの調べた16教区のなかには，「スピーナムランド制度の表」を厳格に実施した教区はなく，多くがそのバリエーションをとっていたが，1832年のプア・ロー調査委員会からの質問に答えたバークシャの農村教区のなかでは，スピーン（Speen）教区だけが次のように述べている。ここでの救済は，「バークシャのmagistratesによって採用された表」にしたがってむらなく与えられている（Neuman, 1982, p. 165）。また，ミルトン（Milton）教区（バークシャ内）からの報告によると，1795年の表は用いられているが，それに厳格に固執してはいないということである（Neuman, 1982, p. 209）。
20) バークシャの概況についての史実はNeuman, 1982, pp. 1-16, Satre, 1978, pp. 1-41, V. H. C., p. 222を参照した。
21) バークシャにおいて産業は多種あったけれども，まだ19世紀の第2四半期（1825-1850年）までは企業の規模が小さくフルタイムで働くことのできる人はほとんどいなかった。19世紀最後の四半期（1875-1899年）までバークシャの人口の大部分は農業で暮らしをたてた（Satre, 1978, p. 7）。
22) ニューバリーの救貧税は，1800年までに1ポンドにつき9シリングに達し，バークシャの他の大きな共同体のどこよりも高くなった（Neuman, 1982, p. 10）。
23) バークシャにおいて，クレイバンの一族はかつては州の勲爵士としてjunior branchを占めることができたが，後年新しい一族の流入，主としてアジアの人の流入によって大幅に分割された（Thompson, 1963, p. 47）。
24) Neuman, 1982, p. 4.
25) Neuman, 1982, p. 4.

26) Neuman, 1982, pp. 33-34.
27) 農業労働力需要の季節的偏倚については例えば森建資(1974), 5-7 ページを参照。
28) Eden, [1797] 1966, Vol. 2, p. 11. なお，イーデンについては本書第2部第3章注3)を参照。
29) Redford, [1964] 1968, p. 90.
30) イングランド及びウェールズを区分して考えるには，南部，北部だけでは大ざっぱであり，中部，東部，西部にも区分する必要があるが，ここでは次のような境界線をもって南北に二分した。

31) ちなみに，ブローグはイングランド及びウェールズを，農業州と非農業州とに分けそれぞれの州における貧民救済費の推移を描いている。それによると農業州における貧民救済費の推移のパターンと非農業州におけるそれとは極めてよく似ている。ブローグはこの理由を次のように考えている。19世紀はじめのほ

ほぼ30年間における工業活動は，収穫高の変動とかみ合っており，穀物収穫高が少なければ輸入が増大し，それが貨幣市場に圧力を与え，結果として投資，雇用の減少となっていたのである。小麦に対する需要は非弾力的であるため，小麦価格の上昇は消費者からの所得を借地農に再分配した。なぜなら借地農の限界消費性向は一般に消費のそれよりも低かったからであり，その結果，消費に対する総支出はより低下した。逆に国内での豊作は，経済を通じて有効需要の水準を引き上げた。こうしてプア・ロー行政はちがっても，救済支出の増減は，すべての諸州においてほぼ同時におこるのである（Blaug, 1963, pp. 165-166）。

32) Neuman, 1982, pp. 149-153, pp. 170-172.
33) Neuman, 1982, pp. 180-183.
34) 「ケアードの境界線」を以下に示す。

注) 1 (出所) Chambers & Mingay, 1966, p. 142.
2. 実線の境界線は、低地代の耕地たるイングランド東部と、高地代の西部放牧場とを区分し、点線の境界線は、北部高賃金地域と南部低賃金地域とを区分する。これはCairdがCaird, 1851において示したものである。

35) Dunkley, 1982, pp. 52-53. ダンクリは、特別教区会の意図は、治安判事らの反対によって成功しなかったとし、同教区会の効力をほとんど認めていない。

36) 南部農業諸州のみならず北部工業諸州でも同様に、豊作時には貧民救済費が減少し、不作時にはそれが増大したのである。ブローグによれば、1819-1821年の大豊作時には農業諸州での貧民救済費は工業地域よりも早く下落したという。(Blaug, 1963, p. 166)。もっとも多少のタイム・ラグはあったにせよ、両地域における貧民救済費の推移のパターンは似かよっている。つまり貧民救済費は、その額の高さに違いはあるにせよ、農業不況、豊作に起因する穀物価格に最も大きく左右されたのである。

37) Neuman, 1982, p. 192.

38) J. D. マーシャルは、スピーナムランド制度が普及したとされる諸州で、被救恤民の約70%は労働能力のある成人以外の者であるとし、もし残りの者が男・女の別に等しく分けられるとすれば、労働能力のある成人男子は多数の被救恤民のうち20%を下回り、全人口からみれば2%以下であるとしている (Marshall, J. D., 1968, pp. 33-35)。これについてウィリアムズは、「マーシャルは述べてはいないが、上記のことによって明示されているのは、労働能力のある男性の救済は、相対的に重要ではないということである」とし、「マーシャルの推定はもっともであり計算もまちがっていないが、彼のロジックは疑わしい」として次のように述べる。「労働能力のある者の被救恤民化が重要でないというマーシャルの証明は、彼が労働者と彼らの扶養者とをきり離してしまうことに基づいている。しかし男性は、大家族ゆえに救済を引き出すことはいつも認められていたのだから、このマーシャルの証明はばかげている。もし典型的な家族が、例えば、労働者、妻と扶養する子供3人から成っている場合には、男子労働者のパーセンテージは救済を受けている者の20%以上に上昇することは絶対に不可能である。労働能力のある労働者に対する選別的な救済の及ぶ範囲は、男女両性の総人口に対してよりもむしろ20-50歳のグループにおける男性の総人口に対しての方が最良に測定される。もし例えば1802-1803年の人口の年齢構成が1821年のセンサスによって明らかにされた年齢構成と類似していれば、20-50歳の全男性は、イングランド及びウェールズの総人口の17%を占め、ほぼ155万6000人となる。すでに10万人の男子失業者が、1802-1803年にわたって救済を得ていたから、プア・ローはこうして20-50歳の年齢のグループにおける男性人口の約15分の1を援助したことになるのである」。(Williams, 1981, pp. 42-43)。

39) Oxley, 1974, pp. 112-113.

40) Dunkley, 1982, p. 86.

41) Neuman, 1982, p. 161.

42) J. D. マーシャルも、賃金補助制度と家族手当との区別は、「基本的には重要で

ないと思われる」としている（Marshall, J. D., 1968, p. 19）。
43)　Marshall, D., 1926, p. 125.
44)　福井修（1983），187-199 ページ。
45)　この例は，Neuman, 1982, pp. 183-184 による。
46)　中西洋（1982），316 ページ。
47)　大前朔郎（1975），33 ページ。

第2章 救貧行政と政策主体

　以上第1章では，18世紀末〜19世紀初頭のイギリス産業革命，農業革命の進展下における労働者の生活水準の低下等をとりあげ，ギルバート法，スピーナムランド制度導入の歴史的背景を概観し，バークシャにおける両政策の普及，スピーナムランド制度の意義についてみた。さらにこの問題と関連して，この時期の救貧支出の増大とその特徴を地域的並びにとりわけ農業州バークシャについて検討を加え，同州における救貧対象の質的変化，並びに雇用政策導入の意義について考察し，この時期の救貧政策の歴史的性格をみてきたのであった。

　次に第2章では，救貧行政における政策主体をめぐって，この問題をさらにバークシャの事例を中心に深めて行きたい。

第1節　バークシャにおける治安判事とその出身階層

　バークシャにおいて，実際に治安判事[1]の地位についたのはどのような人達だったのか。ここでは，1795年同州のニューバリーの近く，スピーナムランドのペリカン・インに集まり，スピーナムランド制度を決議した治安判事達の出身階層をニューマンによる分析[2]及び D. N. B. の記述をもとにみてみたい。

　「スピーナムランド決議」に出席した18人[3]の治安判事のうち，わかっていることは，7人は聖職者の判事（ワッツ，ウィルソンを含む），5人は聖職者でない判事〔lay justices，チャールズ・ダンダス（Dundas, Charles, 1751-1832）を含む〕，2人の magistrates のうち，1人は聖職者だったということである。

　また，6人の判事は，バークシャ内に1つ以上の領地をもっていた。

○ジョン・ブラグレイブ（John Blagrave），ウィリアム・ワイズマン・クラーク（William Wiseman Clark），ウィリアム・ヘンリー・プライス（William Henry Price），リチャード・コック（Richard Coxe）師，ジョン・グレイバン（John Graven）師の5人は，バークシャの基準からすれば長期である150年以上もの間，同州と関係してきた家族のメンバーであった。

○判事のうち10人は，農村教区に土地の大部分を保有し，その農村教区の人口は，1801年の統計で，1,000人以下であった。

○ダンダスとリチャード・コック師の2人は，もう少し人口が多いが，やはり農村教区に住んでいた。

○トマス・スラック（Thomas Slack）とイングランド・タウンゼント（England Townsent）師は，ブレイ（Bray）教区に住んでいた。そこで，スラックはかなりの農場を保有し，エドワード（Edward）は教区司祭（vicar）であった。

○18人の判事全員が，小さなあるいは中ぐらいの大きさの農村教区に土地を持っていた。

○ジョン・ブラグレイブは，レディングに加えてシュライバム（Shriveham）教区のウォッチフィールド（Watchfield）でも，またタイルハースト（Tilehurst）の農村でも領地をもっていた。

○18人のmagistrates全員で少なくとも26の土地を持っており，それらは，バークシャの20のハンドレッドのうち14に分布していた。

このように，バークシャの治安判事は，州の多くの土地を所有し，聖職者の比率も比較的高く，「州の社会のなかで最高のレベルに属していた」[4]のである。

さて，その中でもとりわけ，チャールズ・ダンダス[5]に注目してみたい。スピーナムランド制度の決定の際に議長をつとめたダンダスは，1794年から1832年に亡くなるまでバークシャの議員をつとめ，長期間四季裁判所の議長として活躍し[6]，同州の行政では，無類の地位を占めていた。また長年にわたって，下院議員をつとめ，1802年には，実現しなかったが，下院の議長にも指名されたほどである。1832年5月にはアムズバリー（Amesbury）卿として貴族となり，同年7月に亡くなる1カ月前まで，下院議員として定期的に選ばれていた。政治においては自由主義者であった。彼は，下院では長年平議員で通したが，ケネット・アンド・エイバン（Kennet and Avon）

運河会社の会長として (1788年), また, 地方の行政官として法の執行に全力をそそいだのである。

　18世紀末〜19世紀はじめにかけて, バークシャでも貧民の救済をめぐってさまざまな議論がなされたが, そうした時, 同州の治安判事であった, ダンダスや, 「スピーナムランド決議」のときの書記で, Deputy Clerk of the Peace[7]であったウィリアム・バッドは, きまって貧民の側に立って彼らを弁護し, 貧困から救おうと努力したのである。ダンダスを中心として, 彼の同僚である判事も長年その任務をつとめたが, このように, 実際の救貧行政は, 「機構」もさることながら, 「人間」, 「パターナリズム」に大きく影響されたのである。

　バークシャの治安判事は, 「生活に困っている労働能力のある者に対しては, 生活の糧をほどこすのが共同体の義務であると信じ, 貧困の監督と救済については, 教区当局をこと細かく指導するのが自分達の特権だと信じて」[8]いたが, 裏を返せばそれは, 教区で実際に貧民救済にたずさわる貧民監督官にとっては, 押しつけがましい管理となったのである。スピーナムランド制度は, 何よりもこうした考えをもったバークシャの治安判事によって決議されたというところに意義がある。「この制度はエリザベスの制定法に代って作用し, バークシャの人々によって, 事実『スピーナムランド法(アクト)』と呼ばれたのである。法律家でない, 地方の治安判事にとって制定法をわきにおしのけて彼等自身の法に基づいて行動することにより君主の権威を行使することは賞讃される事であった」[9]と記したチャドウィックの言葉が何よりもよくそのことをわれわれに教えてくれる。

第2節　バークシャにおける貧民監督官

　それではバークシャにおいて貧民監督官についたのはどのような人達だったのであろうか。ここでは救貧税査定額と貧民監督官との関係についてみておきたい。救貧税の査定については第3章でみるように種々の問題点があったが, とりわけナポレオン戦争後の農業不況, 救貧税の急増の中で, 全国的にもまたバークシャにおいても, 多数の教区で救貧税査定における再評価が試みられるようになるのである。この傾向は課税額を教区の所有者の地元で

の真の状態と一致させる方向にすすみ，教区の貧民監督官と他の人について相対的に評価された富について調べれば，どれほど「裕福な」人が同官職のために選ばれたかが示されるに違いないとして，ニューマンはバークシャの3つの教区ないし教区会について検証している[10]。

○イースト・ヘンドレッド（East Hendred）教区会の議事録によると，1785年12月に55人が救貧税の査定をされ，そのうち2人の貧民監督官は教区で5番目と8番目に大きい占有者であることがわかっている。翌年(1786年) 復活祭からの貧民監督官は，教区で55人のうち4番目と6番目に大きい所有者であった。

○ドレイトン（Drayton）教区の貧民監督官の帳簿によると，19世紀の2番目の10年間（1810-1819年）の期間内で，1813年についてはリストに載っている34人ないし35人のうち，査定された救貧税額が11番目以下の者で貧民監督官になった者は1人だけであった。また同教区では2人の貧民監督官が毎年指名されたが，5番目に救貧税額の高い教区民が全部で13回同官職についた。

○シンフィールド（Shinfield）教区会での1827年3月の会合においては，年間20ポンド課税されない者は貧民監督官になりえないことが満場一致で決定した。

以上のような史実はバークシャ148の教区のうちのほんのわずかな例にすぎず，一般化して述べることはできないが，18世紀末〜19世紀初頭にかけての時期には，救貧税査定の再評価とも結びついて，救貧税をある程度納めている者が貧民監督官として指名される傾向がいく分あったといえよう。ただし上の例でもわかるように，彼らの救貧税額は，教区レベルでも必ずしも最高というわけではなく，ましてや州レベルともなると，最高の救貧税を査定されている人達には属さなかったであろうことは想像に難くない。

さらに以上の点につけ加えて，バークシャにおける治安判事と貧民監督官の間には次のような差異があった。

第1に，バークシャの基準では（全国的にもそうだが）州の治安判事，とりわけ最も活動的な治安判事はすでにみたようにかなりの地主であり，彼らの収益の大部分は地代であった。一方，貧民監督官は多くの場合，単に地代を支払う占有者〔借地農と考えられる〕[11]もしくは，小自由保有権保有者（small freeholder）であった[12]。

第2に，治安判事が，「無給の名誉職」[13]であったのに対し，貧民監督官は，無給なるがゆえに，教区基金を使い込んだ[14]。

　第3に，治安判事が，救貧税負担にさいして，それほど影響を受けなかったのに対し，貧民監督官は，「彼らの所有物のうちずっと大きな部分にかかる救貧税の直接の影響を受けがちであった」[15]。

　第4に，治安判事の任期が，（ダンダスの例でもみたように）長期に渡ってなされることも十分可能だったのに対し，貧民監督官は，1年が最高限度で，実際には，6カ月，4カ月，3カ月で交替されることが多かった。

　第5に，1782-1834年の間において，バークシャの裁判所のメンバーに入れられた貧民監督官は皆無であった[16]。このことより，また以上みてきた諸点より，両者の間には歴然たる差異があり，バークシャの場合，貧民監督官から治安判事へ上昇することは，全く不可能だったのである。

　以上，バークシャにおける治安判事と貧民監督官を出身階層その他の面から分析，比較した。それでは次に，貧民救済における両者の権限関係はどう変化するのかについてみてみたい。

第3節　救貧行政における治安判事と貧民監督官との関係

(1) 両者の権限関係

　第1章第1節でみたように，ニューマンは，スピーナムランド制度の普及とその救済水準について，バークシャ148の教区のうち16教区について調査したが，その分析結果から，「貧民監督官は，州のmagistratesの命令とはだいぶん関係なく，彼ら独自のやり方で貧民について考え行動した」[17]と結論づけている。さらにそうした例として，次の記録がひきあいに出される[18]。

　1795年，「スピーナムランドの決議」がなされた時，フレドリック・ペイジ（Page, Fredrick, 1769-1834）[19]は，バークシャ内の教区"P"（この教区が何教区であったのかは，はっきりしない）の貧民監督官であった。彼は5人の被救恤民を自分の前に呼び，救済に関する限り，「彼らの最高の欲望」を述べるよう求めたが，その時彼らがペイジに言った額は，どれもスピーナ

ムランド制度で決議された額よりも低かった。そこでペイジは満足して，スピーナムランド制度で決められた救済水準を無視して，被救恤民自身の判断にしたがって彼らを救済した[20]。

この例からすると，州の代表者たる治安判事による貧民救済命令は，教区レベルにまで浸透せず，彼らは自由に自らの判断にしたがって，貧民救済を行っていたかのように思える。しかし本当にそうであろうか。

18世紀末～19世紀初頭にかけては，貧民救済のプロセスにおける治安判事と貧民監督官の権限関係が従来と比べて変化してくる時期である。それではその関係がどう変化したのか，その対比を明らかにするためには，1722年ナッチブル法にまでさかのぼってみておくことが是非必要である。同法の規定による貧民救済手続きは一言でいえば，救貧行政における治安判事の過度の介入を防ぐものであった。同法は，教区の役人が知ることもなく，多くの人々が，虚偽の陳述をしたりして，治安判事に救済申請をし，救済を受けていることが，救貧税を急激に増大させているとして，その反省の上に立って，貧民の救済手続きを次のように定めた。

救済を申請した貧民が，救済を受けるための正当なる理由を宣誓し，この申し立てが，貧民監督官もしくは教区会になされ，それが彼らによって拒否されるまで，また，貧民監督官が治安判事によって召喚されて，救済が与えられるべきではなかった理由を示すまで治安判事はいかなる貧民にも救済命令を下してはならない[21]。

これを図で示せば次のようになるであろう（第2-1図参照）。以下この図について説明しておこう。まず貧民は，教区会もしくは貧民監督官に救済申請をし（①），それが認められれば，その救済水準で救済され，救済手続きは完了（②）する。先にみたバークシャの貧民監督官フレドリック・ペイジによる貧民救済手続きは，①→②という最も簡単なもので，この場合には治安判事は全く介入しえない。ところが，貧民の要求した救済申請が貧民監督官によって拒否された場合，もしくは貧民監督官によって与えられた救済内容が不満である場合（②'）には，「貧民の権利」[22]として，治安判事に対しての抗告が認められていた（③）。治安判事は，これを受けて，貧民監督官及びその抗告をした貧民を召喚して事情を聞き（④），その上で救済を命令し（⑤），それから貧民監督官を通じて，改めて救済がその抗告をした貧民に与えられた（⑥）。これが1722年ナッチブル法による貧民救済手続きで

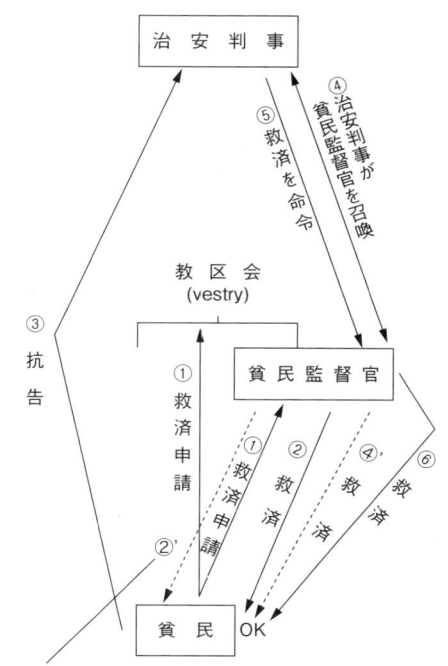

```
                    治 安 判 事
                   ↗          ↑ ↘
                  ③        ⑤  ④治
                  抗       救  安貧
                  告       済  判民
                          を  事監
                          命  が督
                          令    官
                                を
                                召
                                喚
                      教 区 会
                      (vestry)
                         ↓
                         ①      貧民監督官
                         救      ┌─────┐
                         済      │     │
                         申      │     │
                         請    ① ② ④' ⑥
                              救 救 救  救
                              済 済 済  済
                         ②'  申       
                              請       
                         貧   民  OK
```

救済申請が拒否されるか
救済内容が不満の場合

第2-1図　1722年ナッチブル法における貧民救済手続

あるが，実際には，④，⑤の手続きは省略されることが多く，③→④'へという手続きで貧民は救済された。貧民監督官は，自分の教区から最も近い治安判事のところまででも何マイルも旅行せねばならず，それは費用がかかる上に，彼らにとってやっかいなことだったからである。こうして「被救恤民の抗告は，magistrates の欠席によっても，たびたび認められた」[23]のである。このことにより，現実には，1722年ナッチブル法が意図していた以上に，教区の救貧行政には治安判事が介入しなかったといえよう。

　ところがこうした貧民救済手続きを一部変更したのが1796年法（36 George III. c. 10, c. 23）である。同法においては，1人の治安判事は貧民の自宅内での1カ月までの救済を命令してもよいこと，そして貧民監督官はその命令に従って貧民に救済を与えるべきであること，さらに2人の治安判事は2カ月を超えぬ期間内，自分が適当と認めた貧民に対し，救済命令を出す

権限を持つことが決められた[24]。つまり1796年法においては，1722年ナッチブル法と比較して，貧民救済における治安判事の権限が強化，拡大されたのである。従来は，貧民が抗告してはじめて治安判事があらわれていたのだが，1796年法においては先にみたように治安判事が積極的に直接に貧民救済命令を出すことができるようになったのである。

1796年法によって自らの貧民救済権を強化しえた治安判事にとって，残された問題は，たとえ自分達が貧民監督官に，貧民を救済するよう命令を出しても，彼らがそれをいかにどの程度実行するであろうかということであった。教区での救貧行政に直接たずさわるのは，あくまで貧民監督官であり，治安判事は救済命令を出すにとどまり，その点で彼らの貧民救済権は限界を画したかのようにも思えた。しかしバークシャにおいては，現実はそうではなかった。18世紀末〜19世紀初頭にかけてなされた治安判事の権限強化をめざす一連の制定法[25]を後だてとして，彼らは貧民救済の最後の段階で，貧民監督官を自らの命令に従わせるために最大限の努力をするのである。以下バークシャの事例を中心にみてみたい。

スピーナムランドの決議がなされた1795年5月のレディング・マーキュリー紙上で，バークシャの裁判官は，自分達の忠告[26]に，最も注意して従った貧民監督官には賞金を与えるよう考えて欲しいことを州の農業協会（1794年設立）に要求している[27]。このことはいかにして，貧民救済に関する彼らの忠告を貧民監督官に正確に実施させるかということについての苦肉の策に他ならない。

さらに一般には救済事項は，治安判事が四季裁判所に集まり，そこで決議された共同決定が，貧民監督官に命令されるのだが，1795年の凶作，農業不況のただ中で，バークシャでは，四季裁判を離れて，個人的にまた地域レベルで，治安判事は，困窮を和らげ，秩序を保つことに励んだとされている[28]。このことは，当時の人々がいかに貧困のなかで苦しんでいたかを示すものであるが，同時に，治安判事が，教区，地域での貧民救済をより確実なものにし，そのことによって自らの地位の安定，維持をはかろうとしたことをあらわしている。

より具体的にいえば，治安判事は，貧民救済に関する自分達の命令を，貧民監督官にできうる限り忠実に実行させることによって，彼らの自由裁量の幅をできうる限りせばめようとするのである。

1801年にバークシャのニューバリー地区の治安判事によってなされた命令と，その後の彼らの行動は，そのことを顕著に示している。

周知の通り，1799-1801年にかけてイギリスは，厳しい農業不況にみまわれ，1800年の物価騰貴によって，貧困はますます増大しつつあった。1801年，ニューバリー地区の6人の治安判事が，10日前に制定法となった1801年法 (41 George Ⅲ. c. 23) を実行するために，スピーナムランドのペリカン・インに集まった[29]。そして，1801年法の条項にしたがって，彼らはハンドレッドの貧民監督官に次のことを命令した。

○貧しい教区民の救済を現金だけで行うことはやめよ。（このことは教区の住民が自分達の救済の少なくとも3分の1を小麦粉と他の粉が半々まざった粉からつくったパンで，あるいは，肉，魚，ミルク，米，馬鈴薯で，また他の代替物で受けとるようになっていたことに基づいている。全所得の3分の1もしくはそれ以下を教区にたよっているものは現物でのみ救済された）。

○貧民への手当は，標準的な小麦のパンの価格にしたがって調整すること。（パンの価格にしたがって手当を調整することはスピーナムランド制度によって導入されたが，その後，質の悪いパンが出回り，この安いパンの価格を基準として手当が調整される不都合があちこちでおこっていた）。

○いかなる節約も，一層の救済のためになされること。

以上がその命令であるが，ここで注目すべきは，治安判事が単に命令を出すにとどまらなかったということである。治安判事は1801年法の6節にしたがって，いかにこの命令を実行するかを説明するために，1週間後にニューバリーに集まるよう貧民監督官に指図したのである。

最後に，治安判事は，実際には救済されていない貧民には，必要不可欠な品物を原価で買うことを許可するよう，また人口の多い教区では，すでに近隣ではその有効性が証明されていた soup kitchen を実験的に導入するよう忠告した。

同年2月12日には，別の会合（顕現日1月6日の四季裁判が延期されたもの）がペリカン・インで開かれたが，その目的は，治安判事が命令した1801年法の条項が，地方でどのように実施されているかを調べることにあった。そして当日までに，四季裁判所は，貧民監督官からの報告のうつしが，地区の

治安判事の指示と共に提出されるよう命令されていたのである。

このように，治安判事は自分達の命令を徹底させ，それが教区レベルでどれだけ浸透したかということを確かめようとしたのである。

2月12日に提示された報告は以下の通りであった。なおフェアクロス (Faircross) とニューバリー地区のキントバリー・イーグル・ハンドレッド (Kintbury Eagle Hundred) における22の教区と場所からの報告は，1801年5月5日に延期になった四季裁判所で提出された。これは貧民監督官による報告のうち最大のものであった。

私は，その報告を次のように10項目に分けて整理してみることにする。

①治安判事の命令，忠告に従って政策を実施，貫徹。
　○アビンドン地区
　○ファリントン地区
　○フォレスト地区
　○メイデンヘッドの5つの教区
　○ワンテイジの11の教区
　○フェアクロスとキントバリー・イーグル・ハンドレッドの10の場所
②命令された量までではないが，貧民には現金の代替物を与えている。
　○フェアクロスとキントバリー・イーグル・ハンドレッドの3つの教区
③治安判事の命令に従っている途中。
　○メイデンヘッドの2つの教区
④治安判事の命令に従って，政策を実施し始めたが，とだえてしまった。
　○フェアクロスとキントバリー・イーグル・ハンドレッドの2つの場所
⑤治安判事の命令を2週間後に実施する予定。
　○ワンテイジの4つの教区
⑥治安判事の命令を将来貫徹。
　○ワンテイジの2つの教区
⑦何かをしようとして努力。
　○フェアクロスとキントバリー・イーグル・ハンドレッドの1つの場所
⑧治安判事の命令を無視。
　×ウォーリングフォード地区
　×フェアクロスとキントバリー・イーグル・ハンドレッドの4つの場所
⑨例外。[30]

レディング地区
イーストハムステッドの3つの教区
フェアクロスとキントバリー・イーグル・ハンドレッドの3つの教区
⑩無効。
2つの場所

以上の分析結果より次のことがいえる。
⑨の例外，⑩の無効を除いた総計48の教区もしくは場所のうち，
Ⅰ．1801年法の規定を治安判事の命令，忠告に従って実施，貫徹した所
……①（29）60.4%
Ⅱ．それに実施したことがある，もしくは実施の途中を加えると……①＋②＋③＋④（36）75%
Ⅲ．それに治安判事の命令に対して，前向きな姿勢を示した所まで含めると……①＋②＋③＋④＋⑤＋⑦（43）89.6%
Ⅳ．治安判事の命令を実施しなかった所……⑧（5）10.4%

この分析より次のことが結論としていえる。すなわち，治安判事の命令，忠告は，教区レベルにまで影響力を持ち，かつ浸透し，貧民監督官は，その命令をかなりの程度まで，忠実に実行させられていたということである。したがって，貧民監督官による貧民救済は，もはや「自由放任」ではなかった。これまでにみてきたように，窮乏化のすすむバークシャでは，貧民救済（1801年の場合）に際して，治安判事は，貧民監督官を集めて自らの命令の実行方法を説明し，さらにその実行程度を報告書として命令を出してから約1カ月以内に（ただし，フェアクロスとニューバリー地区のキントバリー・イーグル・ハンドレッドの22教区と場所からの報告は遅れて4カ月以内となったが）提出させることによって，自らの命令遂行を徹底させようとしたのである。このことは貧民監督官による自由裁量を防ぎ，貧民監督官をできうる限り忠実に命令に従わせようとする治安判事達の努力のあらわれに他ならなかった。

(2) 1819年救貧法改正法をめぐって

貧民救済をめぐる治安判事と貧民監督官（教区）との権限関係は，1819年救貧法改正法[31]に最もよくあらわれている。

ニューマンによれば、19世紀はじめまで、バークシャの多数の小さな教区会は、排他的な寡頭政治のようになっていたという。つまり、教区会での集まりに出席するのは、教会委員、貧民監督官、教区牧師であり、他の者はほとんど出席しなかった。こうした状況は、大きな都市の教区にさえみられることがあり、1819年の特別教区会法はこうした状況を改善するためにつくられた。同法の内容の一部は次のようなものである。

○教区は、教区住民の多数決によって、委員会もしくは特別教区会（select vestry）を任命してもよい。

○特別教区会は、治安判事の署名、捺印によって指名された5-20人の富裕な戸主もしくは借家人、それに教区牧師（rector[32]）教区主管者代理（vicar[33]）、教会委員、貧民監督官によって構成され、毎年教区総会までには再選挙がなされる。年に2回開かれる教区総会では、議事録、決議案、帳簿が提出されねばならない。

○特別教区会の主な義務は、教区の貧民の状態を調べ、救済にふさわしい人物と、与えるべき救済の質と量とを調査し、決定する。そしていずれの場合も救済されるべき貧民の人格と行動を考慮する。（救済貧民の選別）。

○いかなる貧民監督官も、2人の治安判事が命令した場合、もしくは緊急に救済を必要とする場合（この時には1人の治安判事の命令でも有効）を除いて、特別教区会が指図した貧民以外には、多かれ少なかれ救済を与えることはできない。

○専門職の貧民監督補助官をまだ採用していなかった多くの教区に、それを雇うよう促す。

○教区は、手ごろな地代で貧民に土地を貸与してよい。

○その他、ワークハウスの設置、貸付金制度等が定められた。

以上のような規定により、私は同法が意図したところを次のように考える。

①特別教区会を設置することで、従来寡頭支配的となっていた教区会制度を改め、**教区**単位での救貧行政を立て直し、浪費や管理のミスを防ごうとした。

②個々の貧民救済に関しては、特別教区会に多大の権限を付与し、そのことによって治安判事による教区への干渉を少しでも弱めようとした。

③救済すべき貧民とそうでない貧民とを性格（勤勉であるか、なまけ者か）

によって選別する等の方策をとり，貧民救済費を切りつめようとした。

④小土地を貸与することによって，貧民の自立を促そうとした。

以上のことにより，1819年救貧法改正法における治安判事，特別教区会，貧民監督官の関係はごく簡単には次のように図示[34]できよう。

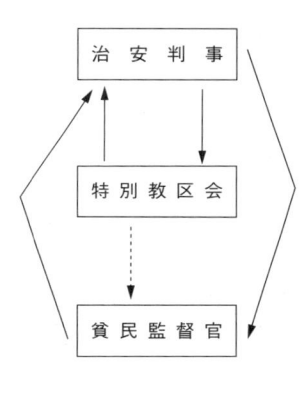

```
       治 安 判 事
      ↗    ↑    ↖
     ↙     │     ↘
       特 別 教 区 会
      ↘     ┆     ↙
       貧 民 監 督 官
```

第2-2図

また同法の効果は次のようであった。

①バークシャにおける特別教区会と貧民監督補助官の数[35]

	特別教区会	貧民監督補助官
1819年	22	43人
1823年3月	25	不明
1825年3月	32	43人
1830年	21	不明

②イングランド及びウェールズにおける特別教区会と貧民監督補助官の数[36]

	特別教区会	貧民監督補助官
1821年	2,006	3,119
1823年3月	2,456＊	
1827年	2,868	
1832年	1,832	

＊このうち611はチェシャ，ランカシャ，ヨークシャにあった（全体の約25％を占める）。

ところで，すでにみたように，この1819年救貧法改正法は，貧民救済に

際して，教区が治安判事の影響をくいとめる，もしくは治安判事の救済命令への挑戦という意図を多分にもっていた。しかるに，そうした意図は，現実にはかなりの程度で打ちくだかれたようである。

　1820年代に，リンカーンシャ，オックスフォードシャ，シュロップシャ，ソマセットシャ，ダーラム，コーンウォールの教区から下院に寄せられた苦情は，治安判事が多くの特別教区会における貧民救済政策を命令することができたということと，命令する傾向があったということを明示している。また同時期，ノーサンプトンシャ，ノッティンガムシャ，ソマセットシャ，ケンブリッジシャでの特別教区会設立に際して，治安判事が反対し，それが成功したことが報告されている[37]。

　こうした数々の例は，1819年特別教区会法の意図が，治安判事の権限によってくじかれるか，もしくは縮小されたことを示している。教区での救貧行政は，決して教区（特別教区会，貧民監督官等）の自由裁量によって行われていたのではなく，治安判事の権限によって絶えず左右され，「自由放任」の枠は，治安判事によってせばめられ，規制されていたのである。この点こそが，1662-1782年の「教区自由放任」の時期とは決定的に異なるのである。

　以上，救貧行政を軸に，視点を州（治安判事）と教区（特別教区会，貧民監督官等）との貧民救済をめぐる権力関係に限定してみてきたが，18世紀末〜19世紀にかけては，州と教区（厳密には教区だけでなく教区連合，ハンドレッド等）とは別々なものではなく，貧民救済に関しては，教区が州によってかなりの程度影響を受け，その行動が規制されてきはじめる時期であったといえよう。この時期には，「教区自由放任」の時期とは違って，州レベルでの治安判事の「意志，命令」に教区レベルでの貧民監督官が従わされる傾向があったのである。このことは，とりもなおさず貧民問題がもはや教区レベルでは解決できないほど広範かつ深刻なものとなり，次第に州レベルへと，さらに実質的に国家レベルへと移って行かざるをえないことを示唆しているといえよう。そうしたことは，われわれをしてさらに18世紀末〜19世紀にかけてのこの時期の国家と州とのかかわりの問題へといざなう。今はこれについては十分な分析をしえないが，以下この点に関連したいくつかの点について簡単にふれておくことにする。

(3) 国家と州の関係——中央議会と州レベルでの治安判事の場合

　ここでは当該時期の救貧行政における国家と州の関係についてみるが，まず国家レベルでは，議員の出身階層についてみておきたい。ゲリット・P・ジャッド（Gerrit P. Judd）は，イギリスにおいて 1734-1832 年の間に議席を占めた 5,034 人の議員について，その家族的背景，教育，職業，財産等々の面から詳細な分析を行ったが[38]，その結果，5,034 人の議員のうち約 4 分の 3 は土地に利害関係をもっていたことが判明した。そして，1832 年以前には，「庶民院では土地は三対一の割合で商工業を圧倒していた」[39]。このことから，国家の政治的権力は，地主がまだ掌握していたといえる。そして制定法は何よりも彼らによって決議されたことが重要である。この時期には，地方法（Local Acts）の方が一般法（general public Acts）よりもはるかに数が多かった[40]が，そうだからといって，州が独自の自治体であったとはいいきれない。何よりも先にみたように議会においては土地利害が圧倒的優位を占め，そこで決議された制定法は，州の代表者たる治安判事（地主）の命令によって，教区，教区連合レベルで実行されたのであるから，この点で中央と地方とは大いにかかわりがあったといえる。その上，議会のメンバーは州の治安判事としても活躍したのである（下院議員チャールズ・ダンダスがバークシャで長年最も有力な治安判事として活躍したことはすでに述べた）からなおさらであった。

　また 1795 年の厳しい穀物不足の時期，さらに 1800 年以降物価高騰によって貧困が増大した時，政府は州の治安判事を奮起させ，活動を促した。しかし，州の治安判事は，常に議会の意志通りに動いたわけではなかった。彼らは下院におもむき援助と助言を求めたが，もし彼らが政府の方策が改良されるべきだと思えば，遠慮なくその方策を批判したのである[41]。1819 年特別教区会法は制定法であったが，治安判事が特別教区会の設立に反対したことはすでにみた通りである。また 1795 年のスピーナムランド制度の決議は，制定法に先立ってバークシャの治安判事によってなされたのである。

　モアはこの時期の中央と地方との関係を，「親密なものではなかったが，両者は限りなく親密になりえた」[42]，「政府は助言し，援助する用意はできていたのであるが，それは治安判事のもつ主導権にまかされていた」[43]ととらえている。以上のことより，地主階級が主力をなした州レベルでの治安

判事の執行権が，当時のイングランドの地方行政において，なお大きく，それ自身「自律的」な位置を占めていたといえよう。

小　括

　以上，主として，18世紀末～19世紀初頭のバークシャについての救貧行政の実態をたどるなかで，州レベルにおける治安判事と教区レベルにおける貧民監督官との権限関係が鮮明に浮かびあがってきた。そしてそこから得られた結論は，高島氏，山之内氏によって従来論じられてきたものとはかなり異なるものとなった。
　すでに，〈はじめに〉のところでもふれたように，高島，山之内，の両氏は，18世紀末～19世紀初頭の時期においても，救貧行政に実際にたずさわる貧民監督官が，農村教区ではファーマー，都市教区ではマニュファクチュアラーから選ばれていることを理由に「貧民救済金の**終局的**な醸出者(コントリビューター)である多数の大地主が，その運営に力をもたず，救貧行政の方針に反対する力の弱いこと」(高島氏)を指摘し，「地方自治体制の現実的遂行者たる農業資本家や小産業家層と，議会において多数を占めた地主層との政治的勢力配置——階層的利害の反発と牽引——に関する分析を抜きにして，イギリス重商主義の政治権力を規定することは不可能である」(山之内氏)とした。
　しかし，これまでみてきたことから，18世紀末～19世紀初頭においては，確かに教区において実際に救貧行政にたずさわったのは貧民監督官(農村では借地農ら)であったが，治安判事は，貧民監督官に命令を下すだけにとどまらず，その命令をいかに実行するかを彼らに説明し，さらにはその命令がいかに，またどの程度実施されたかというところまで報告させることによって，自分達の命令を教区レベルにまで浸透，徹底させ，国家，州のみならず教区でも自らの支配権を保持しようとしたことが，バークシャの事例では実証された。また，1819年法によって，貧民救済に関する教区の権限が強化されようとした時には，治安判事は激しく反対したし，同法によって特別教区会ができても，依然として教区での救貧行政への干渉をやめなかった。さらに，治安判事は必ずしも四季裁判所の共同決定によらずして，個人で救済命令を出すこともあった。

このように，治安判事は，さまざまな方法で実際に救貧行政を担当する貧民監督官を自分達の命令に従わせ，貧民監督官の自由裁量の幅をできうる限り縮小しようとしたのである。

　1795 年時，バークシャでは四季裁判に出席した治安判事は，1 回につき 10-15 人とされている[44]。1801 年統計で同州の人口は約 11 万 1000 人であるから，彼らの命令がすみずみまで行き渡ったとはいえないであろう。しかし，バークシャの治安判事にとっては，すでにみてきたようなことは彼らのなしうる最大限のことであったに違いない。

　以上の分析より，実際の救貧行政においては，教区レベルにまで地主たる治安判事の権限，影響が浸透したのであり，貧民監督官，その他の教区役人らは，治安判事の命令にかなりの程度まで拘束されつつ，救貧行政にたずさわっていたことが明らかになった。高島，山之内，両氏の見解は，この点で多くの問題点を残すといわねばならない。地主優位の中央議会は，18 世紀末〜19 世紀初頭にかけて治安判事の権限を強化する制定法をつくることによって，自らの意志を州レベルでの治安判事に託したのであり，また議員として制定法の決議に加わった地主自身が，州レベルでの治安判事としても活躍したのである。

　以上のような考察から，従来の諸氏の結論とは違った結論にたどりついたが，本章をしめくくるにあたって，今一度その要点を確証しておきたい。

　1830-1834 年，ホイッグ党政権における時の内務大臣メルバン (Melbourne) 卿は，いみじくも「多くの害悪は法律が不適当だというよりは，むしろ法律を守らせることの困難から生じている」[45]と述べたが，この言葉は，旧プア・ローにおける救貧行政の本質を鋭くついているといえるであろう。旧プア・ローはすでに，1601 年エリザベス救貧法においても，貧民の救済と雇用の両面をもっていたが，同時に，貧民監督官をも監督しなければならないという問題をはらんでいた。救済される側だけでなく救済する側をも律さなければならないこと自体が，すでに「矛盾」のはじまりであったといえよう。救貧行政に光をあててみた場合，旧プア・ロー研究において従来とりあげられることの少なかったその問題が鮮明になってきた。しかし，治安判事は，とりわけ「教区自由放任」の終った後，18 世紀末〜19 世紀初頭にかけての時期，自らの権限を最大限に行使することによって，救貧行政においてメルバン卿のいう「法律を守らせることの困難」に挑戦したのであ

る。

　すでにみたように1782年ギルバート法は救貧行政上のターニング・ポイントであったが，その目的の1つは貧民監督官が貧民救済においてもっていた従来の権限を分割し，逆に治安判事の権限を拡大することにあった。治安判事にとっては，貧民監督官の権限を「分割して統治する」ことが何よりも必要であったのである。これは地主にとってのプラス面である。しかし同法の意図とは裏腹に，実際には相変わらず貧民監督官が貧民救済にたずさわっていた。そこで治安判事がとりうる残された手段は，自らの命令を貧民監督官にいかに忠実に実行させるかということにしぼられてくるのである。そこには，支配しようとする者（治安判事）と支配されまいとする者（貧民監督官ら）の争いがあった。

　ギルバートは，救貧行政がもはや教区単位では不可能になりつつあることを見抜いており，その現実に対応して，教区連合を奨励した。しかし注意すべきは，1782年には，これがあくまで奨励にとどまっていたことであり，教区連合結成への上からの強制は1810年になるまで行われなかったことである。

　続いて，くり返すように1795年には，スピーナムランドの決議が，バークシャの治安判事によってなされた。そうしてこのころから19世紀初頭にかけて，治安判事の権限を強化する一連の立法が制定され，それを後立てにして，州レベルでの治安判事は貧民救済においても自らの権限を最大限に行使しえたのである。そのことは，貧民救済を通じての労働力確保，暴動のできうる限りの回避を意図していたが，同時に貧民監督官を命令に従わせることによって，自らのよって立つ基盤を維持することを目的としていたのである。

　過去何世紀にもわたってイギリス国家を牛耳ってきた地主自身が，いちはやく時代の趨勢と自らの危機とを感じとっていたのである。こうしたいわば危機の時期に，中央議会と州の治安判事——その両者はなお多数が地主層によって占められていた——とはまさに一体となって，あるいは州の治安判事のみの判断によっても，やがて来る「資本の時代」に対抗しようとしたのであり，それは徐々にではあるが崩れつつある土俵になんとかしてとどまろうとする地主層の必死の努力に他ならなかった。われわれはそうした地主層の努力をバークシャにおける救貧行政のなかにみてきたのである。産業革命の

展開の中で生まれてきた種々の問題は，もはや旧来の行政機構では対処できなくなっていたことは明らかであるが，そうだからといって，この時期の救貧行政を「腐敗」の一言で片づけてしまうわけにはいかない。この時期，土地利害者（landed interest）と産業革命の進展にともなって勢力をもちはじめていた貨幣利害者（moneyed interest）との対立は，すでにはじまっていたが，その決着は1832年以後にもちこされた。そして，治安判事の権限弱体化も，1834年の新プア・ローを待たねばならなかったといえるのである。

注）

1) 治安判事は，justice of the peace だが，"magistrate" にもしばしば治安判事の訳語があてられる。ランダムハウス英和大辞典（小学館）によれば，justice of the peace は，「軽微な民事および刑事事件を裁判し，また重大事件の被告の予備審問を行う下級裁判所の裁判官：宣誓の確認や結婚の公認などの権限をも有する。◆英国においては，地方の記録裁判官（judges of record）が同様の権限を持つ」。また，magistrate については，「1. 執政官，行政官：法の執行を職務とする文官，— the chief (or first) magistrate 行政官，元首，大統領，国王，2. 下級司法官，下級判事：治安判事（justice of the peace）や警察判事（police justice）など，軽罪の裁判と重罪被告人の予備審問（preliminary examination）を管轄する下級裁判所の裁判官 − a police-magistrate 警察裁判所判事」とされている。このように，magistrate は治安判事を含み，やや広く用いられるようである。英文の資料においては，justice of the peace と magistrate がたくみに使い分けられているが，著者によって明らかに意識して使い分けられている場合や，単なるいい換え，もしくはほとんど同義の如く使われている場合や，さまざまである。したがって magistrate と使われている場合は，不自然ではあるが，できる限りそのまま記す。

2) Neuman, 1982, pp. 86-87.

3) ニューマンは，18 人（Neuman, 1982, p. 85）としているが，ウェッブによると，「7人の聖職者（clergymen）と 13 人の地主（squires）」とされ，ハモンドによると，議長をチャールズ・ダンダスとし，その他 17 人の magistrates 並びに分別のある人（discreet persons）で，そのうち 7 人は聖職者であった」とされ，ややくい違いがある（Webb, [1927] 1963, p. 178, Hammond, [1911] 1978, p. 108）。

4) Neuman, 1982, p. 86.

5) ダンダスについては，Neuman, 1982, p. 85, D. N. B., Vol. VI, p. 183 を参照した。

6) 1780 年代からは，四季裁判所では，正規の議長が任命されるようになった。Moir, 1969, p. 106.

7) Bland, Brown & Tawney, 1914, p. 656.

8) Neuman, 1982, p. 101.

9) *Edinburgh Review*, LXⅢ, 1836, p. 533. 高島道枝氏が次の論文の中で引用している。高島道枝（1966），125ページ。
10) 以下，Neuman, 1982, pp. 147-148 を参照した。
11) 自作農と借地農については，次の指摘を参照。「貴族・ジェントリーが自家消費用の経営農地を除き，所有地を農民に貸し出す地代取得者であるのに対し，自由土地保有農の大半は自作農 owner-occupying farmers である。しかし18世紀が進むにつれて，所有地よりも借地の方が大きくなる自由土地保有農が目立ち，自作農と借地農 tenant farmers との識別は困難になってくる。しかもこれら自由土地保有長の年収は耕作規模によって差が大きく開くので，算定が容易でない。キングは，下層で50ポンド，上層で84ポンドの年収を算出しているが，18世紀末には，平均して100ポンドから300ポンド程度に上昇したと推測される」（松浦高嶺（1970），262ページ）。なおこうした問題については，椎名重明（1962），米川伸一（1964），Mingay, 1968, Jones, E.L., 1968 を参照。
12) Neuman, 1982, p. 148.
13) 福井英雄（1965），（2），101ページ。
14) 1795年，バークシャのバーカム教区牧師，デヴィッド・デイヴィスは，当時の同教区の農業労働者の状態を克明に記し，その記録をまとめて出版した。それによると，同教区では，貧民監督官が救貧税を自分達のためにとっておいて使い込んだことが記されており，貧民は貧民監督官が救貧税から使い込みを実際にしていても，（法廷等では）偽証しなければならなかったという。Davies, [1795] 1977, p. 26.
15) Neuman, 1982, p. 148.
16) Neuman, 1982, p. 148.
17) Neuman, 1982, p. 166.
18) Neuman, 1982, p. 166.
19) ペイジについては，Cowherd, 1977, pp. 129-130, p. 150 を参照。
20) ペイジは，この出来事を記して，彼の友人，イーデンに送った。イーデンは，ペイジからの報告を自らの大著 *The State of the Poor* に入れたのである。なおイーデン自身もスピーナムランド制度に反対している。Eden, [1797] 1963, Vol. 1, pp. 567-587, Neuman, 1982, pp. 164-165. この点については本書第2部第3章第3節（5）を参照。
21) Nicholls, 1854, Vol. 2, pp. 14-15.
22) Dunkley, 1982, p. 53.
23) Dunkley, 1982, p. 54. なおこの④の手続きは，すべての所で省略されたわけではない。*Report (1787) on Returns Relative to the Poor, and to Charitable Donations*, Appendix No. 1 – Abstract of the Overseers Returns によると，貧民救済支出の項目の中に，「Magistrates の所への旅や付添いで，貧民監督官が使った支出の平均」があり，例えば，バークシャでは，445ポンド4シリング1ペニー，それにかかっているが，それは，同州で貧民に対して1年間に支払われた純支出の平均，47,006ポンド10シリング1ペニーのなかでは，微々たるものである。なお他州の場合もこの傾向は同じである。

24) Nicholls, 1854, Vol. 2, p. 123.
25) 例えば、1810年法（50 George Ⅲ. c. 49）によって、教会委員、貧民監督官は、収支計算報告書を提出するよう義務づけられ、2人以上の治安判事が、特別委員会（special session）においてその内容を厳しくチェックする権限が与えられた（Nicholls, 1854, Vol. 2, pp. 152-154）。また、1815年法（55 George Ⅲ. c. 137）においては、1人の治安判事は貧民に対して、彼ら（貧民）自身の家で、3カ月まで、2人の治安判事は同じく6カ月まで、救済を与えることを命令する権限が与えられた（Nicholls, 1854, Vol. 2, p. 163）。この1815年法は、1796年ウィリアム・ヤング法よりも一層、治安判事が命令できる貧民救済期間が長くなっていることに注意すべきである。
26) 1795年、スピーナムランドでの決議と同時に、magistratesは、貧民監督官に対して次のような忠告をしている。「馬鈴薯を育てること、貧民を仕事につけること、穀物の3分の1ないし4分の1を貧民に与え、かつそれを1ブッシェル当り1シリングで売ること、また夏季には泥炭、たきぎ、ハリエニシダ等を、ストックとしてとっておき、冬季には、（燃料として）それを低価で売ること」（Bland, Brown & Tawney, 1914, p. 656）。ここでの「忠告」は、このことを指す。
27) Neuman, 1982, p. 84.
28) Neuman, 1982, p. 88.
29) 1801年法とその施行状態についての記述は、Neuman, 1982, p. 92, pp. 167-169による。
30) 私が「例外」として分類したのは、次のようなケースである。
 ○レディング地区のmagistratesは、1801年法に関して、教区の貧民監督官に最も一般的な指図だけを与えた。なぜなら彼らは1週間ごとに、貧民監督官と救済問題を取り決める方を好んだからだと報告した。
 ○イーストハムステッドでは、教区基金からパンの代替物を買うことはほとんどなされなかった。なぜなら富裕な住人がすでに貧民の必需品を与えていたからである。
31) 1819年救貧法改正法をめぐる記述は主として、Neuman, 1982, pp. 180-190, Nicholls, 1854, Vol. 2, pp. 193-200 によった。
32) 十分の一税（tithe）など教区会に関するあらゆる権限を持ち、それに伴う責任のある聖職者（clergyman）。
33) 『英国教会』(1) 教区主管者代理、十分の一税受給地域代表、教司付司祭：教区主管者（rector）の代理をする司祭。(2) 十分の一税受給司祭：十分の一税の一部だけを俸給として受ける司祭。
34) 特別教区会と貧民監督官との関係を図の様な矢印で示したのは、『1834年報告』に次のような記述がみられたからである。「特別教区会が存在する所では、1819年救貧法改正法（59 George Ⅲ. c. 12）によってその教区会の命令に従うことが望ましいとされた。しかし、同法は貧民監督官の責務を廃止しはしなかったし、彼らが命令に従わなくても少しも罰則が課せられなかった。この条項は実際には重要な結果を生みだしたが、法的な制裁条項を必要としていたようである」(*Report from his Majestys Commissioners for Inquiring into*

> *the Administration and Practical Operation of the Poor Laws*, Published by Authority, London, 1834, p. 98)。
35) Neuman, 1982, p. 181, Dunkley, 1982, pp. 52-53 の記述より作成。
36) Neuman, 1982, p. 181, Dunkley, 1982, pp. 52-53, Cowherd, 1977, p. 129 の記述より作成。
37) Dunkley, 1982, p. 52.
38) この分析結果については，中村英勝（1976），158-167 ページによる。
39) 中村英勝（1976），165 ページ。
40) Moir, 1969, p. 122.
41) Moir, 1969, p. 122.
42) Moir, 1969, p. 122.
43) Moir, 1969, p. 124.
44) Moir, 1969, p. 100n.
45) Dunkley, 1982, p. 14.

第3章　救貧税の負担構造と転嫁

　これまでに第1章では，イギリス産業革命の進展する18世紀末〜19世紀初頭における救貧支出の増大，救済対象の質的変化，スピーナムランド制度の意義等について，また第2章では，救貧行政における政策主体をめぐる問題について，バークシャを中心として議論してきた。

　最後に第3章では，以上の論点とかかわって，救貧税負担の構造をめぐる問題について検討しておかねばならない。この点は，救貧政策の主体，ないしはその政策の経済的基盤は何かといった序章においてかかげた問題提起並びにわが国の学界での論争とも深くかかわっているからである。そこで本章では，当該時期の救貧税負担の構造について，救貧税の性格，救貧税負担の転嫁問題などを中心に検討し，この時期の救貧政策の全体像に迫って行きたい。

　なおこの時期には，工業資本家も救貧税を負担すべきであるという声が高まるが，本論文での視角は，主として農業地域における地主・借地農・労働者（厳密にはいわゆる3分制確立とするには問題が残るが）間の救貧税の負担構造と転嫁に限定される。

第1節　救貧税の性格と負担構造

　この分野の本格的な研究は，わが国ではほとんどなされていない[1]。この研究を難しくしている理由として，1835年以前には，救貧税の実態が地域によりまちまちであり，そこに一定の原理，ないしは統一性を見出すことが難しいことがあげられよう。海外においてもこの分野の本格的な研究は，Cannan[2]にほぼ限られ，あとは，Burn[3]やLittle[4]等によって，判例を拾っていくしかないのが現状である。以下では詳細な問題[5]をひとまず置くとして，イギリスの18世紀末〜19世紀初頭における救貧税の性格とその変化，

そしてまたその意義について，本論文での問題関心に沿って考察しておきたい。

(1) 課税対象者

　救貧税は主として不動産（土地および家屋，その中でもとりわけ土地[6]）に課せられた。したがって救貧税はその所有者たる地主に基本的にはかかる税であると考えてよい。ところが，地主が借地農に土地を貸した場合，借地農は土地の占有者として救貧税を支払うよう求められたのである。

　おそらくこのことを念頭に置いてであろうと思われるが，「研究史」のところでとりあげたブローグは，「それら（救貧税）は，何よりも借地農や他の住宅居住者（estate-dwellers）によって支払われたのであって，地主によって支払われたのではない」[7]，「（貧民）救済費は，借地農の所得と同じ方向に変化した」[8]と述べている。このことが誤謬であることは明らかである。そうではなく，ミンゲイのいうように，「借地人の土地の所有者として彼ら（地主）自身も同様により重い救貧税を支払っていた」[9]のである。例えば，1815年，ヘレフォードシャの借地農は，同州の300エーカーの農場にかけられた税のうちわけを記しているが，それによれば，地主が支払った救貧税が10ポンドであり，借地農が支払った救貧税が40ポンドとなっている[10]。

　したがって，ブローグのように，借地農が一方的に税負担をになっていたとするわけにはいかないのである[11]。もっともこうしたことを指摘しただけでは，問題は何も解決しない。重要な点は，18世紀末〜19世紀初頭の時期には，課税対象者が従来と比較していかに変化していたのかという点である。そうであるから，救貧税査定の基準がいかに変化し，それがいかなる意味をもっていたのかということについて，つぎに考察する。

(2) 救貧税査定の基準

　1601年エリザベス救貧法時代には，納税者の状態をよく知っている人によって評価された担税能力にしたがって課税されていたのであるが，キャナンによれば，その方法は，19世紀初頭よりもずっと早い時期から変えられつつあったという。すなわち，その方法は，当人が占有している土地および

家屋の年々の価値に応じて課税するシステムへと変化してきた[12]。キャナンは，その時に次の2つの変化が起こったにちがいないとしている。

第1に，借地農や土地・家屋を占有している者は，彼らがそこから得る利潤に基づいてではなく，彼らが占有している土地・家屋の価値に基づいて課税されるようになったことである[13]。

第2に，いかなる者も，動産の所有者であることから得られる使用料，報酬，利潤については課税されないことである[14]。

この変化は何を意味するのであろうか。この点について私は次のように考える。

第1に，課税の公平性が進んだことである。従来救貧税査定は，教区の実際の土地からなる富（landed wealth）とそれの分配につり合わないことで，悪名高かったのである[15]。

第2に，貧民の窮乏化と救貧税の増大に際して，救貧税を誰に，また何に課すのかということを明確にせざるをえなかったことである。

第3に，従来基本的には救貧税負担の重かった地主が，土地・家屋の**占有者**〔借地農，労働者・・・（家屋占有者としての労働者の税負担はのちにみる）〕をも救貧税負担者として実質上位置づけ，自らの救貧税負担の軽減をねらったことである。

以上，救貧税査定における変化は，救貧税負担の公平と，地主が自らの救貧税負担を少しでも減らし，借地農達にも土地占有者として同税を負担させることをねらったものであることを指摘したが，これに関連して，19世紀初頭にみられた重要な事実をあげておかねばならない。

それは地主が，治安判事機構を通じて，自らに有利な救貧税査定をなさしめたことであった。すなわち，州の magistrate は，州全土を通じて，教区役人を監督するために非公式に会う2, 3人の判事からなる小法廷（petty session）をつくり，同法廷はレイト（rate）の査定のときでさえ，裁判所の命令に従う貧民監督官を指名もしくは承認したのである[16]。さらに制定法の上でも，救貧税査定に関する治安判事の権限は強化された。例えば1801年法では，救貧税額について抗告がなされた場合，治安判事が集まって開く四季裁判には，同税額を修正する権限が与えられたのである[17]。以上のような点は，第2章での考察結果と合わせて，救貧行政における治安判事＝地主層の権限が大きかったことを裏づけている。

(3) バークシャの事例

　キャナンの指摘するこうした変化は，バークシャにおいてもみられる。1815年ナポレオン戦争終結後，バークシャでも多数の教区で，救貧税査定に関して再評価がなされた。この再評価はさまざまな方法でなされたが，それらはすべて教区内の所有物 (possessions) の価値に基づいて，課税金をより公正に割り当てるという傾向にあった[18]。こうして徐々にではあるが，19世紀初頭には，その負担の増大にともなって，救貧税査定における不公平を是正しようという動きがあらわれてきた。このことの意味は，先にみた通りである。

　さらに第2章においてみたように，バークシャでは，治安判事も貧民監督官も救貧税を負担していたが，質的にはこの負担は，前者よりも後者において重いものであった。このことは，治安判事が，貧民監督官にも救貧税負担を課すことで，彼らの台頭を押えようとする方策であったとも解釈できるのである。

　イングランドにおいて（またバークシャにおいて）キャナンの指摘するような変化がとりわけナポレオン戦争以後に顕著になってきたことの原因については，地主・借地農間の救貧税負担転嫁問題，スピーナムランド制度の矛盾とかかわらせて，第2節(2)で再びみることにしたい。

第2節　救貧税の転嫁について

(1) 地主から借地農への転嫁

　「研究史」のところでみたように，山之内，高島，森氏は，借地農が地主に対して地代減要求をし，それの実現を通じて救貧税負担を地主に転嫁しえたことを指摘した。こうした見解は英米の研究においてもみられ，例えばK. ルーカスも，「(土地)占有者には課税されたが，彼らは地代の変更によって，地主に税負担を通常転嫁したので，救貧税が増大してもほとんど損害を受けなかった」[19]としている。

　しかるに，救貧税転嫁問題は，地主・借地農間の力関係，エンクロージャー

の進展，農業の景況，借地契約期間といった様々の要因とからみ合った複雑な問題であり，地主と借地農との間では，後者から前者へ救貧税負担が一方的に転嫁されたかのように論じることには問題がある。以下，彼らの主張の問題点を指摘しつつ，この問題を考察したい。

まず彼らは，借地農の側からの地代減要求[20]を強調するが，一体これがイギリス産業革命期，イギリスの農業におけるどの時期にとりわけなされたのかということが必ずしも明確にされていない点が問題である。この問題は，基本的にはイギリス農業の景況，ナポレオン戦争の終結によって時期区分して考察することが必要である。第1章においてみたように，18世紀末〜19世紀初頭にかけてのイギリス農業の景況は，①1790年代-1813年までの好況期と，②1814-1836年の不況期に区分できるが，本論での考察は①の時期と②の一部の時期に限られるので，①の時期における地主・借地農間の救貧税転嫁問題を中心にみてみよう。

①の時期は，議会エンクロージャーの進展する「農業の黄金時代」であり，土地はまさに「貸手市場」であったといえる。地主・借地農の力関係は，地主の方が強かったと考えられ，この時期には借地農の側からの地代減要求，そしてそれの実現を通じての地主への救貧税転嫁は難しかったと考えられる。それどころか，地主の決めた地代を払えない借地農は，立ち去るよう命じられたのである。われわれはリンカーンシャにおいてそうした事例をみることができる。

「1810年，ナポレオン戦争中で，農業が最も繁栄した時に，マンサン（Monson）卿は，地代を上げる機会をとらえたが，彼は借地人の状態の変化に注意して合わせた。借地農の中には，年をとっているからまた病気だからということで，新たに決められた地代が軽減される者もいた。……（中略）しかるに，そうした慈善的な面ばかりが強調されてはならないのであって，マンサン卿は，地代の上昇に反対した借地人には，立ち去るよう断固たる通告をしたのである」[21]。

こうした両者の力関係を念頭に置いて，さらにこの時期の地代の上昇をみることで，地主から借地農への救貧税負担転嫁が説明できる。J. D. チェンバーズとG. E. ミンゲイは，1793-1815年，つまりナポレオン戦争中に地代は約2倍になったことを示した。（第3-1図参照）。この地代の急上昇は，農業の好況と戦時インフレによるものであるが，この時期に地主は，自らの

救貧税負担を，借地農に対する地代増の形でかなり転嫁しえたといえよう。もちろん借地農の側からすれば，高地代を十分おぎなって余りあるだけの農業利潤を得ることができればよかったのであるが……。いずれにせよ，この時期における地主から借地農への救貧税負担転嫁の事実は揺らがない。

またこれに関連して，借地契約期間についていえば，イギリス産業革命期には，定期借地から任意借地へ，長期の契約借地から短期の（とりわけ1年限りの借地 tenancy from year to year）契約へと変化しつつあった[22]。ナポレオン戦争期には，これはとりわけ地主によって要求され，彼らに有利にはたらいたと考えられる。なぜなら地主は，「『年々契約』を結んでおけば，農産物価格の上昇につれて地代を上げることが出来る」[23]からである。

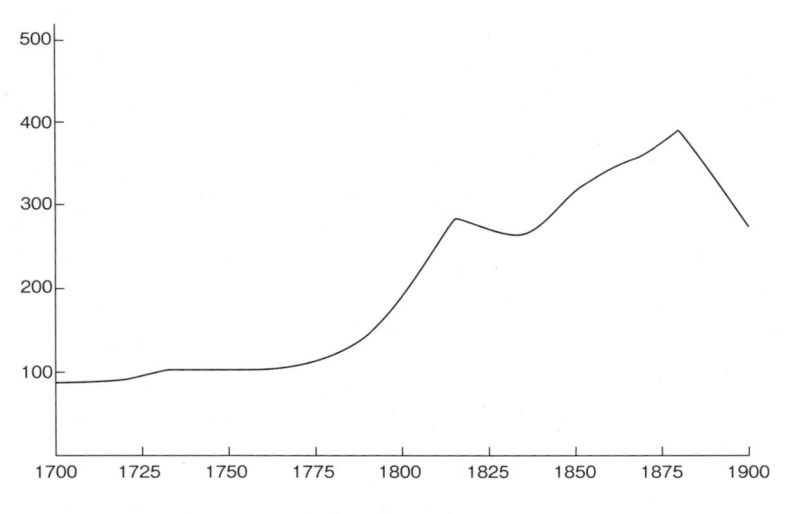

第3-1図　イングランドにおける1700-1900年の地代の動向
（1730-1750年＝100とした場合）
注）　（出所）Chambers & Mingay, 1966, p. 167.

(2) 借地農から地主への転嫁

(1) では，ナポレオン戦争中においては，借地農が地代軽減要求とそれの実現を通じて，地主へ救貧税負担を転嫁することは難しいことをみた。もしこのことがありうるならば，ナポレオン戦争以後の時期においてであろう。

しかるに，同戦争後の産業不況期には，地代が払えないために借地農が倒産するということが多発しており[24]，借地農の力が同戦争を境に急に大きくなったと考えることはできないであろう。この問題は，地主[25]と借地農を内在的に分析し，両者の力関係をより詳しく考察することが必要であり，借地農による地代軽減要求のみを強調することには，問題があるといえよう。

借地農から地主への救貧税負担転嫁は，地代軽減要求という視点よりもむしろ，本論文での問題関心からすれば，スピーナムランド制度のもつ意味と合わせて考えることの方が重要である。

農業地域における救貧税の直接の負担者を地主，借地農に限定して考えるならば，借地農は，労働者に対して低賃金政策をとることによって，自らの負担した救貧税による損失を埋め合わせようとしていたといえる。借地農は低賃金政策をとりつつ，自ら出費した救貧税によって，労働者に補助を与えるのは一見矛盾であるかのように思える。しかるに救貧税のもう一方の大きな負担者は地主であったから，借地農は本来ならば自分のみが労働者に対して支払うべきである賃金の何パーセントかを，救貧税の中から補助させる[26]ことによって，結果的にはその負担を地主にいくらか転嫁しえたのである。これを地主の側からみるならば，本来ならば借地農のみが労働者に支払うべきである賃金のうちいくらかを，救貧税という名のもとで，負担させられていたということになる。つまり，地主の救貧税負担は，結果として，借地農の労働者に対する低賃金政策，借地農の利潤蓄積を促進，援助することになった。

ナポレオン戦争中の地代増の好況期には，地主は救貧税負担を地代増のかたちで借地農に転嫁しえた。しかるに，ナポレオン戦争以後，すなわち，地代の停滞ないし減少傾向（第3-1図参照）にもかかわらず，救貧税額が急増する（第1-5図参照，1818年にはピーク）時期において，状況は変化する。

こうした状況の中で，スピーナムランド制度に対する批判（同制度が救貧税増大の原因であるという批判）はますます大きくなっていたが，貧民の窮乏化はナポレオン戦争後の農業不況下でますます進んだ。地主は自らが案出したにもかかわらず，自らの救貧税負担を通じて結果的には，資本家の利潤蓄積に貢献し，自らにマイナスの影響をも及ぼしはじめたスピーナムランド制度を急に廃止するわけにはいかなかった。この時点での同制度の廃止は，貧民の暴動，ないしは貧民の死を意味したからである。1815年以降，地代

増のかたちで自らの救貧税負担を借地農に転嫁しにくくなっていた地主が，こうした窮地における打解策として，実際にとりえた方策こそが，すでにみたように，借地農にも土地占有者として，より一層救貧税を課すことであり，治安判事機構を通じて自らに有利な救貧税査定をさせることであった。この局面は，救貧税負担からみた地主による資本家への抵抗の一形態としてとらえることができる。18世紀末～19世紀初頭のイギリスはこうした意味でもまた「過渡期」であったのである。

(3) 労働者への転嫁

以上，救貧税の性格と，地主・借地農間の救貧税負担転嫁問題をみてきたが，次に同負担の労働者への転嫁について考察しておきたい。労働者[27]への救貧税負担転嫁は様々な観点から指摘できようが，以下2つの形態をあげておきたい。

第1に，借地農による生産物価格への転嫁の形態である。労働者（消費者）は，いくらか救貧税が転嫁され，値上げされた穀物を買わざるをえなかった。

第2に，地主（家主）による労働者の家賃への救貧税転嫁の形態である。この点は，救貧税負担構造の分析において，見逃されがちであったと思われるので，本節ではこの第2の転嫁形態についてその構造並びにそれが及ぼした影響を考察したい。

考察に先立って，いくつかの重要な点を指摘しておきたい。まず，転嫁問題とは別に，「労働者は，家屋の占有者[28]として直接に救貧税が課せられたのか否か」という問題は極めて重要なテーマであるが，必ずしも明確ではない。ただし次のウィットブレッド（Whitbread, Samuel, 1758-1815）の提案は，そうした問題に対する解答の糸口を示してくれている。

ウィットブレッドは1807年に，課税改革を提案したが，その中には，教区会に，同会が適合すると思う小屋の占有者への課税を除外する権限を与えること，また年価値（つまり1年の家賃）5ポンド未満の小屋の占有者については，かかる占有者全員のレイトを削除する権限を治安判事に与えること[29]という案が含まれている。このことより，1807年当時には，年間の家賃が5ポンド未満の者にまで課税されていたであろうことがうかがえるのである。

ところが，1814年法（54 George Ⅲ. c. 170）の11条によって，治安判事は，貧民監督官の同意をもって，教区内のいかなる占有者についても，当人が貧乏であるという理由で，救貧税の支払いを免除するよう命令してもよいことになった[30]。さらに地主は，貧しいがゆえにレイトを免除されている借家人に貸している家屋については課税しえないという判例もみられる[31]。またのちにみる1819年救貧法改正法の19条には，家屋占有者が種々の理由で，救貧税負担から免れていることが記されている。以上のようなことから，労働者は家屋の占有者として救貧税を負担していたかどうかという問題については，1つの答を見出すことは難しい。この問題については，史実をもとにより一層の検討が必要であり，安易な推測は出来ない。

その他注意しておくべき点として，地主と家主の問題があるが，バークシャについていえば，19世紀初頭，労働者とその家族の住む小屋の大部分は，大地主が所有しており，週払いで賃貸しされていた[32]。つまり同州では，家主＝地主としてよいのである。以上の点を指摘しておいた上で考察を進めるが，具体的に労働者の家賃を調べることからはじめたい。

イーデンによれば，貧しい労働者家族の支出項目のうち，量においては最も重くはないが，実質的には彼らにとって最も重い支出となっているのは家賃であった[33]という。彼が蒐集したイングランドの多くの場所からの52の農業労働者の家計のうち，家賃を支払っていなかったのは，わずかに5家族だけであったが，それはおそらく仕事場に，「家賃が無料の」小屋がついていたものと思われる[34]。なお概して家賃は，家族の大きさとともに増大した[35]。

イーデンの調査によれば，家賃は州によって次のように違っていた。この証拠から，家賃は，南北の区別（例えば北部では高く南部では安い等）には正確に従っていないことがわかる[36]。

州	1年間の家賃（平均）
ベッドフォードシャ	£1　15S.　0d.
カンパーランド	£2　6S.　0d.
リンカーンシャ	£1　10S.　0d.
ノーフォーク	£2　17S.　0d.
サフォーク	£2　10S.　0d.

また家賃と賃金との関係についていえば，両者は必ずしも相関関係のあるものではなかった。例えば，ノーフォーク (Norfolk) とサフォーク (Suffolk) では，家賃は高いが，賃金は高くはなかった[37]。またハートフォードシャのヒンクスワース (Hinksworth) の唯一の村では，小屋の家賃は1年に1ポンド5シリングから7ポンド5シリングまであり，後者の小屋には8人家族が住んでおり，数人の子供は働いており，年間所得は例外的に高く47ポンドであった。一般に，1796年当時には，年間2ポンドが小屋の平均家賃であり，30シリング以下なら安い家賃であり，3ポンド以上なら高い家賃であった[38]。

　この場合，地主（家主）は，自らの救貧税負担を家賃増として借家人（労働者，借地農等）に転嫁しえたと考えられる。ただし，家賃の負担は必ずしも借家人のみが負うのではなく，借家人の状態によっては，教区が同負担を救貧税によって支払っていたケースも多いようである。例えばバークシャのストリートレイ (Streatley) では，1796年当時，教区による貧民救済手段の一つとして，彼らの家賃を負担していた[39]。

　家賃はナポレオン戦争中の急速なインフレによって上昇したが，貧しい家族については教区が家賃を肩代りするということは，どのような結果を生んだのであろうか。J. バーネットは，「教区が貧しい家族の家賃を肩代りすることは，家賃上昇を促進することになった」[40]と指摘し，その理由を次のように述べている。「なぜなら地主（家主）は，たとえ労働者が支払うには高すぎる家賃を決めても，教区がそれを肩代りしてくれると確信していたからである。このように，救貧税を査定された財産所有者は，自分達の負担した税の一部は，教区によって事実上，保証され，上昇した家賃の形で，自分達に返ってくると確信していたのである。そうした保証がなければ，家賃は賃金の動向に合わせて，下方に調整されねばならなかったであろう」[41]。すでにみたように，地主はナポレオン戦争中においては，地代増のかたちで救貧税負担を借地農に転嫁しえたが，戦後の農業不況期にはそれが難しくなったため，ナポレオン戦争中にひき続き，戦後も家賃増のかたちでより一層救貧税負担を転嫁し，自らの損失を埋め合わせようとする傾向が強まったのではないかと思われる。

　いずれにせよ，以上のことより，教区が貧民の家賃を肩代りするという方策は，その**意図**は貧民救済にあったにもかかわらず，**結果**としては，地主（家

主）によって高められた家賃を教区が保証することにもなり，地主（家主）は，それによって自らの負担した救貧税のいくらかを取り戻そうとしたのである。しかるに，救貧税から貧民の家賃を負担することは，救貧税増加につながったので，より一層の貧困の累積，悪循環を生むことになったのである。

　それでも教区が家賃を肩代りしてくれる労働者は，まだその家を離れなかったであろう。そうでない労働者は，高家賃，生活の窮乏化に耐えきれず，家を捨て，よりレイト負担の低い教区へと移動したのである[42]。その結果として空き家が増加し，地主（家主）は，救貧税負担から免れるため家屋（小屋）を焼き払ったのである。例えばケントでは，ナポレオン戦争中及び戦後に救貧税が増大したため，救貧税負担から免れるためにより多くの小屋が故意に破壊され，ケンブリッジシャにある村では，救貧税負担を免れるためにすべての小屋が地主によって焼き払われたのである[43]。こうしたことが農業不況とあいまって，労働者の窮乏化をますます激しいものとしたことはいうまでもない。

　ところで家屋に対する救貧税を考察するにあたって，見逃すことのできない制定法として，1819年救貧法改正法がある。最後に同法の規定を確かめ，その意味するところを考えておきたい。

　同法第19条は，家屋に対する救貧税について次のように述べている。「多くの教区，およびとりわけ大きくて人口の多い町においては，教区内の多くの家屋が間借りで，もしくは個々のアパートで，もしくは短期間賃貸しされているからという理由で，あるいは，住居を立ちのいた借家人に賃貸しされているからという理由で，あるいは，課された税が徴収される前に当人が破産してしまったからという理由で，救貧税の支払いを大部分免れている。そして，そのような家屋を賃貸ししている人々は，実際にはずっと高い家賃・地代を課しそれを受け取っている。一方で，（家屋）占有者は，そのために救貧税を効果的に査定されえないし，またそのような税を課せられないか，もしくはそのような税の支払いを要求されないという理由と予想に基づいて，不当な利益を家屋所有者に，確かに得させているという実例が多く見られてきた。そして，建物と土地によって，そのような教区の他の住人は，貧民を救済し維持することに関する公正かつ当然の負担部分よりずっと多くの税の支払いを不当にも強制されている」[44]。こうした反省に基づいて，同法は，家賃が年間6〜20ポンドの家屋については，その所有者（占有者で

はない）が，その家屋の位置する教区に住んでいようがいまいが，当人，すなわちその家屋の所有者がその救貧税を負担すべきであることを決めた。

ここで注意すべきことは，年間6ポンドという家賃についてである。家賃はナポレオン戦争中からインフレにより上昇し続けており，1819年当時，年間6ポンド以上の家賃は，労働者のすべてとはいわないまでも多くの者が課せられていたと推測される[45]。つまりこのことより，1819年救貧法改正法は，救貧税を限定つきではあるが，家屋所有者に課すことを明言し，救貧税負担の公平化，より一層の救貧税徴収を目的とすると同時に，年間6ポンド～20ポンドの家賃の家に住む労働者については，その家屋の占有者としての彼らの救貧税負担を免除することによって，彼らの生活苦を少しでも和らげようとしていたともいえるのである。しかるに，法律の意図がそうであっても，結果として同法は，さらに一層家賃をつり上げるよう作用したと思われる。なぜなら，たとえ年間の家賃が6ポンド～20ポンドの家屋の所有者が救貧税を支払ったとしても，彼らは家賃をさらに一層上げることによって，自らの負担した救貧税をとりもどそうとしたと考えられるからである。地主（家主）は，家賃増のかたちで救貧税負担を転嫁しようとし，「悪循環」はここでもまた続いたと思われるのである。

小　括

以上，救貧税の性格，救貧税の転嫁問題を検討する中で次の諸点が明らかとなった。

第1に，救貧税は基本的には地主にかかる税であったが，彼らは，借地農にも土地占有者として，救貧税を負担させようとしていたことである。

第2に，地主は，治安判事機構を通じて，自らに有利な救貧税査定を行わせていたこと，また19世紀初頭には，制定法の上でも，救貧税額査定における治安判事の権限が強化されたことを指摘した。

第3に，地主・借地農・労働者の間での救貧税負担の構造と転嫁の問題を考察し，以下の結論を得た。地主は，とりわけナポレオン戦争中は地代（家賃）増の形で，救貧税負担を，借地農，労働者にいくらか転嫁しえた。一方借地農は，スピーナムランド制度を利用して，結果的に自らの救貧税負担を，

地主にいくらか転嫁し，また生産物価格のつり上げを通じて，同負担をいくらか消費者にも転嫁しえた。労働者は，このように，地主によっては家賃増の形で，借地農によっては穀物価格値上げの形で，救貧税負担の転嫁をいくらかされており，このことが彼らの窮乏化の一因となった。彼らの救済費は，救貧税から支出されていたので，貧困の蓄積，悪循環をまねくこととなったのである。

注）

1) 私見のかぎりでは，大内兵衛，武田隆夫（1955），122-123ページにおいて，わずかにふれられているにとどまる。
2) Cannan, 1896.
3) Burn, 1837, Vol. 4.
4) Little, 1901.
5) 1601年エリザベス救貧法においてあげられた課税対象者は，次のようになっている。「教区内のすべての住人，教区牧師（parson），教区主管者代理（vicar）及び他の人，土地・家屋，俗有十分の一税（tithes impropriate），牧師録十分の一税（propriations of tithes），炭鉱，販売できる下ばえ（underwoods）のすべての占有者（occupier）」（Nicholls, 1854, Vol. 1, p. 194）。ところで，土地・家屋の占有者が救貧税を負担し，その所有者は同税をあたかも負担しなかったかのように論じる研究者がいるが，彼らの見解の根拠の1つは，このエリザベス救貧法の規定にあるのではないかと思われる。しかるに，法の制定者が土地及び家屋の所有者＝地主である場合，法律においてあえて自らに救貧税を課すよう明記はしなかったであろう。救貧税についてのエリザベス救貧法の規定は，「基本」とされつつも，判例，地域の慣習等々によって補足，変更がなされた。以下はそうした例の一部である。

①教区のすべての住人

エリザベス救貧法において述べられている住人（inhabitant）という言葉は，教区に永住し，そこで寝起きしている人を意味すると解釈された。以前は，教区内に住んでいるすべての人は，目にみえ，当教区内のある場所に位置し，利潤を生んでいる財については，当地で課税されたようである。彼は，教区内にある営業上のストックについて課税されえた。というのは，それは当教区にあり，目にみえる財であり，彼はそこから利潤を得ていたからである（営業上のストックへの課税については必ずしもなされたとはいえない。これについては，Cannan, 1896, Ⅳを参照のこと）。

②教区牧師

教区牧師は，牧師館（parsonage）並びに小教区教会所属耕地（glebe），そして十分の一税に対しても課税された。ディストリクト（教区の一地域で独自の教

会と牧師をもつ）の教会の聖職禄所持者（incumbent）は，司祭禄という報酬に対する rent-charge によって保証されている教区の教会の主管者によって，単に年金を与えられているだけだが，彼の年金に関しては課税されない。………
　③所有者
　所有者は，自分が借家（地）人に貸している家屋もしくは土地については一般に課税されえない。（鉱山地代）鉛，スズ等の鉱山の場合，それを占有している借地人は，以前は課税されえなかった。また同鉱山の地主は，彼に支払われる地代に対しては課税されえなかった。地代が現金で取っておかれようと，鉱山からの精錬後の金属で取っておかれようと。しかし，もし地主が地代を受けとるかわりに，もしくは地代に加えて，借地人から鉱石そのものの一部を受けとった場合は，彼はそれに対して課税されうる……（以上，①，②，③はLittle, 1901, pp. 14-15）。
　④土地および家屋の占有者への課税
　エリザベス救貧法 s. 1 において，貧民の救済のために課税されるべきだとしてあげられた不動産のうち最も重要なものは「土地および家屋」である。土地の占有者は，その土地が楽しみのためであれ，耕作という通常の目的のためであれ，また家屋等の占有者は，当人が家屋を占有していることから何らかの実質利潤を得ていようがいまいが，当人が家屋を占有しているという理由で課税されうる。そして土地および家屋の毎年の価値が，何らかの付随的な事情によって増す場合には，その上昇した価値に応じて課税される。
　⑤不動産と動産
　従来ずっと行なわれてきたことであり，またエリザベス救貧法の言葉は，次のような趣旨のものである。すなわち不動産については，それがどのような種類のものであれ，課税されうる場合は，それが位置している教区において課税されなければならない。不動産を占有する者はすべて，どこに住んでいようとも，その不動産が位置する教区内で課税される。例えばある人が，A，B，Cという教区に土地を占有しており，D 教区に住んでいる場合，彼はそれら4つのすべての教区で課税されうる。A，B，C 教区では，彼が占有しているそれぞれの土地に対して。そして D 教区では住人として。動産については，それが自分の住んでいる教区内になければ課税されなかった（以下④，⑤は，Burn, 1837, Vol. 4, p. 133, p. 192）。

6) 大前氏は，1833年におけるイングランド及びウェールズの救貧税，地方税の収支表を作成し，総収入の中で土地財産税の占める割合が62.1％，住宅課税，工場課税はそれぞれ31.6％，4.2％であることを示した（大前朔郎（1961），86-87ページ）。なお課税対象者については，大沢真理（1983），37-39ページにおいても触れられている。ただし，大沢氏の用いた資料は，*Report of the Poor Law Commissioners on Local Taxation*, P. P., 1843, XX, 〔486.〕〔487.〕〔488.〕, pp. 235-249.

7) Blaug, 1963, p. 174.
8) Blaug, 1963, pp. 174-175.
9) Mingay, 1963, p. 272.

10) Hammond, [1911] 1978, p. 120. これとはまた別に，例えばロジャーズは，イングランド及びウェールズでは不動産への課税はその占有者のみに対してなされたとしながらも，所有者が借地農のレイトを支払ったということは信じるにたる十分な理由があるとしている。ちなみにスコットランド及びアイルランドでは最近の（19世紀末のことと思われる）法律下では，地方税は所有者と占有者とでその負担を分担しているという（はじめは，スコットランドでは地方税は所有者に課せられたという）（Rogers, 1886, p. 6）。
11) 借地農は一方で低賃金を望みながら，他方で救貧税を負担し，それによって貧民を救済するということは，理論的にも矛盾している。
12) Cannan, 1896, p. 80.
13) Cannan, 1896, p. 80.
14) Cannan, 1896, p. 80.
15) Neuman, 1982, p. 146.
16) Dunkley, 1982, p. 50. なおこの史実は，*Report on Poor Rate Returns*, 1825 からとられたものである。
17) Nicholls, 1854, Vol. 2, p. 141.
18) Neuman, p. 147.
19) Keith-Lucas, 1952, p. 13.
20) 彼らがこの点を強調するのは，政策主体論をめぐる問題とかかわりがあるからであると思われる。また地代と救貧税とは別々に支払われた。「地代は，借地農がすべてのレイトを支払ったのちに地主が彼らに課した」（Webb, [1929] 1963, p. 3）。
21) Mingay, 1963, pp. 271-272.
22) 椎名重明（1962），339ページ。
23) 米川伸一（1966），156ページ。
24) この点については，毛利健三（1964）を参照した。
25) 地主の分析として例えば次のような指摘にも注意する必要がある。「ほんとうに大きな地主はかならずしも農業地代に依存していなかった。彼らは，都市の不動産の価値の上昇の果実や，幸運な摂理によって彼の土地の下または上におかれた鉱山や鉄道の利潤や，過去に投資した巨大な収入の持分を，享受しえた」（Hobsbawm, 1968, p. 86, 邦訳，128ページ）。
26) コベットは，旅行をしながら農村の様子を克明に記したが，1822年9月29日付の日記の中で，次のように述べている。「われわれは，救貧税，ばく大な救貧税，すべてを滅ぼす救貧税に対する大きな反対を耳にした。イギリスでは，救貧税に600万ポンド，十分の一税に約700万ポンド，軍隊，役人，その他の人々に6,000万ポンドが支払われた。しかしこのことは，どれも600万ポンド（救貧税）を除いて考えられたことがない。もちろん，他のそしてより多大な総額についても考えられるべきである。600万ポンドといっても，そのはるかにより大きな部分は，賃金であって，救貧税ではない。しかるに，この反対はみな600万ポンドについてなされている。その一方，6,700万ポンドについては何ら言及されていない」（Cobbett, [1830] 1981, p. 49）。

27) ここでいう労働者は借家人といい換えてもよい。なおこの時期労働者にとって実質上，重かった税は，日用生活品にまでかかってくる消費税であったと思われる。
28) 土地の課税率と家屋の課税率とはいく分差がつけられていたようである。一般化できないが，ある判例では，家屋は年々の価値の2分の1が課税され，土地は年々の価値の4分の3が課税されていた (Burn, 1837, Vol. 4, p. 182, Rexv, Brograve, 4 Burr. 2491; 1 Bott, 112)。この事実は，農村における土地所有者（地主），並びに土地占有者（借地農）への課税率がより大きかったことを意味しているといえよう。
29) Hammond, [1911] 1978, p. 147.
30) Little, 1901, p. 28.
31) Little, 1901, p. 28.
32) Satre, 1978, p. 57.
33) Eden, [1797] 1966, Vol. 1, p. 554.
34) Burnett, [1978] 1983, p. 39.
35) Burnett, [1978] 1983, p. 39.
36) Burnett, [1978] 1983, p. 39.
37) Burnett, [1978] 1983, p. 39.
38) Burnett, [1978] 1983, p. 40.
39) Eden, [1797] 1966, Vol. 2.
40) Burnett, [1978] 1983, p. 40.
41) Burnett, [1978] 1983, p. 40. この点はちょうど借地農が，自らの負担した救貧税を穀物価格値上げの形で埋め合わせ，消費者（労働者達）にその負担をいくらか転嫁しえたことと類似している。穀物価格値上げによって人々が苦しんでも，教区が彼らを救済してくれるのである。ただし，穀物価格が様々な要因によって決定されることはいうまでもない。
42) 時期は本論文での考察時期とずれるが，1833年の"Extracts"の中では，バークシャのマイル・エンド・オールド・タウン (Mile End Old Town) においては「レイトが重いため，地代，家賃は今やずっと下げられた。我々の教区では800の空き家があり，人々はレイトがより低い他教区へ行くために，家を残して絶えず出て行きつつある」と述べられている (*Extracts from the Information Received by His Majesty's Commissioners, as to the Administration and Operation of the Poor-Laws*, London 1883, p. 333)。
43) Salaman, 1949, p. 462.
44) Little, 1901, pp. 346-347.
45) 1819年時の家賃がどの程度であったかについて私は史実をつかみえなかった。しかしわれわれは，それから5年後の1824年，労働者の賃金調査における次の証言を重視すべきである。「手当の大部分は，法外な小屋の家賃というかたちで借地農や地主にもどる。労働者によって小屋に支払われた額が，かれが救貧吏員からうけとった救助額よりも大きかった多くの例を知っている。小屋の家賃が非常に高く，このことは農業労働者が以前よりも悪化した状態にある主原因

の一つである。戦前（ナポレオン戦争前）には，よい菜園のついた小屋の平均家賃は年 30 シリングであった。それはいまや，われわれの近隣では一般に年 5 ポンド，7 ポンド，あるいは 10 ポンドといった高価である。そして小屋が借地農の手にあるところでは，かれらはつねに労働者に豚を飼うことを禁じ，また林檎樹や，通例，家を蔽う葡萄の収穫物を要求する」（新井嘉之作（1959），422-423 ページ）。このことより推測して，1819 年当時も，小屋の家賃が 6 ポンド以上というのは決してまれではなかったと思われるのである。

結びと展望

　さて，本論文を通じて，18 世紀末〜19 世紀初頭のイギリス，バークシャを中心として，旧プア・ローの展開について，論点をしぼって分析を進めてきたが，これまでの分析において得られた結論をひとまず提示し，それの意義づけを行い，今後の展望を述べておきたい。

　第 1 に，バークシャにおいては，現在調べられうる限りでは，教区連合の結成は，はかばかしくなかったが，院外救済，賃金補助制度，家族（児童）手当制度が普及し，さらに「公共事業」への就労という雇用政策もとられていたことをみた。このことの意義は，当時，団結禁止法等により，労働者は規制されつつも，一方で彼らを含めたすべての貧民とその家族に対して，次に指摘するような保障が与えられていたということである。

　とりわけスピーナムランド制度は，すでにみたように，「児童手当」，「家族手当」，「失業手当」の規定，つまりそれ自身，現代国家の社会保障の萌芽を含み持っていたともみられるのであり，この点において評価されねばならないと思われる。同制度がもっていたこうした積極的な側面は，『1834 年報告』によっては全く評価されていない。しかるに，また同制度は，こうした意義をもつ一方で，結果的にはいくつかの問題点をもはらむものであったことも否定できない。それは賃金補助を付与することで，被救恤民の状態の方が，独立労働者よりも相対的には良くなってしまうケースもみられることであった。この問題は 1834 年新プア・ローにおいて，劣等処遇の原則（被救恤民の状態が，独立労働者の最低階層の状態よりも低くおかれること）として一定の解決をみたのであった。

　またギルバートが考えていた雇用政策は，バークシャにおいても用いられ，

とりわけ「公共事業」へ新たな雇用口を見出すという政策は，現代国家の失業対策事業などの先駆的な政策とも考えられ，それ自体歴史的な意義をもちえたともいえよう。

こうした観点からみるならば，1795-1820年の間の救貧支出の増大は，浪費と汚職に象徴されるような非難の対象としてではなく，貧困の蔓延化に対するいわば現代的な「社会保障支出」の原型－もちろん歴史的限定つきではあるが－とも考えることができる。以上指摘したいくつかの意義づけにより，ギルバート法，スピーナムランド制度を，わが国の研究者の一部にみられるように，たんなる臨時的・過渡的な政策としてのみ位置づけるわけにはいかないのである。

第2に，救貧行政における政策主体の問題について検討した結果，1795-1820年のバークシャにおける救貧行政では，地主たる治安判事が，借地農や，小自由保有権保有者たる貧民監督官の「監督」としてはたらき，貧民救済を徹底させようとしていたことが判明した。18世紀末～19世紀初頭のバークシャでの救貧行政においては，治安判事の命令がかなりの程度まで浸透し，貧民監督官はそうした命令に従わされていた。この時期には，制定法の上でも，また実際の救貧行政においても，治安判事の権限が拡大され，彼らは積極的に貧民救済に介入したのである。したがって，この時期におけるこうした変化，救貧行政における治安判事と貧民監督官との権限関係を無視して，貧民監督官に選ばれたのが借地農等だからといって，すぐさま彼らが救貧行政において力をもったとか，同行政においては地主の力は弱かったとかいう主張には，問題が残されるものと思われる。

第3に，救貧税の負担構造と転嫁を考察することによって，次のことが明らかになった。まず，救貧税は，主として地主にかかる税であったが，地主は，土地占有者たる借地農にも救貧税を負担させていたということである。さらに地主は，治安判事機構，四季裁判を通じて，自らに有利な救貧税査定をし，救貧税額を変更できる権限をもっていた。これらの事実は，第2章での分析とともに，救貧行政における地主権力の根強さを裏づけることとなった。

最後に，地主，借地農，労働者間での救貧税負担の転嫁問題をみた。従来の研究においては，借地農から地主への（地代減要求とその実現を通じての）救貧税負担転嫁が強調された。それに対して私は，本論文での考察の時期，とりわけナポレオン戦争中は，地主が借地農に対し地代増要求をし，その実

現を通じて彼らに救貧税負担の一部を転嫁しえたことを指摘した。また借地農から地主への救貧税負担転嫁は，スピーナムランド制度とからめて考えること，つまり，地主による救貧税負担は，借地農による労働者への低賃金政策を結果として助けるものとなったことを述べた。

労働者への救貧税負担転嫁問題についても合わせ考察を加えた。地主は，家賃の値上げを通じて，自らの救貧税負担の一部を借家人に転嫁しえた。また借地農は，穀物価格の値上げを通じて，自らの救貧税負担の一部を消費者に転嫁しえた。つまり労働者は，一方で救貧税によって救済を受けつつ，他方では転嫁された救貧税負担にも苦しむという皮肉な状態にあり，このことが救貧税負担をめぐる矛盾の一つであることを提示した。

救貧税負担転嫁問題は，より一層の実証，理論的裏付けが必要であり，さらに他の商工業諸州における事例などとの比較の上で，より一層深められねばならない課題である。

以上本論文では，イギリス農業州の代表の1つをなすバークシャの事例を中心に，時期をほぼ1795-1820年に限定してプア・ローの分析，考察を行ったが，私はこれによって，わが国の旧プア・ロー研究の現段階において，不明確であった点をいくらかなりとも明確にしえたと考える。

付図1　バークシャにおけるハンドレッド

注)　(出所) *V. H. C.*, p. 322.

第３章　救貧税の負担構造と転嫁　　103

Hundreds.

A Hornimer
B Merceham.
C Gamesfel.
D Wifol.
E Seriveham.
F Hilleslau.
G Wanetinz.
H Sudtone.
I Heslitesford, Eletesford.
K Blitberie.
L Nachededorne.
M Egler.
N Lamborne
O Cheneteberie.
P Roeberg.
Q Borcheldeberie, Borchedeberie.
R Taceham.
S Redinges.
T Cerledone.
U Beners, Benes.
V Riplesmere.
W Brai.

Vills in which were King's Manors & Holdings ----- Ferendone
  "   "   "   "   holdings of Abingdon Abbey ---- Gosei
  "   "   "   "   other ecclesiastical holdings --- Farellei

The small capitals above the names show the Hundreds in which the Villages were. Where two are given the Vill appears to have been in the respective Hundreds; but those given in parentheses appear to be mistakes, chiefly due to omissions in the text

DOMESDAY MAP
OF
BERKSHIRE
(BERROCHESCIRE.)
by F. W. Ragg, M.A., F.R.Hist.S.

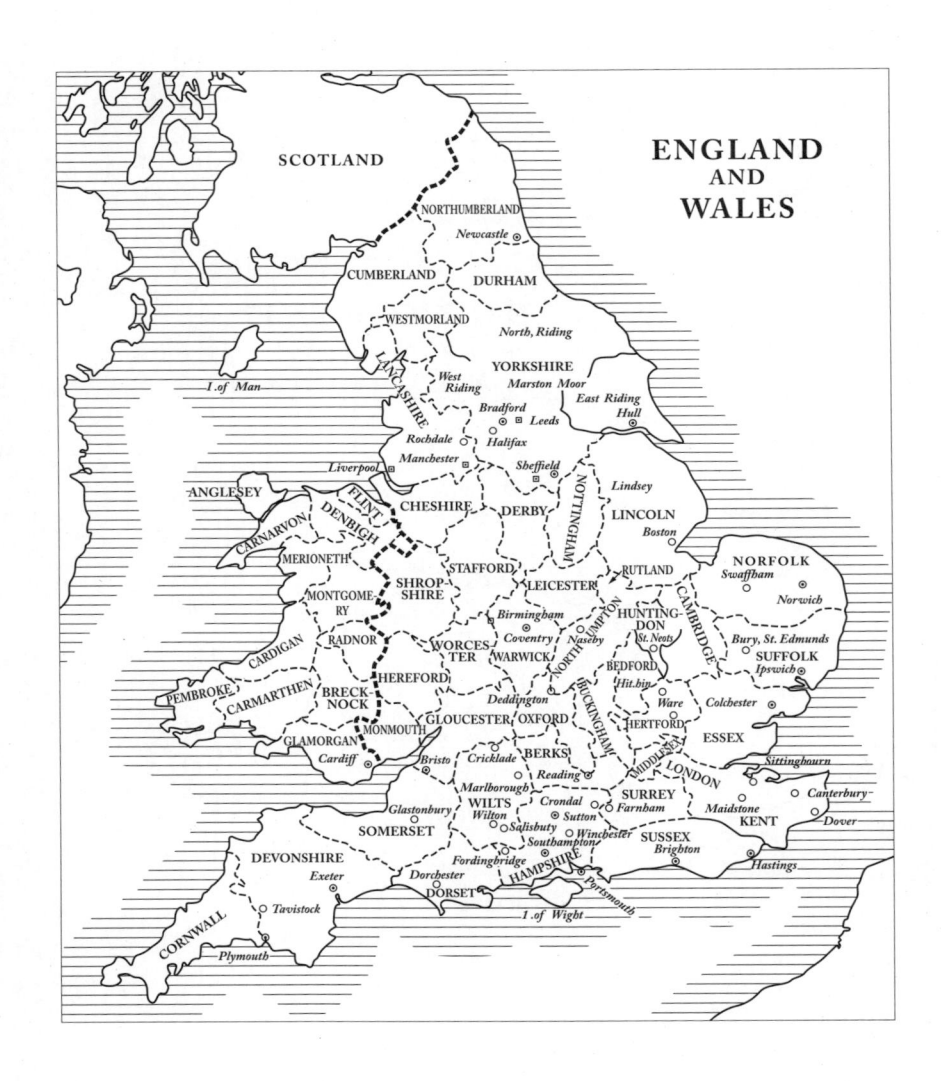

付図2　イングランド及びウェールズ

注）　（出所）椎名重明（1962）の付図より。

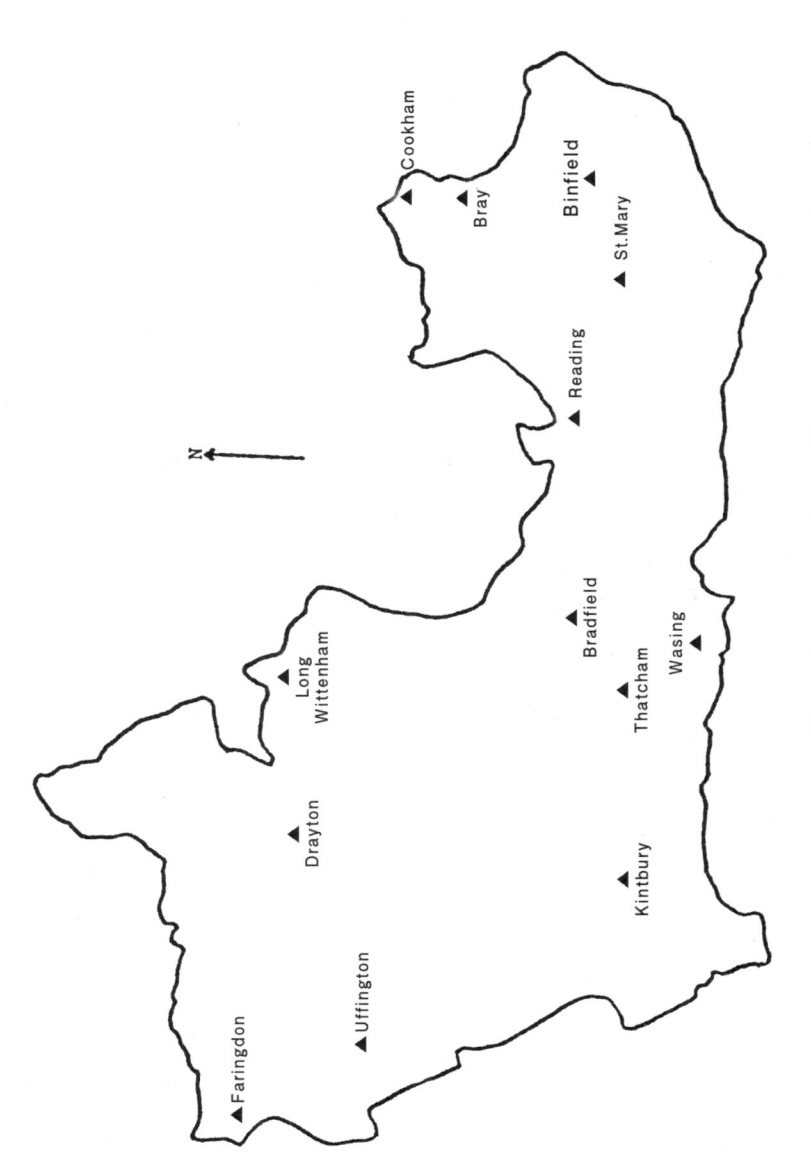

第３章　救貧税の負担構造と転嫁　105

付図3　バークシャのいくつかの教区

注）　(出所)　Satre, 1978, p. 106.

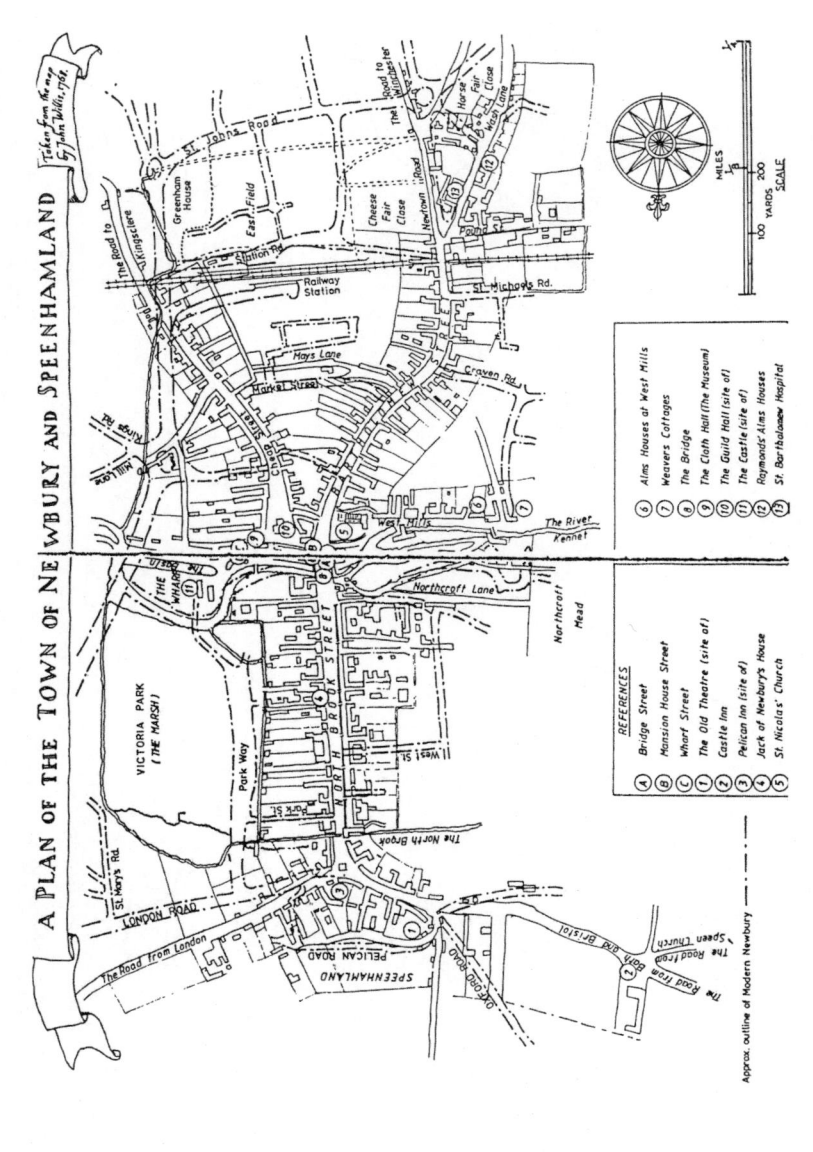

付図4 ニューバリー及びスピーナムランド

(注)
(出所) Hadcock, 1979, pp. 5-6.

論文要旨

　本論文は，イギリス18世紀末〜19世紀初頭（とりわけ1795-1820年）の時期のプア・ローの展開とその意義を，イギリス南部農業州バークシャの事例を中心に検討を加えたものである。

　まず序章において，この時期の旧プア・ロー研究史をわが国及び英米について検討した。そのなかでの問題視角を特に，わが国学会での従来の論争史をふまえて，1. 救貧行政の政策主体をめぐる問題，2. 救貧行政の内容をめぐる問題，3. 救貧院の負担構造と転嫁をめぐる問題，4. 『1834年報告』でなされたスピーナムランド制への評価をめぐる問題，に分けて整理し，そこでの問題点と，今後より一層深められるべき研究課題を提示した。また英米における同研究をその問題意識から，1. 社会保障の原点を求める，2. 『1834年報告』への批判，3. 地域論ないしは地域研究の高まり，4. 旧プア・ロー像の再構築，という4点にしぼって整理し，最近の研究状況にふれた。以上のような研究史を念頭におきつつ，分析を次のように進めた。

　第1章では，同時期のバークシャにおけるギルバート法，スピーナムランド制の普及，救貧支出の増大，救済対象の質的・量的変化をイギリスの農業諸州，商工業諸州の地域類型を前提に検討した。ここでは，この時期に，院外救済，賃金補助制度，家族（児童）手当制度が普及し，「公共事業」への就労という雇用政策がとられるようになってきたことを指摘した。このことの意義は，これらの政策のなかには限定つきではあるが，すでに社会保障の萌芽があったということであり，当時労働者は，団結禁止法等によって規制されつつも，一方でその生存と雇用を保障されるようになってきたということである。とりわけ『1834年報告』において非難の対象とされたスピーナムランド制は，そのなかに児童手当，失業手当の萌芽をもっていた点を評価されるべきであり，たんに臨時的，過渡的制度としてのみ位置づけるわけにはいかない点を指摘した。

　第2章では，救貧行政における政策主体の問題について，従来大前朔郎，山之内靖の両氏の間でなされた論争をさらに発展させ，救貧行政における治安判事と貧民監督官の権限関係，彼らの出身階層といった面から検討した。ここでは，18世紀末〜19世紀初頭にかけて，救貧行政における治安判事の

権限が拡大，強化されたことを指摘し，1801年にニューバリーの治安判事によってなされた貧民救済に関する命令と，その後その命令が貧民監督官によってどの程度実行されたかをたどった。続いて，救貧行政における治安判事の権限縮小を目的の1つとした1819年救貧法改正法をとりあげ，同法に対して治安判事はいかに対応したかについてみた。

以上の分析により，救貧行政においては，地主たる治安判事が，借地農や小自由保有権保有者たる貧民監督官の「監督」としてはたらき，自分たちの命令を徹底させようとしていたことが判明した。そして貧民監督官は，実際にその命令にかなりの程度まで従わされており，救貧行政における彼らの「自由裁量」の枠は，治安判事の権限によって非常にせばめられていたといえるのである。また治安判事の権限は，1819年救貧法改正法によっても実際には縮小されることはなかった。したがって，農村教区では貧民監督官に選ばれたのが借地農等だからといって，すぐさま彼らが貧民行政において力をもっていたとか，同行政においては地主の力は弱かったとかはいいえないのである。

第3章では，政策主体の問題とかかわって救貧税の負担構造と転嫁を考察し，次のことが明らかになった。まず救貧税は主として地主にかかる税であったが，彼らは土地占有者たる借地農にも同税を負担させていたということである。さらに地主は，治安判事機構，四季裁判を通じてみずからに有利な救貧税査定をし，救貧税額を変更できる権限をもっていた。これらの事実は，第2章での分析とともに，救貧行政における地主権力の根強さを裏づけることとなった。

救貧税転嫁問題については，従来の研究では，借地農から地主への（地代減要求とその実現を通じての）負担転嫁が強調された。それに対して私は，とりわけナポレオン戦争中（1793-1815年）は，地主が借地農に対し地代増要求をし，その実現を通じて彼らに救貧税負担の一部を転嫁しえたことを指摘した。また借地農から地主への救貧税負担転嫁は，スピーナムランド制とからめて考えること，つまり地主による救貧税負担は，借地農による労働者への低賃金政策を結果として助けるものとなったことを確認した。

労働者への救貧税負担転嫁問題についても合わせ考察を加えた。地主は家賃の値上げを通じて，みずからの救貧税負担の一部を借家人（労働者を含む）に転嫁しえた。借地農は穀物価格の騰貴に便乗して，みずからの救貧税

負担の一部を消費者に転嫁しえたと思われる。つまり労働者は一方で救貧税によって救済を受けつつ，他方では家賃の値上げや穀物価格の騰貴を通じて転嫁された救貧税負担の増大にも苦しむという皮肉な状態にあり，このことが救貧税負担転嫁をめぐる矛盾であることを提示した。

第2部

イギリス救貧法・貧民問題(18世紀末〜19世紀半頃)の研究

第1章　D. デイヴィスの救貧政策とスピーナムランド制度

はじめに

　18世紀末〜19世紀初頭にかけてのイギリスにおいては，増大しつつある貧民をプア・ローによっていかに処遇するかということが最も大きな社会問題であった。この問題をめぐって，おびただしい数の著書やパンフレット，報告書が出版され，さまざまの論争が行なわれた。デヴィット・デイヴィス[1]は，イングランド南部の農業州バークシャのバーカム（Barkham）教区の司祭であった。彼は農業労働者とその家族の家計調査を行ない，貧民と救貧税増大の原因，彼らの救済方法を考察した。そして，それらをまとめて，*The Case of Labourers in Husbandry Stated and Considered*（以下，*The Case*…，と省略）を1795年に出版した[2]。（同書には，同年3月26日付の献呈の辞が記されている）。同書の反響は大きく，当時，*Gentleman's Magazine*[3]，*Biblioteque Britannique, Monthly Review*[4]で絶賛された。またウェッブ夫妻によれば，デイヴィスはエセックス（Essex）の教区牧師であるホレット（J. Howlett）と並んで，「当時のパンフレット作者の中で最も有能であり，最良の情報を提供した」[5]人として評価されている。

　一方，1795年5月6日に，同じバークシャにおいて，有名なスピーナムランド制度が決議された。それは同書が出版されて，約40日後のことであった。非常に高い評価を受けた同書は，スピーナムランド制度の成立に至る過程で，何らかの影響をおよぼしたのではないであろうか。筆者は，このような問題意識に基づいて，第1に同書の中でデイヴィスが提案した政策を中心に論じ，第2にそれとスピーナムランド制度との比較を試みた。

第1節　*The Case of Labourers in Husbandry*

　同書は，第1部「働く家族（labouring families）の困窮した状態についての見解」（1-40ページ），第2部「貧民の困窮と数が増大しつつあることの主な原因と，その結果として起こる救貧税の増大」（41-70ページ），第3部「救済方法の提案」（71-126ページ），付録（家計調査，127-200ページ）より構成されている。

　デイヴィスは第1部の第1節「貧民とプア・ローに関する序論の見解」において，まず，国民全体の生命の糧を供給する農業労働者が人びとの中で最も重要であるとしている。彼は（農業労働者の困難な）「状態を知らしめること，また彼らのために，彼らの労働に対する公正な報酬を要求することが，本書の主たる目的である」[6]と述べている。つぎに，プア・ローについては，その目的は「労働能力があり勤勉な者に仕事を与え，怠惰な者，邪悪な者を矯正し，老人と労働無能力者を扶助することである」とする。彼は同法が，多数の貧しい家族を救済してきたことを評価し，「同法を今廃止したり，大幅に変更したりすれば，人びとを失望させ，反乱や悪行が生じるであろう」[7]と述べている。そうであるから，彼はプア・ロー存続の立場をとっていたのである。しかし，「富者（rich）は救貧税の急激な増大について不平を言い，貧民は救貧税によって与えられる救済に不満である」[8]という現実において，プア・ローに何らかの改革が必要であるということが，当時の世論であった。だが，彼にとって，その改革は，何よりも働く家族の状態を明らかにした上で，なされるべきことであった。

　第1部において，デイヴィスが検討しているバーカム教区の6家族の家計は，第1-1表の通りである。第1-1表よりわかるように，夫の週賃金は約8シリングであり，妻，子供が働く場合には，彼らの賃金が加わって約9シリングとなる。この賃金では，飲食費と家賃，燃料，衣服等の出費を加えた総支出額に不足し，家計はすべて赤字になる。年間総賃金に占める飲食費の割合は，70％（No.4の家族）から97％（No.1の家族）である。また，食費に占めるパンの価格の割合は非常に高い。デイヴィスはバーカム教区では，住民の5分の2以上はこのような状態であると述べている[9]。こうした家計調査は，イングランド，ウェールズ，スコットランドの農業労働者家族について行なわれた（調査時期は1787-1794年まで）。その結果は，同書の付録

第1章　D. デイヴィスの救貧政策とスピーナムランド制度　115

第1-1表　デイヴィスによる家計調査, バークシャ・バーカム教区, 1787年復活祭日

	No.1 (7人) £ s d	No.2 £ s d	No.3 £ s d	No.4 £ s d	No.5 £ s d	No.6 £ s d
週支出						
パンまたは小麦粉	0 6 3	0 0 5	0 5 0	0 2 6	0 3 9	0 4 2
イーストと塩	0 0 4	0 0 3$\frac{1}{2}$	0 0 3$\frac{1}{2}$	0 0 2$\frac{1}{2}$	0 0 3	0 0 3
ベーコンまたは他の肉	0 0 8	0 1 4	0 0 8	0 1 9	0 1 8	0 1 0
茶、砂糖、バター	0 1 0	0 1 0	0 1 0	0 1 2$\frac{1}{4}$	0 1 0	0 0 1
チーズ (ほとんど食べない)	0 0 0	0 0 0	0 0 0	0 0 0	0 0 0	0 0 0
ビール (ほとんど飲まない)	0 0 0	0 0 0	0 0 0	0 0 0	0 0 0	0 0 0
石けん、糊、染料	0 0 2$\frac{1}{4}$	0 0 2$\frac{1}{2}$	0 0 2$\frac{1}{4}$	0 0 2$\frac{1}{2}$	0 0 0	0 0 2$\frac{1}{4}$
ろうそく	0 0 3	0 0 3	0 0 3	0 0 3	0 0 6	0 0 3
糸、織り端、梳毛糸	0 0 3	0 0 3	0 0 3	0 0 2	0 0 3	0 0 3
合計	0 8 11$\frac{1}{4}$	0 8 9	0 5 7$\frac{1}{4}$	0 6 11$\frac{1}{4}$	0 7 8	0 6 11$\frac{1}{4}$
年間合計	23 4 8	22 15 0	19 17 7	18 0 9	19 18 8	18 0 9
週賃金						
夫	0 8 0	0 5 0	0 8 0	0 8 4	0 8 0	0 8 0
妻	0 0 6	0 1 0	0 1 0	0 0 8	0 1 0	0 0 6
子	0 0 0	0 0 3	0 0 0	0 0 0	0 0 0	0 0 0
合計	0 8 6	0 9 0	0 9 0	0 9 0	0 9 0	0 8 6
年間合計	22 2 0	23 8 0	22 2 0	23 8 0	23 8 0	22 2 0
家賃、燃料、衣服	23 4 9	22 15 0	19 17 7	18 0 9	19 18 8	18 0 9
出産	7 14 0	7 14 0	7 7 0	7 0 0	7 0 0	6 14 0
年間総支出	30 18 9	30 9 0	27 4 7	25 0 9	26 18 8	24 14 9
年間総賃金	22 2 0	23 8 0	22 2 0	23 8 0	23 8 0	22 2 0
赤字額	8 16 9	7 1 0	5 2 7	1 12 9	3 10 8	2 12 9

注) 1　(出所) Davies, [1795] 1977, p. 18.
2　No.2は夫とは生き別れ, 教区から1週5シリングの補助がある。

に掲載されている。イングランドおよびウェールズにおいては，さまざまな州の127の家族の家計が調査され，そのうち108の家計は赤字であった。また，賃金に占める飲食費の割合を計算すると，最高では100％を超え，平均では83％であった。彼はこの調査によって，農業労働者家族の困窮と，彼らの賃金が低いがために，必然的に教区の救貧税から補助を受けざるをえないという状況を明らかにしたのである。

第2部[10]）において，デイヴィスは生活必需品の価格が上昇し，その結果貧民が増加し，それによって救貧税が増大してきたこと（第1-2表参照）について考察する。たとえば，貧民増加の原因として，彼はつぎの6つをあげている。①人口増加，②製造業者の増大，③農場の拡大によって，小農民から土地が奪われたこと，④不在地主等の増加，⑤貧民に貯蓄心がないこと，⑥居酒屋が多くの家族に困窮，非行，破滅をもたらしてきたこと。また，救貧税増加の原因として，彼は①教区が貧民に仕事をさせることを怠ったこと，②ワークハウスに収容される貧民の増加，③貧民と貧民監督官による救貧税の詐取もしくは濫用を指摘している。

つぎに，彼は18世紀中葉と1794年の両時点における物価を比較している。それによれば，小麦，パン，肉，ビール，砂糖，石けん，ろうそく，毛糸，靴等の価格は，2倍近く上昇している。これに対し，日雇い労働者の賃金は，この間に5シリングから6シリング，または5シリングから7シリングにしか上昇していない。すなわち，彼らの賃金の上昇率は，1.2倍〜1.4倍であった。彼は賃金の上昇が，生活必需品の価格の上昇に追いつかないことが，労働者の困窮の大きな原因であることを明らかにしたのである。さらに，彼は14世紀中葉から18世紀後期にわたる期間に，農業労働者が次第に貧困化してきたことについても述べている。

第1-2表　救貧税の増加

年	救貧税額	期間	その期間内の増加	年間の増加
	£	年	£	£
1572	200,000			
1685	665,362	113	465,362	4,118
1753	1,000,000	68	334,638	4,921
1776	1,529,780	23	529,780	23,034
1785	2,004,238	9	474,458	52,719

注）　（出所）Davies, [1795] 1977, p. 44.

第3部[11]において，デイヴィスは困窮を取り除き，悪徳を矯正するためにふさわしい手段として，7つの方法を提案している。このうちはじめの3つは，1.「必需品の価格を下げること」，2.「冬季には，男性や少年に追加の仕事を与えること」，3.「女性や少女に絶えず仕事を与えること」である。これらの具体的な内容についてはここではふれない。そして，第4番目の提案の内容からみていくことにしたい。

　4.「労働者が貯蓄心のないことを改めさせ，倹約をすすめること」。彼は労働者に貯蓄心がないのは，教区が彼らを無差別に救済しているからであると考えた。そして，教区の援助を受けるに値する人と，そうでない人とを区別するようにつぎのような提言をした。たとえば，（労働者の賃金が公正な方法で決められ，貧民監督官が家族を仕事につけるよう強制すると仮定した場合）。この場合には，独身者は生計をたてていくことができれば，救貧税から救済を受ける資格はない。同様に，家族内にいる幼児が3人以下である場合も，ある特別な場合を除いて，救貧税から救済を受ける資格はない[12]。さらに，彼は「働く意志はある」(willing to work)[13]が仕事を得ることのできない人に対して，つぎのような救済方法を提案した。「1日の失業につき，救貧税から1日の賃金の3分の2を法律によって支払われる権利を与え，12歳を超える少年に対しては，適当な割合で支払われる権利を与えること」[14]。

　つぎに，貯蓄をすすめるための方法として，彼はつぎの提案をしている[15]。
1）友愛協会（friendly society）への加入。
2）貯蓄組合（provident society）への加入。
3）勤勉で倹約をする人には，彼らの状態が改善されるという期待を持たせること。具体的には，①小屋住み農へ土地を割当てること。②勤勉な家族へ土地を貸出すため，荒地を耕作に適した小農場に整備すること。③農場の集中と合併とを制限すること。

　5.「エリザベス5年法第4章（5 Elizabeth Ⅰ. c. 4, 1563年）に則って，労働者の賃金を決めること」。デイヴィスはここで，職人，熟練工，召使いの賃金には干渉する必要がないとし，「労働の価値を受け取っておらず，ふつうの家族（平均的な5人家族…筆者）を扶養することのできない日雇いの小農民の賃金を上げること」[16]を強調した。それとともに，彼は**最低賃金**を決めることの必要性を説いた。最高賃金規制の目的は，労働者が法外な賃

金を要求することを抑制することであった。しかるに，「同法（エリザベス5年法第4章）を現在の状況と貧民の困窮とに適合させるためには，……最低賃金を決め，勤勉で熟練な労働者には，働きに応じてより多くの賃金を与えることの方が，ふさわしいであろう。……現在必要なことは，雇用主が貧民の数の多さと窮状とにつけ込み，彼らに低賃金を与えることを防止することである。したがって，今や最低（賃金…筆者）を決めることが妥当である」[17]。

それでは，賃金はどのような水準によって規制されるべきであるのであろうか[18]。これについて，彼は1人の労働者の賃金で，正確には何人の人を扶養することができるのかということを問題にしている。彼は農業労働者の場合，1家族内の平均人数は少なくて5人であるとし，それゆえ，1家族の賃金は，5人が生きていくのに必要な額でなければならないと考える。そして，自分が調査したバーカム教区の家計調査（第1-1表参照）から，つぎのように述べている。「バークシャにおいては，また，すべての南部諸州においては，夫妻と3人の子供からなる家族が，1年間生きていくために必要な額は，少なくとも26ポンド，すなわち1週当り10シリングである。妻と子供が1週間に平均して1シリング（この額は標準を超えていると私は思うが）稼ぐなら，この1シリングは，1人の幼児を養うのに足りるにすぎない。したがって，夫は自分の労働だけで，妻と2人の子供を養うのに足りるだけ稼ぐ必要があり，彼は1週間に少なくとも9シリング稼ぐ必要がある。私が推測した原則によれば，小麦パンが常食とされる州においては，1週間につき9シリングが，成人が1週間の労働に対して受取るべき最低賃金（the lowest proportion of wage）である。同様にして，他の地域や州においては，適当な最低賃金が計算されるであろう」[19]。

6.「11月から5月の期間は，パンの価格によって，日雇い労働者の賃金を規制すること」。彼は労働者の主食であるパンの価格によって，賃金が調整されるべきであるとした。5人家族（夫妻と子供3人）の週当りの支出のうち4シリングはパンの購入にあてられ，6シリングは家賃，燃料，衣服等にあてられる。5人家族が1週間に必要とするパンは5ガロンである。したがって，1ガロンのパンの価格が$8\frac{1}{2}$ペンスのときには，5人家族で，$8\frac{1}{2}$ペンス×5＝3シリング$6\frac{1}{2}$ペンスのパン代が必要である。これに他の必需品に必要な6シリングを加えると，1週間に彼らが必要とする賃金は，9シリ

ング6$\frac{1}{2}$ペンスとなる。このうち1シリングを妻と子供が稼ぐとすると，夫は週当り8シリング6$\frac{1}{2}$ペンス，つまり1日に1シリング5ペンス稼ぐ必要がある。同様にして，彼は1ガロンのパンの価格が10$\frac{1}{4}$ペンス，1シリング，1シリング1$\frac{3}{4}$ペンスのときに必要な賃金額を計算している[20]。これをさらに計算して，その水準を1795年5月6日に決められたスピーナムランド制度による救済水準と比較すると，第1-3表のようになる。

第1-3表 デイヴィスの提案とスピーナムランド制度の救済水準

			スピーナムランド制度の救済水準 (夫妻と子供3人の場合)		デイヴィスが示した賃金として必要な最低限の水準 (夫妻と子供3人の場合)	
		s. d.	s.	d.	s.	d.
1ガロンのパンの価格	{	1 0	9	0	11	0
		1 1	9	7	11	5
		1 2	10	2	11	10
		1 3	10	9	12	3
		1 4	11	4	12	8
		1 5	11	8	13	1
		1 6	12	3	13	6
		1 7	12	7	13	11
		1 8	13	2	14	4
		1 9	13	6	14	9
		1 10	14	1	15	2
		1 11	14	5	15	7
		2 0	15	0	16	0

以上の比較より，5人家族（夫妻と子供3人）の場合は，スピーナムランド制度による救済水準が，デイヴィスが家計調査に基づいて，算出した最低賃金額より低いことを明らかにした。

7.「大家族の所得の不足を救貧税から与えること」。デイヴィスはどの子供も家計の補助ができない6人以上の家族については，「所得の不足を補う最も適当な方法は，救貧税から手当を与えること」[21]であると考えた。「というのは，賃金を上げるという提案は，救貧税に取って代るということを意味するのではなく，現在，救貧税額が多大であることに伴う多くの弊害を排除するために，同税を減少させることを意味しているにすぎないからである」[22]。この記述よりわかることは，デイヴィスは増大しつつある救貧税額を減少せ

しめる方法の1つとして，日雇い労働者の賃金を上げるべきであるという主張をしたのであるが，それには限界があるということを，みずから認めていたということである。

　第3部の最後[23]において，デイヴィスは，賃金を上げることの正当性を述べて，結論としている。彼は，賃金を上げることと，女性と少女に仕事を与えることは，即座に，しかも同時になされるべきであると強調する。なぜならば，その方策によって，働く家族の状態が改善され，救貧税が減少されるからである。農産物価格は，長期間にわたって上昇し続けてきた。そのため，借地農は富み，地主は地代を上げることができた。しかるに一方で，そのことは日雇い労働者を困窮させた。そうであるから，労働者は適正な賃金を支払われなければならない (the labourer is worthy of his hire) のである。

第2節　スピーナムランド制度とデイヴィスの提案

　The Case…，が出版されてから約20日後の4月14日に，バークシャの通常四季裁判がニューバリーにおいて，開廷されている。ここで下院議員のチャールズ・ダンダスは，大陪審 (Grand Jury) に対する陳述において，労働者のみじめな状態について論じ，彼らの賃金を生存水準 (subsistence level) にまで引き上げることが必要であると論じた。彼は賃金を決めることに関して，エリザベス5年法とジェームズ1年法 (1 James I. c. 6, 1603)[24]を引用した。裁判官は彼の演説に感銘を受け，賃金を決めるための会合を召集することを決定した[25]。以下はその会合の公示である。

　「バークシャの通常四季裁判は，4月14日火曜日に，ニューバリーにおいて，開廷された。裁判官は労働者の賃金が非常に不平等であり，その賃金では，勤勉な夫と彼の家族を扶養することができないことを考慮していた。しかも大陪審に集合したジェントルマンの意見によれば，多くの教区では，労働者の1週間の賃金を，高価格の小麦および食料に比例して上げていなかった。(中略) そうであるから，裁判官は，州長官 (Sheriff) および同州のすべての治安判事が……5月6日の水曜日午前10時に，スピーナムランドのペリカン・インにおいて開かれる会合に出席することを熱心に要請した。5月6日に，彼らは臨機応変に，日雇い労働者の賃金を規制し，命令し，決定す

るつもりである」[26]。

　このような経過を経て，1795年5月6日に，スピーナムランドのペリカン・インにおいて，ダンダスを議長として，スピーナムランド制度が決議された。だが，同決議では，エリザベス5年法，ジェームズ1年法に則って，治安判事が賃金を決めるという提案は否決されたのである[27]。そして，採択されたのはスピーナムランド制度であった。同制度は「すべての貧困ではあるが勤勉な人びとと彼らの家族の救済のために」[28] パンの価格と家族数に応じた救済水準を示し，賃金がその水準に達しない場合には，不足額を救貧税から補助するという賃金補助制度であった。

　以上より，明らかなことは，エリザベス5年法による賃金規制か，パンの価格に比例した賃金決定かのどちらかを採るべきであるというデイヴィスの提案が，スピーナムランドの会議において議論され，影響をおよぼしたということである。また，4月14日の四季裁判において，ダンダスが主張した「賃金を生存水準にまで上げることの必要性」は，まさにデイヴィスの主張と一致している。

　当時，同書が高い評価を受けたこと，また，デイヴィスの支援者（財政的援助）であり，プア・ローに関心をもっていたドーセット（Dorset）の下院議員ウィリアム・モートン・ピット（通称小ピット Pitt, William Morton, 1759-1806）がいたこと，さらには同書の家計調査に，ピットのほかに，ランカシャ（Lancashire）の下院議員スタンレィ（Thomas Stanley），ブラックバーン（John Blackburne）や，何人かの教区司祭が協力していることを考えると，バークシャの治安判事や司祭が同書を読んでいたことは十分に推測できるのである。事実，「スピーナムランドの決議」に加わった1人であるビンフィールド（Binfield）教区の司祭であったエドワード・ウィルソン（Edward Wilson）は，同書を読んでいたのである[29]。

　エリザベス5年法に則って，治安判事が賃金を決めることは，レセ・フェールに反するものとして否決された[30]。スピーナムランド制度も，レセ・フェールに反するものではあった。しかし，同制度は過剰労働力を農村に常に滞留させておく必要から，さらにフランス革命の影響と生活の窮乏による貧民の暴動を回避するためにも[31]，採られなければならない手段であった。

　しかし，デイヴィスによる提案とスピーナムランド制度とは，つぎの点において相異していた。第1に，救済方法が異なっていた。デイヴィスが要求

したことは，日雇い農業労働者の賃金を上げることであった。彼は「救貧税が今や，賃金の代わりの一部になっていることは明らかである」[32]として，このことをつぎのように批判している。「彼ら（勤勉な貧民）は労働の適当な報酬として，賃金で受け取るべきものを，施しというあてにならない方法で，教区から受け取っているので，このことは彼らを落胆させ，失望させる」[33]。彼は救貧税からの補助は，6人以上の家族や，失業，疾病等の異常な場合に限定するべきであると考えた。

これに対して，スピーナムランド制度において決められたことは，賃上げではなく，救貧税からの賃金補助であった。そうであるから，同制度においては，労働者とその家族がどれだけを賃金として受け取り，どれだけを救貧税から補助されるのかということは，あいまいにされていたのである。そのために，のちに賃金の低下，救貧税の増大という問題を引き起こすことになったのである。

第2に，救済対象が異なっていた。デイヴィスが救済すべき人とそうでない人とを区分したのに対し，スピーナムランド制度は，賃金補助による救済の対象を「すべての貧困ではあるが，勤勉な人びとと彼らの家族」に拡大した。

第3節　スピーナムランド制度における救済水準

スピーナムランド制度は，ある研究者によれば，「最低所得」を保証する制度としてとらえられている[34]。そうであるとするならば，同制度が保証したとされる「最低所得」の水準は，当時の労働者の賃金や生活状態からみて，どの程度のものであったのかということが調べられなければならない。

まず，1795年の労働者の賃金をバークシャについてみてみよう。レディング（Reading）のセント・メリー（St. Mary）教区では，袋用麻布，薄織物，織布の織工の賃金は，週当りそれぞれ，16シリング，15-30シリング，18シリングであったが，普通の労働者の賃金は，週当り9シリングであった（1795年7月調査）[35]。なお同教区では，教区の援助を受けずに労働者が自分と妻と2人の子供を扶養することは，ごくまれであった。ニュー・ウィンザー（New Windsor）では，普通の労働者は週当り9シリングとビール，干草の収穫期には10シリングとビール，穀物の収穫期には，1日2シリン

グと夕食が与えられた[36]（1795年9月調査）。ウォーリングフォードでは，普通の労働者の賃金は週当り7-8シリングであった[37]（1795年7月調査）。労働者の賃金は，デイヴィスによる家計調査の結果と比較して，ほぼ一致ないしは1シリング高くなっている。以上のことより，1795年のバークシャにおける労働者の賃金は，週当り7-9シリングであったと考えられる。

　第1-5表は，労働者の賃金とスピーナムランド制度における救済水準とを比較したものである。スピーナムランド制度は賃金補助制度の総称として考えられるので，その救済水準はさまざまである。ここでは，1795年5月6日にスピーナムランドにおいて決められた救済水準（第1-4表参照）と労働者の賃金とを比較する。第1-5表の①は**家族全員の週当り賃金の合計額**を示し，④はスピーナムランド制度による救済水準を示している。両者を比較してわかることは，スピーナムランド制度による救済水準は，働く家族が得た賃金を上まわっていたということである。

第1-4表　スピーナムランド制度における救済水準（1795月5月6日）

所得	得るべき1週間に	男性一人		独身女性一人		夫　妻		夫妻と子供一人		夫妻と子供二人		夫妻と子供三人		夫妻と子供四人		夫妻と子供五人		夫妻と子供六人		夫妻と子供七人	
		s.	d.	s.	d.	s.	d.	s.	d.	s.	d.	s.	d.	s.	d.	s.	d.	s.	d.	s.	d.
1ガロンのパン価格	1　0	3	0	2	0	4	6	6	0	7	6	9	0	10	6	12	0	13	6	15	0
	1　1	3	3	2	1	4	10	6	5	8	0	9	7	11	2	12	9	14	4	15	11
	1　2	3	6	2	2	5	2	6	10	8	6	10	2	11	10	13	6	15	2	16	10
	1　3	3	9	2	3	5	6	7	3	9	0	10	9	12	6	14	3	16	0	17	9
	1　4	4	0	2	4	5	10	7	8	9	6	11	4	13	2	15	0	16	10	18	8
	1　5	4	0	2	5	5	11	7	10	9	9	11	8	13	7	15	6	17	5	19	4
	1　6	4	3	2	6	6	3	8	2	10	3	12	3	14	3	16	3	18	3	20	3
	1　7	4	3	2	6	6	4	8	4	10	5	11	2	12	7	14	8	16	10	18	10	20	11
	1　8	4	6	2	8	6	10	8	11	11	0	13	2	15	4	17	6	19	8	21	10
	1　9	4	6	2	9	6	9	9	0	11	3	13	6	15	9	18	0	20	3	22	6
	1　10	4	9	2	10	7	1	9	5	1	9	14	1	16	5	18	9	21	1	23	5
	1　11	4	9	2	11	7	2	9	7	12	0	14	5	16	10	19	3	21	8	24	1
	2　0	5	0	3	0	7	6	10	0	12	6	15	0	17	6	20	0	22	6	25	0

注）1　（出所）Eden, [1797] 1966, p. 577.
　　2　なお，ここでいう1ガロンのパンとは，2等の小麦でつくられ，重さ8ポンド11オンス（約3.94 kg）のパンと定められている。

　つぎに，同制度は労働者の家計の赤字を，どの程度補填したのかということについて考察する。すでに指摘したように，5人家族の場合，同制度の救済水準は，バーカム教区における家計調査（1787年）からデイヴィスが算

124 第2部 イギリス救貧法・貧民問題（18世紀末～19世紀半頃）の研究

第1-5表 デイヴィスの家計調査とスピーナムランド制度の救済水準との比較

家族	No.1		No.2		No.3		No.4		No.5		No.6		No.7		No.8		No.9		No.10	
	7人		7人		6人		5人		5人		4人		5人		7人		3人		8人	
子供の数	5人		6人		4人		3人		3人		3人		3人		5人		1人		6人	
	s.	d.	s.	d.	s.	d.	s.	d.	s.	d.	s.	d.	s.	d.	s.	d.	s.	d.	s.	d.
①週当たり賃金（家族全員）	7	0	9	6	6	6	6	8	6	8	7	0	7	8	10	0	8	0	8	6
②週当たり支出	12	7	12	3	11	4	10	9	11	1	9	8	11	2	14	4	10	1	14	6
③週当たり赤字額	5	7	2	9	4	10	4	1	4	5	2	8	3	6	4	4	2	1	6	0
④スピーナムランド制度による救済水準	12	9			11	2	9	7	9	7	8	0	10	0	13	6	6	10	15	2
⑤同制度による救済額（④-①）	5	9			4	8	2	11	2	11	1	0	2	6	3	6	1	2	6	8
⑤-③		2				-2	-1	-2	-1	6	-1	8	-1	0	-10		-11			8
小麦パン1ガロンの価格	1	1	1	1	1	1	1	1	1	1	1	1	1 1と1/2		1 1と1/2		1 1と1/2		1 と1/2	

家族	No.11		No.12		No.13		No.14		No.15		No.16		No.17		No.18		No.19	
	9人		8人		5人		8人		6人		7人		6人		7人		6人	
子供の数	7人		6人		3人		6人		5人		5人		4人		5人		4人	
	s.	d.	s.	d.	s.	d.	s.	d.	s.	d.	s.	d.	s.	d.	s.	d.	s.	d.
①週当たり賃金（家族全員）	9	6	15	0	7	3	11	3	9	1	11	4	8	1	11	6	9	11
②週当たり支出	13	8	17	0	10	9	13	8	10	0	12	6	10	7	11	1	12	1
③週当たり赤字額	4	2	2	0	3	6	2	5		11	1	2	2	6			2	2
④スピーナムランド制度による救済水準	16	10	15	2	10	2	13	6			12	0	10	6	12	0	10	6
⑤同制度による救済額（④-①）	7	4		2	2	11	2	3				8	2	5		6		7
⑤-③	3	2	-1	10		-7		-2				-6		-1			-1	7
小麦パン1ガロンの価格	1	2	1	2	1	1	1	0	1	0	1	0	1	0	1	0	1	0

注） 1 No.1～6はコーンウォール、St. Austel の教区での調査。
2 No.7～10はバークシャ、Pangbourn 教区（1790年2月）での調査。
3 No.2は夫とは生き別れし、教区から1週4シリングの補助がある。
4 No.7～10の小麦パン1ガロンの価格は、1シリング1/2ペンスであるが、スピーナムランド制度による救済水準を出すために、1シリング2ペンスとして考えた。
5 No.11～13はドーセットシャ、Bishop's-Caundle（1789年10月）での調査。
6 No.14～19はハンプシャ、Crawley 教区での調査。
7 No.15は妻が死亡。教区から1週1シリング6ペンスの補助がある。
8 以上は Davies, [1795] 1977, pp.138-139, pp. 142-143, pp. 150-151, pp. 164-165 より作成。

定した最低賃金額を下まわっていた。第1-5表の③は，働く家族の家計の1週間の赤字額を示している。⑤はスピーナムランド制度による救済額を示している。⑤と③を比較すると，ほとんどの家族について，⑤＜③となっている。このことより，同制度によっては，家計の赤字額が十分には補填されえないことがわかるのである。

　すでにみたように，デイヴィスは家族数が，5人以下の家族には救貧税から救済を受ける資格はないと考えた。しかるに，実際には5人以下の家族の家計は赤字であり，救貧税からの補助を受けざるをえなかったのである。*The Case*…の家計調査によれば，3人家族の家計のサンプルは5で，そのうち4が赤字，同様に，17の4人家族の家計のうち12が赤字，28の5人家族の家計のうち24が赤字を示している。そうであるから，デイヴィスの提案はある意味では理想論であり，現実はそれとは異なっていたのである。

第4節　結びにかえて

　以上の考察によって，デイヴィスの提案が，スピーナムランドの会議において議論され，スピーナムランド制度の制定に影響をおよぼしたことを明らかにした。また同制度における救済水準は，当時の労働者の家計の赤字を十分に補填するものではなかったことを示した。

　最後に，デイヴィスの主張が農業労働者にも影響をおよばした例をあげておきたい。1795年11月5日，ノーフォークにおいて，日雇い労働者の集会が開かれた[38]。彼らがそこで満場一致で決定した決議文（一部）はつぎの通りである。

　「第一に，労働者は適正な賃金を支払われるべきである。労働者の困窮を緩和するために彼らに市場価格以下で小麦粉を売り，その差額を教区が救貧税から支払うという最近採られている方法は，彼のみすぼらしく卑しい状態に対する侮辱であるばかりでなく，……救済に関しては誤った考えである。またその方法は，彼の不幸な状態からさまざまな困窮を根本的に除去するには，不適当な方法である」[39]。彼らは小麦価格に比例して賃金を引き上げるよう要求し，そのために議会へ請願書が提出されるべきであるとしたのである。

1800年6月9日には，バークシャのサッチャム（Thatcham）教区に約400人の労働者が結集し，より高い賃金か，より安い食料を要求した[40]。

生計費調査に基づいて賃上げを主張したデイヴィスの主張は，農業労働者の主張と一致し，彼らにも影響をおよぼしたといえよう。

注）

1) デイヴィスは1742年2月9日，デンビシャ（ウェールズ北部の旧州）において生まれた。1755年，13歳で西インドのバルバドスのコドリントン・カレッジに奨学生として入学した。彼はcharity boyとして送られてきたようである。1769年頃イギリスに帰り，1771年にはバークシャで家庭教師となった。1782年には同州のバーカム教区のセント・ジェームズの司祭に任命された。1819年没。彼が農業労働者の状態に関心をもち，それについて調査したことは，彼の生立と無関係ではないであろう。彼については，Horn, 1981が詳しい。*D. N. B.*では，彼はオックスフォードのジーザス・カレッジに学び，B.A., M.A., B.D., D.D.の学位を取得したと記述されていた。しかし，この点が誤りであることが，Oliver, 1976によって明らかにされた。

2) Davies,〔1795〕1977. デイヴィスは1794年6月までに*The Case*…の原稿を書き終えて，同年11月までにそれを印刷屋に送っている（Horn, 1981, p. 28）。

3) 「同書（*The Case*…）に対する好意的な評価のために，4ページをさいている。その中でもとりわけ，『一部分は賃金の代替物であるが，不十分な代替物である救貧税』に依存するのではなく，より高賃金を支払うことの必要をデヴィットが強調していることに注意をうながした」（*Gentleman's Magazine*, Vol. LXV, Pt. 2, 1795, Horn, 1981, p. 29）。

4) 「われわれの眼前にあるこのような報告に関して，今日の貧しい労働者の嘆かわしい状態について，疑いをいだくことができようか。彼らの状態を改善する必要性に関して一刻たりとも躊躇することができようか」（1797年の*Monthly Review*, Horn, 1981, p. 29）。

5) Webb,〔1927〕1963, p. 175.

6) Davies,〔1795〕1977, p. 2.

7) Davies,〔1795〕1977, p. 3.

8) Davies,〔1795〕1977, p. 3.

9) Davies,〔1795〕1977, p. 19. 彼はバーカム教区の働く家族の状態について，つぎのように述べている。「彼らの食事はひどく，衣服も粗末である。子供の中には，靴や靴下をはいていない者もいる。学校へ通う子供はほとんどいない。ほとんどの家族は小売店主に借金をしている。子供がかなり健康に見えることを除けば，彼らの住居には，ほとんど快適さはなかった。しかし，私は自分が見た彼らの悲惨な状態を，怠惰もしくは浪費のせいにすることはできなかった」（Davies,〔1795〕1977, p. 6）。

第1章　D. デイヴィスの救貧政策とスピーナムランド制度

10) Davies, [1795] 1977, pp. 41-70.
11) Davies, [1795] 1977, pp. 71-126.
12) Davies, [1795] 1977, p. 99.
13) Davies, [1795] 1977, p. 99.
14) Davies, [1795] 1977, p. 100.
15) Davies, [1795] 1977, pp. 101-105.
16) Davies, [1795] 1977, p. 113.
17) Davies, [1795] 1977, p. 111. ウィットブレッドも *The Case*…を賞賛した。1795年11月25日に，彼は最低賃金法案を議会に提出する許可を求め，その直後にデイヴィスにあて，その法案のうつしを送り，熟読とコメントを求めた。これに対して，デイヴィスは1796年1月8日に，その法案について十分な支持をすると返事をしている（Horn, 1981, p. 30）。ウィットブレッドは，1796年と1800年の2回にわたり，最低賃金法案を議会に提出したが，いずれも否決された。
18) Davies, [1795] 1977, p. 113.
19) Davies, [1795] 1977, p. 114.
20) Davies, [1795] 1977, pp. 116-117.
21) Davies, [1795] 1977, p. 119.
22) Davies, [1795] 1977, p. 119.
23) Davies, [1795] 1977, pp. 124-126.
24) 同法は治安判事による賃金規制の範囲を全産業に拡大した。また同法においては，「毛織物産業に従事する織布工，紡糸工等については，裁定『賃金』は最低『賃金』たるべきことが併せ規定された」（岡田与好（1970），150ページ）。
25) Hammond, [1911] 1978, pp. 107-108.
26) Hammond, [1911] 1978, p. 108.
27) Nicholls, 1854, Vol. 2, p. 137.
28) Nicholls, 1854, Vol. 2, p. 137.
29) Horn, 1981, p. 32.
30) エリザベス5年法の賃金規制は，1813年に全面的に廃止された（53 George Ⅲ. c. 40）。
31) Hammond, [1911] 1978, p. 169.
32) Davies, [1795] 1977, p. 25.
33) Davies, [1795] 1977, p. 26.
34) 「バークシャの治安判事たちは，賃金扶助の額はパンの価格に応じて定められるべきであり，したがって貧民の個々の所得に関係なく最低所得が保証されるべきだと決定した」（Polanyi, [1957] 1975, p. 78, 邦訳，104ページ）。
35) Eden, [1797] 1966, Vol. 2, p. 11.
36) Eden, [1797] 1966, Vol. 2, p. 23.
37) Eden, [1797] 1966, Vol. 2, p. 17.
38) 初代の農業局長ジョン・シンクラー卿（Sir John Sinclair）は，1795年11月中にノーフォークにおいて，労働者の集会があるということをデイヴィスに知らせていた（Horn, 1981, p. 28）。

39) Hammond, [1911] 1978, p. 90.
40) Neuman, 1982, p. 23.

第2章 サー・トマス・バーナードと貧民の境遇改善協会

はじめに

　イングランドにおける1790年代は「二重革命」(産業革命, フランス革命の影響), 対仏戦争, 恐慌, 凶作の時代であった。こうした中で貧民は急増し, 救貧税は大幅に引き上げられ, 食糧暴動が頻発した[1]。そして, 貧民の処遇, 救貧税の負担をめぐる問題は, すべての階級にかかわる最も大きな社会問題であった。貧民救済のための公的制度としてはプア・ロー(救貧法)があったが, この制度だけでは不十分であり, 多くの私的な慈善活動が行われ, また種々の結社(society)が結成され, 数々の社会改革運動が展開された。本章ではこのうち, 1796年にロンドンで設立された「貧民の境遇改善及び安楽増進のための協会」(The Society for Bettering the Condition and Increasing the Comforts of the Poor, 以下協会と略す)について考察する[2]。そのさいの筆者の問題関心ないし本章での課題は, 以下のようである。

　第1に, 18世紀末〜19世紀初頭にかけて急増し, 英国教会の中で影響力を増してきた福音派の人びとと聖職者達が, 首相や国会議員という政治上の中枢メンバー, 地主貴族と連合して協会を組織し, 貧民の境遇を改善するために数々の実践的活動を展開したことに注目する[3]。そして, それらの中から徒弟の健康及び道徳に関する1802年法(42 George Ⅲ. c. 73), 小屋住み農に対する土地貸与政策, 女性貧民の教育と雇用のための委員会の設立, 貧困な盲人のための学校の設立, ロンドンにおける熱病病院の設立を取り上げて考察する。第2に, 協会の活動の中心となったサー・トマス・バーナード(Bernard, Thomas, Sir, 1750-1818)に着目する。「協会は彼(バーナード)と一体化した」[4]と評されるほど彼の活躍は際立っていた。とくにここでは福音主義者であったバーナードの貧困観について考察したい。第3

に，協会の活動がまとめられている6巻余りの『報告集』(*The Reports of the Society for Bettering the Condition and Increasing the Comforts of the Poor*)[5]について概観する。そして寄稿者の多くが聖職者であったことに着目し，福音主義の影響について指摘したい。以下，これらの視点から協会の意義について検討していきたい。

第1節　バーナードと協会

(1) バーナードの略歴と著作

まず協会の活動の中心となったバーナードの経歴[6]についてみておきたい。博愛家として知られるバーナードは，1750年4月27日リンカーンに生まれた。父親は，ニュージャージー総督，マサチューセッツ湾総督を務めたサー・フランシス・バーナード。ハーバードで学んだ後，イギリスに帰国。その後，ミドル・テンプル（法学院）で学び，1780年に弁護士になるが，言語障害のため，譲渡証書作成業（conveyancing）の仕事に専念。1782年，結婚と仕事での大成功によって，相当な財産を得たため，法律の仕事から身を退き，後の人生を貧困階級の福祉のための計画を発起することに専心し始める。

ロンドンの捨て子養育院（London Foundling Hospital）の理事の1人として数年間を過ごした後，1795年には収入役に選出され，以後11年間その任務に尽力し，その後副院長となる。そして，1796年に，ダラム主教シュート・バリントン（Barrington, Shute, 1734-1826），ウィリアム・ウィルバーフォース（Wilberforce, William, 1759-1833）らとともに，貧民の境遇改善協会を設立。以後1818年に亡くなるまで，協会の活動の中心となり，6巻余の『報告集』を約20年間にわたって執筆，編集した。同時に彼は貧民のために多くの実践的活動をした。ロンドンにおける貧困な盲人のための学校(1800年)や熱病施設の設立（1801年）に尽力し，種痘を促進し，綿紡績工場で働く子供や煙突掃除の徒弟を保護するための方策を促進するために努力した。ラムフォード伯爵の提案で，バーナードは，1799年に王立研究所（The Royal Institution）設立の計画の実行に着手し，1800年1月には国王の設立認許状

を得た。1801年には，カンタベリー大主教がバーナードに修士号の学位を，また，エディンバラ大学が名誉法学博士の学位を授与した。

　同年，彼はダラム主教によって，その司教区の教会代理人に指名され，のちに，ダラム主教と協力して，ビショップオークランド（ダラム州中部の都市）で教師として有望な学生を養成するための学校を開校。1805年には，ウィルバーフォースと協力して，船員と軍兵に聖書を与えるために，海軍及び陸軍の聖書協会を再び設立し，さらに彼とボナー氏達と共に愛国者の基金を設立した。バーナードは英国教会信徒で福音派であったが，非国教会派の教会設立にも尽力した。1807年には，アフリカ文明のためのアフリカ研究所の設立及び，奴隷貿易を廃止するための法律の実施を監視するために，かなりの寄付をしている。また，1809年にはアルバートクラブ（ゲーム，飲酒，党派政治を排除した著述家の会合場所）を創設。その他1812年に Association for the Relief of the Manufacturing Poor, 1813年に Fish Association for the Benefit of the Community の設立に重要な援助も行った。1816年に彼は塩税が国の漁業だけでなく，製造業や農業に悪影響を及ぼすとして，塩税反対運動を開始。1818年7月1日没。捨て子養育院の墓地にて永眠。

　次にバーナードの主要な著作は以下の通りである。*Observations relating to the Liberty of the Press*（1793），*A Short Account of Britton Abbot*（1797），*An Account of the Foundling Hospital*（1799），*Information for Cottagers*（1800）（編著），*The Cottager's Religious Meditations*（1803），*An Historical View of Christianity*（1806），*A Letter to the Lord Bishop of Durham on the Principle and Detail of the Measures now under Considerations for Promoting the Relief and Regulation of the Poor*（2nd edn. 1807），*Of the Education of the Poor*（1809）（編著），*The New School*（1809）(2nd edn. 1810)，*The Barrington School*（1812），*Spurinna or the Comforts of Old Age*（1816），*On the Supply of Employment and Subsistence to the Labouring Classes in Fisheries, Manufactures and Cultivation of Waste Land*（1817），*Case of the Salt Duties. with Proofs and Illustrations*（1817）．

(2) 協会の発足とその構成員

　協会の設立については，1796年夏以来，ダラム主教，ウィルバーフォー

ス（クラパム派），バーナード，エドワード・ジェームズ・エリオット（Eliot, Edward James, 1758-1797 小ピットの義理の兄弟，クラパム派）の間で話し合いがなされていた[7]。1796年11月初めに，ウィルバーフォースの自宅に，バーナード，エリオットほか10名が集まり，その食事会の席で，バーナードは協会についての計画の概要を説明した。協会の設立に先だって，バーナードは，協会の目的と賛同のために回状を用意した。この回状はウィルバーフォース，エリオット，バーナードの連名で少数の友人達に送られた[8]。協会は1796年12月21日に設立（事務所は国会議事堂に近い3 Parliament Street に設置）され，国王ジョージ3世を「後援者」に据え，以下，会長にダラム主教，副会長に首相ピット[9]（ウィルバーフォースの盟友），バーナード，ウィンチェルシ伯爵（Earl of Winchilsea, 1752-1826 のちに王立研究所初代所長）ほか1名が就任した。さらに総務委員会には35名の名前が挙げられているが，その中には，ヘンリ・アディントン（下院議長のちに首相），ウィルバーフォース（下院議員），ラムフォード伯爵，エドワード・パリイ[10]（東インド会社重役），キャリントン卿，エグレモント伯爵（農業調査局会員），バッキンガム侯爵，パトリック・カフーン（Colquhoun, Patrick, 1745-1820）[11]，ヘンリ・ホア[12]（銀行家），リンカーン主教，ロンドン主教，サミュエル・グラス師（神学博士）ほか2名の聖職者，スペンサー伯爵（のちに王立研究所所長），マッチュー・マーティン（Martin, Matthew, 1748-1838）[13]（書記），ほか5名の国会議員がいた[14]。その後1804年には総務委員の人数は81名に増加したが，そのうち23名が政治家〔サー・ロバート・ピール（Peel, Robert, Sir, 1788-1850），ピット，ニコラス・ヴァンシタート，ジョージ・ローズ（Rose, George, 1744-1818）を含む〕であった[15]。

以上のような協会の構成員の特徴を指摘しておこう。まず何よりも，彼らの大部分は地主貴族，国会議員，主教といった上流階級[16]，支配階級に属しており，その他の者もスクワイア以上の地位にあったといえる。また，設立時のメンバーが，「別の団体」の重要メンバーでもあり，そのことが協会の設立，思想，活動と深くかかわっていたということもうかがえる。「別の団体」とは第1に，1787年設立の「不道徳及び神聖冒とくに反対する国王の布告を実施するための協会」（Society for Enforcing the King's Proclamation against Immorality and Profaneness，以下，布告協会と略す）である。布告協会は，アメリカ独立戦争による危機を背景に，ウィルバー

フォースを中心とする福音主義者達によって設立された[17]。その目的は，神聖を汚す出版物及び猥褻出版物の禁止，安息日の厳守，禁酒，許可されていない場所での民衆の娯楽の禁止等であった[18]。改善協会設立時の委員会の40人の会員のうち，15人が布告協会の会員であった。何よりも改善協会設立時の4人（バーナード，ウィルバーフォース，ダラム主教，エリオット）は，布告協会の活動的な会員であった[19]。ピット，バッキンガム侯爵，グラス師達は布告協会設立時の会員[20]であった。

　第2の団体は，1793年設立の農業調査局（Board of Agriculture）である。農業調査局は国の農業状態を研究することを目的としており，小ピットは同調査局に対して年間3,000ポンドの補助金をみとめた。会長には，サー・ジョン・シンクレア，書記にはアーサー・ヤングが就任した。普通会員30人の大部分は地主貴族や国家議員，富裕な銀行家であったが，中でも以下の人物は，のちに協会設立時のメンバーとなる。アーサー・ヤングよりも早く耕作用小土地貸与を主張したウィンチェルシ伯爵，「イギリス近代農業の父」の1人で，アーサー・ヤングの友人でもある大地主エグレモント伯爵（所有地11万エーカー），ウィルバーフォースのいとこでノッティンガムの有名な銀行家エイベル・スミスの息子キャリントン卿。農業調査局からは以上のような有力メンバーが，協会の委員会に加わってくるのである。

(3) 協会の目的

　協会の目的は，「貧民の幸福にかかわるすべてのこと，彼らの安楽を増大させ得るすべてのこと」[21]とされ，「教区による救済に伴う困難の除去，さらにそれを分配するという現在の方法が，勤勉と節約にマイナスになっていることを除去すること，ワークハウスの弊害の是正，貧民の子供が世間で身を立てることができるように援助すること」[22]であった。このことからもわかるように，協会は救貧法による貧民救済制度については批判的であった。

　協会が目指したことは，「貧民の暮らし向きや状態，及び彼らの境遇改善のために最も有効な方法に関する情報を収集すること」[23]，そして「イングランドのどこかで，貧民が今まさに享受している安楽と利益をいつかはすべて全地域に拡張すること」[24]であった。協会は，『報告集』を通じてこうした情報の収集と流布を行ったのである。

第2節　『報告集』について

(1)『報告集』の刊行と概要

　協会は1798-1817年にかけて6巻余の『報告集』を出版している。多くの執筆者たちによる報告がのちにまとめられ，6巻までは本として出版された[25]。各巻の出版年は以下の通りである。第1巻（1798年，第4版1805年，第5版1811年），第2巻（1800年，第4版1805年，第5版1811年），第3巻（1802年，第5版1811年），第4巻（1805年），第5巻（1808年），第6巻（1814年）。1～6巻までの報告抜粋は全171，付録は全107，総ページは2,863ページ（目次含まず）である[26]。報告抜粋171のうち約3分の1にあたる56をバーナードが執筆した。

　『報告集』の内容は多岐にわたるが，ほとんどは貧民の境遇を改善するために各地で実施されている具体的な事例の紹介である。しかし，報告書の中に，協会が重点的に取り組んだ問題や特徴を読みとることができる。以下，その点について指摘しておきたい。

　まず，教育や学校の普及については，協会が20年間にわたって関心を持ち続けた問題であり，勤労学校，慈善学校，日曜学校，週日学校，盲人学校，夜間学校等の報告がある。なお協会はとりわけ勤労学校の普及を促進し，ロンドンの盲人学校の設立にも貢献した。バーナードは，『報告集』の中から教育や学校に関する報告を選び，編集し，*Of the Education of the Poor* を1809年に出版している。

　伝染病等の予防や防止も重要なテーマであり，天然痘，種痘，猩紅熱，熱病病院，癌病院，王立ジェンナー協会が取り上げられている。ジェンナーが発明した牛痘種痘法の普及活動や熱病病院，癌病院の設立支援も協会の重要な活動となった。

　協会が取り上げた貧民は広範囲にわたっていた。すなわち，小屋住み農，徒弟，煙突掃除少年，木綿工場労働者，老人，病人，妊婦，寡婦，盲人，捨て子，乞食等であり，それぞれの対策や慈善活動の実例が報告されている。のちに，協会の活動として，木綿工場で働く徒弟の保護のための制定法の要求や，小屋住み農への土地貸与について検討する。

貧民の生活に関しては，食事，衣服，燃料，生計の資を安く入手する方法，モラルや習慣等の改善に関する提言や報告がある。また，協会は友愛協会，共済組合，貯蓄銀行等の事例をあげ，自助や相互扶助をすすめた。

(2)『報告集』の執筆者と福音主義の影響

ボイド・ヒルトンは，協会の『報告集』を，「この問題（貧民の境遇改善）における穏健な福音主義者の態度に関するための，おそらく最高の典拠である」[27]と評価している。協会は報告書を創刊号から聖職者に送り，もし協会の目的を増進するのに役立つ事実や情報があれば，それを協会に伝えてもらうよう依頼していた。そのため，多くの聖職者が，『報告集』に寄稿した。寄稿者の中には，ウィルバーフォース，トマス・ギズボーン師（ウィルバーフォースの親友），ジョン・ウィリアム・カニンガム師，エドワード・パリィ，ジョサイア・プラット師〔*The Christian Observer*（1802年創刊）の初代編集者，同年英国教会宣教協会（Church Missionary Society）の書記〕，テインマス卿〔前インド総督，英国海外聖書協会（The British and Foreign Bible Society）初代会長〕といったクラパム派の福音主義者の他に，グラス師，トマス・ウィルソン師〔ロンドン宣教協会（London Missionary Society）の初代理事の1人〕，トマス・バージェス師，ウィリアム・ギルピン師，フランシス・ランガム師ほか多くの福音主義者，教区の聖職者が含まれている。ウィルバーフォースは，「ハルにおける『貧しいよその友協会』に関するオクスレイ氏の説明の抜粋」[28]を，ギズボーン師は，「貧民に牛乳を供給するために，スタフォードシャで採用された方法についての説明の抜粋」[29]の他に，炭坑夫に関する報告抜粋を2本寄稿している[30]。パリィは，「ノーフォークの2つのハンドレッドが合同して建設した勤労の家についての説明の抜粋」[31]と，ノーフォークの教区で「貧民に燃料を供給するために，囲い込みに関して決められた条項の説明の抜粋」[32]を，プラット師は，「バーミンガムで教区の子供を雇用する方法に関する説明の抜粋」[33]を掲載した。『報告書』の中には，クラパム派の福音主義者の中心であるジョン・ベン師達がクラパムに1799年2月に設立した「クラパムにおける貧民の境遇改善協会」（A Society for Bettering the Condition of the Poor at Clapham）についての報告抜粋も含まれている[34]。

福音主義の影響は，宗教活動に関する報告にみられる。例えば，カニンガム師の「英国海外聖書協会への反対に関する考察」[35]，テインマス卿の「英国海外聖書協会の説明」[36]，バーナードの「英国海外聖書協会についての一層の説明」[37]，大蔵大臣ヴァンシタート（1834年に英国海外聖書協会の会長に任命）による，聖書普及協会（Bible Society）についての一連の報告[38]等があげられる。

(3) 協会の財源と寄付者

協会の財源は寄付でまかなわれていたが，聖職者による寄付が多いことも指摘しておきたい。1804年には協会へ416人（協会の委員を含む）から寄付が寄せられ，その総額は1,533ポンド2シリングに達した。416人の寄付者のうち80人が聖職者，（ダラム主教，ロンドン主教等8人の主教を含む）33人が下院議員であり，アディントン首相や，ヨーロッパでも屈指の資本家ヘンリ・ソーントン（クラパム派）も寄付をしている[39]。階級別にみると，スクワイアが最も多く416人中252人を占めている。なお同年にはこの寄付金とは別に，女性からの寄付が急増し，その総額が約500ポンドに達する。これは同年，協会内部に「女性貧民の教育と雇用を促進するための女性委員会」が設置され，寄付金を募ったためである。

以上，協会の構成委員，『報告集』への執筆者，さらに寄付者のリストを調べることによって，この協会が主としてクラパム派を含む英国教会福音主義者と聖職者，地主貴族，国会議員の連合体で構成され，首相を含む多くの政治家が，協会の活動に協力していたことを明らかにした。次に，バーナードの貧困観についてみておきたい。

第3節　バーナードの貧困観

『報告集』第4巻冒頭のアディントン首相にあてた手紙（1803年2月15日付）の中で，バーナードは，貧民が政府や社会の仲間の努力から得る権利がある便益は，次の3点に整理できるという。すなわち，①悪習と伝染病の防止，②徳行と勤勉の促進，③道徳及び宗教的教育の全国的普及である。彼の思想

と活動は，救貧法の枠をはるかに超えていた。ここではまずバーナードの貧困観と救貧法批判をみておきたい。次に教育必要論，また貧民の悪習に対する彼の批判についてふれておきたい。

(1) バーナードの貧困観と救貧法批判

『報告集』第1巻冒頭の「国民への序言」において，バーナードは「社会の中の貧困階級の利害は，共同体のすべての部分の利害と密接に関連し合っている」[40]と述べ，貧困問題に関する世論を喚起しようとした。

バーナードは，18世紀末〜19世紀のイギリスにおいて，産業革命及び農業革命の進展が一方で富を生み出しつつも，他方で，人々を貧困化させていることを次のように指摘している。「自分の生命を支えてくれた多くの方策が今は失われてしまった。有能な紡績工は1日に5ペンスかせぐことができたが，紡績工場がその種の職業をほぼなくしてしまった。農場の新制度は小屋住み農から，彼の生計の資に大変役立った細長い土地を奪うか，彼らを法外な地代下に置く。労働者は自分が働いていた農業資本家によって，生活必需品の大部分を仕入れ原価で供給されたが，彼は今ではパン屋や雑貨店に掛売りで行かされる」[41]。したがって，協会にとっては，こうしてあらたに生み出されてきた多数の貧民[42]の境遇をどのようにして改善するかという課題があった。また協会は1804年に女性委員会を内部に結成するが，『報告集』では下層階級の女性の放蕩と困窮の原因として，「教育と仕事の不足」を指摘している[43]。貧困の原因を単に個人に帰することなく，産業（農業）革命の進展や教育，雇用の不足に着目しているのである。

貧民救済のための公的制度としては救貧法があったが，バーナードは，とりわけ賃金補助制度については，「個人の勤労と節約とは無関係な一定の所得」を与え，「貧民の活動を弱め，自活する努力を削ぐ傾向がある」[44]として反対した。また，彼は「労働の価格は，法律や法律制定者に依存するのではない。それは供給と需要によって決定される」[45]とした[46]。さらに，救貧法が無分別な結婚を促進する傾向があるとして批判した[47]。彼はマルサス（Malthus, Thomas Robert, 1766-1834）の『人口論』（初版）を読んでいたし[48]，マルサスも協会の『報告集』を読んでいたのである[49]。

ワークハウスについては，バーナードは，種々の貧民を混合して収容する

ことから生じる悪影響を指摘し[50]，収容者の選別を提案した。彼はワークハウス内の収容者を「救済に値する貧民（deserving poor）」（避けられない災難にみまわれている勤勉で正直な貧民）と，そうでない者（邪悪で放埒な人物）とに分離し，後者は刑罰の対象とすることを提案した。また救済付与にあたっては，申請者の勤勉と性格を調査することを提言した[51]。さらに「ワークハウス，施療院，そして慈善的な寄付によって維持されたすべての公共施設で出される食事は，小屋住み農が日々の労働によってかせぐものよりも決して良いものであってはならない」[52]とし，「劣等処遇」を主張した。ワークハウスに収容されている子供については，彼はワークハウス外の教区学校（parochial school）で教育を受けさせるべきであるとする[53]。

彼はアダム・スミス（Smith, Adam, 1723-1790）が『国富論』で述べた「境遇を改善したいという，人の胸中に刻み込まれた意欲」[54]を重視し，「貧民の間に，勤勉，慎慮，予見，美徳，清潔の習慣を奨励し，促進するものはすべて彼ら自身と国家にとって有益であり，――これらの美点のいずれかに対する誘因を除去したり，減少させたりするものはすべて，国家にとって不利益であり，個人にとって有害である」[55]と述べた。

『報告集』第5巻冒頭のウィルバーフォースにあてた手紙（1805年3月28日付）の中で，バーナードは以下のように述べている。「国家の中の分離した部分は，全体の美徳と活動の総計を構成する。したがって，個人が堕落し無知であるのに，国家が繁栄し教化すべきであるということを期待するのは無駄である。われわれは教区の製造業，貧民の請け負い，救貧税の引き上げ，感情に訴える乞食への支援，教区連合によるワークハウスに関して，繰り返し実験を行ってきた。さあ，今度は宗教的動機の影響，性格改善の結果，境遇改善の効果を試してみよう。個人の親切と激励，財産を得る見込み，勤勉と慎慮に対するすべての刺激によって行動するよう努力しよう。そうすれば，われわれは共同体たる国民の構成分子が健全で完全になる時に，国家自体も健全になり，繁栄するであろうということに気づくであろう」[56]と。

こうして貧民の側での努力を求めつつ，「社会の上流諸階級が全力を発揮して，同国民の大部分の間に，勤勉，慎慮，道徳，宗教の普及を促進する義務があること」[57]を彼は強調した。そして，「社会のさまざまな階級が十分なきずなと相互関係を持っていないことこそが，わが国の不幸である」[58]と訴えた。

慈善事業についても上記のことをふまえて，次のように記している。「すべての慈善的基金の運営において，われわれはハンブルクで採択された規定を心に留めておくべきである。すなわち，『もし救済の与え方が勤勉を刺激しなければ，実際上は，怠惰と放蕩へのほうびになってしまう』」[59]。そうであるから，彼は対象者を区別しない慈善を厳しく批判した。

それでは，慈善とはどのように施されるべきなのか。バーナードの次の言葉に，福音主義者の特徴が表れている。「慈善のための愛情を与えるにあたって，われわれは次のことを心に留めておくべきである。親切と注意によってなされるべきことは，金銭を使ってなされることよりも大きいのである。そうであるから，すべての慈善は，その対象となる人の宗教的習慣と道徳的美徳を改善するように，そして彼らをますます自分自身及び社会のために役立たせるように向けるべきである」[60]。

(2) 教育の普及

協会にとって，貧民の子供への普遍的な教育の普及は，重要な関心事であった。協会はどのような観点から教育の必要性を説いたのであろうか。バーナードは，次のように述べている。「貧民の困窮を和らげ，習慣を改善し，美徳を促進するための手段の中で，彼らの子供の教育のための普遍的かつ公平な設備よりも満足なあるいは効果的なものを誰も見つけないであろう」[61]。彼はまた，教育をすべての階級の人々に拡張することによって得られる効果と，本人の才能，勤勉，慎慮によって，出世できることを述べ[62]，貧民に希望を与えようとした。

バーナードは普遍的な教育の必要性を，社会の安定の観点からも強調している。彼はヨーロッパに目を向け，無政府状態，反抗，背信の種が，現代世界にまき散らされていることを指摘し[63]，「フランス革命時に存在した最大の危険は，非常に有害なうそから発生していたのであり，そのうそは貧民の間に巧みに流布した。その力は依然として存在している」と警告した[64]。のちに彼は，自著 The Barrington School の中で，次のように述べている。「われわれの協会が初めて設立された頃，フランス革命の恐怖が，普遍的な教育制度に反対する偏見を蒸し返した」[65]。しかし，彼によれば，フランス革命の「恐怖のもとが発生したのは，民衆の知識によるのではなく，無知によ

る」[66]のである。そうであるから,「社会の道徳的悪弊に対する唯一の有効で確実な改善策は,宗教的及び道徳的な教育の普遍的な制度である」[67]と彼は説いた。

以上のように,彼は貧困状態の緩和,貧民のモラルの改善,政治的恐怖の防止等の面から,貧民の子供に対する普遍的な教育の必要性を主張したのである。

(3) 悪習と伝染病の防止

バーナードはモラル・リフォームのリーダーでもあった[68]。彼は安息日の完全な無視,飲酒,富くじ,観劇など,貧民の悪習や娯楽を厳しく批判した。福音主義者にとって安息日の遵守は,最も重要であった。バーナードは,「安息日を破る諸原因の中で,第1のそして最も顕著なものは,貧民の教育の不足である」[69]と述べ,早期からの道徳的,宗教的教育の必要性を説いた。また,彼は安息日が今や「富裕者の饗宴,怠惰な者のコンサート,学者の哲学上の集会のために」取っておかれていることを批判し,彼らがこのように安息日を破ることが,ひいては召使い達の堕落につながることを強調した。また,彼は演劇に関しては,神聖をけがす不道徳な演出が,貧民の性格を害すると批判し,その種の劇の例として,乞食オペラ(Beggar's Opera)をあげている[70]。伝染病の防止については,のちに協会の実践的な活動を取り上げて考察したい。

ところで,協会の活動は,国家レベルの政策とどのようにかかわっていたのであろうか。次にその点についてみてみたい。

第4節　協会の活動と影響

(1)「徒弟の健康及び道徳に関する1802年法」と協会

「徒弟の健康および道徳に関する1802年法」の制定(1802年6月成立)とその実施について協会が熱心に取り組み,活動をしたことが,『報告集』から読み取れる。とりわけ注目すべきは,バーナードが1800年2月24日

に書いた『報告集』第2巻第69報告抜粋（Extract from an account of Mr. DALE's cotton mills at New Lanerk, in Scotland）である[71]（Lanerk は原典のまちがい。正しくは Lanark）。この報告抜粋は，デイルの工場に関する記述とバーナードによる「所見」とからなっている。デイルの工場に関しては，児童の「健康と道徳の保持のため」に彼が採用した規則が，他の工場とは大きく異なったすぐれたものであることが説明される。「1785-97年までの12年間に，これらの工場で雇用された3,000人の児童のうち，亡くなったのはわずか14人で，裁判による刑罰の対象者は皆無であった」[72]。このあとバーナードは，デイルの工場内の換気と清潔，男女別の管理，宿舎，衣服，食事，教育等について説明している。以上のデイルの工場の説明について，バーナードは王立研究所のガーネット教授に負っていることを記している[73]。

これに続く「所見」で，バーナードは「木綿工場は小屋住みの妻と子供たちから家内工業の諸手段をほとんど全く奪ってしまった。手で紡ぐことによる利益が大幅に減少したので，小屋住みの家族はそれをあきらめ，教区に救済申請せざるを得ない」[74]と明言する。綿工業による富の増加は，「貧民の健康と道徳を大変害する」ものであった。バーナードはここで自分の考えを次のように述べ，規則が木綿工場だけでなく，同じ状況にあるすべての工場，とりわけ児童が徒弟として従事している工場に適用されるべきことを主張した。「私には以下のことが得策であるように思われる。すなわち，徒弟の年齢と諸条件とは規制されるべきこと——労働時間は規制されるべきであり，夜業（健康と道徳とに極めて有害）を完全に廃止すること——男女の児童は完全に分離されること——工場は治安判事による定期的な視察を受けるべきであり，治安判事は仕事部屋の定期的な水しっくい塗りと清掃，暖房と換気とを命じる権限を持つべきであり，さらに各工場から，そこで雇用されているすべての徒弟およびその他の者の人数，健康，各人の年齢について，年4回もしくは月1回の報告書を受け取るべきである」[75]。さらにバーナードは，「以上の，あるいは類似した規定が，それらの工場で雇用された児童の保護のために立法府によって施行されるべきであるという考えに，ほとんどすべての木綿工場の所有者が同意するであろう」[76]と述べた。バーナードの上記の提案は，1802年法の内容を先取りしている点で注目される。

1802年法案を提出したのはピールだが，彼自身タムワースの木綿工場の経営者であり，自分の木綿工場で働く教区徒弟の待遇と教育に大きな関心を

もっていた。また，彼は遅くとも1804年には，協会の総務委員の1人となっている。ある朝ピールはバーナードを訪ね，彼らが注目している種々の博愛主義の対象となる人について話した後，協会のためにと1,000ポンド寄付している[77]。なお，この1,000ポンドは，木綿工場の子供の状態の改善のための資金として充当された。しかし，資金に対する十分な要求が差し出されなかったので，この資金はその後イングランド王国のさまざまな所で教育促進のために使われた[78]。ジョアンナ・イニスは，バーナードからベイリー（マンチェスターの治安判事）にあてられた手紙を解読し，「教区とりわけ製造業に従事する徒弟の状態が，協会の最初の協議事項の主眼点となったこと」[79]を指摘している。さらに「ピールがマンチェスターの論議から生じている工場徒弟の規制法案を議会に提出する準備をした時に，彼が自分の提案を（改善）協会の前に提出した方が有益であると考えたかもしれないということは，驚くべきことではない。ピールが改善協会の前にどんな提案を提出したのかということについては，正確には明らかではない」[80]と記している。

　協会は木綿工場と毛織物工場で働く徒弟の保護と教育に関して，議会による法規を得るために，内部に委員会を設置し，バーナードは1802年に同委員会内での仕事に従事していた[81]。この委員会内で重要な意見がまとめられていたことは，以下の手紙の内容からも明らかである。ピールの法案をめぐる議会での議論のなかで，ウィルバーフォースは対象を木綿工場の徒弟だけでなく，そこで雇用されているすべての児童に拡大すべきであると主張したが，ピールはこれに反対し，彼の意見は採用されなかった。1802年（何月かは不明）ウィルバーフォースは，バーナードにあてて次のような手紙を残している。「私は（貧民の境遇改善協会の）委員会の判断を大変尊重し，またサー・ロバート・ピールが提言した考え，さらに彼の気持ちまでも大変重くみているので，……協会のジェントルマンが熟慮して作成した全意見に反対して，その計画を徒弟以外の他の者にも拡大することに関して，自分自身のいかなる考えも押しつけるつもりはありません」[82]。

　以上，バーナードが，『報告集』を通じて，徒弟として働く児童の保護のための制定法を具体的に要求し，彼の種々の活動がピールにも評価され，ピール自身も協会の運営に加わり，協会を財政的にも援助していたことをみてきた。1802年法案の内容について，両者が何らかの情報交換を行ったことは間違いないであろう。

報告集の中には，この他にも1802年法にかかわる資料がみられる。すなわち，1784年のマンチェスターの治安判事の決議[83]，1802年法の全条文[84]，ウィルバーフォースの友人で外科医のヘイがリーズにあるバーレイの木綿工場を訪問して書いた同工場の調査報告[85]等である。協会は1802年12月に内部に特別委員会を設置し，1802年法の実施に対する木綿工場主の反論や，上記のヘイ医師による報告の検討をし，報告をまとめている[86]。さらに，協会の会員は，1802年法成立後，木綿工場を訪問，視察し，その報告を本部に送っていた[87]。最後に協会が1802年法の普及に努めていた例をあげておきたい。同法では，すべての工場は治安書記のもとに毎年登録されねばならないことが規定されていた。「貧民の境遇改善協会は，広告ビラを配布して，州の裁判官を促して，製造業者に登録するよう注意するように訴えた」[88]。

(2) 小屋住農への耕作用小土地貸与と協会

小屋住農への土地貸与も，協会の会員がとりわけ熱心に訴えた問題である。この政策については，ピット，一部の地主，福音主義者，聖職者が協力して，その便益を主張した。彼らは，この政策が労働者には「インダストリ」の源となり，地主や借地農にとっても救貧税の減少，労働者の定着につながること等を説いた。

ピットは，1797年に「土地利害者に対する演説」の中で，小屋住に小屋を建てさせ，さらに野菜等を育てるために，半エーカーの土地を彼らに貸与することを提案した[89]。地主であり，協会の総務委員の1人であったウィンチェルシ伯爵も，小屋住農への土地貸与を早くから提唱した。彼は自分の所有地での実例をあげ，農業労働者が牛を飼うためのあるいは庭として占有する土地を持っていることは，彼らと地主の両者にとって大変有益であることを強調した[90]。また，グラス師は，小屋住みが豚を飼うことの利益について説明している[91]。

エストコート氏は，ウィルトシャのロング・ニューントンの教区の事例をあげ，土地貸与の成功例を説明した[92]。同教区には，140人の貧民（主に農業労働者）がいたが，1800年時には，食料品の高騰のため彼ら全員が救貧税から手当てを受け取っていた。エストコート氏は，同教区の農業労働者

に土地を貸与することによって，救貧税を大幅に減少させた。驚くべきことに，1805年には農業労働者は誰一人として救済費を受け取らず，その結果，救貧税額も212ポンド16シリングから12ポンド6シリングへ減少したのである。バーナードもノース・ヨークシャの農業労働者ブリトン・アボットが，小土地を貸与され，勤勉と努力によって成功した実話を書いた[93]。さらに，バーナードは農業労働者が所有ないし占有する小屋や庭に関しては，家賃，租税，レイト，十分の一税その他のすべての負担を免除すべきであると主張した[94]。彼は，農業労働者の利害が，地主や借地農の利害と関連していることを，次のように説明した。「地主は以下のことを心に留めておくべきである。もし労働者が貧窮に陥れば，彼が自分自身の努力によって得てきた生活費が，今後は土地から引き出されるに違いない。借地農は確かに通常は救貧税を支払うが，それは本当に最終的には地主によって負担される。地主の土地は救貧税の増加と累積によって価値が低下し，総地代収入が少なくなる。しかし，これに反して別の原理によれば，つまり小屋住み農の福祉を促進し，活動を奨励すれば，地主は救貧税を減少させ，土地の価値と総地代収入とを増大させたかもしれない」[95]（1799年10月22日付）。

小土地貸与政策については，1800年にアーサー・ヤングも提唱したが[96]，マルサスがこれに反対したことはよく知られている[97]。そうではあるが，議会においても貧民への土地貸与は議論され，制定法が定められた。トーリー党政権下で成立した1819年救貧法改正法第13条は，教区会に対して，「貧民の間に勤勉を促進するために……貧困ではあるが勤勉な教区住民に」小土地を貸与する権限を与えた。協会による，小土地貸与政策の推進活動は，法制化に何らかの影響を及ぼしたのではないだろうか。

(3) 女性貧民の教育と雇用を促進するための女性委員会の創設

本項では，協会が独自に組織した「女性貧民の教育と雇用を促進するための女性委員会」についてみてみよう。1804年3月に開かれた協会の会合で，委員会は，女性貧民の教育と雇用を促進するための女性委員会（以下，女性委員会と省略）の結成を提案するために，基金に寄与している女性達に請願書を送るように命じた。同提案のとりまとめについては，バーナードが中心となった。請願書において，次の点が指摘されていることは注目すべきであ

る。「ロンドンのみならず，イングランド全土において，下層階級の女性の放蕩と困窮のかなりの部分が，教育と仕事が不足していることから生じているということは憂鬱な事実である。女性は，多くの職業及び生活の糧から排除されている」[98]。

女性委員会の目的は，第1に地方都市及びロンドンに同様の委員会を設立すること。第2に，女性貧民の道徳的及び宗教的教育を促進すること。第3に，女性貧民に健全な家庭内の仕事を与えることであった。この計画には，聖職者，役人等のお金を持っていない（unprovided）娘を，個人の家庭及び女子寄宿学校の教師，ガヴァネスとして教育するための学校の設立が盛り込まれていた[99]。

第2の点については，女性委員会が，地方の委員会を通じて，イングランドの女性教育の現状を調べ，必要な所には，女子学校設立の促進と援助を行うことが提案されていた[100]。

女性委員会は1804年に設立され，皇后陛下を「後継者」，王女を「副後継者」に据え，以下，会長にレディ・テインマス，副会長にリーズ公爵未亡人ほか5名，書記にヴァンシタート嬢が就任した。その他，会員として，サマセット公爵夫人，レディ・パーシヴァル，レディ・ペラム，バリントン夫人，アディントン夫人，ウィルバーフォース夫人，ヘンリ・ソートン夫人ほか22名が参加した[101]。つまり女性委員会の構成メンバーの中には，協会のメンバーの夫人達が含まれていた。女性委員会の結成後は，女性による寄付の急増につながった。1804年末までに，女性の寄付者（女性委員会の会員を含む）は183人に上り，その総額は492ポンド19シリング1ペニーに達した[102]。

(4) 貧困な盲人のための学校について

1798年8月にバーナードはリヴァプールにある盲人学校を訪問し，その記録と所見を『報告集』に残している。バーナードの伝記を書いたベーカーによると，その報告の中で，バーナードはイギリスの各地で同様の施設を建設することをすすめた。これがウィリアム・ホウルストンの注意を引き，彼は1799年12月にバーナードに手紙を出し，ロンドンにそうした慈善施設を建設してはどうかと提案した。それにしたがって，1800年1月8日に会合が開かれ，「貧困な盲人のための学校」が設立され，ダラム主教が会長に選

出された。初期の取り決めとこの建設のための行動において，バーナードは活躍した[103]。

　バーナードが訪問したリヴァプールの盲学校は，1791年に開かれたイングランドで最初の盲学校である。この学校の概要を彼の報告[104]に沿ってみてみよう。同校の計画は，「盲人を基本的に幸福にすること，そして社会の役に立つようにすること」であり，学校では手仕事を教えられた。また何人かの盲人には教区の教会のオルガニストの資格を与えるために，音楽が教えられていた。入学許可年齢は，男が14-45歳，女が12-45歳であった。手仕事についていえば，彼らは快適な仕事部屋で，1日約8時間教えられ，働き，能力と勤労に応じて金銭での報酬を受け取った。彼らが作ったかご，廊下用カーペット，ドアマット，むち等は商品として販売され，売上高は年間500ポンド以上であった。最大の支出は，盲人と彼らの教師に支払う賃金であったが，収入との差額は，寄付や贈与（年間約650ポンド）でまかなわれていた。

　この施設では貧しい盲人を家族から切り離して収容したのではなかった。彼らは友人と住むこともできたし，町で下宿し，通学することもできた。リヴァプールに何ら家庭的関係のない盲人のための宿泊施設も建設中であった。バーナードがこの学校を訪問した時には，43人の盲人（男27人，女16人）が働いており，自活のために1週5シリング未満の手当が与えられていた。

　こうした報告のあとにバーナードは次のような所見を述べている。「失明はそれ自体，大変つらい災難である。しかし，盲人が，自分自身が役に立たない，そして多くの場合他人の厄介者であるという屈辱的な考えを強く感じ，自分の状態は絶望的で不治であるとみなし，あたかも1つの機能の損失が残りのすべての啓発を怠る十分な理由であるかのようにみなすことは，災難をさらに大きく悪化させる。この先入観を除去すること―彼らが働かせることができないと思っているような心身の他の力を働かせること―我々の本性に付随する最大の苦悩をできるだけ軽減すること，そして，そうでなければ憂鬱で落胆して過ごしたであろう時間に活動的な仕事を与えること－盲人を本来幸福にすること，そして社会の役に立つようにすることが，リヴァプールの施設の崇高で模範となる目的である。彼らの不幸を最終的に少なくするためには，十分に計画されているようには思えない無料の救済を与える代わりに，また彼らの友人や縁者から離されて抑制と監禁の様態で，自分の方では何の仕事も努力もせずに食事と衣服を与えられる代わりに，盲人学校は自活

することを教えるのである」[105]。

以上の所見には，この盲人学校への賛同と共に，従来からの救貧法，ワークハウス制度，救済対象を区分しない慈善活動への厳しい批判がこめられていた。バーナードは「盲人のための教育の学校は州の慈善として非常に有益である」[106]と書き，この種の学校の普及を促した。この報告書がホウルストンの目にとまり，最終的にはロンドンにおける貧しい盲人のための学校の設立につながることは，前述した通りである。なお，同校については，ダラム主教が報告を書いている[107]。同校設立の中心人物は，ホウルストンの他に，ジェームズ・ヴァ（顧問医師），トマス・ボディントン，サミュエル・ボザンケットであり，同校はのちに，王立盲人学校となる[108]。

第5節　ロンドンにおける熱病病院の設立と協会

最後に，ロンドンにおける熱病病院の設立と運営をめぐって，協会が果たした役割についてみておきたい。結論からいえば，協会の主要メンバーは熱病病院設立にかかわり，『報告集』を通じて，同病院の「広報」に努め伝染病拡大の防止を訴え，病院運営のための寄付を募り，また資金援助を通じて支援したのである。

協会は早くから熱病の蔓延防止と治療に関心を寄せていた。マンチェスターでは，パーシヴァル博士達が設立したマンチェスター保健局によって1796年に熱病病院が開設されたが，バーナードは同病院を訪れ，その先駆的な事例を『報告集』に記載している[109]。バーナードはこの他に，熱病病院について以下の4編の報告抜粋を書いている。Extract from an Account of the Institution to prevent the Progress of the Contagious Fever in Metropolis.[110] An Extract from a further Account of the London Fever Institution.[111] Extract from an Account of the further Progress of the Fever Institution.[112] Extract from an Account of the London House of Recovery in Pancras Road.[113]『報告集』には，この他にも熱病に関する報告や資料が掲載されており，この問題についての関心の高さがうかがえる[114]。

ロンドンにおいても熱病が流行し，18世紀には死亡者が毎年3,000人を超えていたが，何ら有効な対策はとられてこなかった。こうした状況下で，

1801年4月9日には，ロンドンで伝染性の熱病がひろまっていることに関して，当地の病院や診療所の医師達が「証明書」を発表し，以下の諸点を指摘した。伝染性の致命的な熱病は，都市の貧民の間にはびこり，彼らの居住地ではより広くひろがる傾向にあり，またそれは貧民からより高い階層の人に伝染することが多い。熱病は，清潔と換気をおろそかにすることから主に生じる。最初に発病した人から家族の者への感染は，貧民の住居で人が群居状態になっているため必然的に起きる。このあと医師たちは，現在毎日多くの人が発疹チフスにかかっていることを述べ，伝染防止のためには患者を直ちに移動させることが必要で，そのために病院の設立を訴えた。さらに対策として，患者の住居，家具，衣服を消毒し，清潔にするように警告した[115]。

この勧告を受け，1801年5月1日に，熱病病院をロンドンに設立するための会合が開かれた。協会の会長ダラム主教，総務委員ロンドン主教，のちに協会の副会長をつとめるサマセット公爵，そしてポンフレット伯爵の他，ロンドンの多くの著名人達が出席したこの会合では，先の医師達の「証明書」が読み上げられ，シェフィールド卿の動議に基づいて満場一致で決議が採択された。この中にはマンチェスターで採用され，大成功をおさめたのと同様の計画に基づいて，熱病病院の設立，伝染性の致命的な熱病の広がりの阻止，貧民の住居から感染原因を除去するために，寄付金を直ちに募ることが盛り込まれた[116]。

ロンドンの熱病病院は，No. 2, Constitutional Row, Gray's-inn-lane-roadに設立され，1802年2月より患者の受け入れを開始した。設立時の寄付金が少なく，当初は16のベッドしかなかったが[117]，最初の9年間で785人の患者を受け入れ，そのうち696人が治り自宅に送られ，89人が亡くなった[118]。熱病病院の開設後，ロンドンにおける熱病による死亡者は次のように次第に減少していった。1801年2,908人，1802年2,201人，1803年2,326人，1804年1,702人，1805年1,307人，1806年1,352人，1807年1,033人，1808年1,168人，1809年1,066人[119]。

熱病病院が効果をあげる一方で，教区単位の救貧制度と伝染病に対する人々の無知は弊害となっていた。ロンドンの教区制度下で，伝染病患者を二頭立て四輪馬車で，教区のワークハウスに運ぶことは，伝染病をますます広げることにつながった[120]。バーナードは報告書を通じて，熱病病院の利点

を人々に周知させようとした。熱病病院には他の病院にはない2つの重要な利点があった。1つは，患者がいつでも入院できること。2つ目は，病院側が熱病患者の家に石灰水を塗り，燻蒸消毒をし，家族の者も消毒することによって，感染の拡大を防ぎ，治療後の患者が安心して自宅に戻れるようにしたことである[121]。

また，協会は熱病病院の医師ベイトマン博士に依頼して，入院患者の治療法等について執筆（執筆時は1810年5月1日）してもらい，これを小冊子にまとめた。この小冊子は，熱病に苦しめられている場所で役立つように協会の会員が無料配布するために作成されたのである[122]。

同病院の財源は，個人による寄付と教区による救貧税からの負担（貧民監督官が教区の貧しい患者を病院に1人送るごとに2ギニー支払う）に依存していたが，極めて不十分なものであった。広い支援が不足している理由として，バーナードは次の点をあげている。「熱病病院には，支援者に寄付をする気にならせるおきまりの魅力がない。したがって，それに寄付することによって得られるべき個人的重要性や個人的利益がない。理事の投票と関心あるいは彼の代理人について，何ら熱心な要求がない。患者の入院のために署名すべき何の推薦状も必要ないし，当人が慈善の本当の対象者であるということを除いて何の必要条件もいらない」[123]。同病院の1806年の支出510ポンド13シリング4ペンスに対し，収入は537ポンド18シリングにすぎなかった。バーナードは「富者はこの場合，貧民の苦しみないし自分自身の安全にあまり気を遣わないか，同病院の有用性と長所に気づいていないかのどちらかだと本当に思う」[124]と記し，富者の協力を要請した。

バーナードは熱病病院による伝染病の撲滅が，富者，貧民両者にとって共通の利益であることを指摘し[125]，「共同体の福祉にとって不可欠」[126]である同病院への寄付を募った。そしてこうした宣伝は個人のみならず，銀行業者や教区からの寄付[127]の増加につながったと考えられる。医師達も1801年11月17日付の報告書で，熱病病院が，ロンドンの患者を広く救済するには不十分であり，また有効な運営のためには個人の寄付等に加えて，政府による援助が不可欠であることを訴えていた[128]。のちにアディントン首相に同病院に対する議会の援助を求める申請書が提出され，1804年5月に，同病院は，議会からの補助金3,000ポンドを受け取った[129]。協会も500ポンドを贈り，さらに個人による寄付金も加えられた。これらの基金は，1813

年に天然痘患者のために建設された2つの建物の購入と改装費に充当された[130]。

以上みてきたように，協会は熱病病院の「広報」を担い，有益な情報提供をし，寄付を広く募ったのであり，その意義は大きかったといえよう。協会は，バーナードの報告[131]をもとに，1817年に *The History of the London House of Recovery* と題する小さな本を出版し，その足跡を今に伝えている。

第6節　結びにかえて

最後に協会が果たした役割について，概括しておこう。

第1に，協会は無差別に与える従来の慈善のやり方を変えようとした。すなわち，慈善の付与に際しては，対象者を分類，選別し，金銭の付与よりも貧民の宗教的習慣，道徳的美徳，勤勉，慎慮を促進するような政策をすすめた。同時に協会は上流階級や中流階級，貧民に対して，モラルや習慣，娯楽等に関して改善を促した。この点については，とりわけバーナードをはじめとする福音主義者の影響が大きかった。宗教的習慣，勤労，慎慮を備えた自立した労働者の育成は，救貧税の削減につながるものであった。

第2に，協会は貧民が自助・自立できるような法律や施設（学校・病院等），環境を造るために尽力した。上流階級からなる組織力と人的ネットワークを活用して，協会は貧民の状態を改善するために，国家的政策においても重要な役割を果たした。また，ロンドンの熱病病院の設立と運営に際して，協会は支援を惜しまなかった。

第3に，協会の関心と活動が広範囲にわたっていたことは，すでに指摘した通りである。とりわけ教育や学校の設立（ロンドンの盲人学校等）に関する協会（福音主義者）の貢献は見過ごせないものである。協会設立後，貧民の境遇改善のための協会は，クラパム（1799年），アイルランドのコーク（1799年），リヴァプール（1810年），シェフィールドで設立されるが，協会はこれらの組織の活動についても紹介し，連絡をとっている。

バーナードの没後,『報告集』は廃刊となり，協会の活動も沈静化するが，それだけ，バーナードの存在と役割が大きかったといえよう。

注)

1） 1801年のイングランド及びウェールズにおける人口（家族数）は，889万3000人（219万3114家族）であり，そのうち，被救恤民は26万179家族で全体の家族の11.9％を占めていた。また，農業労働者は，34万家族で全体の15.5％，乞食は17万9718家族で全体の8.2％を占めていた（Mitchell, 1988, p. 11, p. 102）。貧民の増加に伴って救貧税も急増した。イングランド及びウェールズにおける救貧税額は，1784年には200万4238ポンドであったが，1803年にはそれは407万7891ポンドに倍増した。1813年には，665万6106ポンドが貧民救済費に支出された（Nicholls, 1845, Vol. 2, pp. 465-466）。このような巨額の救貧税負担をいかにして削減ないし転嫁するかということは，階級のインタレストをかけた問題であった。

2） 協会については，Cowherd, 1977, pp. 14-26, Owen, 1964, pp. 105-108, Poynter, 1969, pp. 91-98を参照。協会に対する同時代人の評価については，*Christian Observer*, Vol. 2 (1803), pp. 178-181, *Quarterly Review*, Vol. 15 (1816), pp. 204-218（著者はサウジー）を参照。またジェントルマンズ・マガジンは，協会の『報告集』の中から「2つの興味深い話」（日雇い労働者ブリトン・アボットの話，煉瓦職人ジョセフ・オースチンの話）を抄出し，紹介している。*Gentleman's Magazine*, Vol. 120 (1816), pp. 585-587.

3） 英国教会の聖職者は，1785年に約1万4000人，1830年に約1万8000人いた。このうち，福音派の聖職者は，同時期に約300人から約3,000人に増加した。1850年までに，イギリスの聖職者のうち約3分の1が福音派となった。1790年から1820年の間に福音派の聖職者は，まばらで無力な少数派から「英国教会内で最も高度に組織化され，勢力を自覚した仲間」へと変化させられた。これらの多くは，ウィルバーフォースと彼のクラパムの友人との計略，そしてウィルバーフォースが親しく共に仕事をしたチャールズ・シメオンの影響による（*Blackwell Dictionary of Evangelical Biography*, Vol. II, p. 1188）。

4） *Blackwell Dictionary of Evangelical Biography*, Vol. I, pp. 86-87.

5） *Reports of the Society*, Vol. I-VI. London. Vol. I (1798, the forth edition, 1805), Vol. II (1800, the forth edition, 1805 本書では第4版を使用), Vol. III (1802), Vol. IV (1805), Vol. V (1808), Vol. VI (1814).

6） バーナードの経歴については，Baker, J., 1819, *O. D. N. B.*, Vol. V (2004), pp. 441-442を参照。

7） *Reports of the Society*, Vol. I, 1798, Appendix, p. 262.

8） Baker, J. B., 1930, p. 53.

9） カワードは，協会とピットの法案（1796年12月22日に，議会に提出されたが，翌年2月28日，議会で否決された）との関連を重視している。すなわち「ピットの法案に対する反対にうち勝つために，福音主義者は貧民の境遇改善協会を組織した。ウィリアム・ウィルバーフォースがこの協会の設立を先導した」（Cowherd, 1977, p. 14）。「バーナードと貧民の境遇改善協会はウィリアム・ピットの法案の否決をはばまなかったが，彼らは同法案を一条一条取り上げ，その規定の多くを法案化するために支援した」（Cowherd, 1977, p. 15）。この見解に

ついては,十分な検討が必要であろう。なお永井氏はウィルバーフォースがピット法案を作成したことを指摘し,同法案に対するベンサム(Bentham, Jeremy, 1748-1832)の批判について考察しておられる。永井義雄(2003), 162-170ページ。

10) エドワード・パリイは, 1799年英国教会宣教協会設立時の副総裁の1人。
11) カフーンについては, 林田敏子(2003)を参照。
12) ヘンリ・ホアは, 1799年英国教会設立時の副総裁の1人。
13) マーティンによる乞食調査については, 本書第2部第6章を参照。
14) *Reports of the Society*, Vol. I, 1798, Appendix, pp. 272-273.
15) *Reports of the Society*, Vol. IV, 1805, Appendix, pp. 173-176.
16) ピーター・クラークも貧民の境遇改善協会や農業調査局を主導したのは,上流階級であったことを指摘している(Clark, 2000, p. 445)。
17) イニスによれば, 1792年の春から布告協会の主たる支持者である州の治安判事達は, 次の3つの問題に取りつかれていた。すなわち, 第1に治安妨害の恐怖, 第2にフランス革命の勃発に伴う行政上の責任の拡大, 第3に高い生活費と凶作である。布告協会の主導者たちも, 時代によって変化していく苦難に対して, 福祉の問題にますます気を取られるようになっていた。こうした中で, 布告協会の何人かのメンバーと, なかでもウィルバーフォースが中心となって, 貧民の境遇改善協会を1796年に設立した(Innes, 1990, p. 99)。
18) Wilberforce, 1838, Vol. I, pp. 131-134.
19) Roberts, 2004, p. 64.
20) Wilberforce, 1838, Vol. I, p. 134, pp. 393-394.
21) *Reports of the Society*, Vol. I, 1798, Appendix, p. 263.
22) *Reports of the Society*, Vol. I, 1798, Appendix, p. 263.
23) *Reports of the Society*, Vol. I, 1798, Appendix, p. 265.
24) *Reports of the Society*, Vol. I, 1798, Appendix, p. 265.
25) 6巻以降の報告書としては, 第37報告(1815年), 第38報告(1815年), 第39報告(1816年), 第40報告(1817年)がある。第39報告の冒頭で, バーナードは*Introductory Letter to the Seventh Volume*として当時の大蔵大臣ヴァンシタートにあてて, 塩税の廃止を訴える64ページにわたる手紙を掲載している。この手紙が『報告集』7巻のはじめに掲載されるはずであったが, 7巻は未完に終わった。おそらく最後となる報告抜粋は, 第40報告No.184のバーナードによるExtract from an Account of a Classical School near Ashburton in Devonsire, formed on the Principles of the Rev. Dr. Bellである(この抜粋の日付は1817年4月18日)。
26) 本章では, 第1巻は初版(298ページ)と4版(409ページ), 第2巻4版(462ページ), 第3巻(491ページ), 第4巻初版(495ページ), 第5巻初版(481ページ), 第6巻初版(525ページ)を使用した。
27) Hilton, 1988, p.98.
28) *Reports of the Society*, Vol. I, 1798, pp. 211-215.
29) *Reports of the Society*, Vol. I, 1798, pp. 129-134.
30) *Reports of the Society*, Vol. I, 1798, pp. 170-173, Appendix, pp. 223-238.

31) *Reports of the Society*, Vol. I, 1798, pp. 21-30.
32) *Reports of the Society*, Vol. I, 1798, pp. 42-43.
33) *Reports of the Society*, Vol. IV, 1805, pp. 277-287.
34) *Reports of the Society*, Vol. II, 1805, pp. 335-353.
35) *Reports of the Society*, Vol. VI, 1814, Appendix, pp. 101-113.
36) *Reports of the Society*, Vol. VI, 1814, pp. 91-101.
37) *Reports of the Society*, Vol. VI, 1814, pp. 115-138.
38) *Reports of the Society*, Vol. VI, 1814, Appendix, pp. 122-155.
39) *Reports of the Society*, Vol. IV, 1805, Appendix, pp. 177-189 より算出した。
40) *Reports of the Society*, Vol. I, 1798, xi.
41) *Reports of the Society*, Vol. III, 1802, p. 21.
42) バーナードは貧民を次のように定義している。「われわれが貧民という時，それは職業，商売，財産ないし所得から何ら利益を得ない人であり，自分の日々の労働以外に自活する手段を持たない人を意味する」(*Reports of the Society*, Vol. I, 1798, Appendix p. 253)。つまり，労働貧民 (labouring poor) を意味する。バーナードは，貧民 (poor) と被救恤民 (pauper) とを区別して使っている (*Reports of the Society*, Vol. V, 1808, Appendix, p. 6)。
43) *Reports of the Society*, Vol. IV, 1805, Appendix, No. VII, pp. 61-62.
44) *Reports of the Society*, Vol. I, 1798, pp. 48-49.
45) *Reports of the Society*, Vol. V, 1808, pp. 30-31.
46) 1795年5月，スピーナムランド制度（賃金補助制度）が，バークシャのニューバリーのペリカン・インで決議された。バーナードは，約7カ月後の同年12月8日付で『農業年鑑 (*Annals of Agriculture and Other Useful Arts*)』に賃金補助制度に対する反論を掲載している (*Annals of Agriculture*, Vol. 25 (1796), pp. 624-626)。賃金補助制度は，1796年ウィリアム・ヤング法として制定法となった。
47) *Reports of the Society*, Vol. III, 1802, p. 20, Vol. V, 1808, Appendix, p. 15.
48) *Reports of the Society*, Vol. III, 1802, p. 7.
49) Malthus, 1803, pp. 585-586, 邦訳, IV, 163-164 ページ。
50) *Reports of the Society*, Vol. V, 1808, p. 22.
51) *Reports of the Society*, Vol. I, 1805, Appendix, p. 386.
52) *Reports of the Society*, Vol. III, 1802, pp. 23-24.
53) *Reports of the Society*, Vol. I, 1805, Appendix, p. 388.
54) *Reports of the Society*, Vol. I, 1798, xiii.
55) *Reports of the Society*, Vol. III, 1802, p. 10. マルサスは，Malthus, 1803, p. 585, 邦訳, IV, 163 ページでバーナードのこの見解に同意している。
56) *Reports of the Society*, Vol. V, 1808, pp. 32-33. サウジーは，クォータリー・レビューでこの部分を引用し，「これは本当に徹底的な改革 (radical reform) である。――これは国家が必要としている改革である。――そしてそれは自分の地位に応じてすべての人が協力する改革である」(*Quarterly Review*, Vol. 15, 1816, pp. 215-216) と賞賛している。

57) *Reports of the Society*, Vol. Ⅱ, 1805, p. 165.
58) *Reports of the Society*, Vol. Ⅱ, 1805, p. 166.
59) *Reports of the Society*, Vol. Ⅱ, 1805, p. 168.
60) *Reports of the Society*, Vol. Ⅳ, 1805, p. 118.
64) *Reports of the Society*, Vol. Ⅳ, 1805, p. 30.
62) *Reports of the Society*, Vol. Ⅳ, 1805, p. 30.
63) *Reports of the Society*, Vol. Ⅳ, 1805, p. 31.
64) Bernard, 1809, pp. 41-42.
65) Bernard, 1812, p. 6.
66) Bernard, 1812, p. 6.
67) *Reports of the Society*, Vol. Ⅳ, 1805, p. 32.
68) 1802年には，悪弊撲滅協会（Society for the Suppression of Vice）が結成される。なお，1795-1815年の時期のモラル・リフォームについては，Roberts, 2004, pp. 59-95を参照。
69) *Reports of the Society*, Vol. Ⅳ, 1805, p. 8.
70) *Reports of the Society*, Vol. Ⅳ, 1805, p. 15.
71) 永井義雄氏は，この報告抜粋を取り上げ，バーナードとロバート・オーエン（Owen, Robert, 1771-1858）を比較して論じている。永井義雄（1993）174-184ページ。
72) *Reports of the Society*, Vol. Ⅱ, 1805, p. 356.
73) *Reports of the Society*, Vol. Ⅱ, 1805, p. 359.
74) *Reports of the Society*, Vol. Ⅱ, 1805, pp. 361-362.
75) *Reports of the Society*, Vol. Ⅱ, 1805, pp. 363-364.
76) *Reports of the Society*, Vol. Ⅱ, 1805, pp. 364-365.
77) ピールがバーナードを訪ねたのは，1800年3月頃と推測される（Baker, 1930, pp. 61-62）。
78) Baker, 1819, p. 53.
79) Innes, 2002, p. 246.
80) Innes, 2002, p. 246.
81) Baker, 1819, pp. 73-74.
82) Wilberforce, 1838, Vol. Ⅲ, pp. 44-45.
83) *Reports of the Society*, Vol. Ⅳ, 1805, Appendix, p. 19. 1784年のマンチェスターの治安判事の決議は以下の通りである。〔「それによって教区徒弟が綿工場やその他の作業場の所有者の下に束縛され，そこにおいて，児童が深夜，または1日に10時間以上強制的に働かされるような『教区徒弟』の年期奉公契約書」を，将来，治安判事は許可しないであろう〕（Hutchins & Harrison, 1911, p. 9, 邦訳，7ページ）。ハチンズ，ハリソンによれば，この決議は「公共機関が児童の労働時間を制限しようとした最初の試みであると考えられる。そうではあるが，それは単に救貧法の下での新しい行政上の規制という形をとっているにすぎず，児童労働全体を制限するという問題に関することではなかった」（Hutchins & Harrison, 1911, p.9, 邦訳，7ページ）。

84) *Reports of the Society*, Vol. Ⅲ, 1802, Appendix, pp. 104-113.
85) *Reports of the Society*, Vol. Ⅳ, 1805, Appendix, pp. 16-19.
86) *Reports of the Society*, Vol. Ⅳ, 1805, Appendix, pp. 1-10.
87) *Reports of the Society*, Vol. Ⅴ, 1808, pp. 171-180.
88) Innes, 2002, p. 252.
89) *Reports of the Society*, Vol. Ⅰ, 1798, Appendix, pp. 239-243.
90) *Reports of the Society*, Vol. Ⅰ, 1798, pp. 93-101.
91) *Reports of the Society*, Vol. Ⅰ, 1805, pp. 226-229.
92) *Reports of the Society*, Vol. Ⅴ, 1808, pp. 71-83.
93) *Reports of the Society*, Vol. Ⅱ, 1805, pp. 403-418.
94) *Reports of the Society*, Vol. Ⅱ, 1805, p. 413.
95) *Reports of the Society*, Vol. Ⅱ, 1805, pp. 257-258.
96) ヤングの小土地分与論については，福士正博（1984）を参照。
97) Malthus, 1803, pp. 572-581，邦訳，Ⅳ，127-141ページ。ヤングは，「現在貧民をこれほどに圧迫している凶荒を将来もっとも確実に阻止するのに役立つと思われる手段は，3人以上の子供を持つ国内の全農業者に半エーカーのジャガイモ畑と1, 2頭の牛を飼育するに足る牧草とを保証することであろう」と述べ具体的な提案をした（Young, [1800] 2006, pp. 76-77）。ヤングの案の目的は，牛乳とジャガイモによって，貧民に小麦の消費を止めさせることにあった。マルサスは，「ヤング氏の計画は労働需要以上の人口増加を刺激する点では，わが国の現在の救貧法とは比較にならないほど強力なものとなるであろう」と批判した（Malthus, 1803, pp. 575，邦訳，Ⅳ，133ページ）。なおヤングは協会の会員ではなかったが，協会に1ギニー（1ポンド1シリング）寄付をしている。
98) *Reports of the Society*, Vol. Ⅳ, 1805, Appendix, pp. 61-62.
99) *Reports of the Society*, Vol. Ⅳ, 1805, p. 182.
100) *Reports of the Society*, Vol. Ⅳ, 1805, Appendix, pp. 68-69.
101) *Reports of the Society*, Vol. Ⅳ, 1805, Appendix, pp. 134-135.
102) *Reports of the Society*, Vol. Ⅳ, 1805, Appendix, pp. 190-196 の女性の寄付者のリストより算出した。
103) Baker, 1819, pp. 49-50.
104) *Reports of the Society*, Vol. Ⅱ, 1805, pp. 75-86.
105) *Reports of the Society*, Vol. Ⅱ, 1805, pp. 86-87.
106) *Reports of the Society*, Vol. Ⅱ, 1805, p. 88.
107) *Reports of the Society*, Vol. Ⅲ, 1802, pp. 289-299.
108) Wagg & Thomas, 1932, p. 10.
109) *Reports of the Society*, Vol. Ⅰ, 1798, pp.72-82, Vol. Ⅱ, 1805, pp. 219-228.
110) この報告抜粋は，本来『報告集』用に書かれたが，熱病病院の委員会の要望があり，彼らにも配布された（*Reports of the Society*, Vol. Ⅲ, 1802, p. 271）。
111) *Reports of the Society*, Vol. Ⅴ, 1808, pp. 177-195.
112) *Reports of the Society*, Vol. Ⅵ, 1814, pp. 1-14.
113) *Fortieth Report of the Society*, pp. 114-130.

114) 例えば, Three Reports of the Sub-Committee, appointed by the Fever Institution, to direct the Whitewashing, with quick Lime, of those Dwellings of the Poor, in which Infection has lately subsisted (*Reports of the Society*, Vol. Ⅲ, 1802, Appendix, pp. 21-33). Copy of the Report to the Society for bettering the Condition of the Poor from the Select Committee for Preventing the Spreading of Contagious Malignant Fevers in the Metropolis (*Reports of the Society*, Vol. Ⅴ, 1808, Appendix, pp. 30-35). ロンドンの熱病病院の医師 Thomas Bateman, M.D. による Statement of the Medical Reports of the London House of Recovery, for the Year 1805 (*Reports of the Society*, Vol. Ⅴ, 1808, Appendix, pp. 93-100). これは協会が前述の医師 Bateman に依頼して執筆してもらったペーパー (この点については前述 149 ページ (Bernard, 1812, p. 6) 参照)。Statement of the practice adopted in the London House of Recovery (*Reports of the Society*, Vol. Ⅵ, 1814, Appendix, pp. 31-36). またロンドン以外の熱病病院については, Miss Horner, Extract from an account of a Contagious Fever at Kingston upon Hull (*Reports of the Society*, Vol. Ⅳ, 1805, pp. 121-143), Account of some cases of Typhus in the House of Recovery at Dublin, extracted from the Reports of that Institution (*Reports of the Society*, Vol. Ⅴ, 1808, Appendix, pp. 101-109) を参照。
115) *Reports of the Society*, Vol. Ⅲ, 1802, Appendix, pp. 55-56.
116) *Reports of the Society*, Vol. Ⅲ, 1802, pp. 278-279.
117) Baker, 1819, p. 71.
118) *Fortieth Report of the Society*, p. 20.
119) *Reports of the Society*, Vol. Ⅴ, 1808, p. 192, Vol. Ⅵ, 1814, p. 12.
120) *Reports of the Society*, Vol. Ⅵ, 1814, p. 137.
121) *Reports of the Society*, Vol. Ⅴ, 1808, pp. 180-181, pp. 187-188.
122) *Reports of the Society*, Vol. Ⅵ, 1814, Appendix, pp. 31-36.
123) *Fortieth Report of the Society*, pp. 124-125.
124) *Reports of the Society*, Vol. Ⅴ, 1808, p. 184.
125) *Reports of the Society*, Vol. Ⅵ, 1814, p. 12.
126) *Reports of the Society*, Vol. Ⅴ, 1808, p. 187.
127) *Reports of the Society*, Vol. Ⅵ, 1814, p. 11, *Fortieth Report of the Society*, pp. 129-130.
128) *Reports of the Society*, Vol. Ⅲ, 1802, pp. 280-281.
129) *Fortieth Report of the Society*, p. 126.
130) Baker, 1819, p. 72.
131) *Fortieth Report of the Society*, pp. 114-130.

第3章 F. M. イーデンのプア・ロー批判

はじめに

　1797年，イギリスにおける産業革命の進行のさなか，物価騰貴によって発生した大量の貧民と，それに伴う救貧税の急増のうちに，大部な3巻本が出版された。2,000ページにものぼる同書は，その著者によって『貧民の状態』(*The State of the Poor*, Eden, [1797] 1966, 3 Vols.) と名づけられた[1]。「マカロック (McCulloch, John R., 1789-1864) によって，『イングランドの労働者階級に関する知識の偉大な宝庫』と呼ばれた同書は，経済学の帰納的部門を最高に発展させたアダム・スミスの直接の後継者の1人としてアーサー・ヤングと並ぶ資格をその著者に与える」[2]と評されている。

　著者イーデン[3]は，グロウブ保険会社の設立者の1人であり，のちに同社の会長をつとめた人物であったが，『貧民の状態』の完成のために私費を投じ，協力者を得，3年以上を費やした。

　のちに，マルクスはイーデンを「アダム・スミスの弟子のなかで18世紀になにか有意義な仕事をしたただ1人の人である」[4]として，高く評価している。エンゲル (Engel, Christian Lorenz, 1821-1896) も同書を称賛し，イーデンを労働者階級の家族生活費の調査の元祖として位置づけている[5]。またカウハード (Cowherd) によれば，18世紀末〜19世紀初頭にかけてのイギリスにおけるプア・ロー改革派のグループは，①福音主義の人道主義者，②ベンサム主義の急進主義者，③経済学者の自然法原理の唱道者の3つに区分されるが，イーデンは，マルサス，スタージス・バーン[6] (Bourne, William Sturges, 1764-1845) とともに③に入るという[7]。

　この時期，貧民の処遇をめぐる問題は，最大の社会的経済的問題であり，多くの論者によって論争，改革の試みがなされた。イーデンが同書において

のべたプア・ロー批判のなかには、18世紀末～19世紀初頭にかけて、プア・ローをめぐってなされた論争の中心となるいくつかの重要な論点が含まれていた。

　本章の目的は、さしあたり、『貧民の状態』において、イーデンがのべたプア・ロー批判の要点をたどり、そのことによって彼の見解をいくらか明確にすることにある[8]。考察の中心は主として、第1巻第2編、第1章におかれる。

第1節　『貧民の状態』の構成

　『貧民の状態』全3巻の構成は次の通りである。
　序文（31ページ）のあと、第1巻第1編では、ウィリアム1世のイングランド征服から現時点に至るまでの貧民の歴史が、3章に分けてのべられている（1-410ページ）。
　第2編は次の3章より構成されている。
　第1章「貧民の扶養のための国家的制度について、イギリスのプア・ローについて、および貧民のよりよい救済のために、ピットが提案した法案について」（411-490ページ）。
　第2章「労働者階級の食事、衣服、燃料および住居について」（491-589ページ）。
　第3章「友愛協会（Friendly Society）について」（590-632ページ）。
　第2巻はイングランドにおける教区調査結果の報告（31州の136の教区並びにタウンシップ等について）（1-692ページ）。
　第3巻はイングランドおよびウェールズにおける教区調査結果の報告（10州の45の教区並びにタウンシップ等について）（693-904ページ）。および付録（408ページ）、索引（22ページ）から成る。付録は13項目に分けられ、物価一覧表、労働者の賃金、制定法のタイトル、1796年のピットの演説、貧民の救済のためのピット法案、農業労働者の収支一覧表、貧民に関する英語での出版物のリスト282点、等を含む。

第2節 「序文」について

　第1巻第1編に先立つ31ページの「序文」のなかで，イーデンは調査内容とその結果について概観している。このうち，いくつかの点についてみておこう。
　まず，調査を始めた動機について，イーデンは次のようにのべている。「労働者階級が1794年と1795年に，衣服および燃料と同様，穀物および一般食料品の高価格によって経験した窮境のため，私は慈善心と個人的好奇心の両方の動機から，王国のいろいろな場所における彼らの状態を調査する気になった。私が調査をすすめるにつれて，この問題は大変興味深いものになってきたので，私はもし自分が，本当の貧民（actual poor）と同様，共同体のなかの労働者の現在の状態に関して，正確な詳細を公衆の前に提示できれば，その結果は彼らに受け入れられるであろうと確信したのである」[9]。
　イーデンは，イングランドおよびウェールズにおいて，41州の181の教区ないしはタウンシップ等について調査結果を得たが，その調査項目は次のようであった。
　教区の広さと人口。家屋税，窓税を支払っている家屋の数，それを免除された家屋の数。教区民の職業，農業か商業か工業か，またどんな工業か。食料品の価格。労働者の賃金。土地の地代および純地代収入に対する地租。宗教の宗派。十分の一税およびその徴収方法。宿屋ないし居酒屋の数。農場の規模，農場の最も一般的な保有期間，主な耕作上の条件，共有地と荒地。この40年間に囲い込まれたエイカー数。貧民の扶養方法，請負制か勤労の家に入れるのか，あるいは他の方法か。勤労の家の状態，そこに収容された人の数，年間の死亡率，食事，設立以来の支出と利潤。友愛協会の数と状態，それらのうちいくつに，治安判事が決めた規則があったか。労働者の通常の食事。労働者の家族の1年間の収支について，ただし家族数および家族の年齢を区別する。彼らが消費した品物の価格と量。その他種々の観察。これらの調査結果は，第2巻，第3巻に詳細に記載されている。この教区調査の報告書は，イーデン自身が自分で教区を訪れ，調査したものの他，彼の多くの知り合いや聖職者の協力を得ることによって，完成されたのである[10]。
　次に，イーデンは貧民の世話に関する現代の最良の改良は，教区の貧民を

貧民監督官と教会委員の手から奪い，彼らを個人に請負わせることであるとしている。そしてこれによって，レイト負担が大幅に減少したことを指摘している。

合同した地域において設立されたワークハウスと勤労の家について。それは最初しばらくの間は成功したが，現在は，それから期待された良い目的にかなうとはもはや考えられていないとして批判する。

被救恤民について。それは相対的にいって，農業で雇用されている者の間では，珍しいほどにしかみられないとする。そして工業労働者の方が農業労働者よりもずっと多く稼ぐ場合，その原因をイーデンは次のように推論している。それは，「農業労働者が雇用主によって，ひどくそして不公正に扱われているからではなく，われわれの議会において，良く支配してきたと多くの人が思っている土地利害者よりも先に，商業に対して示された顕著な好意の結果である」[11]。

宗教の宗派については，ハウレット（Howlett）が，「ピット氏の演説に関する調査」のなかで，救貧税の増加を，メソジスト派の増加のためであるとしたことに対し，イーデンは反論している。

イーデンが「序文」において提言している政策は，小屋住みと労働者のために，共有地からある特定の量の土地をとりのけておくべきであるということと，イギリス全土において，友愛協会，Benefit Club を普遍的なものにすることである。その効果について，イーデンは次のようにのべている。

「私は友愛協会の会員の扶養が負担になった教区をみつけることはないし，会員の家族が負担になっている例をたくさんみつけることもない。こういう事情なので，国家がこれらの有益な機関によって，何千ポンド（おそらくは何百万ポンド）の出費を免れたに違いないということは明らかである。それらは，他人に劣らないほど災難，病気，無力，老齢になりやすい無数の会員が負担になるのを防ぐことによってだけでなく，自立の精神を奨励，促進し，社会の労働者階級の間でふつうにみられるよりも，勤勉と倹約のよりよい習慣を奨励，促進することによって，国家にとって有益である」[12]。

最後に，イーデンは労働者家族の家計調査についてのべている。彼の調査した労働者家族のほとんどの家計において，支出の方が所得を上回っていた。しかしイーデンは，労働者の年間の所得を正確に確かめることは難しいという。さらに労働者の支出の方が誇張されていないとしても，所得はほとんど

の場合，かなり低く見積もられているとする。

イーデンは調査結果の結論については，読者にその判断を委ねている。
「私は公衆に対して，ここで示された事実から結論を引き出すことを，故意にほとんど全く控えた。貧民に関する経済学のその部門において，改革についての詳細な計画を提供することは，私の能力をずっと超えている」[13]。

「このような著作の効用と傾向については，一般大衆の方が著者よりもよい判定者であろう。しかしながら，私が傲慢であるという非難を受けることなく，次のことをのべることをお許し願いたい。すなわち，もしこれらの調査によって，自分の絶え間ない労働によって安楽を受ける資格を一番よく与えられる人達の状況において，増大したまた増大しつつある安楽が示されるとすれば，それは偶然で一時的な災難が引き起こした不平をいう者を叱責するであろうし，また国民的困窮とは，無知な者の誤解ないしは不満に思っている者のくだらない異議であるにすぎないということを，われわれに納得させるであろう。しかし，もしこれに反して，その状況が悲観的なものであるとすれば，衰退しつつある，繁栄しない状態の社会をみせることは，役に立たないことではないであろう。道徳においてだけでなく，政策においても害悪を指摘することが，改革への最短の道であることが多い。災難を克服することのできない所でさえ，そのようにしている原因についての知識があれば，なぐさめになる。なぜなら，その知識は，われわれがなおすことのできないことについては，我慢強く耐えることを教えてくれるかもしれないし，制度の誤りと人間の欠点との区別を，きちんとつけることを教えてくれるかもしれないからである」[14]。

このあと，イーデンは，「この著書がいくらか，慈善活動と堅実な政策に貢献するかもしれないということは，私の心からの願いである」[15]とのべている。「序文」の日付は，1796年12月である。

第3節　プア・ロー批判

(1) プア・ロー賛成論の根拠

イーデンの目的は，①極貧階級（the indigent classes）のためのプア・ロー

が根拠としている原理について調べること，②ピット法案について短評すること，③労働者の家庭における状況と社会的な快楽に関して，議会の考慮にあたいするように自分には思える状況を指摘することにおかれた[16]。

まず，①についてであるが，イーデンは，プア・ロー賛成論者の根拠について確かめることから始める。

「貧民の扶養のための国家の制度に賛成して，進められるかもしれない議論は，私が思うに，次の立場に主として基づいている。

われわれの歴史のなかで，労働者階級が，継続的で絶え間ない労働の発揮なしに，生きることができた時期はないということ。彼らは，どんな人間の予見も回避しえないような災難，彼らを貧窮と困窮に陥らせるかもしれない災難にさらされているということ。そして，市民社会においていかなる改良が行われようとも，『貧民は国土から消えてなくなるだろう』という可能性はないということである。

労働が資本である彼らは，それを発揮する資力を奪われた時には，労働することができない間は，他人の助けにたよらなければならないし，自発的な寄付かあるいは，立法者によって他人に割り当てられた強制的扶養料によって，養われなければならない」[17]。

「したがって，もし富者が，彼らより貧しい隣人が，自分の労働と生活の糧とを交換できなくなった時に，彼らを公正に救済する義務があるとすれば（しかもそのような状況で，彼らを援助することは，富者の利益であるということがすでに示されてきた）唯一残っている問題は，この望ましい目的が最良に成就されるのは，貧民に扶養に対する法律上の権利（a legal right to a maintenance）を与えることによってなのか，あるいは，彼らを強制的ではない慈善に委ねることによってなのかということのように思われる」[18]。

「しかし強制的ではない慈善という手段をとれば，それは浪費家で怠惰で賤しむべき者の負担だけでなく，無情で貪欲な者が能力に応じて同じように負うべき負担をも，思いやりのある勤勉な慈善心に富んだ者に負わせてしまう」[19]。

「他方で，貧民の扶養のための国家の制度が，貧民の浪費，怠惰，贅沢をもたらすという批判がある」[20]。「しかしこれに対して，ウッドワード博士（Woodward, Dr. Richard, 1726-1794）は，そうであるからといって，怠惰で浪費家な者が極度な老齢，病気になって，食料や薬を大声で求める場合に，

われわれはやさしい感情を抑え、救済すれば怠惰を助長しないかどうか、そして結局は政治の弊害になるのかと考えて、関心ももたずに彼らを死なせるべきなのかとして、反論している」[21]。

(2) プア・ローにおける権利

プア・ロー賛成論者の理由は、強制的でない慈善は、各人の負担能力に比例せず、不公平が生じるからというものであった。しかしイーデンは逆に、プア・ロー存在の根拠となっている原理について次のように批判している。

「共同体の極貧階級の救済のための国家の法的規定が、次の根拠によって支持されることは、誤った原理の１つであり、しかもその少なからぬものである。その根拠とは、共同体のすべての個人を、労働能力のある間は仕事につかせ、労働能力がなくなった時には扶養するため、立法機関が積極的かつ直接に干渉することに対して、当人が人間社会のまさに本質と法律に基づいた要求だけでなく、権利をももつということである。しかしながら、いかなる権利も、満足に行使されないようなものは存在するといえるかどうか疑わしい」[22]。

つまりイーデンは、極貧階級を対象とするプア・ローにおいて、彼らが救済される権利と労働権をもつことを否定しているのである。イーデンのこの考えは、働く意志と能力のある労働者に対して、生存権と労働権を保障したと考えられる1782年のギルバート法、さらにその延長線上にあり、あらゆる貧民と勤労者とその家族に生存権を保障したと考えられる1795年のスピーナムランド制度[23]の理念とは、真っ向から対立するものであった。

人間の権利について、イーデンはエドマンド・バーク（Burke, Edmund, 1729-1797）の『フランス革命についての省察』（1790年）より次の箇所を引用し、この見解を正しいとしている。

「市民社会における人間は、『かれらの勤労の成果にたいして、またかれらの勤労を成果あらしめる手段にたいして、権利をもつ。かれらは、両親の獲得物にたいする権利、子孫をやしない教育する権利、生存中におけるみちびきと死後におけるなぐさめにたいする権利をもつ。各人が、他人を侵犯することなしに別々になしうることについては、なにごとであれ、各人は自分でそうする権利をもつ。また、社会がそのすべての技能と力との結合をもって

かれのためになしうる，すべてのことについて，かれは正当なわけまえの権利をもつ。この共同組織において，すべての人はひとしい権利をもつが，ひとしいものごとについてではない。その共同組織に5シリングしか出資していない人が，その5シリングにたいしてもつ権利は，500ポンドの出資をしている人が，もっとおおきなかれのわけまえにたいしてもつ権利とおなじように完全なものである」」[24]。

イーデンはバークのいうこれらの権利を容認し，それらの権利は「社会のあらゆる状態にある人間に，多かれ少なかれ活気を与える自発的な道義（われわれの状態をよりよくしようという欲求）と完全に合っている。それらの権利は，その道義を弱めたり抑圧したりするどころか，最も力強い激励を与えてくれる」[25]と評価している。

しかしながら，イーデンは先ほど『フランス革命についての省察』から自ら引用した文章の直前にある文章，すなわち，人間が生存権を有するという内容の文章を，おそらくは故意に引用しなかったのであろう。バークはそこで次のようにのべている。

「もし，市民社会が人間の利益のためにつくられるならば，それがめざすすべての利益は人間の権利となる。それは，恩恵の制度であり，法それ自体が，規則によってはたらく恩恵にほかならない。人びとは，その規則によって，いきる権利をもち，かれらは，正義をおこなう権利をもつ。たとえば，かれらとその仲間とのあいだにおいてそうなのであって，仲間が，政治上の職務にあろうと，ふつうの職務にあろうと，かわりはない」[26]。

もし，イーデンが人間の生存権を肯定していれば，プア・ローに対して，次のような批判はできなかったはずである。

「貧民のための法律による規定は，それどころか，生活必需品の不足，あるいはまた同様に，生活上の贅沢品に対する強力な需要が生み出す競争心の発揮を阻止する（ように私には思われる）。というのは，それは当人が怠惰，不倹約，浪費的，不品行であろうとも，決して困窮しないということを保証するからである。これは市民社会の最も強い結びつき，つまり財産獲得の欲求を弱める。というのは，法律による規定は，当人が勤勉であろうが，怠惰であろうが，最もさし迫った困窮，食料，住居，衣服の必要が満たされるべきであると断言するからである」[27]。

(3) 強制的でない慈善のすすめ

プア・ローによって，極貧階級に救済される権利，労働権が与えられることを否定したイーデンは，プア・ローよりも慈善の方をすすめる[28]。イーデンは十分なデータをもっていないとしながらも，多くの事情によって，次のことを確信したという。すなわち，正規にある慈善（例えば，病院，学校，救貧院，慈善の遺贈からの分配等）を除いて，喜捨の強制ではない慈善行為に費やされた金額は，救貧税額を大きく上回っていた[29]。そこでイーデンは次の提案をする。

「立法者は，プア・ローの矛盾を国家的慈善の1つの一様な制度にするという成し遂げ難い仕事を試みるべきである。彼らは人間性の感情に最も合った方法で，極貧者に対する救済を行うことをめざすべきであり，とりわけ，取るに足りない勤労の蓄積を，より確実でより生産的なものに変えることによって，教区の扶助の必要性に取って代わることをめざすべきである」[30]。

ポインター (Poynter) によれば,「1世紀後の Charity Organisation Society のように，イーデンは，私的慈善のための補助にすぎないものを与えるプア・ローを望んだ」[31] という。

(4) プア・ローのおよぼす悪影響

プア・ローよりも強制的でない慈善を優先したイーデンは，プア・ローのおよばす悪影響について次のようにのべている。

「貧民のための強制的扶養の制度から期待されうる善の総計よりも，それが必然的に生み出すであろう悪の総計の方が，はるかに上回るであろう。また法律による規定が確実であると，自然の情愛の原則を弱め，家庭および社会の義務の行使の必要性を少なくしてしまうことによって，社会との最も強い結びつきの1つを破壊する。そして救貧税は，必然的に負担となり不平等となるであろう」[32]。

イーデンによれば，プア・ローは，その通用の対象と場合を極度に限定することによって，存続しうる余地が残されただけであった。以下では，イーデンのプア・ロー批判を，①救貧対象の限定，②救貧の目的，③スピーナムランド制度批判の3つの観点から考察する。

(5) プア・ローの対象と目的

プア・ローには，救済政策的側面，雇用政策的側面，教育政策的側面があったが，イーデンはそれらを国家の義務として位置づけることを，ひとまず否定する。

「私のつまらぬ意見によれば，国家がそれの共同の受容力で，孤児を教育し，老人と無能力者を養い，勤労者に仕事を与えることを必ず要求されるということは，誤った考えである。これらは，高度で強力な義務をもった個人の果すべきつとめである。われわれの法的制度は，それらの目的においては広大かつ詳細であるかもしれないし，さらにそれの手段においては制限されていないのであるが，多くの欠点を残している。それらの欠点は，自発的な慈善によって補充されるべきである。法律による強制は，最もせっぱつまった困窮の場合に，極度の貧窮を除去することにのみ限定されるべきである」[33]。

このようにイーデンは，プア・ローの適用対象とケースを最小限に限定し，あとの大部分を自発的な慈善に委ねるべきであるとするのである。それでは，その適用の対象となるのはどのような貧民であろうか。それらは，次のイーデンの記述より，幼児の貧民，病気の貧民，老齢の貧民であると考えられる。イーデンはこれらの貧民を救済するメリットを国家の生産力視点から，それは結果的に国富の増大につながると考えている。

「政治家は次のことを少しも信じていない。すなわち，国家のインタレストは，以下の義務の十分かつ効率的な実行に本来的に関係する。つまり，貧しい幼児を赤貧と貧窮から救うことによって，有益な人口の本源が増大される。また病気の貧民を即座に世話し，治療すれば，(彼らの健康の回復によって，勤労は国家の最高の資産をとりもどす) 国家の生産的資本は増加し，老齢の貧民がかろうじて生きていくだけの生計は，最高の日々を送ってきて，公職で力を使い果してしまった彼らにとって，公正な権利（the fair right）にすぎない」[34]。

つまり，イーデンによれば，国家によるプア・ローの対象は極貧階級に限定され，その目的は，老齢の貧民を別として，彼らを国家の生産力をになう働く貧民（labouring poor）[35] にするまでの処置であったといえよう。「一国の繁栄は，働く貧民の福祉（welfare）に本質的に依存する」[36] とイーデンがのべているゆえんである。そうであるから，イーデンにとって，プア・

ローによる労働能力者の救済が認められないことは明らかなことであった。

1795年5月6日，バークシャにおいてスピーナムランド制度が決議された。同制度は，「すべての貧困ではあるが勤勉な人びとと彼らの家族の救済のために」[37] パンの価格と家族数に応じた救済水準を示し，賃金がそれを下回る場合には，不足額を救貧税から補助するという賃金補助制度であった。イーデンは，「この制度が誤っていることは明らかである」[38] として，非難している。家族の有無にかかわらず，労働能力のある貧民の救済が，プア・ローの元来の制度に含まれていないことを，1601年エリザベス救貧法に立ちもどってイーデンは指摘する[39]。さらに，救貧税からの賃金補助は，働く貧民の道徳的利益を最も害する方法であり，しかもそれは他人から強制して取った慈善であって，自分自身の勤労の結果ではないとして非難する[40]。「その上それは，彼らの直接の雇い主によってではなく，多くの場合，いかなる労働者の雇い主でもない人によって，彼らに支払われたのである」[41]。これに加えて，イーデンはスピーナムランド制度を次の理由で非難している。

第1に，スピーナムランド制度に基づく救済水準が，貧民の要求を上回っていた[42]。第2に，同制度の作用が，雇い主にとって不平等かつ不公平であった[43]。第3に，同制度の公表によって，なされるべき仕事の量が減少させられた[44]。

イーデンは賃金が，資本と労働との均衡状態によって決まると考えていた[45]。そうであるから，賃金については，国家が干渉すべき問題ではなかったのである。

(6) 雇用政策としてのプア・ロー批判

イーデンによれば，プア・ローの立案者は，働く貧民を雇用するためには個人の資本では不十分であり，公のストックを用意することが必要であると考えた[46]。しかし，イーデンはこの考えを誤りであるとする。なぜなら，国家基金を使って，貧民を仕事につけたとしても，それは結果的には同じ事業に従事している人に損害をおよばすことになるからである[47]。このことをイーデンは次のような例で説明している。例えば，教区のワークハウスで，モップをつくるとしよう。モップが民間の製造業者によってつくられようと，教区の子供によってワークハウス内でつくられようと，公衆が必要とする以

上には売れない。ワークハウスの管理人は，モップに対する需要を増すことができないので，市場価格以下でそれを売る。そのような場合，貧しい勤勉な製造業者は，一方で救貧税を負担しながら，他方でそれは自分をほろぼすために教区を助けているのだと考えて屈辱を感じることが多い[48]。

このような理由から，イーデンはプア・ローのもつ雇用政策的側面を否定し，ワークハウス内での貧民の有利な雇用にも反対する。アダム・スミス的自由放任主義に基づいて[49]，イーデンは次のように結論づける。

「あらゆる社会の資本ストックは，もしそれの自然の方向にまかせておけば，個人の私的な見解によって，公の利益に最も好ましい比率で，さまざまな仕事の間で分けられるであろう。資本ストックがそのように使用される時に，それは蓄積されるであろう。つまり，産業に対して一定かつ順次の仕事を与えうるのは，資本ストックの蓄積だけである」[50]。

(7)「ピット法案」に対する批判

1796年5月1日，貧民のよりよい扶養と維持のための法案が，ピットによって議会に提出された。130項目から成るこの法案は，同年12月31日に議会で審議の結果，否決された。同法案に対しては，議会内外で多くの反対がなされたが，イーデンもまた，同法案には次の点で反対している。

第1に，イーデンは130項目から成る同法案が多様で入り組んでおり，全体の機構が治安判事にとって，あまりにも複雑であるとして批判している[51]。

第2に，イーデンは「ピット法案」には，救貧税についての改革が盛り込まれていないことを，次のように批判している。

「われわれが現在，プア・ローの制度全体を修正し改正する理由は，貧民が無視されたり，虐待されたりしたからではなくて——これについては何の疑いもない——土地財産をもつ人びとの肩にのしかかった重い，圧倒的な負担が，できれば少し軽減されるか，あるいは少なくとも，それが毎日急速にますます耐えられなくなることを防ぐためであると一般に考えられた。しかしながら，この種のことは，何もその法案にまだあらわれていない。つまり，同法案は農業のためには，何一つ寄与しない」[52]。

第3に，イーデンはピットが国家による教育制度を提案していることを，

次のように批判している。

「もし病弱者と無能力者を国家が扶養するという制度が，失敗するか正路を逸脱するかすれば，われわれには国家による教育制度の採用についてためらうだけの理由が確かにある。国家による教育制度は，プア・ローの原則の1つに基づいている。資本の浪費が，個人的に損失であるのと同様に，国家的にも損失であるということを知らないとは，ピット氏は大変有能な経済学者である。そうであるから，彼は国家的教育が国土の法律の一部とされる時に，この国家的損失を望むにちがいない。『支配しすぎるな』という格言は，プア・ローの制度についての批判におけるほど十分に例証されたことはなかった」[53]。

自らをアダム・スミスの弟子と称したピットは，皮肉にもイーデンによって，このように批判されたのである。

(8) 救貧税の負担をめぐって

1794年，1795年における救貧税の増加は，各教区においてみられた[54]。イーデンのいうように，「救貧税の増加は，国家支出の他の部門ないしは，救貧税を支払うわれわれの増大した能力とも足並をそろえていなかった」[55] のである。救貧税をめぐる問題は，何よりもその負担が不公平かつ不平等なことであった[56]。イーデンは，救貧税が土地財産に対する巨額な税であり，それを大土地保有者が負担することが多いことを正しく指摘している[57]。

「地主は現在のひどい制度によって，自分達にとって最も費用がかかり，貧民にとって最も有益でない方法で，貧民を扶養させられる」[58]。しかしながら，一方で「商業並びに製造業インタレストは，この負担（救貧税）をほとんどまったく免除されている」[59]。

このためイーデンは，貧民の扶養のためには，動産や営業上のストックに対しても課税すべきであるとする。しかし，これらに対する課税は，地域によってまちまちであった。さらに，動産や営業上のストックについては，その税額の査定が現実には難しいため，イーデンは具体的な改善策を提示するには至っていない。

これとは別に，イーデンは救貧税の増加を抑制するために，その税額を最近7年間ないしは3年間の平均に制限することを提案している[60]。救貧税

額の制限は，浪費をいましめ，倹約をすすめる。また救貧税額の制限は，必然的に賃金を上昇させるとイーデンは考えたのである[61]。

　救貧税負担に関するイーデンの提言は，これにとどまり，ほぼ同時期，例えばトマス・ペイン（Paine, Thomas, 1737-1809）が『人間の権利』のなかで説いた救貧税全廃論と比較すれば，対照的である[62]。

(9) ワークハウス，勤労の家，プアハウスについて

　ワークハウス，勤労の家については，これまでそれが，①幼年者を両親から離してしまう，②家庭内のつながりをこわす，③仕事上の主人によるむち打ちで，イギリス人の精神である自由がこわされる等の理由で反対されてきた[63]。

　イーデンはワークハウス，プアハウスについて，そこが多くの子供，とりわけ私生児の収容所になっていることを指摘し，その例をあげている[64]。自分の子供をすてて教区役人に委ねることは，母親にとっておそらく不自然な方針ではなかったという[65]。このような観点から，イーデンはプア・ローが放蕩を助長するとして批判している[66]。

(10) 生計費調査について

　労働者の状態の考察にあたっては，『貧民の状態』第1巻第2章，第2巻，第3巻の調査結果の分析が必要である。またイーデンの家計調査結果については，エンゲルが分析をしている[67]。ここではさしあたり，イーデンの収集した農業労働者の収支一覧表と，エンゲルによる分析結果によって，彼らの状態をみてみよう。

　『貧民の状態』第3巻の付録には，66（ただし，同じ家族でも1792年と1794年というように異なる時期について家計調査をしている場合を含むので，実際には調査の対象は53の家族である）の農業労働者の家族の1週間の収支一覧表（調査時期は1792-1796年）が掲載されている[68]。それによれば，66の家計のうち，赤字が54で黒字が12である。つまり，農業労働者の家族の大部分は，自分達の賃金では生活できないという状況が示されているのである。

次に，エンゲルによる分析をみてみよう。

「イーデンの著書に含まれている農業労働者の家計のうち73はそれのすべての家計項目が分類・整理できるように作成されてあった。これらの73家族の成員数は415で，ケット数は847を数える。それらの年総収入はマルクに換算すると合計4万4607マルクに上りそのうち3万3733マルク（75.62％）は家父によって，5,027マルク（11.62％）は妻によって，5,616マルク（12.59％）は子女によって稼得された。少額の残余は全く重要性のない副収入からなっている。したがって家族当りの平均年収入は611.07マルクとなり，1人当りのそれは107.48マルク，1ケット当りのそれは52.67マルクとなるのである。年支出は5万4926マルクを算し，そのうち（1）飲食物に4万215マルク（収入の90.15％又は支出の73.22％）が（2）被服に6,158マルク（収入の13.80％又は支出の11.21％）が（3）住居に2,704マルク（収入の6.06％又は支出の4.92％）が（4）燃料及燈火に4,034マルク（収入の9.04％又は支出の7.34％）が（5）保健衛生（主として友愛協会金庫へのかけ金）に757マルク（収入の1.69％又は支出の1.77％）が（6）終りに，種々の他の事項（雑〔サンドリーズ〕）のために1,071マルク（収入の2.40％又は支出の1.94％）が充当されている。……ただ10家族のみが収入よりも少なく費消しそれらは合計して441.23マルク（収入の0.85％）の余剰を生みたるにたいして，57家族の家計は合計1万705マルク（収入の24.00％又は支出の19.49％）の不足を生じ，この不足は大部分貧民救助によって補足された。

貧民救助に最も負担をかけるものは決していつも極貧者ではない，という慨かわしい現象はすでにイーデンの時代においても随分多くに現われている。一々の家計を通覧してみると，当時としては相当多い1,949マルクの年収を持つ家族の経済が829マルクの不足を出しているのを発見する。彼らは飲食物だけに1,248マルクを費消したのである。73家族のうち19家族より少なからざるものが，彼らの営得〔エルヴェルブ〕からする収入よりもヨリ多くのものを飲食物のために支出するという悲しむべき状態にあった。かかる場合，他の生活欲望の充足のためになお幾何のものが残存するかは，たやすく想像しえよう。もし吾々が飲食物・被服・住居・燃料及燈火・保健衛生のための支出を肉体維持のための支出として総括すれば，イーデンの調査した家計は総年収入の97.60％が単にこのためだけに充当されなければならなかったことを示すのである。

貨幣の購買力はこの種の計算作成の場合にはたいして斟酌されない。それがいかほど大きくあってもまた小さくあっても，年残余が1ケット当り2.58マルク，又は一家族当り14.66マルクである場合には，精神啓発・霊性修養・法的保護・備災及救護・休養慰安にたいして非常に少額しか充当できないことは非常に明白である」[69]。

そうであるにもかかわらず，イーデンは次のような楽観論をのべるにとどまっている。

「今日，極貧階級が革命時よりも増加しているのかどうか，独断的に決めることについて私は責任を負うことはできないが，現代の国家の急迫した事情に，提供されてきたかなりの便益をみることによって，また労働者の安楽と，労働に対して増加した需要とを結びつけることによって，私は国富の有益な効果は国家のすべての階級にまで行き渡ってきたということを信じるのに何の困難も感じない」[70]。

イーデンとほぼ時期を同じくして，労働者の家計調査を行なった人物として，バークシャのバーカム教区の司祭をつとめたデヴィット・デイヴィスがいた[71]。デイヴィスによる家計調査は，イングランド，ウェールズ，スコットランドの農業労働者の家族を対象に行われた（調査時期は1787-1794年）。その結果は，*The Case of Labourers in Husbandry Stated and Considered* (Davies, [1795] 1977) の付録に掲載されている。

デイヴィスは，イングランドおよびウェールズにおいて，さまざまな州の127の家族の家計を調査し，そのうち108の家計は赤字であることを示した。デイヴィスはこの家計調査をもとに，農業労働者の家族が1週間に得るべき最低賃金額を算出している。

イーデンを労働者の状態に関する楽観論者とすれば，デイヴィスは悲観論者であるといえよう。イーデンはデイヴィスのこの書物を『貧民の状態』のなかであげているが，貧民について非常に興味深い知識を見出すとしているだけで[72]，詳しい論評を避けている。

第4節　結びにかえて

　イーデンはプア・ローによって，強制的に貧民を救済し，仕事につけ，教育を施すことを，アダム・スミスの自由放任主義に基づいて批判した。プア・ローにおいて，極貧階級が救済される権利と労働権とをもつことを，イーデンは「誤った原理」であると批判した。さらにイーデンの見解は，救済される側の権利だけでなく，逆に，救済する側，すなわち1601年エリザベス救貧法以来の，教区の公的な救貧義務さえも，レセ・フェールの名のもとにくずしかねないものであった。制定法による救貧の強制，そしてそれに伴って生じた義務と次第に芽生えてきた権利とを，イーデンは否定しようとしたのである。プア・ローの対象と役割を極度に限定してとらえるイーデンにとって，働く貧民とその家族にまでその対象を拡大し，生存権，労働権をも保障しようとしたギルバート法，スピーナムランド制度が受け入れられないのは当然のことであった。

　「貧民の状態」に関するイーデンの見解は，自らの調査結果とは裏腹に，楽観的なものであった。この楽観論を支えたのが，資本の蓄積と分業の拡大によって，生産諸力が発展すれば，下層階級にも富裕が拡大するというアダム・スミスの考えであった。この考えは，イーデンにとって，事実にまさるアプリオリなものであった。イーデンの教区調査から得られた事実は，労働者とその家族の困窮を明らかにし，労働能力者に対する院外救済が増加していることを示していた。しかし，イーデンはその現実を説明できる理論をもたなかった。産業革命の進行のなかで，資本蓄積と生産諸力の発展が，下層階級の貧困の解消につながらないことを，イーデンは自らの膨大な調査結果から引き出すことを避けたのであった。

　イーデンが導き出した結論は，自助であり，強制されない慈善の拡大であった。そのための手段として，友愛協会，Benefit Club の普及を提案し，救貧税負担の減少をめざしたのである。「貧民はだまされるべきではない。なぜなら，彼らが受け取ることのできる最良の救済は，彼ら自身から出て来るべきだからである」[73]。

　以上みてきたことから，イーデンの大著は，一方で「貧民の状態」に関する知識の宝庫として，他方でプア・ロー体系全体に対する何よりも批判の書

174　第2部　イギリス救貧法・貧民問題（18世紀末～19世紀半頃）の研究

として，18世紀～19世紀への変わり目にあらわれた，といっても過言ではあるまい。

　イーデンのこのようなプア・ロー批判のなかに，われわれは，『貧民の状態』が出版された翌年の『人口論』（初版）におけるマルサスのプア・ロー批判と一脈通ずるものをみるのである[74]。

注）

1）　書名，出版社，価格はつぎの通りである。*The State of the Poor: or, an History of the Labouring Classes in England, from the Conquest to the Present Period; in which are particularly considered, their Domestic Economy, with respect to Diet, Dress, Fuel, and Habitation; and the various Plans which, from time to time, have been proposed, and adopted, for the Relief of the Poor: together with Parochial Reports Relative to the Administration of Work-house, and Houses of Industry; the State of Friendly Societies; and other Public Institutions; in several Agricultural, Commercial, and Manufacturing Districts. With a large Appendix; containing a Comparative and Chronological Table of the Prices of Labour, of Provisions, and of other Commodities; an Account of the Poor in Scotland; and many Original Documents on Subjects of National Importance*. London: printed by J. Davis, for B.& J.White, 1797.　価格は3ポンド3シリング。なお同書のfacsimileが，1966年にFrank Cassから3巻本で出版されている。以下同書からの引用は，この覆刻版によるものとする。リプリントは，1994年にThoemmes Pressからも3巻本で出版された。なお3巻本を，1巻（383ページ）にした縮刷版も，1929年にA.G.L. Rogersが編集して出版している。この縮刷版は，1971年にBenjamin Blom, Inc.から再版が出ている。出版当初より，同書に対する反響は大きかった。当時，逸早く*Monthly Review*（April, 1797, pp. 361-371, July, 1797, pp. 255-268, pp. 414-420）が，合計32ページにわたって，また*Annual Register*（Vol. 39, 1797, pp. 480-487）が8ページにわたって，同書の書評を掲載している。また，同書のフランス語版が早くも1779-1800年にかけて出版されている（Robinson [et al.], 1981, Vol. 2, D-G, pp. 181-182）。

2）　*Palgrave's Dictionary of Political Economy*, Vol. 1, p. 679.

3）　サー・フレデリック・モートン・イーデン（Eden, Frederick Morton, Sir, 1766-1809）。イーデンは，メリーランド（Maryland）の総督をつとめたサー・ロバート・イーデン（Sir Robert Eden）の長男。初代オークランド（Auckland）卿ウィリアム・イーデン（William Eden）は彼のおじにあたる。イーデンは，オックスフォードのクライスト・チャーチに入り，16歳で大学に入学を許可された。1787年にB.A.を，1789年にM.A.を取得し，1792年に結婚。彼はグロウブ（Globe）

保険会社の設立者の一人であり，のちに同社の会長になった（Globe 社については，*Insurance Cyclopaedia*, V, pp. 423-431, 'Globe' を参照）。彼は余生を職務と，社会および経済の調査に費やした。1797 年，31 歳で，*The State of the Poor*, 3 Vols. を上梓。1809 年 11 月 14 日，会社のオフィスにて死去。イーデンの著作としては（1）*The State of the Poor* をはじめとして，次のものがある。（2）*Porto-Bello: or a plan for the improvement of the Port and City of London*, 1798.（3）*An Estimate of the Number of Inhabitants in Great Britain and Ireland*, 1800.（4）*Observations on Friendly Societies, for the maintenance of the industrious classes during sickness, infirmity, old age, and other exigencies*, 1801.（5）*Eight Letters on the Peace; and on the Commerce and Manufactures of Great Britain*, 1802.（6）*Brontes: a cento to the memory of the late Viscount Nelson, duke of Bronté*, 1806.（7）*Address on the Maritime Rights of Great Britain*, 1807, 2nd edition, 1808.（8）*The Vision*, 1820, another edition, 1828.（*D. N. B.*, Vol. Ⅵ, pp. 356-357）．この他にも，イーデンは，1806 年に On the Policy and Expediency of Granting Insurance Charters と題するパンフレットを書いている（*Insurance Cyclopaedia*, V, p. 427, Supple, 1970, p. 118）。

4） Marx, [1867] 1962, S. 644, 邦訳，804 ページ．
5） Engel, 1895, SS. 16-18, 邦訳，62-67 ページ．
6） バーンについては，本書第 2 部第 5 章を参照．
7） Cowherd, 1977, xiv, pp. 16-20, pp. 56 — 60. ちなみに，①に入るのは，ギルバート，ローズ，ピット，②に入るのは，ベンサム，チャドウィック，③に入るのは，マルサス，バーン，イーデンである．
8） イーデンに関する研究としては，わが国では次の諸論文がみられる．海外において，イーデンに関する本格的な研究は，今のところ無いようである．中鉢正美（1948），都築忠七（1951），同（1952），中野保男（1976），同（1978），同（1981），同（1984），美馬孝人（1985）．
9） Eden, [1797] 1966, Vol. 1, Preface, i.
10） Eden, [1797] 1966, Vol. 1, Preface, ii.
11） Eden, [1797] 1966, Vol. 1, Preface, ix.
12） Eden, [1797] 1966, Vol. 1, Preface, xxv.
13） Eden, [1797] 1966, Vol. 1, Preface, xxviii, xxix.
14） Eden, [1797] 1966, Vol. 1, Preface, xxx.
15） Eden, [1797] 1966, Vol. 1, Preface, xxx.
16） Eden, [1797] 1966, Vol. 1, p. 408.
17） Eden, [1797] 1966, Vol. 1, p. 413.
18） Eden, [1797] 1966, Vol. 1, p. 414.
19） Eden, [1797] 1966, Vol. 1, p. 414.
20） Eden, [1797] 1966, Vol. 1, p. 414.
21） Eden, [1797] 1966, Vol. 1, p. 415. なお，ウッドワードについては本書第 2 部第 8 章を参照．
22） Eden, [1797] 1966, Vol. 1, p. 447.

23) 大前朔郎 (1983), 32-36 ページ。
24) Eden, [1797] 1966, Vol. 1, p. 447, Burke, 1790, p. 87, 1791, p. 87, 邦訳, 121 ページ。バークの初版本には「この共同組織において, すべての人はひとしい権利をもつが, ひとしいものごとについてではない。その共同組織に5シリングしか出資していない人が, その5シリングにたいしてもつ権利は, 500ポンドの出資をしている人が, もっとおおきなかれのわけまえにたいしてもつ権利とおなじように完全なものである。」の部分はない。イーデンは第11版から引用している。
25) Eden, [1797] 1966, Vol. 1, p. 447.
26) Burke, 1791, p. 87, 邦訳, 121 ページ。
27) Eden, [1797] 1966, Vol. 1, p. 448.
28) イーデンは, 慈善心について次のようにのべている。「勤勉と慈善の発揮は, 個人の思慮に間違いなくまかされるであろう。自分の状態をよりよくするため, 社会的人間のもつ自然の性癖は, 彼に最も適した雇用口を向けるであろう。つまり, 自然の欲求と社会生活の習慣および関係の結果である慈善心は, 公正と識別力とをもって, 彼の同胞を救うよう彼に最もよく指図するであろう。慈善は愛に劣らぬほど, 人心のもつやさしい感情である」(Eden, [1797] 1966, Vol. 1, p. 469)。
29) Eden, [1797] 1966, Vol. 1, pp. 458-459.
30) Eden, [1797] 1966, Vol. 1, p. 409.
31) Poynter, 1969, p. 115.
32) Eden, [1797] 1966, Vol. 1, p. 467.
33) Eden, [1797] 1966, Vol. 1, pp. 486-487.
34) Eden, [1797] 1966, Vol. 1, pp. 411-412.
35) labouring poor について, イーデンは次のようにのべている。「labouring-poor によって, 私が意味するのは, 日々の自活のために自分達の日々の労働が必要な人びとである」(Eden, [1797] 1966, Vol. 1, p. 2)。またマルクスは次のようにのべている。「『労働貧民』〔"labouring poor"〕という表現は, イギリスの法律のなかでは, 賃金労働者階級が注目に値するようになる瞬間から見いだされる。この『労働貧民』は, 一方では『怠惰な貧民』〔"idle poor"〕すなわち乞食などに相対するものであり, 他方ではまだ羽をむしられた鶏にはなっていないで自分の労働手段の所有者である労働者に相対するものである。この『労働貧民』という表現は法律から経済学に移されて, カルペパーやJ. チャイルドなどからアダム・スミスやイーデンに至るまでの人々に用いられている」(Marx, [1867] 1962, S. 788, 邦訳, 991 ページ)。
36) Eden, [1797] 1966, Vol. 1, p. 5.
37) Nicholls, 1854, Vol. 2, p. 137.
38) Eden, [1797] 1966, Vol. 1, p. 578.
39) Eden, [1797] 1966, Vol. 1, p. 584.
40) Eden, [1797] 1966, Vol. 1, p. 583.
41) Eden, [1797] 1966, Vol. 1, p. 583.

第3章　F. M. イーデンのプア・ロー批判　177

42) Eden, [1797] 1966, Vol. 1, p. 580.
43) Eden, [1797] 1966, Vol. 1, p. 581.
44) Eden, [1797] 1966, Vol. 1, p. 583.
45) 「もし資本と労働とが全く均衡すれば，労働の賃金は，労働者の真の必要に全く等しくなるであろう。しかし，もし資本が労働を上回れば，労働者は自分の真の必要に十分なものを超えたものを受け取るであろう。そして，もし労働が資本を上回れば，いかなる政治的規定にもかかわらず，労働者は飢えるに違いない」(Eden, [1797] 1966, Vol. 1, p. 583)。
46) Eden, [1797] 1966, Vol. 1, pp. 585-586.
47) Eden, [1797] 1966, Vol. 1, p. 467.
48) Eden, [1797] 1966, Vol. 1, pp. 467-468.
49) イーデンは『国富論』から次の箇所を引用している。「貧しい人が親からゆずられた財産は，自分の両手の力と技能のうちにある。そして，かれがこの力と技能とを，隣人を害することなしに，自分が適切と思う方法で用いるのを妨げることは，この最も神聖な財産の侵害であることは明らかである。すなわちそれは，職人および職人を雇おうとする人々の正当な自由にたいする明白な侵害である。それは，職人が適当と思う仕事につくことを妨げるものであり，また職人を雇おうとする人々が適当と思う者を雇うことを妨げるものである。ある人が雇われるのにふさわしいかどうかの判断は，その利害に大きい関心をもつ雇主たちの分別にゆだねておいてまちがいはない」(Eden, [1797] 1966, Vol. 1, p. 433, Smith, [1776] 1976, p. 138, 邦訳, 203ページ)。
50) Eden, [1797] 1966, Vol. 1, p. 468.
51) Eden, [1797] 1966, Vol. 1, p. 480.
52) Eden, [1797] 1966, Vol. 1, p. 481.
53) Eden, [1797] 1966, Vol. 1, pp. 586-87.
54) Eden, [1797] 1966, Vol. 3, Appendix, pp. 353-355.
55) Eden, [1797] 1966, Vol. 1, p. 407.
56) Eden, [1797] 1966, Vol. 1, p. 453.
57) Eden, [1797] 1966, Vol. 1, p. 453, p. 585.
58) Eden, [1797] 1966, Vol. 1, Preface, xix.
59) Eden, [1797] 1966, Vol. 1, p. 484.
60) Eden, [1797] 1966, Vol. 1, p. 484. ちなみに，1798年1月1日以降，救貧税の査定額は，1795年に徴収された額の2倍を超えてはならないことが決められた。
61) Eden, [1797] 1966, Vol. 1, p. 587. イーデンはまた，救貧税の急増と労働者の賃金との関係について，次のようにのべている。「確かに，救貧税の急増は，労働者が労働による通常の賃金では自活できないことのあいまいではない証拠であるということが，主張されるかもしれない。しかし，このことが認められる前に，300万ポンドをおそらくは超える現在の救貧税によって，20年前にその金額の半分だけで扶養されたよりも多くの人びとが扶養されるということが，立証されるべきである」(Eden, [1797] 1966, Vol. 1, p. 575)。つまり，イーデンにとっては，労働者の低賃金は考察の中心ではなかったのである。

62) 「困っている人びとを実際に救うには，救貧税を全廃して，その代りに，現在の救貧税の 2 倍に当る額，つまり，年に 400 万ポンドの金を余剰の税金の中から出して，貧しい人びとに対して税金の免除を行なうのが第一歩であるだろう」(Paine, [1792] 1819, part2, p. 88, 邦訳, 335 ページ)。
63) Eden, [1797] 1966, Vol. 1, p. 420.
64) Eden, [1797] 1966, Vol. 2, p. 230, p. 440, p. 576.
65) Eden, [1797] 1966, Vol. 1, p. 449.
66) Eden, [1797] 1966, Vol. 1, p. 450.
67) Engel, 1895, SS. 16-18, 邦訳, 62-67 ページ。
68) Eden, [1797] 1966, Vol. 3, Appendix, pp. 339-350.
69) Engel, 1895, SS. 16-17, 邦訳, 64-66 ページ。ただし，訳文のうち「馬」を「マルク」に，「友愛組合」を「友愛協会」にあらためた。
70) Eden, [1797] 1966, Vol. 1, p. 405.
71) デイヴィスについては，本書第 2 部第 1 章を参照。
72) Eden, [1797] 1966, Vol. 1, p. 399.
73) Eden, [1797] 1966, Vol. 1, p. 587.
74) マルサスは，イーデンの『貧民の状態』を読んでいた。マルサスは父親にあてた 1799 年 2 月 4 日付の手紙のなかで，次のように記している。「F. M. イーデン卿のことで大変感謝している旨ダルトン女史にどうか伝えておいて下さい。それは大変有用な書物だと思います。その第 1 巻を非常に面白く読み多くの知識を得ました。続巻は今のところ入手していません。貧者のためのおきまりの制度は無力だとする私の見解をその書物は大いに強化してくれます」(橋本比登志 (1987), 348 ページ)。「F. イーデン卿の 1797 年の偉大な著書と，マルサス氏の『人口論』の出版後，世論はプア・ローに対して，強く反対の方向に動き始めた」(Wade, [1833] 1835, p. 360)。

第4章 F. M. イーデンの貧困観

はじめに

　F. M. イーデン[1]が1797年に著した『貧民の状態』は,全3巻,2,000ページにものぼる大著である[2]。出版後すでに200年近くが経過し,今や古典的著作[3]となっているが,本書の全体像は未だに明らかにされていない。これは一つには,本書の内容が質,量ともに膨大で,しかも多面的な意義を備えているからでもあろう。

　従来の研究において,『貧民の状態』はどのような観点から評価されてきたのであろうか。E. エンゲルは1895年の著書[4]の中で,イーデンを労働者階級の家族生活費の調査の元祖として位置づけ,イーデンの蒐集した農業労働者の家計を項目別に分析した。1912年に社会政策学会(第6回大会)が「生計費問題」をとりあげた時,神戸正雄氏が「家計統計に就て」と題した講演の中で,イーデンについてふれている[5]。40年代に中鉢正美氏は,『貧民の状態』を生活問題に関する研究の嚆矢として評価した[6]。50年代には都築忠七氏が同書の第1巻の内容を紹介している[7]。その後70年代になって,従来とは違った観点に立ったイーデン研究があらわれた。それはイーデンの友愛協会論を批判的に論じた中野保男氏の論稿[8]である。80年代には,美馬孝人民が貧民の発生という観点から,アダム・スミスとイーデンを比較した[9]。

　これらの研究をふまえた上で[10],筆者は前章において,『貧民の状態』の第1巻をプア・ロー体系全体に対する批判の書として捉え直した。その上で18世紀末から19世紀初頭にかけてのプア・ローをめぐる論争の中で本書を位置づけ,その意義を明らかにすることの必要性をのべた[11]。

　ところで,従来の研究においては,『貧民の状態』の第1巻と,第2,第3

巻とは切り離されて読まれる傾向にあった。またイーデン自身も第2,第3巻の分析を読者に委ねている[12]。しかし筆者は逆に，イーデンが第2,第3巻をどうみたのかという観点から，まずかれの分析方法を批判的に検討することから始めたい。その上で，イーデンが考察しなかった問題を中心に，第2,第3巻の新しい読み方を提示したい。ただし，本章では問題をつぎのように限定して考察する。

第1に，当時最大の問題であった救貧税増加，貧民増加の原因に関して，第2,第3巻における教区報告とそれに対するイーデンの考えとを比較する。

第2に，イーデンの貧困観を考察する。これらのことを通じて，かれの分析の意義と問題点を検討する。

第3に，イーデンが考察を避けた問題，すなわち，18世紀末の対仏戦争下の貧民の状態という観点から，第2,第3巻を分析する。

以上が本章の課題であるが，これらの検討に入る前に，『貧民の状態』の構成をみておこう。

第1節　「貧民の状態」の構成

『貧民の状態』全3巻の構成はつぎの通りである。

(1) 全3巻の構成

序文（31ページ）のあと第1編では，ウィリアム1世（William I）のイングランド征服から現時点に至るまでの貧民の歴史が3章に分けてのべられている（1-410ページ）。

第2編はつぎの3章より構成されている。

第1章「貧民の扶養のための国家的制度について，イングランドのプア・ローについて，および貧民のよりよい救済のために，小ピットが提案した法案について」（411-490ページ）。

第2章「労働者階級の食事，衣服，燃料および習慣について」（419-589ページ）。

第3章「友愛協会（Friendly Society）について」（590-632ページ）。

第 2 巻はイングランドにおける教区調査結果の報告（31 州の 136 の教区並びにタウンシップ等について）(1-692 ページ）から成る。

第 3 巻はイングランドおよびウェールズにおける教区調査の報告（10 州の 45 の教区並びにタウンシップ等について）(693-904 ページ），および付録（408 ページ），索引（22 ページ）から成る。408 ページにもわたる付録は 21 項目に分けられている。その内容は，物価一覧表。労働者の賃金。コーク（Sir Edward Coke）の 1596 年の家計簿からの抜粋。貧民に関する主な制定法。労働者階級と貧民に直接関係する制定法のタイトル。スコットランドの貧民について。1796 年のピットの演説。貧民救済のためのピット法案。農業労働者の収支一覧表。教区別の救貧税額と人口，窓税を支払っている（免除されている）家屋数。貧民に関する英語での出版物のリスト 282 点。カンバーランドにおける州銀行の提案。友愛協会における拠出と給付を規制するためのプライス博士（Dr. Price）の表等である。

(2) 教区調査について

第 2 巻，第 3 巻の教区調査は，『貧民の状態』全体の中でも 900 ページを占め，核となる部分である。調査の概要をみておこう。

〈調査の動機〉

まず，調査を始めた動機について，イーデンは序文の冒頭でつぎのようにのべている。「労働者階級が 1794 年と 1795 年に，衣服および燃料と同様，穀物および一般食糧品の高価格によって経験した窮境のため，私は慈善心と個人的好奇心の両方の動機から，王国のいろいろな場所におけるかれらの状態を調査する気になった。私が調査をすすめるにつれて，この問題は大変興味深いものになってきたので，私はもし自分が，本当の貧民（actual poor) [13] と同様，共同体の中の労働者の現在の状態に関して，正確な詳細を公衆の前に提示できれば，その結果はかれらに受け入れられるであろうと確信したのである」[14]。

また別の箇所では，「一国の繁栄は，労働貧民（labouring poor) [15] の福祉（welfare）に本質的に依存する。したがって，かれらの状況の特徴に言及せずして，その国の人口，産業，兵力，政権，幸福に関するいかなる一般的な評価もできない」[16] としている。イーデンはプア・ロー改革の必要性

を強調したが，改革がなされる前に，貧民の状態やプア・ローが生み出した弊害についての調査が必要であると考えたのである[17]。

〈調査方法〉

調査方法について，イーデンはつぎのように記している。

「私は自分自身で，実際にいくつかの教区を訪れ，その場で（有益な情報を最も提供してくれ，誤報ないしは誤解されることが最も少ない人から）以下のページに記されたいくつかの報告書の中味を得た。しかし，個人では（本職に従事しているので）ひまをみつけて自分自身で，その問題に関する完全な見解をのべるために必要なだけ多くの地域を訪れることは不可能であった。そうであるから，私は少数の立派な牧師とほかの人をできるだけ納得させて，多くの正確で，また貴重であると確信している報告書を与えてもらうことを思いついたのは幸運だった。このように自分が近づくことができない他の教区や地域には，極めて忠実かつ理解力のある人を送った。かれは私が与えた一連の質問にしたがって正確な情報を得るという特別の目的のために，あちらこちらと1年以上旅行して過ごしたのである」[18]。

〈調査期間〉

1793年10月〜1796年9月

〈調査項目〉

教区の広さと人口。家屋税，窓税を支払っている家屋の数，それを免除された家屋の数。教区民の職業，農業か商業か製造業か，またどんな製造業か。食糧品の価格。労働者の賃金。土地の地代および純地代収入に対する地租。宗教の宗派。十分の一税およびその徴収方法。宿屋ないし居酒屋の数。農地の規模，最も一般的な保有期間，耕作上の主な年季契約。共有地と荒蕪地，囲い込まれたエイカー数，それはこの40年間のうちいつか。貧民の扶養方法，請負制か勤労の家に入れるのか，あるいは他の方法か。勤労の家の状態，収容人数，年間の死亡率，食事，設立以来の支出と利潤。友愛協会の数と状態，それらのうちいくつに，治安判事が決めた規則があったか。労働者の通常の食事。労働者の家族の1年間の収支，ただし家族数および年齢を区別する。かれらが消費した品物の価格と量，その他種々の観察。

イーデンはシンクレア（Sir John Sinclair）が，*The Statistical Account of Scotland*（1791-1799）の中で使った調査表を作り直して使ったとされる[19]。ここでわれわれは，イーデンが作成したこの多岐にわたる調査項目に注目す

べきである。これらの項目[20]は，直接ないし間接的に貧民の状態に関係するものであり，イーデンは個々の項目についてそれを選んだ理由や意義を「序文」でのべ，若干の評価を加えている。

〈調査教区〉

イーデンの調査は，イングランドおよびウェールズの 181 の教区ないしタウンシップにおよぶ[21]。当時教区の数は約 15,000 あったので，このサンプルは全体の約 1.2％ に相当する（第4-1表参照）。

第4-1表　イーデンの調査した教区，タウンシップ等

州名	教区 タウンシップ等	州名	教区 タウンシップ等
ベドフォードシャ	4	モンマスシャ	2
バークシャ	4	ノーフォーク	5
バッキンガムシャ	4	ノーサンプトンシャ	6
チェシャ	3	ノーサムバーランド	2
コーンウォール	2	ノッティンガムシャ	4
カンバーランド	17	オックスフォードシャ	3
ダービーシャ	7	ラトランド	2
デヴォンシャ	3	シュロップシャ	3
ドーセットシャ	2	サマセットシャ	3
ダラム	8	スタフォードシャ	2
エセックス	3	サフォーク	2
グロスターシャ	3	サリー	5
ハンプシャ	8	サセックス	4
ヘレフォードシャ	2	ウォリックシャ	6
ハートフォードシャ	3	ウェストモーランド	4
ケント	8	ウィルトシャ	3
ランカシャ	6	ウスターシャ	3
レスターシャ	4	ヨークシャ	15
リンカンシャ	8	ノースウェールズ	2
ミドルセックス	3	サウスウェールズ	3
		合計	181

第4-1表より明らかなように，イーデンのサンプルは，ヨークシャ，カンバーランド，ダラム，ランカシャ等のイングランド北部に偏っており，北部重視といえる。このことについては第3節でみる。またイングランドの州のうち，ケンブリッジとハンティンドンの2州については，調査がなされていない（ただし，ハンティンドンについては，第3巻の付録341ページにおいて，農業労働者の4家族の家計が掲載されている）。ウェールズについては，5つしかサンプルがない。なお，スコットランドの貧民については，第3巻の付録，No.x. で32ページをさいてのべている。

第2節　救貧税増加とその原因

　イーデンは第3巻の付録に，166の教区（ないし都市）の救貧税の動向を掲載している[22]。それによれば，1785年までの3年間の平均の救貧税と比較して，それ以降（1789-1796年）の救貧税の方が高い教区（ないし都市）が，84にも達している。それらの大部分は，1794年，1795年のデータであるが，この時期に救貧税が急増している。イーデンのいうように「救貧税の増加は，国家支出の他の部門ないしは，救貧税を支払うわれわれの増大した能力とも足並みをそろえていなかった」[23]のである。なかでも港湾教区（都市）における救貧税の伸びが顕著であったが，この理由については第4節で考察する。これとは対照的に救貧税が減少している教区は，23にすぎない。残りの59教区はデータが不明である。

　救貧税の増大について，イーデンは「自国の貧民を扶養するために，これほどまでに高くつく国家的制度をもっている王国ないし国は他にない」[24]としてプア・ローを批判している。つまり，プア・ローをめぐる問題が，何よりも負担の問題として捉えられているのである。救貧税の増加は貧民の増加に他ならないが，その主な原因は，教区からの報告（第2，第3巻）を総合すれば，ほぼつぎのように整理することができる。

　①労働者の賃金が低いこと。②食糧価格の高騰。③対仏戦争。④エンクロージャーによる小農場の統合。⑤雇用口の不足。⑥機械の導入。これらの原因について，イーデンはどのように考え，どのような対策を提言したのであろうか。

(1) 低賃金と物価高

　教区からの報告によれば，労働者の低賃金と食糧価格の高騰は貧困の大きな原因であった。しかしイーデンはつぎのようにのべてこのことを否定している。

　「昨年丸1年の間，パン用穀物の高価格の結果，貧民の困窮はいつになくひどく，したがってかれらの救済のための総費用は前例をはるかに超えていた。しかしながら，もしわれわれが最近の凶荒の時期を除けば，（それは約

1世紀の間起こらなかった凶荒である）日雇い労働者の状態が，以前の治世のいわゆる『古き良き時代』における同じ階級の人々ほど快適ではなかったという時期を，現治世の間ではあげることができないと信じている。勤勉な労働者は以前と比較して，自分の勤労によって自活しがたくなっており，さらに働いて苦労して稼いだ賃金によって，自分の家族に衣食の道を立てることができる代わりに，かれは共同体の富裕な階級の時々の慈善によって，多かれ少なかれ扶養されるということが，何人かの政評家によって確信をもって，実際にのべられてきた。これはしかしながら，私が決して同意するつもりがない見解である。というのは，過去50年内に労働の価格と比較して，食糧品の価格がはるかに上昇したということについてあげられてきた例が，その主題に対する全般的な結論を確証するためには十分に多いとか，真正であるということを私は考えることができないからである。労働者がわれわれの歴史の中のある程度遠い昔の時期と同様には，現在自活することができないということを説明するために利用される一般的な議論は，小麦の価格が労働の価格よりも，大きな程度上昇したということである。小麦の価格は，もし小麦が専ら日常の食物であるということが示されなければ，人が自分の労働によって生きていく能力をはかる基準にはならないと私は思う。しかし，われわれの歴史の中でこれが事実であった期間はない」[25]。

　イーデンの論点を順番にみてみよう。イーデンはまず第1に，1795年の凶荒[26]に起因する食糧難を1世紀に1度の例外的なものと捉えている。第4-2表より明らかなように，1795年，1796年には，凶荒の影響が穀物価格（とりわけ小麦価格）の異常な高騰となってあらわれている。

　第2の論点は，賃金よりも食糧品の価格が上昇したか否かという問題である。現在，イギリス産業革命期における生活水準の研究は，実質賃金指数の作成を中心に展開されている[27]が，この問題は最終的な結論にまで至っていない。

　第3の論点は，小麦が労働者の日常の食物か否かということである。イーデンは *Three Tracts on the Corn Trade* の内容を引用し，1758年時点で「国の3分の1以上の者がからす麦，ライ麦あるいは大麦で作ったパンを食べ」[28]ていたことを指摘している。この資料の特徴は，イングランドおよびウェールズを6つの地域に分け，その地域別に穀物の消費人口を算出している点にある（第4-3表参照）。

第4-2表　イングランドおよびウェールズにおける穀物の平均価格

(1780-1805年)

(per Imperial quarter)

年	小麦 シリング	小麦 ペンス	大麦 シリング	大麦 ペンス	からす麦 シリング	からす麦 ペンス
1780	36	9	17	6	13	2
1781	46	0	17	8	14	1
1782	49	3	23	2	15	7
1783	54	3	31	3	20	5
1784	50	4	28	8	18	10
1785	43	1	24	9	17	8
1786	40	0	25	1	18	6
1787	42	5	23	4	17	2
1788	46	4	22	8	16	1
1789	52	9	23	6	16	6
1790	54	9	26	3	19	5
1791	48	7	26	10	18	1
1792	43	0	...	...	16	9
1793	49	3	31	1	20	6
1794	52	3	31	9	21	3
1795	75	2	37	5	24	5
1796	78	7	35	4	21	10
1797	53	9	27	2	16	3
1798	51	10	29	0	19	5
1799	69	0	36	2	27	6
1800	113	10	59	10	39	4
1801	119	6	68	6	37	0
1802	69	10	33	4	20	4
1803	58	10	25	4	21	6
1804	62	3	31	0	24	3
1805	89	9	44	6	28	4

注）　*British Historical Statistics*, p. 756.

第4-3表　地域別，穀物別消費人口の比率

地域 \ 穀物	小麦	大麦	ライ麦	からす麦
1　(消費人口) (%)	1,866,405 89.3	36,741 1.8	185,976 8.9	
2	682,815 75.5	221,319 24.5		
3	691,258 67.5	159,136 15.5	156,237 15.3	17,845 1.7
4	200,339 27.2	128,621 17.4	118,795 16.1	290,395 39.3
5	283,996 31.8	37,196 4.2	285,382 32	285,986 32
6	29,344 10.9	127,585 47.2	113,521 41.9	
合計	3,754,157 63.4	710,598 12	859,911 14.6	594,226 10

注）　Eden, [1797] 1966, Vol. 1, p. 564 より抜粋。

ただし，消費人口のパーセントは筆者が付加。地域1はイングランドの主に南部，東部14州，2は西部5州，3は主にミッドランド地方の11州，4，5は主に北部10州，6はウェールズの12州である。

　この資料によれば，イングランド南部，東部，西部，ミッドランド地方では小麦の消費人口が多くなっている。これに対して，北部では小麦よりもからす麦，ライ麦を消費する人が多い。ウェールズでは小麦を消費する人は少なく，大麦やライ麦を消費する人が約9割を占めていることがわかる。つまり，小麦の消費は，地域間格差が大きく，北部やウェールズでは小麦価格の高騰は，労働者にあまり大きな影響をおよぼさないことになる。反対に，小麦の消費人口が多い南部，東部，西部，ミッドランド地域では，小麦価格の高騰は，賃金の上昇をともなわない限り労働者の生活水準の低下につながるであろう。イーデンが穀物消費の地域間格差を指摘していることは，分析の手法としては評価すべきであろう。

　しかし，穀物消費の地域間格差を指摘することは，労働者の生活水準の低下を否定することにはならない。それは労働者の生活水準の低下が，地域によって差異があるということを示すにとどまる。しかし，イーデンはこれを認めず，南部労働者に対して食事改革をすすめるのである。この点については第3節で詳しく考察する。

(2) 家計調査を通じてみた労働者の賃金

　イーデンの調査した労働者の家計については，エンゲルの他にもコール (G.D.H. Cole) とポストゲイト (Raymond Postgate)[29]，さらにボイヤー (George R. Boyer)[30] が分析をしている。しかし，イーデン自身はこの調査結果をどうみたのであろうか。

　『貧民の状態』第3巻の付録には，66（ただし，同じ家族でも1792年と1794年というように異なる時期について家計調査をしている場合を含むので，実際には調査の対象は53の家族である）の農業労働者の家族の1週間の収支一覧表（調査時期は1792-1796年）が掲載されている[31]。それによれば，66の家計のうち，55は赤字であった。つまり，農業労働者の家族の大部分は，自分達の賃金では生活できないという状況が示されていた。

　この結果についてイーデンは「労働者の年間の全所得について極めて正確

に確かめられうることは，まれであると認めなければならない」[32]として データ自体の信憑性を，つぎのような理由から疑問視している。

　イーデンはまず第1に，労働者が不正確な情報を提供したことをあげる[33]。第2に雇用形態を問題にし，「仕事は現在ではひと仕事いくらで請け負うのがきわめて一般的なので，そのようなデータに基づいて作られた家計の一覧表が非常にあてにならないにちがいないことは明白である」[34]とする。第3に，「もし支出が誇張されていないとしても，所得はほとんどの場合，かなり低く見積もられている」[35]とする。

　確かに，イーデンのいうように，賃金に関する統計の扱いには十分注意する必要がある。しかし，イーデンがこのように家計調査の結果を受容しないことは，労働者に対するかれの貧困観並びに賃金論と密接なつながりがある。イーデンの貧困観については第3節で考察することにしたい。賃金決定については，イーデンはつぎのようにのべている。「もし資本と労働とがまったく均衡すれば，労働の賃金は労働者の真の必要にまったく等しくなるであろう。しかし，もし資本が労働を上回れば，労働者は自分の真に必要に十分に超えたものを受け取るであろう。そして，もし労働が資本を上回れば，いかなる政治的規定にもかかわらず，労働者は飢えるに違いない」[36]。

　つまり，国富の増大，資本の蓄積が，賃金上昇のための決定的な要因であると考えているのである。そうであるから，イーデンは労働者による賃上げの要求[37]や，賃金に関する国家や教区の介入（たとえば，最低賃金制，スピーナムランド制）[38]については，レセ・フェールの立場から反対している。

　また教区調査の中には「製造業者の家族と住宅の全般的な状況から，かれらの間では高賃金は一般的に貧困の前兆であるように思われる」[39]（ヨークシャのリーズ）という報告もみられる。イーデン自身，労働者の高賃金については批判的であり，この点は，スミスと異なる点である。

(3) 凶荒と対仏戦争

　イーデンの分析の問題は，貧民の状態を考察するさいに凶荒や戦争を特別な要因として除外しようとする点にある。すなわち，「この2年間労働者階級が，今世紀内では前例のない生活必需品の価格の上昇によって，大変な困窮に陥ってきたということは誰もがすぐに認めるであろう。しかしながら，

近代および古代において，人が自分の労働によって自活する相対的な能力をわれわれが推定することができるのは，凶荒の時期におけるかれらの状況の観察からではないのである。小農民ないしは働く製造業者の通常の安楽と満足を確かめる時期として，戦争の時期はなおさら選ばれるべきではない。イングランドにおける社会の進歩に関する詳細な相対的な評価に立ち入ることは私の計画内には含まれていない。しかし，1793年1月までの（1793年2月からイギリスの対仏戦争は始まった。——筆者）10年が政治経済学者によって，国民全体の富裕を論証しうるとしてみなされてきたすべての事情において，最も快い状況を示していることは，ほとんど疑いえない。雇用に対する需要と所得の必然的な上昇は，漸進的割合で増加してきた」[40]。

しかしこの見解は，すでにみたようにイーデン自身が序文でのべた調査の動機とは矛盾したものとなっている。

イーデンの調査は，1793年10月～1796年9月の約3年間におよんだが，この時期に起きた最大の変化を貧民の状態と結びつけて把握することをかれは避けたのである。

(4) エンクロージャーと雇用の創出

イーデンは共有地並びに荒蕪地の有無と，貧民の増加との関係を重視している。しかし，共有地と荒蕪地の囲い込みが救貧税を増加させたとする見解には，つぎのように反論している。「共有地と荒蕪地の囲い込みに対する反対は，サー・ウィリアム・ヤング（Sir William Young）が強く主張しているが，私はそれについては確実な証拠がないと思う。かれは囲い込みが，救貧税を増加させる傾向があると考えている」[41]。イーデンは逆にイングランドでは，他国に比べて荒蕪地が多いにもかかわらず，それを利用しなかったことが，貧民と救貧税の増加につながっていると強調する[42]。推進すべき政策としてイーデンがあげているのは，共有地の囲い込みと荒蕪地の開墾であり，それによって雇用を創出すれば，労働者の雇用不足は解消されると予測している[43]。ただし，かれは同時に，荒蕪地の開墾によって小屋住みが受けた損害を補償するよう，議会に要求している[44]。

またエンクロージャーについて，つぎのようにのべている。「エンクロージャーに関してどのような制度が生じようとも，その地域のみずから被救恤民

だといっている人のためではなく，小屋住みと労働者のために，囲い込まれ改良されるべきすべての共有地からある特定の量の土地をとりのけておくべきであるということが，おそらく得策であるかもしれない。もしすべてのタウンシップにおいて，新しくて大きな耕作地の増加をこのように得ることによって，それの十分な部分が都合よく賢明に，1頭の牛ないしは2匹の豚，家禽等を共に飼うだけの，さらにまた見苦しくなく永くもつ小屋と共に家族が毎年消費する馬鈴薯を育てるだけの，庭や小農場として割当てられれば，－私はこれ以上に満足な，あるいは有益な状態の社会を心に描くことはできない」[45]。

要するにイーデンは，一方でエンクロージャーの推進，荒蕪地の開墾を主張し，他方で小屋住みや労働者に小土地を分与することによって自立を促し，また同時にかれらが受けた損害の補償を議会に要求しているのである。

さらにエンクロージャーによる小農場の統合，つまり大農場の形成がおよぼす影響について，イーデンが強調するのは，それが小農場の所有者，小屋住み，労働者におよぼす弊害よりも，むしろ利点の方である。すなわち，もし大農場が「労働者と労働に対する費用を削減することによって，土地耕作者がより安い価格で市場にさまざまな生産物を出すことができるならば，大農場には偉大なる national utility がある」[46] という。したがってイーデンにとっては，「小農場の統合による不便と困窮は一時的なもの」[47] とされ，逆に「利点は毎日増大するだけでなく，永久のものになるであろう」[48] と捉えられたのである[49]。

(5) 機械の導入

イーデンは，製粉機や紡績機が労働者におよぼす影響と，小農場の統合が小屋住みや労働者におよぼす影響とを同じ論拠によって弁護する。すなわち，「すべてそのような改良の直接の効果は，明らかに多くの勤勉な個人を仕事から追い出すことであり，このようにして困窮を生み出すことは時として，非常に悲惨である。しかしながら，依然として国家がそのような改革の計画を重んずることができる唯一の見地としては，最小のコストで最大量の食糧ないしは製造業の原料を調達することによって，どの程度までその計画は一般の福利（general weal）を実際に推進するのか，あるいはしないのか」[50] ということが問題であるとする。もしそれが実行できれば，個人に対する迷

惑は緩和, 軽減されるであろうと考えている。その場合には,「偉大で真のnational utility に関する新しい改良計画をくじくことを許すことは決してない」[51] と強調し, 機械の導入に賛成している。

さらに, つぎのような例をあげて, 紡績機の導入を支持している。「マンチェスターの近隣や他の所では, 誤解をした貧民が, 現在の害悪の圧力によっていらだち, ジェニー紡績機と綿織機の導入に大変激しく反対したが, 生きながらえて自分の誤りに気づくようになり, 自分自身の最初の軽率なもくろみの失敗から多くの本当の安楽を経験した, ということを信じるには十分な理由がある」[52]。

(6) 救貧税の負担と支出の抑制

以上みてきたように, 教区が救貧税増加の原因として指摘した要因に対して, イーデンは否定するか, 楽観的にとらえるか, 考察しないという見解を示した。しかしながら, 現実に膨張し続ける救貧税をどのように負担し, またその支出をいかに抑制するかという難問に対して, 明確な政策を打ち出すことが焦眉の急であった。

イーデンは専ら救貧税負担者の立場から, この問題の対策を考えている。救貧税をめぐる問題は, 何よりもその負担が不公平かつ不平等なことであった[53]。イーデンはまず救貧税が土地財産に対する巨額の税であり, それを大土地保有者が負担することが多いことを指摘している[54]。つぎに, 「商業並びに製造業インタレストは, この負担（救貧税）をほとんどまったく免除されている」[55] ことを問題視している。

このためイーデンは, 貧民の扶養のためには, 土地と同様に動産や営業上のストックに対しても課税すべきであるとする[56]。しかし, これらに対する課税は, 地域によってまちまちであった[57]。さらに動産や営業上のストックについては, その明確な定義, その税額の査定が現実には難しいため, イーデンは具体的な改善策を提示するには至っていない。

イーデンの政策提言はむしろ, 救貧税支出抑制の方に力点が置かれている。かれの主張はつぎの3点に要約できよう。第1に, 救貧税額を最近7年間ないし3年間の平均に制限することである[58]。救貧税額の制限は, 浪費をいましめ, 倹約をすすめる。また救貧税額の制限は, 必然的に賃金を上昇させるとイーデンは考えたのである[59]。

第2に，プア・ローによる救済者を極度（幼児の貧民，病気の貧民，老齢の貧民）に限定することである[60]。イーデンはプア・ローによって救済対象者を拡大してきたことが，救貧税増加の大きな原因であると考える。したがって，「法律による強制は，最もせっぱつまった困窮の場合に，極度の貧窮を除去することにのみ限定されるべきである」[61]とする。

第3に，労働者の自助，自立，相互扶助，家計支出の削減をすすめることである。イーデンは，さきにみたように，土地の割当てによって労働者が自給自足的な生活ができるよう提唱し，また友愛協会による労働者間の相互扶助をすすめるのである。家計支出の削減については第3節で考察する。

第3節　イーデンの貧困観

(1) 貧困の原因と対策

イーデンはさまざまな観点から貧民の状態を調査したが，最終的には貧困の原因をどのように捉えていたのであろうか。

イーデンはみずからの貧困観を，第1巻第2編，第2章「労働者階級の食事，衣服，燃料および習慣について」で，最も明確にのべている。このテーマに関するイーデンの結論と分析の特徴は，次の3点に要約できるであろう。

第1に，貧困の原因は専ら労働者個人にあるとし，かれらの貯蓄心のなさ，浪費をいましめ，徹底した倹約をすすめたこと。

第2に，労働者の衣，食，燃料，習慣，生活様式にまで言及し，家計支出節約の方法を説いたこと。

第3に，そのさい初めて北部と南部の労働者を比較対照し[62]，北部の労働者を模範とし，南部の労働者を批判したことである。すでに指摘したように，教区報告のサンプルは北部偏重となっているが，それは北部を模範とするために，意図的になされたものとも推察される。以上の論点について詳しくみてみよう。

まず第1の貧困の原因について，イーデンはつぎのようにのべている。「もしかれ（労働者）が自分の労働に対する十分な報酬を得ることができないなら，換言すれば，もしかれが働いて得ることのできる満足を享受しなければ，

それは無知，習慣によるものか，あるいは偏見やかれが衣服，食事，個人支出の他の部門において，昔の貯蓄心のないやり方に固執しているからである」[63]。「労働貧民の困窮はかれらの所得が不十分であることからよりも（いかに多くの博愛家が，所得を増やすべきであると望んでも）かれら自身の貯蓄心のなさと浪費から生じると結論づけることには，正当な理由があるように思う。それは事実なので，私は本書のこの後の部分で，王国の中のうち勤労による所得が中位である多くの所では，労働者の状態は，賃金が法外に高い他の地域におけるよりもより快適であるということが，実証されるであろうと固く信じている」[64]。

貧困の原因を個人の責任に求めたイーデンにとって，労働者の低賃金は「根拠のない不満」[65]であり，貧困の原因とはみなされなかった。

第2，第3の論点については，あわせてみておこう。労働者の家計のなかで最も高い支出項目は食費であった。イーデンは食費削減のための食事改革を最も重視し，まず馬鈴薯のすすめを説く[66]。「わが国において，馬鈴薯から作られたものが今や人の食物として広く一般に消費されているということは，食事に関する国民の偏見がいかに根深いものであろうとも，決して克服しえないものではないということの有力な証拠である」[67]。このことからイーデンは，18世紀内に「極貧階級のために適するだけの食物としてみなされてきた」[68] 馬鈴薯を「人間の楽しみの拡張の例」[69]として捉え直している。さらに *Report on Potatoes* より，スコットランドの中央高地では，馬鈴薯が人々の主食となっていること，また馬鈴薯のおかげでかれらが飢饉による困窮から救われたことを指摘している[70]。

つぎにイーデンは，北部の労働者が南部の労働者よりも，さまざまな種類の安くて味のよいスープを作ることをあげ，その作り方を紹介している[71]。

しかし，北部の料理（方法）を南部に採り入れるにさいしては，問題があった。イーデンはその1つとして，南部労働者の食事に対する偏見をあげ，これを批判している。「もし大麦，ひき割りからす麦，スープ等をイングランド南部に採り入れることができれば，労働者階級の状態はすぐに大いに改善されるであろう。しかし，それらの種類の食物に対してかれらがいだいた偏見が強いために，それらを採り入れることはかなりの困難を伴うであろう」[72]。この他にも，イーデンはイングランド南部においては，ライ麦パンに対する偏見が強いこと[73]，また，ひき割り大麦，ひき割りからす麦，馬鈴

薯から成る薄いスープに対する南部の貧民の嫌悪を指摘している[74]。

　北部の料理を南部に採り入れることを難しくしているもう1つの原因は，南部における燃料の不足と高価格にあった。当時燃料としては，石炭，木，泥炭（peat）が主に使われていた。

　これに関してイーデンは，ブリティッシュ・ミュージアムでみつけた興味深い資料を紹介している。それは，"Artificial Fire or Coale for Rich and Poore."と題する1664年の資料であり，燃料の作り方が記されてあった。それによれば，牛糞をおが屑と粉炭と混ぜ，球状ないしはタイル状にして乾燥させたものや，馬糞をおが屑ないし粉炭あるいは木炭屑と混ぜ，乾燥させたものが，悪臭はするが，燃料としては良いという[75]。また屠殺された獣の内臓も乾燥させれば燃料としてすぐれているという[76]。また別の資料から，イーデンは粉炭と粘土を混ぜ，球状にしたものが，サウス・ウェールズ全土で燃料として使用されていることも紹介している[77]。

　つづいて，労働者の衣服についても，北部と南部とは対照的にのべられる。「ミッドランドと南部諸州では，労働者は一般的に，自分の衣服については，全部ではないとしてもかなりの部分を店主から購入する。ロンドン付近では，労働者はめったに新しい衣服を買わない。なぜなら，かれらはふつう約5シリングで買える捨てられた上衣と古着のチョッキと半ズボンで満足するからである」[78]。「北部では，これとは反対に，ファーマー，機械工，労働者が着るほとんどすべての種類の衣服は自宅で作られる」[79]。

　靴についても，北部と南部とは対照的である。すなわち，北部の家族は皮靴の代わりに木靴を履くことで，1年間に少なくとも1ギニーは節約する。2人の大人と4人の子供が1年間はもつであろう木靴は，15シリングないし16シリング以上はしない[80]。これに対して，イーデンは家計調査から，南部のハートフォードシャの1家族（夫婦と子供6人の8人家族）が靴に年間3ポンド使ったことをあげて暗に批判している[81]。さらに北部と南部の農民を比較して，イーデンはつぎのようにのべている。

　「北部の農民は明らかにまったく無知無学ではあるが，かれほど節約しない隣人と同じように，賢く利口で高潔で役に立つのである。また北部の農民は，南部の州の労働者と同じくらい長く，健康で生き，そしておそらくはかれらよりもずっと満足し幸福であるだろう。南部の州の労働者はいつまでも援助と慈善を受け，またいつまでもそれを欲しているのである」[82]。イー

デンはこのように，北部の労働者と南部の労働者の生活を対照的に描き，節倹のすすめを説いたのである。

第4節　対仏戦争下の貧民の状態

　18世紀はイギリスにとって「戦争の世紀」といわれるが，1793年2月に始まった対仏戦争は，国家財政，教区財政において，それまでにないほど重い負担となった。

　この戦争において，イギリスは1814年までに陸軍に25万人，海軍に14万人，さらに志願兵ないしは国民兵として50万人の男を有し，それらの合計は100万人弱にのぼっていた[83]。すでに指摘したように，約3年間にわたるイーデンの教区調査の時期は対仏戦争の時期でもあった。イーデンは戦争が貧民に与えた影響について調査することを意図していなかったし，それどころか貧民の状態の分析については，戦争を特別な要因として排除しようとした。しかし，教区からの報告は，対仏戦争のための膨大な数の兵士や船員の徴募が，残された家族を貧困に陥れ，教区の救貧税をいかに増加させたかということを詳細に伝えている。そうであるから，『貧民の状態』は，何よりも18世紀末の対仏戦争下の『貧民の状態』として読み直すことができるのである。以下では，つぎの4点に論点をしぼって第2巻と第3巻を分析する。①1795年「割当法（Quota Acts）」の制定。②兵士徴募と教区（都市）における救貧税の増加。③友愛協会の対応。④兵士の素姓。

(1) 1795年「割当法」の制定

　戦争の遂行のために，国家は，できるだけ多くの兵士を迅速にしかも費用をかけずに徴募することを必要とした。このため，ピット政権は海軍兵士の徴募を目的として，1795年3月と4月に「割当法」（35 George Ⅲ. c. 5, c. 9, c. 29）を成立させた[84]。このうち，1番目の制定法は，イングランドおよびウェールズの各州に9,760人の海軍兵士の徴募を割当てた。2番目の制定法は，港湾都市に1万7948人の海軍兵士の徴募を割当てた[85]。3番目の制定法は，スコットランドに海軍兵士の徴募を割当てるものであった。ダラムのサウス

シールズの調査者によれば，2番目の制定法によって，主要な港湾都市に割当てられた海軍兵士の徴募人数は，第4-4表の通りである。

第4-4表　1795年割当法（35 George Ⅲ. c. 9）によって，港湾都市に割当てられた海軍兵士の徴募人数

港湾都市	海軍のための徴募人数
ロンドン港	5,704
リヴァプール	1,711
ニューカッスル	1,240
ハル	731
ホワイトヘブン	700
サンダーランド	669
ブリストル	666
ウィトビー	573
ヤーマス	506
	等

注）　Eden, [1797] 1966, Vol. 2, p. 165.

この割当については家屋税，窓税を支払っている家屋の戸数が基準とされた。イーデンの調査者によれば，家屋税，窓税を課せられた家屋68軒につき1人の男が兵士として徴募されたが，この割合はイングランドの大部分の地域で認められてきたものであるという[86]。

さらに同調査によれば，他の教区や都市でも多数の人が実際に海軍に徴募されている（第4-5表参照）。このうちリヴァプールにおいては，割当法によって，1,711人もの海軍兵士の徴募が義務づけられたが，そのうち少なくとも75人は船員であったことがわかる[87]（第4-4表，第4-5表参照）。

第4-5表　教区（都市）別の海軍徴募人数（これらはすべて実行された）

州	教区（もしくは都市）	海軍徴募人数	調査年月
ランカシャ	リヴァプール	75人の船員	1795年12月
	プレストン	7人	1795年12月
	ランカスター	9人の船員	1796年1月
ハンプシャ	ポートシー	36人	1795年10月
	ポーツマス	9人	1795年10月
ミドルセックス	セント・マーティン・イン・ザ・フィールズ	20人	1795年9月
ヘレフォードシャ	ヘレフォード	10人	1795年11月

注）　Eden, [1797] 1966, Vol. 2, p. 225, p. 227, p. 267, p. 302, p. 328, p. 360, p. 443より作成。

（2） 兵士徴募と教区（都市）における救貧税の増加

　海軍兵士の徴募[88]を義務づけられたこれらの教区（都市）の救貧税の動向をみてみよう。第4-4表，第4-5表，第4-6表をあわせてみることによって，各教区（都市）における海軍兵士の徴募と救貧税の増加とは，極めて強い相関関係があることがわかる。つまり，海軍兵士の徴募が，家族をプア・ローの対象に陥れ，そのことが救貧税を急増させたのである。とりわけ，リヴァプール，プレストン，キングストン・アポン・ハル，サンダーランド，ノースシールズ，ポートシー等の港湾都市においてはそうであり，教区からの報告がそのことを裏付けている。なお港湾都市ヤーマスにおいては救貧税が減少しているが，これは1794年のデータなので，「割当法」の影響はない。

　リヴァプールの調査者は，当時の状況をつぎのように伝えている。「戦争は救貧税を確かに大変増加させた。なぜなら，かなりの数の院外救済貧民（out-poor）は，海軍ないし陸軍に入隊した教区民の妻や子供であるからである」（1795年12月調査）[89]。

　またキングストン・アポン・ハルの調査者は，当地の救貧税の推移を示したデータをもとにつぎのようにのべている。「戦争中，ハルにおける救貧税はいつも大幅に増加してきた。これはおそらく，多数の住民が陛下の軍隊に入っているか，あるいは強制して入れられているかによるものであろう。しかし，かれらの家族は十分に備えてはいないので，教区に救済を請わざるをえない」[90]（1796年6月調査）。

　ノースシールズでは「救貧税は（対仏）戦争開始以前の数年間はポンド当たり（純地代の3分の2で）2シリング6ペンスないし3シリングであった。それ以来，救貧税はポンド当たり4シリングとなり，約9カ月前には，ポンド当たり6シリングに上昇し，その後ずっとその高さが続いている」[91]（1796年3月調査）。

　グロスターシャのブリストルでは「兵士や船員の妻に対する支出が負担になっており，教区の不満の種になることが多い」[92]（1795年10月調査）。これらのなかでも救貧税の増加率が最も高いのはサンダーランドである。第4-6表より，当地の救貧税額は，1785年までの3年間の平均額と比較して，1795年には，3.6倍に増大していることがわかる。当地からの報告によれば，1795年の「割当法」にしたがって，669人が実際に徴募されている（1796

第 4-6 表　救貧税の増加

州	教区 (もしくは都市)	1785年までの3年間の救貧税の平均額			各年	救貧税			教区の支出		
		ポンド	シリング	ペンス		ポンド	シリング	ペンス	ポンド	シリング	ペンス
ランカシャ	リヴァプール	6,130	10	6	1795	17,442	13	1			
	プレストン	1,194	6	5	1795	2,244	13	4			
	マンチェスター	5,308	11	5	1795				20,000	0	0
	ランカスター	1,081	6	4	1795	1,487	1	11	1,645	13	9
ヨークシャ	キングストン・アポン・ハル	1,872	0	0	1796	5,616	0	0			
	ハリファックス	1,039	15	11	1794	1,658	8	0			
ダラム	サンダーランド	1,298	8	7	1795	4,700	0	0			
ノーフォーク	ヤーマス	3,954	16	9	1794	3,428	14	0	4,078	14	0
ノーサムバーランド	ノース・シールズ	698	17	6	1796	1,200	0	0			
ハンプシャ	ポートシー	1,706	1	7	1794	2,955	14	4	2,819	4	0
ミドルセックス	セント・マーティン・イン・ザ・フィールド	9,780	3	3	1796	12,282	5	0	13,429	13	1
ベドフォードシャ	レイタンバザド	561	11	4	1795	629	4	3	640	7	5
バッキンガムシャ	ウインズロウ	601	13	7	1795	795	14	3	801	16	1.25
ノーサンプトンシャ	ケタリング	1,311	4	5	1795	2,102	6	11.5			
ウォリックシャ	バーミンガム	11,956	11	2	1796	21,258	15	3	24,050	14	1.5

注　Eden, [1797] 1966, Vol.3, Appendix, pp. 353-355 より抜粋。

年3月調査）[93]。

　それでも多数の兵士や船員を集めることは容易ではなく，強制徴募隊（press gang）による力ずくの徴募もたびたび行われた。強制徴募隊は，8-12人ぐらいの男のグループから成り，船員達を強制的に（暴力を行使しても）海軍に入れることが任務であった。強制徴募隊に会い，「いったん船に乗せられたら最後，逃げ道はなかった」[94]。先にみたサンダーランドでは，1人につきわずか1シリングで225人の男が強制徴募され，残された家族が教区の負担となった（1796年3月調査）[95]。

　ノーサムバーランドのノースシールズでは，強制徴募された船員の74人の妻と113人の子供に対して，教区が1週間につき8ポンド6シリング3ペンスを支払った（1796年3月調査）[96]。同州のオールセインツでは，強制徴募された船員の65家族に対して，教区が1カ月につき23ポンド11シリング3ペンスを支払った（1796年3月調査）[97]。

　ランカシャのランカスターでは，1795年に9人の船員を徴募するのに，219ポンド4シリング1ペニーを要している[98]。これらの費用が，すべて各教区の救貧税からまかなわれていることに注意しておきたい。

　兵士の徴募は海軍だけではなかった。開戦後まもなく，1793年法（33 George Ⅲ. c. 8）が制定され，国民兵の家族に対して救貧税から手当を支給することが命じられた[99]。同法にしたがって，ノーサンプトンシャのケタリングでは，国民兵の妻64人に対して，教区が1週間につき9ポンド13シリング10ペンス支払った（1795年7月調査）[100]。同調査では，当地から400人の男が国民軍に入隊し，ほぼ同数の者が陸軍に入隊したことが記録されている[101]。

　ノーサムバーランドのオールセインツでは，国民兵の64家族に対して，教区が1カ月につき35ポンド3シリングを支払った（1796年3月調査）[102]。ただし，国民兵の家族に対して教区が救貧税から支払った金額については，教区が州に対して納めたカウンティレイトから償還される場合もあった。たとえば，ウォリックシャのバーミンガムの会計報告書によれば，国民軍のための費用が州の財務局によって償還されている。1793-1794年には880ポンド5シリング，1794-1795年には1,047ポンド8シリング6ペンス，1795-1796年には1,649ポンド13シリング6ペンスがバーミンガムに償還された[103]。償還された額の急増から，われわれは国民兵の増加とその家

族の救済費の増加を推察することができる。この他にも，ベドフォードシャのレイタンバザドでは，国民兵の4家族に対して，教区が1週間につき9シリング4ペンスを支払ったが，この金額は州の財務局によって償還されている（1795年9月調査）[104]。またバッキンガムシャのウィンスロウでは，国民兵の家族に対して，教区が年間約40ポンドを支払ったが，そのうち約半額が州の財務局から償還されている（1795年9月調査）[105]。

これとは対照的に，海軍兵士，陸軍兵士の家族の救済費については，州からの償還はなく，教区の救貧税から支出されたのである。

以上の考察によって，対仏戦争による兵士や船員の徴募が教区の救貧税を急増させた大きな要因であることが明らかになった。

(3) 友愛協会の対応

兵士徴募に際して，友愛協会はどのような対応をしたのであろうか。2つの友愛協会の例をみてみよう。

ウォリックシャのサザムには，93人の会員から構成される友愛協会が1つあった。当協会では，陸軍ないし海軍に入隊した会員は誰でも即座に除外された（1795年8月調査）[106]。

スタフォードシャのウルヴァハンプトンには，71人の小売商人から構成される友愛協会があった。同協会の規則の中にはつぎのような条文がある。「もし当協会の会員の誰かが，海軍であれ陸軍であれ，陸下の軍に強制して入隊させられた場合には，当会員は基金の中の同等の分け前のお金を手に入れるであろう。しかしもしかれが陸下の軍ないし商船に兵士ないし船員として志願して入れば，かれはお金を与えられることなく，当協会から除外される」[107]。「もし当協会の会員の誰かが，法律にしたがって国民兵に割当てられれば，当協会の費用で身代わり兵が調達されるであろう。しかしもし会員が国民軍に志願して入隊すれば，かれは除外されるであろう」（1795年8月調査）[108]。（・・は筆者が付加）。

このように，ここでは会員の入隊方法によって，処遇を区別している。また国民兵に割当てられた場合には，友愛協会の基金で身代わり兵が用意されるのに，陸軍や海軍に強制徴募された場合には，そうではないことに注目しておきたい。友愛協会の規則にまで，このような条項がもりこまれるという

ことは，兵士徴募がいかに多大な影響をおよぼしたかということを明示しているといえよう。

(4) 兵士の素姓

それでは実際に徴募された兵士はどのような人達だったのであろうか。これまでのデータから，海軍については船員が多く徴募されたことが考えられる。また対仏戦争による不況が多数の失業者を生み，かれらが兵士の供給源となった例もある。ランカシャのマンチェスターの調査者はこの窮状をつぎのように報告している。

「戦争以来の商業の不況によって，何千人という製造業者が陛下の軍に入隊した。このことは大いに，救貧税の最近の増加ともはや当地には扶養してくれる夫のいない甚だしい数の困窮している女性の存在を証明している」(1795年12月調査)[109]。事実，マンチェスターでは，1785年までの3年間の救貧税の平均額が5,308ポンド11シリング5ペンスであったが，1795年の教区の支出額は2万ポンドにまで急増している（第4-6表参照）。

それでも先ほどの調査者は，他方で（数ページののちに）つぎのようにものべている。「もし海軍と陸軍が余剰の労働者を奪い取らなければ，不景気のためにこの町はずっとひどい被害を受けていたであろう。もし余剰労働者が仕事もなくマンチェスターに残っていれば，かれらは結局間違いなく教区の負担となり，かれらの家族を扶養することによってすでに耐えられてきた重い負担を大幅に増加させたであろう」[110]。

この発言は，戦争が貧民におよぼした表裏一体の実態をあらわしているといえよう。つまり国家は貧民を戦地へ送りこむことで，貧困を解消しようとしたが，その一方で，教区レベルではこれまでにみてきたような新たな貧困が生じてきたのである。

イーデンの教区調査からだけでは兵士の素姓は明らかにされえないので，他の研究成果を援用しておこう。イーデンがたびたび引用しているマンデヴィル（Mandeville, Bernard, 1670-1733）は，「かれら（多数の勤勉な貧民）は海軍と陸軍の尽きることのない温床である」[111]と明言している。

ウェッブ夫妻は浮浪者法と強制徴募との関係に注目し，浮浪者が兵士の供給源となったことを指摘している[112]。

また新井嘉之作氏によれば，1800年の狩猟法は密猟者に対して，懲役・陸海軍への強制服役・流刑という酷刑を科していた[113]。

　レイバリ（Brian Lavery）は，1795年法（35 George Ⅲ. c. 34）が，帝国海軍への従軍要員として，労働能力がある怠惰な者を徴募することを地方自治体に許可したことを重視している[114]。このため，従来からの失業者に加えて，同法制定以降は，囚人，悪漢，浮浪者，海軍需品を密輸した者や横領した者が海軍へ送りこまれた[115]。つまり，同法は「地方自治体に，好ましくない人物を一掃するための好機を与えた」[116]のである。さらに，レイバリは外国人も海軍兵士の供給源となったことを指摘している[117]。

　川北稔氏によれば，「割当て兵」は「年齢的には20歳前後を中心とする若年層であり，職業上は各州の下層民社会の断面図になっていた」[118]。氏は海軍兵卒として，レイバラー，船員，織物工，農業サーヴァント等が高い比率をしめていたことを明らかにしている[119]。

　ストーン（Lawrence Stone）は，軍人割当にしたがって，教区ごとに抽選で国民兵に選ばれた男が，10ギニーを支払って自分で身代わり兵を買うことができたことを重視している。つまり多くの上流および中流（階級）の人は10ギニー支払って兵役を免れることができたのである。ストーンは，「海外へ派遣された軍は主として労働貧民から成っていた。なぜなら，中流（階級）の人で喜んで兵士になった人は極めて少数だったからである」[120]と結論づけている。

　これらを総合して考えると，兵士（とりわけ海軍兵士）は，船員，失業者，労働貧民，下層貧民，具体的には農業サーヴァント，浮浪者，囚人，悪漢，罪人，さらに外国人等から構成されていたことがわかる。

第5節　結びにかえて

　本章の課題はイーデンの批判と評価にあった。イーデンの最大の問題点は，端的にいえば，貧民の状態に関するすぐれた調査をしながら，貧困を決して認めようとはしない強いバイアスがかれ自身にあったことであろう。そのため生活水準の低下につながるような要因を除外し，貧民の状態に関してはつぎのような楽観論をのべている。

「今日，極貧階級（indigent classes）が革命時よりも増加しているのかどうか，独断的に決めることについて私は責任を負うことはできないが，現代の国家の急迫した事情に，提供されてきたかなりの便益をみることによって，また労働者の安楽と，労働に対して増加した需要とを結びつけることによって，私は国富の有益な効果は国家のすべての階級にまで行き渡ってきたということを信じるのに何の困難も感じない」[121]。「被救恤者は比較的にいって，農業で雇用されている人の間では，珍しいほどにしかみられない」[122]。しかしこのような結論は，教区調査の結果を分析し，帰納的に導き出したものではなかった。

イーデンの主張は，貧困の原因は個人にあるというものであった。イーデンはプア・ローの歴史をたどる中で，その思想を採り入れ，18世紀末の窮乏期にその哲学に息を吹き込んだのである。労働者の家計調査の結果は，イーデンにとっては，かれらの浪費や無知を証明するために用いられた。これをかれのプア・ロー批判[123]と連係させて考えれば，結論がより明確になる。つまり，かれは貧困の原因を制度的要因（プア・ロー）と人的要因のみに矮小化して捉えたのである。そうではあるが，このようなイーデンの主張はマルサスらによって評価され[124]，プア・ロー論争，改革において一定の役割を果たすことになるのである。

とはいえ，教区調査の分析と結論，そして政策提言を，イーデンは最終的には読者に委ねていた。イーデンが提起した問題は，もとより簡単には答が出せるようなものではなく，200年後の今日においても，産業革命期の労働者の生活水準をめぐって論争が続けられており，未だ決着をみていない。今日われわれが，イーデンに学ぶ点は，貧民の状態を調査するさいに，かれが用いた「指標」の多様性と調査内容の豊富さにある。イーデンの調査内容を検討する中で，われわれはあらためてその時代，時代の生活という概念の広さと深さについて考えさせられる。

生活水準をはかる各指標のウェイトは，時代によって変化していくものであり，また指標自体も社会的，経済的変化に応じて見直されなければならない。たとえば，その指標として実質賃金がもつウェイトは，現在と200年前とでは決して同じではないであろう。生活水準をはかる指標として，実質的に何が重要なのかということをイーデンの調査から読みとるべきであろう。

最後に本章では，「対仏戦争」という視点から第2，第3巻を解読した。

戦争を無視して貧民の状態を考察することはできないと考えたからである。『貧民の状態』は, まさに「イングランドの労働者階級に関する知識の偉大な宝庫」[125] であり, 今後さまざまな観点から, 評価がなされるべきであろう。

注）

1） 前章の注3を参照。
2） 前章の注1を参照。
3） 『貧民の状態』は, Carter & Muir, 1967, pp. 150-151, 邦訳, 184-185 ページにとりあげられている。同書は, グーテンベルク（Johann Gutenberg）による活版印刷術の発明以来約 500 年間に印刷されたおびただしい数の書物の中から, 西洋文明に大きな足跡を残した 424 点を厳選し, 解題を加えたものである。同書は『貧民の状態』の中でもとりわけ第2, 第3巻を高く評価している。「イーデン自身の作品は, その創作性にもかかわらず, もしそれに付随した非常に貴重な事実の収集がなかったら－決して重要性がないということはないが－現在では忘れ去られたかもしれない。しかしながら, それ以上に貴重なことは, 広範囲に拡散している問題についての詳細を収集し, 統計的に組織化するために彼が採用した方法そのものである。それ以来, その方法は社会学的調査の基礎であることを立証した。イーデンの偉業の最大の功績は, 多分, カール・マルクスの〈資本論〉に与えた影響である。マルサスを忘れているわけではないが, マルクスは, イーデンを 18 世紀において重要性を発揮したアダム・スミスの唯一の弟子として描写している」（Carter & Muir, 1967, p. 151, 邦訳, 185 ページ）。
4） Engel, 1895, SS. 16-18, 邦訳, 62-67 ページ。
5） 神戸正雄（1913）, 79 ページ, 84 ページ。
6） 中鉢正美（1948）。
7） 都築忠七（1951）, 同（1952）。
8） 中野保男（1978）, 同（1984）。中野氏は, イーデンが 1801 年にまとめた *Observations on Friendly Societies, for the maintenance of the industrious classes during sickness, infirmity, old age, and other exigencies* について詳しく言及している。
9） 美馬孝人（1985）。
10） 海外において, イーデンに関する本格的な研究は, 今のところ無いようである。
11） 本書第 2 部第 3 章参照。
12） イーデンは序文でつぎのようにのべている。「私は公衆に対してここで示された事実から結論を引き出すことをわざと, ほとんどまったく控えた。貧民に関する政治経済のその部門において, 改革についての詳細な計画を提供することは, 私の能力をずっと超えている」（Eden, [1797] 1966, Vol. 1, Preface, pp. 28-29）。
13） イーデンは Poor について, つぎのようにのべている。「私は新しい階級の人々の出現は, 製造業の導入とマスターによって解雇された者の必然的な解放と,

また商売という富くじで，自分の運試しをするという冒険的なもくろみをいだいて，マスターから逃げ出した者が原因であると考える。以後，かれらは立法議会によって，Poor という名称のもとにのべられたのである。その言葉によって私が思うことは，かれらは自由人（freemen）を意味するということである。自由人とは，病気か老齢によって仕事につくことを妨げられている人で，生存のために，慈善心に富んだ人の援助に頼らざるを得ないひとである」(Eden, [1797] 1966, Vol. 1, p. 57)。

14) Eden, [1797] 1966, Vol. 1, Preface, p. 1.
15) labouring-poor については，イーデンは「日々の自活のために自分達の日々の労働が必要な人達である」と定義している（Eden, [1797] 1966, Vol. 1, p. 2, footnote)。
16) Eden, [1797] 1966, Vol. 1, p. 5.
17) Eden, [1797] 1966, Vol. 1, p. 481.
18) Eden, [1797] 1966, Vol. 1, p. 2.
19) *Encyclopaedia of Social Sciences*, Vol. 5, 1931, p. 397.
20) 近年ジンターは，イーデンの *The State of the Poor* の調査項目のうち，地租，地代，救貧税について詳しく分析している。Ginter, 1992, pp. 155-159, pp. 222-223, pp. 428-447.
21) ヨークシャのリーズにある1つのタウンシップからの報告書は，*The State of the Poor* の出版に間にあわなかった。そのため，イーデンはこの報告書を『農業年鑑』に掲載している（*Annals of Agriculture*, vol. 28 (1797), pp. 246-255)。それを加えればサンプルは182となる。
22) Eden, [1797] 1966, Vol. 3, Appendix, pp. 353-355.
23) Eden, [1797] 1966, Vol. 1, p. 407.
24) Eden, [1797] 1966, Vol. 1, Preface, p. 22.
25) Eden, [1797] 1966, Vol. 1, pp. 560-561.
26) 1795年の凶荒については，たとえば，Burke, 1800, pp. 33-44, 邦訳，262-268 ページを参照。
27) 松村高夫氏は，イギリス産業革命期における生活水準に関して，1970年以降に発表された研究を詳しく整理している。その中で，最近の生活水準研究が「実質賃金指数作成に『矮小化』されてきた」ことを問題点として指摘している。松村高夫 (1989)，同 (1990) を参照。
28) Eden, [1797] 1966, Vol. 1, p. 562.
29) Cole & Postgate, [1949] 1968, pp. 79-87.
30) Boyer, 1990, pp. 43-49.
31) Eden, [1797] 1966, Vol. 3, Appendix, pp. 339-350.
32) Eden, [1797] 1966, Vol. 1, Preface, p. 26.
33) Eden, [1797] 1966, Vol. 1, Preface, p. 26.
34) Eden, [1797] 1966, Vol. 1, Preface, pp. 26-27.
35) Eden, [1797] 1966, Vol. 1, Preface, p. 27.
36) Eden, [1797] 1966, Vol. 1, p. 583.

37) Eden, [1797] 1966, Vol. 1, p. 494.
38) Eden, [1797] 1966, Vol. 1, p. 577.
39) Eden, [1797] 1966, Vol. 3, p. 848.
40) Eden, [1797] 1966, Vol. 1, pp. 574-575.
41) Eden, [1797] 1966, Vol. 1, p. 397, footnote.
42) Eden, [1797] 1966, Vol. 1, Preface, p. 22.
43) Eden, [1797] 1966, Vol. 1, Preface, pp. 16-17.
44) Eden, [1797] 1966, Vol. 1, Preface, p. 19.
45) Eden, [1797] 1966, Vol. 1, Preface, pp. 19-20.
46) Eden, [1797] 1966, Vol. 1, Preface, p. 13.
47) Eden, [1797] 1966, Vol. 1, Preface, p. 14.
48) Eden, [1797] 1966, Vol. 1, Preface, p. 14.
49) ターナーによれば、「今世紀はじめに議会エンクロージャーを、プロレタリア大量発生の原因として糾弾し、その害悪や行過ぎを指摘したハモンド説は、今世紀なかばに農業資本主義も工業資本主義も起源がかなり古いことに深い注意を向けた研究者たちの挑戦を受けるまで、幾世代も学徒の支持を得て来た。今では議会エンクロージャーが工場に送られた労働力を供給したと思われていない。むしろエンクロージャーは農村に多くの新しい雇用を生んだ原因とされている」(Turner, 1984, p. 64, 邦訳, 80ページ)。エンクロージャーと雇用の関係については、Snell, 1985, pp. 138-227 を参照。
50) Eden, [1797] 1966, Vol. 1, Preface, p. 14.
51) Eden, [1797] 1966, Vol. 1, Preface, p. 14.
52) Eden, [1797] 1966, Vol. 1, Preface, pp. 14-15.
53) Eden, [1797] 1966, Vol. 1, p. 453.
54) Eden, [1797] 1966, Vol. 1, p. 453.
55) Eden, [1797] 1966, Vol. 1, p. 484.
56) Eden, [1797] 1966, Vol. 1, p. 453.
57) Eden, [1797] 1966, Vol. 1, p. 451.
58) Eden, [1797] 1966, Vol. 1, p. 484.
59) Eden, [1797] 1966, Vol. 1, p. 587.
60) Eden, [1797] 1966, Vol. 1, pp. 411-412.
61) Eden, [1797] 1966, Vol. 1, pp. 486-487.
62) バーネットによれば、「イーデンはイングランド北部と南部の（食事の）対照性を1790年代にはじめてのべたが、これは1830年代とそれ以降においてもあてはまることであった」(Burnett, [1966] 1989, p. 29)。
63) Eden, [1797] 1966, Vol. 1, p. 491.
64) Eden, [1797] 1966, Vol. 1, p. 495.
65) Eden, [1797] 1966, Vol. 1, p. 492.
66) サラマンは、1795年の困窮時には、小麦の消費量が減少し、馬鈴薯の消費量が増大したことを指摘している。Salaman, [1949] 1985, pp. 503-508, p. 613, p. 617. オディは、デイヴィスとイーデンの家計調査をベースに1人当たりの1

週間の食物消費量を算出している。デイヴィスの家計の大部分は南部諸州の労働者のものであり，イーデンの家計の多くは北部諸州の労働者のものである。このことから，オディは，南部諸州に比べて，北部諸州ではパンの消費が少ないが，その分馬鈴薯とミルクの消費量が多くなっていることを指摘している。

家計調査に基づいた1人当たりの1週間の食物消費量

年 単位	家族数	パン ポンド	馬鈴薯 ポンド	砂糖 オンス	脂肉 オンス	肉 ポンド	ミルク パイント
1787-93	119	9.0	0.5	2	1.5	0.3	0.5
1796	32	5.6	5.1	3	3.5	0.6	2.8

注）　　1787-93年のデータは，Davies, [1795] 1977 による。1796年のデータは，Eden, [1797] 1966 による。Oddy, 1990, p. 269 より抜粋。

67) Eden, [1797] 1966, Vol. 1, p. 504.
68) Eden, [1797] 1966, Vol. 1, p. 504.
69) Eden, [1797] 1966, Vol. 1, p. 505.
70) Eden, [1797] 1966, Vol. 1, p. 506.
71) Eden, [1797] 1966, Vol. 1, pp. 524-525. イーデンはこの箇所を『農業年鑑』に "Soup for the poor" と題して，再び掲載している。(*Annals of Agriculture*, Vol. 28 (1797), pp. 581-583).
72) Eden, [1797] 1966, Vol. 1, pp. 525-526.
73) Eden, [1797] 1966, Vol. 1, p. 526.
74) Eden, [1797] 1966, Vol. 1, p. 533.
75) Eden, [1797] 1966, Vol. 1, p. 550.
76) Eden, [1797] 1966, Vol. 1, p. 550.
77) Eden, [1797] 1966, Vol. 1, p. 552.
78) Eden, [1797] 1966, Vol. 1, p. 554.
79) Eden, [1797] 1966, Vol. 1, pp. 554-555.
80) Eden, [1797] 1966, Vol. 1, Preface, p. 8.
81) Eden, [1797] 1966, Vol. 1, Preface, p. 8, Vol. 3, Appendix, pp. 342-343.
82) Eden, [1797] 1966, Vol. 1, Preface, p. 8.
83) Stone (ed.), 1994, p. 24.
84) 「割当法」については，Lavery, 1989, p. 126, p. 128, 川北稔 (1990), 151 ページを参照した。
85) Eden, [1797] 1966, Vol. 2, p. 165.
86) Eden, [1797] 1966, Vol. 2, p. 328. イーデンのいっていることをつぎのような例で考えてみよう。たとえば，ある教区に1,000軒の家屋があり，そのうち680軒が家屋税，窓税を課せられ，320軒は同税を免除されたと仮定する（ピットは1792年に7つ以下の窓がある家屋への税を廃止している）。この場合には，この教区全体で10人の兵士の徴募が義務づけられることになる。ただし，必ず

しも同税を支払った家から兵士が徴募されたわけではない。
87) この75人の船員も1795年割当法によって徴募されたことが記録されている（Eden, [1797] 1966, Vol. 2, p. 328）。
88) 海軍兵士の徴募については，Brian Lavery が，Lavery, 1989, pp. 117-128 で，また川北稔氏が，川北稔（1990），129-180 ページで詳しく言及している。
89) Eden, [1797] 1966, Vol. 2, p. 337.
90) Eden, [1797] 1966, Vol. 3, p. 837.
91) Eden, [1797] 1966, Vol. 2, p. 563.
92) Eden, [1797] 1966, Vol. 2, p. 218.
93) Eden, [1797] 1966, Vol. 2, p. 174.
94) Platt and Biesty, 1993, p. 14, 邦訳，14 ページ。
95) Eden, [1797] 1966, Vol. 2, p. 172.
96) Eden, [1797] 1966, Vol. 2, p. 563.
97) Eden, [1797] 1966, Vol. 2, p. 552.
98) Eden, [1797] 1966, Vol. 2, p. 302.
99) Eden, [1797] 1966, Vol. 3, Appendix, p. 274. 同法はこの王国の国民軍で服務するために，くじで選ばれた人々の家族，およびそこで服務している身代わり兵の家族を扶養するための法律であった。
100) Eden, [1797] 1966, Vol. 2, p. 530.
101) Eden, [1797] 1966, Vol. 2, p. 530.
102) Eden, [1797] 1966, Vol. 2, p. 552.
103) Eden, [1797] 1966, Vol. 3, pp. 743-745.
104) Eden, [1797] 1966, Vol. 2, p. 9.
105) Eden, [1797] 1966, Vol. 2, p. 33.
106) Eden, [1797] 1966, Vol. 3, pp. 744-745.
107) Eden, [1797] 1966, Vol. 2, p. 660.
108) Eden, [1797] 1966, Vol. 2, p. 660.
109) Eden, [1797] 1966, Vol. 2, p. 351.
110) Eden, [1797] 1966, Vol. 2, p. 357.
111) Mandeville, 1723, p. 328, 邦訳，263 ページ。
112) Webb, [1927] 1963, pp. 367-369.
113) 新井嘉之作（1959），424 ページ。
114) Lavery, 1989, p. 125.
115) Lavery, 1989, p. 125.
116) Lavery, 1989, p. 125.
117) Lavery, 1989, p. 126.
118) 川北稔（1990），155 ページ。
119) 川北稔（1990），156 ページ。
120) Stone (ed.), 1994, p. 25.
121) Eden, [1797] 1966, Vol. 1, p. 405.
122) Eden, [1797] 1966, Vol. 1, Preface, p. 7.

123) 本書第2部第3章参照。
124) マルサスは，イーデンの『貧民の状態』を読んでいた。マルサスは父親にあてた1799年2月4日付の手紙のなかで，つぎのように記している。「F. M. イーデン卿のことで大変感謝している旨ダルトン女史にどうか伝えておいて下さい。それは大変有用な書物だと思います。その第1巻を非常に面白く読み多くの知識を得ました。続巻は今のところ入手していません。貧者のためのおきまりの制度は無力だとする私の見解をその書物は大いに強化してくれます」（橋本比登志（1987），348ページ）。さらに，マルサスはつぎのようにイーデンを評価している。「サー・F. M. イーデンは，労働能力のある時は職が与えられ，それがなくなると保護が与えられるという貧民の想像的権利について語った際，いみじくも次のように述べている。『しかしながら，いかなる権利も，満足に実行されないようなものは存在するといえるかどうか疑わしい』と。vol. i, p. 447. 救貧法の影響について判断を下すのに必要な資料をサー・F. M. イーデンほど多く収集した人はいない。そしてその結果を彼は次のように述べている。『したがって，全般的に貧民の強制的扶養から期待されうる善の総計よりも，それが必然的に作り出す害悪の総計の方がはるかに多いと結論すべき正当な根拠があるように思われる』。vol. i, p. 467. ——救貧法に関する私の意見が，このように実践的な研究者の容認を得ていることに私は満足している」（Malthus, 1826, pp. 92-93，邦訳，424ページ）。
125) マカロックによる評価（*Palgrave's Dictionary of Political Economy*, 1925, Vol. 1, p. 679）。

第5章 スタージス・バーンの1817-1819年のプア・ロー改革

はじめに

　イギリスにおいては，ナポレオン戦争後の農業不況下で，農業労働者の賃金が下落し[1]，窮乏化がすすんだ。終戦後，約40万人の復員兵[2]は労働市場を圧迫し，失業者が増加した[3]。1813年から1837年の時期は，「イギリス農業の最暗黒時代」と呼ばれる。この時期には，地主の地代収入は低落傾向にあり[4]（第1部 第3章 第3-1図参照），借地農の倒産，地代の不払いがあいついだ。また各地で，農民一揆，暴動，機械打壊し運動が勃発した。このような中で，貧民の救済と維持のための支出は1815年，約542万ポンド，1816年，約572万ポンド，1817年，約691万ポンドと増加し，1818年には，約787万ポンドと過去最高に達した。（第5-1表参照）。

　このような状況に対処するため，下院議員カーウェン（Curwen, John Christian, 1756-1828）[5]は1817年，プア・ロー特別調査委員会設置の動議を議会に提出した[6]。これをうけて，同年スタージス・バーン[7]を委員長とするプア・ロー特別調査委員会（以下，17年委員会と略す）[8]が設置された。同年同委員会は報告書（以下，『17年報告』と略す）を作成し[9]，これに基づいて，バーンは法案を起草した。そして議会での審議をへて，1818年法（58 George Ⅲ. c. 69, An Act for the Regulation of Parish Vestries, 1818年6月3日可決），1819年救貧法改正法（An Act to Amend the Laws for the Relief of the Poor, 1819年3月31日可決）が成立した。また同じく1819年には，居住制限法の部分的改正法（59 George Ⅲ. c. 50, An Act to Amend the Laws respecting the Settlement of the Poor, So far as regards renting Tenements, 1819年7月2日可決）が成立した。

212 第2部 イギリス救貧法・貧民問題（18世紀末～19世紀半頃）の研究

第5-1表 イングランド及びウェールズにおける小麦価格，救貧支出の推移
(1803年，1813-1836年)

年代	小麦1クォーターの価格 s.	d.	人口	救貧税及び州税 £.	貧民の救済と維持のための支出 £.	一人当たりの負担額 s.	d.	注
1803	64	9	9,210,000	5,484,205	4,077,891	8	$10\frac{1}{4}$	
1813	108	9	10,505,800	8,646,841	6,656,106	12	8	
1814	73	11		8,388,974	6,294,581			
1815	64	4		7,457,676	5,418,846			
1816	75	10		6,937,425	5,724,839			
1817	94	9		8,128,418	6,910,925			
1818	84	1	11,876,200	9,320,440	7,870,801	13	3	第1次最高額
1819	73	0		8,932,185	7,516,704			
1820	65	7		8,719,655	7,330,254			
1821	54	4	11,978,875	8,411,893	6,959,251			
1822	43	3		7,761,441	6,358,704			
1823	51	9		6,898,153	5,772,962			
1824	62	0	12,517,900	6,836,505	5,736,900	9	2	第1次最低額
1825	67	6		6,972,323	5,786,989			
1826	58	9		6,965,051	5,928,502			
1827	56	9		7,784,352	6,441,088			
1828	60	5		7,715,055	6,298,000			
1829	66	3		7,642,171	6,332,410			
1830	62	10		8,111,422	6,829,042			
1831	67	8	13,897,187	8,279,218	6,798,889			
1832	63	4	14,105,600	8,622,920	7,036,969	10	0	第2次最高額
1833	57	3		8,606,501	6,790,800			
1834	51	11	14,372,000	8,338,079	6,317,255	8	$9\frac{1}{2}$	ニュー・プア・ロー
1835	44	2	14,564,000	7,373,807	5,526,418	7	7	
1836	39	5	14,758,000	6,354,538	4,717,630	6	$4\frac{3}{4}$	

注) （出所）Nicholls, 1854, Vol. 2, p. 466.

　本章の課題は，1817-1819年のプア・ロー改革の内容と意義を，『17年報告』と上記の3つの制定法の検討を通じて明らかにすることにある。上述したように，この時期には救貧税額が過去最高に達した。そうであるから，プア・ロー政策は，最終的には救貧税の負担問題に帰着する。救貧税額の急増に直面して，プア・ロー改革は焦眉の急な問題であり，救貧税負担の問題は，階級のインタレストをかけた問題であった。救貧税負担の重かった農村教区においては，ランディッド・インタレスト[10]である地主と借地農にとって，

労働力の確保と維持は共通の利害であった。そうではあるが，その負担をめぐっては，両者は対立した[11]。1817-1819年のプア・ロー改革は，いかなる階級利害に基づいて行われ，その結果はどうであったのであろうか。本章では主として，このような視点から考察をすすめる。

第1節 『17年報告』

1818年法，1819年救貧法改正法の内容は，大筋では『17年報告』[12]の内容に沿うものであった。したがって，1818年法，1819年救貧法改正法との関係で，『17年報告』の内容を①救貧税負担と階級利害，②手当制度への批判と勤労学校の設立，③特別教区会の設立，④居住制限法の改正の4つの観点から検討する。これらの問題が『17年報告』において，大きなウエイトを占めていることはいうまでもない。

(1) 救貧税負担と階級利害

『17年報告』によれば，救貧税負担が地主，借地農に及ぼす影響は次の通りである。すなわち，地主の地代収入がすべて救貧税に使われてしまえば，地主は借地農に土地を貸さないであろう。一方，救貧税負担の重い教区では，土地占有者は土地を放棄せざるを得ない[13]。「自分自身のインタレストの命じるところにしたがうことによって，地主と借地農は万物の自然的秩序の中で(in the natural order of things)公衆にとって最高の管理者，保護者になる。その万物の秩序が破壊される時，そして強制された扶養料が，それを必要とするすべての者に対して公認された時，その結果として最終的には，地主と借地農は必ず破滅する」[14]。このように，『17年報告』は救貧税負担の増加を地主，借地農の共通の問題としてとらえている。そうではあるが，同報告は土地の占有者が救貧税の主な負担者であること，救貧税は彼らにとって不平等な税負担であることを強調する[15]。ここで『17年報告』が提案することは，救貧税負担の平等化である。同報告によれば，ブリストル(Bristol)，ブライテルムストーン(Brighthelmstone)，ハル(Hull)，マンチェスター(Manchester)，ポートシー(Portsea)，コベントリー(Coventry)では，都

市の財産の大部分は，借家人が貧しいから，あるいは一時的な居住であるという理由で税負担から免れている[16]。またバーミンガム(Birmingham)では，都市のほぼ半数の貸家，家屋の4分の3以上が税負担を免れている[17]。このような問題点を改善するために，同報告は家屋の占有者ではなく，所有者に課税するという「新たな原則」[18]を提案する。ただし，一定の評価額以下の小屋はその適用外とするよう求め[19]，小屋住農にはその課税をしないように配慮している。

次に，『17年報告』は救貧税額の制限について言及する。1798年1月1日以降，救貧税の査定額は1795年に徴収された額の2倍を超えてはならないことが決められたことをあげ，この制限は依然として有効であるとする[20]。

さらに，同報告は救貧税の査定の問題だけにとどまらず，貧民の維持は，教区よりも国家で負担を平等化することによって，なされるべきであるとも述べている[21]。つまり，教区単位での救貧行政は，救貧税の負担能力という点で，もはや難しくなっていたことを認めているのである。

(2) 手当制度への批判と勤労学校の設立

『17年報告』はイングランドの大部分の教区において，子供の数に応じて，働く貧民に対して手当が与えられていることを指摘し，これが救貧税の大部分を占めていると批判する[22]。父親に現金で手当が与えられると，彼はそれを子供のためではなく，酒場で使ってしまう[23]。同報告はこの手当制度に代わるものとして，各教区に勤労学校を設立することを提案する。そして，教区の救済を必要とするような3-14歳の子供を，そこで雇用，救済することを提案する[24]。

(3) 特別教区会の設立

『17年報告』は教区管理をするために，特別教区会の設立を提案する[25]。そして，治安判事による救貧行政への干渉を制限する[26]。

(4) 居住制限法の改正

『17年報告』は従来の居住制限法による規定が複雑であり，居住権をめぐる訴訟費用が増加しつつあることを指摘する。すなわち，居住権をめぐる訴訟費用と，被救恤民を送還させる費用は，1776年，3万5072ポンド，1786年，3万5791ポンド，1803年，19万72ポンド，1815年，28万7000ポンドと増加している[27]。

居住制限法の全廃は，これまでにも主張されてきたが，この主張は，国家の基金で貧民を扶養するという提案を伴っていた[28]。「17年委員会」内部でも，居住制限法があいまいで不便で，それをめぐる費用がかかるという点で，多くの者の意見が一致していた[29]。しかし，問題は教区単位での財政的責任が残っているのに，いかにして居住制限法を廃止できるのかということであった[30]。審議の結果，『17年報告』が提案したことは，居住制限法の廃止ではなく，その簡素化であった。すなわち，家屋を借りること，公務につくこと，1年間の雇用及び勤労，徒弟ないしは不動産権によって，居住権を得ることはできないことを決め[31]，居住権は「救済を受けない3年間の居住」[32]を条件として，当該教区で取得されるべきであるとしたのである。

第2節　1818年法

1818年法では，救貧税の負担額に応じて，教区会における複数投票権が定められた[33]。すなわち，課税額が50ポンド以下の者は1票をもち，それ以上25ポンド増すごとに，1票ずつ投票権が与えられ，最高6票までをもつことができるようになった[34]。同法の目的は，開放教区会の運営を多額納税者の手に委ね，救貧行政における彼らの権限を強化することにあった。

複数投票制に対しては，下院では法案審議の段階で，ホイッグ党の議員による反対があった。彼らの反対論は，一般大衆の権限を減じる必要はないというものであった[35]。議会外では，タイムズ紙が，複数投票制は人間を格付けすることになるとして，それに反対した[36]。

1818年法は個別的法律によって教区管理が行われていたロンドンのシティー，サウスウォーク（Southwark）では採用されなかった[37]。同法は

実施にあたっては不人気であり，教区の中にはそれを無視した所もあった[38]。

第3節　救貧税悪用防止法案をめぐる議論

　1819年，バーンは下院に2つの法案を提出した。そのうち1つは1819年救貧法改正法として制定法化されたが，もう1つの救貧税悪用防止法案(Poor Rates Misapplication Bill) は，議論をひきおこした。同法案は『17年報告』の提案にしたがい，子供を扶養することのできない両親の子供を勤労学校に入れ，そこで雇用，教育することを目的としていた。

　D. リカードゥ（Ricardo, David, 1772-1823）[39]はマルサスの人口論に基づき，同法案の実施は人口を増加させるという理由で，それに反対した。すなわち，「もし両親たちが自分らの子供のために保育所（asylum）が設けられて，子供たちがそこで情味ある，親切な待遇を受けるだろうと安心してしまうなら，労働者階級のあいだでともすれば起こりがちな人口増加を抑制するものがなにもなくなってしまうだろう」[40]。リカードゥによれば，「同法案は，より悪い形をとったより拡大されたオーエン氏の計画にすぎない」[41]とされた。これとは別に，カーウェンやミルトン卿（Lord Milton）は，労働者から子供を隔離することに対して，人道主義的な立場から反対した[42]。このような反対にもかかわらず，同法案は69対46で下院を通過した[43]。

　しかし，上院では，勤労学校の設立費が救貧税を増加させると主張したトーリー党政府首相リヴァプール（Liverpool）などの反対によって，同法案は廃案となった[44]。こうして，子供の数に応じた手当制度は，批判されつつも存続することになったのである。

第4節　1819年救貧法改正法

　以下では，1819年救貧法改正法の条文[45]のうち，とりわけ重要と思われるものをみる。

　第1条では，教区会に集まった教区の住民が，教区の貧民について考える

ために，特別教区会を設立することを合法化する。特別教区会は治安判事の署名・捺印によって指名された5-20人の富裕な戸主もしくは占有者によって構成され，14日に1度会合しなければならない。特別教区会は教区の貧民の状態を調査し，救済を受けるにあたいする者と，与えるべき救済の質と量とを調査し，決定する権限がある。そして同教区会はいずれの場合も，救済されるべき貧民の性格と行動を考慮しなければならない。さらに，同教区会は救済を認めるに際しては，それにあたいする者と，あたいしない者（怠惰で浪費家ないし放蕩者）とを自由に区別しうることが決められた。

　第3条では，1年に2度開催される教区総会において，議事録，帳簿が提出されなければならないとされた。

　第7条では，有給の貧民監督官補佐が任命されることが決められた。

　貧民救済における特別教区会の権限と治安判事の権限については，次のように決められた。貧民はまず，特別教区会に救済を申請する。それが却下された場合には，治安判事が貧民監督官を召喚し，その理由を聞く。そして，治安判事が救済を必要であると認めた場合には，救済命令を出すことが出来る。特別教区会のない教区では，2人以上の治安判事が，救済を申請している貧民の性格と行動を考慮して，教会委員と貧民監督官に，1カ月以内の期間の救済命令を出してもよい。緊急に救済を必要とする場合には，1人の治安判事が救済命令を出す権限がある（第2条，第5条）。このように，貧民救済命令を出す権限は，第1に特別教区会に委ねられたのである。この目的は，従来に比べて貧民救済における治安判事の権限を縮小し[46]，救貧税支出を抑制することにあった。

　第13条では，貧民の独立を促すために，彼らに対する土地貸付けが決められた。すなわち，教区の教会委員と貧民監督官は，教区会に集まった居住者の同意を得て，教区の土地の一部ないしは，教区のために購入，ないしは占有された土地の一部を，教区の貧困ではあるが勤勉な居住者に対して，貸付けるべきである。それらの土地は，彼らのために，彼らによって占有，耕作される。地代と借地期間については，教区会において住民が決定する。

　次に，救貧税の負担をめぐる問題については，『17年報告』の提案に基づいて，第19条で次のような改革が行われた。家賃が年間6-20ポンドの家屋については，その所有者が（その家屋のある教区に住んでいようがいまいが）救貧税を負担すべきである[47]。

また第20条では,特別教区会は,救貧税を支払っている占有者に対しては,彼らの地代からその額を差し引く権限があるとされた。この規定は,占有者は救貧税を支払うが,その救貧税負担を所有者に転嫁できることを認めたものである。このように,第19条,第20条の規定は,占有者の立場に立った大きな改革であったといえよう。

第16条では,1ポンドにつき1シリング以上の救貧税については,教区内の家屋敷,土地,借家,借家の所有者(当人が教区に居住していようがいまいが)の3分の2の同意が必要であるとされた。こうして,税率の変更についての決定権は,所有者に委ねられた。

しかし,全体としてみれば,1819年救貧法改正法では,『17年報告』にしたがって,占有者にとって有利なように,救貧税改革がすすめられたといえよう。

その他,第33条では,スコットランド,アイルランド,カーンジー島,ジャージー島,マン島の生まれで,教区の負担になっている者を送還させることが決められた。この背景には次のような事情がある。ナポレオン戦争中には,仕事をみつけるために,多くの労働者が上記の地域や島からイングランドへ移動した[48]。しかし,戦後の不況下では,彼らを送還することが必要となっていたのである。

第5節　1819年居住制限法改正法

1819年3月に,バーンとカースルレイ卿は,継承(parentage),結婚,誕生によるもの,3年間の居住(ないしわずか60日間の奉公)によるものを除いて,居住権を得るすべての方法を将来廃止するための法案を提出した[49]。議会での審議において,カーウェン,リュイス,ハスキソン(Huskisson),キャニング,ミルトン卿は,全員バーンを支持した。アトキンズ(Atkyns),ギャスコイン長官(General Gascoyne),ラム(Lamb),マイルドメイ(Mildmay)は,居住制限法を改正すれば,貧民の居住地をめぐる訴訟が増加すると考えた。またフィリップス(Phillips)は,工業都市のために次のように言明した。「もし工業が衰退すれば,労働者を永久に都市に結びつけておくことは,残虐なことである」[50]。さらに討論は居住制

限法の全廃，プア・ローの廃止にまですすんだが，結果としてバーンの法案は廃案となった[51]。1819 年に制定法化された 59 George Ⅲ. c. 50 は，居住制限法の一部分の改正にとどまった。同法は住宅，建物ないし土地を本人が満 1 年間 10 ポンドの家賃ないし地代で借り，少なくとも満 1 年間占有して，実際に家賃ないし地代を支払ったのでない限り，居住権を取得することはできないというものであった。

　従来は 40 日間の居住が居住権取得の条件であった（1662 年法，13 & 14 Charles Ⅱ. c. 12）が，これを 1 年間に延長したこと，また実際に家賃ないし地代を支払うことを条件としている点で，この改正は居住権取得を以前よりもきびしくするものであった。しかし，ジョージ・ニコルズ（Nicholls, George, Sir, 1781-1865）は同法が，貧民を送還する権限，他の居住権取得条件についてふれていないため，「まったく取るに足らないものである」[52]としている。

　ポインターによれば，同法は「urban interests にとっての小さな勝利」[53]であるとされている。この意見は，農村から都市への当時の労働者移動とあわせて考えなければならない。居住権取得は救済される側からすれば，当該教区において，救済を認められることを意味した。それは逆に，救済する側からすれば，貧民を救済する責任を負わされることを意味した。そうであるから，工業資本家にとっては，貧民が都市に移動する場合，都市における居住権取得の条件が少しでもきびしくなった方が有利であった。つまり，工業資本家にとっては，貧民が救済を必要とする際には，居住権のある農村に送還し，農村教区に彼らの救済費（救貧税）を負担させることが必要であったのである。

第 6 節　特別教区会の設立

　これまで主として法律を中心にみてきたが，制定法の条文通りに実施されたとは限らない。そこで，1819 年救貧法改正法の実施状況を特別教区会の設立を中心にみてみよう。

　第 5-2 表はイングランド及びウェールズにおける特別教区会の数を示したものである。イングランド及びウェールズにおける教区は約 1 万 5500 で

あるから，特別教区会は最も多い 1827 年で，全教区の約 19％の教区で設立されたにすぎない。つまり，約 81％の教区では，特別教区会は設立されなかったことになる。そこで問題は，特別教区会が設立された地域と，なぜ特別教区会の設立が，このようにわずかなものにとどまったのかということである。

1823 年には，イングランドの 41 の州と区に 2,452 の特別教区会があった。このうち，約半数の 1,220 は，ケアードの境界線の北の 15 の州と区にあり，そのうち 611 の特別教区会は，チェシャ，ランカシャ[54]，ヨークシャにあった。つまり，イングランドの特別教区会の総数の約 25％はこの 3 つの北部州に集中していたのである[55]。このことは逆に，残りの 1,232 の特別教区会は，ケアードの境界線の南の州に存在していたということを示している。1823 年の南部農業州における特別教区会の数は次の通りである。ベッドフォードシャ 12，バークシャ 25，ケンブリッジシャ 17，ハートフォードシャ 18，ハンティンドンシャ 11，ミドルセックス 15，サリー 21，ウィルトシャ 29[56]。

以上のことより，特別教区会は救貧支出が南部農業州に比べて少なかった北部工業州において多く設立され[57]，救貧支出の多かった南部農業州においては，それほど集中して設立されなかったといえよう。その理由として次のことが指摘できる。

第 1 に，特別教区会（設立）に対して，治安判事（地主）の反対があったことである。1820 年代にリンカーンシャ，オックスフォードシャ，シュロップシャ，ソマセットシャ，ダーラム，コーンウォールの教区から下院に寄せられた苦情は，治安判事が多くの特別教区会における貧民救済政策を命令することができたということと，命令する傾向があったということであった[58]。また同時期，ノーサンプトンシャ，ノッティンガムシャ，ソマセットシャ，ケンブリッジシャにおいては，特別教区会設立に対して，治安判事が反対したため，同教区会は設立されなかった[59]。これらの事例より，主として南部農業州においては，救貧行政における治安判事の権限が強く，特別教区会の設立が妨げられていたと考えられる。この点において，1819 年救貧法改正法の意図は必ずしも貫徹されなかったといえよう。

第 2 に，個別的法律によって設立された閉鎖教区会の管理下にある教区では，1818 年法，1819 年救貧法改正法は適用されなかった。例えば，首都圏（ロンドン）ではそうであった[60]。

第 5-2 表　イングランド及びウェールズにおける特別教区会の数

年	特別教区会の数
1821	2,006
1823	2,452
1827	2,868
1828	2,823
1829	2,736
1830	2,725
1831	2,535
1832	2,391

注)　*Poor Law Report*, [1834] 1974, p. 202, Dunkey, 1982, p. 52, Cowherd, 1977, p. 129 より作成。

第 7 節　結びにかえて

　1817-1819 年のプア・ロー改革は，主として占有者（借地農）の立場に立って行われたが，それはこの時期における，地主と借地農との関係と密接に結びついていた。ナポレオン戦争後の農業不況は，広くランディッド・インタレスト全体に被害を及ぼした。その中で，地代の下落は地主の地位を弱めるものであり[61]，借地農による地代減額の要求（救貧税負担の地主への転嫁）は，この時期であるからこそ受け入れられたといえよう。このことは，戦後の農業不況期の中で，地主と借地農との力関係が徐々にではあるが，変化して行くことを示しているといえよう。

　しかしながら，1818 年法，1819 年救貧法改正法は，主に農村地域においては，それほど効果をあげられなかった。その原因の１つとして地主である治安判事の反対があったことは，すでに指摘した通りである。このことは，現実の救貧行政において，地主がなお自立的な地位と権限を保持していたことを示しているといえよう。

　『17 年報告』は救貧税負担と，居住制限法の問題について，教区単位で救貧行政を続けて行くことが困難であることを述べ，国家の介入を要請していた。しかし現実には，教区単位での救貧行政を変革することはできなかった。このような問題は，特別教区会を設立し，救貧税負担者の利害を救貧行政に

反映するという方法では解決されず，より抜本的な改革が要請されなければならなかったのである。

注）

1) 1891年の農業労働者の賃金を100とした場合，1815年102，1816年101，1817年100，1818年98，1819年97と下落している（Mitchell, 1988, p. 157)。
2) Jones, 1968, p. 11. 別の資料によれば，「1813-1819年の間に，約33万8000人が除隊した」(Mingay, 1989, p. 707)。
3) 「リヴァプール内閣は，『大蔵省証券』Exchequer Bill の発行により，公共事業をおこし失業者を雇用するなどの救済策を講じたが，戦時中に発行された国債の残高は八億ポンドを超える厖大な額に達しており，その利払いによる財政硬直化のため，失業救済はきわめて限られたものでしかなかった」(吉岡昭彦 (1981), 20ページ)。
4) 1793-1815年の期間に地代は2倍になり，1815-1835年ごろまで地代は下落した (Chambers & Mingay, 1966, p. 167)。
5) カーウェンはカンバーランド (Cumberland) の借地農であり，当時の農業者 (agriculturalists) の中で，極めて目立った人物であった。彼は Workington Agricultural Society や出版物を通じて，科学的農業主義と労働者の状態の改善を積極的に促進した。1786-1828年の間，議会では彼はカーライル (Carlisle) 選出の，のちにはカンバーランド選出の議員であった。彼は2度，貴族の地位を拒否した (Gordon, 1976, p. 189)。
6) カーウェンは同委員会設置を求める演説で，救貧税については，次のような改革を主張した。公債，動産，営業上のストック (stock in trade) から生じる所得のうち10%を救貧税として支払うべきである。一方，土地からの所得の12.5%を救貧税として支払うべきであり，労働者階級は毎週の所得のうち2.5%を救貧税として支払うべきである (Nicholls, 1854, Vol. 2, p. 179)。
7) バーンは，ウインチェスター (Winchester) 近くの私立学校で，のちのイギリス首相キャニング (Canning, George, 1770-1827) と知りあう。オックスフォード大学（クライスト・チャーチ，Christ Church）に学ぶが，キャニングも同じクライスト・チャーチにいた。バーンは B.A. を1790年に，M.A. を1793年に，D.C.L. を1831年に取得。リンカーン法学院 (Lincoln's Inn) で弁護士になり，1798年に議員となった。彼は次の選挙区から選出された議員であった。1802-1812年，クライストチャーチ (Christchurch)，1815-1818年，バンドン (Bandon)，1826-1830年，アシュバートン (Ashburton)，1830-1831年，ミルバーン・ポート (Milburne Port)。彼はハノーバー・スクェア (Hanover Square) のセント・ジョージ (St.George) の特別教区会のメンバーであった。キャニングが首相となった1827年，彼はその年の4～6月まで内務大臣をつとめた (D. N. B.)。バーンとプア・ローとのかかわりは次の通りである。1817年プア・ロー特別調

査委員会の議長。1824 年, *Report from the Select Committee on Paying the Wages of Labour out of the Poor Rates* を作成した 1824 年委員会のメンバーの 1 人。1828 年, *Report from the Select Committee on the Poor Laws relating to the Employment of Able Bodied Persons from the Poor Rates* を作成した 1828 年委員会のメンバーの 1 人。1834 年 *Poor Law Report* 作成メンバーの 1 人。

8) 同委員会は，カーウェン，リュイス（T. Frankland Lewis），バリング（Sir Thomas Baring），カースルレイ（Lord Castlereagh）を含む 21 人で構成されていた（Webb,［1906］1963, p. 153ff.）。同委員会は，「その議長であるバーンと，リュイスによって運営された。2 人ともキャニング派であり，……プア・ロー廃止論者ではなかった」（Brundage, 1978, p. 9）。

9) 『17 年報告』の作成には，リュイスが大きな責任を負っていた。リュイスはオックスフォード大学（クライスト・チャーチ）に学び，1812-1834 年，1847-1855 年に議員をつとめた（Gordon, 1976, p. 205. 及び *D.N.B.*）。ロバート・オーエンによれば，『17 年報告』は「自分自身の計画に反対する小さな徒党の『政治経済学者』によって『扱われて』きた」（Poynter, 1969, p. 245）。

10) 「『貨幣利害集団』（マニイド・インタレスト）への対極概念として，『土地利害集団』（ランデイド・インタレスト）という言葉が用いられる場合，それは貴族とジェントリーと自由土地保有者の三者を含むのが一般のようである。狭義では，地主としての貴族・ジェントリーのみに限られ，広義では，主たる収入を土地から得る者として，小屋住農や労働者，さらには在地の聖職者・法律家，村の手工業職人・醸造業者・運送業者までを包含する」（松浦高嶺（1970），261 ページ）。

11) 「地代をとって賃貸している土地や家屋の所有者は，彼の土地や家屋の救貧税はすでに彼の借地（借家）人によって支払われているという理由で，彼の全資産に応じた救貧税賦課に反対する」（Cannan, 1896, pp. 23-24）。一方借地農は，地代引下げを要求して，救貧税負担を地主に転嫁しようとした。

12) 『17 年報告』は *Annual Register*, 1817 に再録されている。以下のページ数はそれのページ数である。

13) *Annual Register*, 1817, p. 273. 「1817 年の調査と当時の論争では，シュロップシャ（Shropshire）のウムブリッジ（Wombridge）の教区のケースがよくとりあげられた。当地では，人口 1,900 人のうち，620 人が被救恤民で，33 人しか救貧税を支払っていなかった。そして 389 の家屋の占有者は，あまりにも貧困であるからという理由で，課税帳簿から除外されていた。過去 3 年間の救貧税は，1 ポンドの査定につき，平均 15 シリングであった。1817 年現在の支出は，暫定的に救貧税査定額 1 ポンドにつき 33 シリングの割合であった」（Webb,［1906］1963, p. 52. 原典は，*The Report from the Select Committee of the House of Commons on the Poor Laws etc.*, separately published as a book, 1817, pp. 220-222）。

14) *Annual Register*, 1817, p. 274.

15) *Annual Register*, 1817, p. 267.

16) *Annual Register*, 1817, p. 270.

17) *Annual Register*, 1817, p. 270.

18) *Annual Register*, 1817, p. 270.
19) *Annual Register*, 1817, p. 271.
20) *Annual Register*, 1817, p. 275.
21) *Annual Register*, 1817, p. 276.
22) *Annual Register*, 1817, p. 278.
23) *Annual Register*, 1817, p. 280.
24) *Annual Register*, 1817, p. 279.
25) *Annual Register*, 1817, p. 291.
26) *Annual Register*, 1817, p. 292.
27) *Annual Register*, 1817, p. 298.
28) *Annual Register*, 1817, p. 298.
29) Poynter, 1969, p. 288.
30) Poynter, 1969, p. 288.
31) *Annual Register*, 1817, p. 299.
32) *Annual Register*, 1817, p. 298.
33) 教区会における複数投票制の導入については，すでに1807年にウィットブレッドが提案していた。複数投票の基準は異なるが，バーンはウィットブレッドの法案を参考にしている（Keith-Lucas, 1952, p. 23）。
34) 1834年ニュー・プア・ローでは，教区内の土地，家屋の占有者だけでなく，それらの所有者にも複数投票権が認められた。所有者については，1818年法の定める基準で，占有者については，200ポンドの救貧税納税者に1票，400ポンドまでの救貧税納税者に2票，それ以上の納税者に3票を与え，3票を限度とした。つまり，所有者にとって有利なように変えられたのである（Keith-Lucas, 1952, pp. 227-228）。
35) Keith-Lucas, 1952, p. 23.
36) Keith-Lucas, 1952, pp. 23-24.
37) Keith-Lucas, 1952, p. 24.
38) Keith-Lucas, 1952, p. 24.
39) リカードウは，1819年プア・ロー特別委員会（1819年2月9日設置）のメンバーとして，1819年3月1日に任命された。同委員会の委員長は，「17年委員会」の時と同じくバーンであった。「委員会は3月19日と6月28日とのあいだに3名の証人から証言を聴取した。1819年6月30日に報告書提出。報告書の直接的勧告は，『労働の自由な流動』と移民にたいする障害の除去に限定された。しかしながら，報告書はまた，教区は雇用を必要とするすべての人々にたいし『雇用を見つける実行不可能な責務』から最終的に解放されるべきであり，救済は労働不能の人々に限られるべきであると勧告した」（Ricardo, 1952, p. xxiv, 邦訳, 36ページ（解題））。
40) Ricardo, 1952, p. i, 邦訳, 1ページ。
41) Ricardo, 1952, p. vii, 邦訳, 8ページ。ちなみに，1819年には，オーエンの工場法案を修正した工場法が可決された。1819年工場法は，綿工場のみに適用され，9歳未満の子供の雇用を禁止し，16歳未満の全員について，食事時間を除

いて1日に12時間以上働かせることを禁止した。同工場法が成立したため，救貧税悪用防止法案において提案された勤労学校の設立が，実現しなかったとも考えられる。

42) Cowherd, 1977, p. 74.
43) Poynter, 1969, p. 287.
44) Cowherd, 1977, p. 75.
45) 1819年救貧法改正法の条文（全37条）については，Lumley, 1843を参照した。
46) 1815年法（55 George Ⅲ. c. 137）では，1人の治安判事は，貧民の自宅内での3カ月までの救済を，2人の治安判事は，同じく6カ月までの救済を与える命令を出す権限を与えられていた。
47) 第19条では，とりわけ人目の多い都市において，家屋の占有者は救貧税を負担せず，所有者は高い家賃を占有者に課していることが指摘されている（Lumley, 1843, pp. 113-114）。
48) Cowherd, 1977, p. 77.
49) Webb, [1927] 1963, p. 346.
50) Poynter, 1969, p. 289.
51) ポインターによれば，バーンの法案は，「それに対する特別な議論の力によってというよりも，むしろそのような問題について，革新を行うということに対する全般的な恐れによって廃案となった」（Poynter, 1969, p. 289）。
52) Nicholls, 1854, vol. 2, p. 201. なお，ニコルズについては本書第2部第9章注2を参照。
53) Poynter, 1969, p. 289.
54) 1830-31年には，ランカシャにおける466の教区と町区のうち，202に特別教区会があった（Webb, [1906] 1963, p. 163）。
55) Dunkley, 1982, pp. 52-53.
56) Dunkley, 1982, p. 53. ちなみに，1830年代初頭の各州の教区数は，次の通りである。ベッドフォードシャ141，バークシャ222，ケンブリッジシャ169，ハートフォードシャ147，ハンティンドンシャ107，ミドルセックス80，サリー146，ウィルトシャ374（Blaug, 1964, pp. 236-237）。
57) 1829年には，2,736の特別教区会が設立されたが，それは主にイングランドの北部にあった（Keith-Lucas, 1952, p. 28）。
58) Dunkley, 1982, p. 52.
59) Dunkley, 1982, p. 52.
60) Keith-Lucas, 1952, p. 28.
61) Thompson, 1963, pp. 233-234.

参考図版

都市の庶民などの職業を描いた版画（原画1827年頃）
【Talbot Court Galleries, Stow-on-the-Wold, Glos. GL54 1BQ】

※編集・刊行委員会注　著者は国外留学の期間などを利用して、現地において精力的に種々の図版を数多く蒐集していた。本書第2部第6章で言及されている当時の種々の職業についての理解を助けるために、著者夫人の御諒解を得て、関連する図版をここに掲載した。

①煙突掃除
(chimney sweeper)

②魚売り女とゴミ拾い
(fishwoman, dustman)

③屑拾い
(scavengers)

④夜警
(watchman)

⑤新聞屋
(news-man)

⑥ポスター貼り
(bill sticker)

⑦古着屋
(old clothes man)

⑧行商
(hawkers)

⑨行商人
(pedlar)

⑩刃物研ぎ
(knife grinder)

⑪パン屋
(baker's man)

⑫石炭運び屋
(coal porters)

⑬運び屋と醸造業者の運送人
(porter, brewer's draymen)

⑭ビール醸造業者の運送人
(ale brewer's draymen)

第6章　ロンドンにおける乞食をめぐる問題，1800-1824年

はじめに

　本章の目的は，1800年から1824年（浮浪者法の制定）までのロンドンにおける乞食の調査と彼らに対する政策について考察することにある[1]。対象とする時期は，ナポレオン戦争の終結（1815年）と「イギリス農業の最暗黒時代」と呼ばれる時期（1813-1837年）を含んでいる。終戦後約40万人の復員兵[2]は労働市場を圧迫し，失業者が増加した。農業不況下で，農業労働者の賃金は下落し，地主の地代収入は低落し，借地農の破産や地代の不払いがあいついだ。また各地で，暴動，機械打ち壊し運動が勃発した。このような中で，多くの貧民や乞食ないし浮浪者が生み出されることになった。イングランド及びウェールズにおける貧民の救済と維持のための支出は，1815年，約542万ポンド，1816年，約572万ポンド，1817年，約787万ポンドと過去最高に達した[3]。このような危機的状況に対処するため，プア・ローの分野では，スタージス・バーンを中心として改革が行われ，1819年救貧法改正法等が成立した[4]。

　他方，浮浪者法の分野では，従来の種々の法律の見直しと統合がすすめられ，1824年浮浪者法（5 George IV. c. 83）が成立した。プア・ローと浮浪者法がほぼ同じ時期に，改正されていることに注意しておきたい。

　しかしながら，19世紀初頭，公的な政策に先駆けて，いちはやく調査によって多数の乞食の実態と問題点を明らかにし，彼らに対する政策を実行し，また議会に要求したのは，個人であり，任意に設立された団体であった。換言すれば，乞食に対する公的な政策は極めて遅れていた。この点に着目して，ここではまず，マッチュー・マーティンによるロンドンの乞食調査（1800-1803年）の内容と同調査が議会に与えた影響について考察する。

次にロンドンにおいて1818年に設立された乞食撲滅協会（Society for the Suppression of Mendicity）の初期の活動を取りあげて，同協会が1824年の浮浪者法の制定に至る過程で，また同法自体にどのような影響を及ぼしたのかを考察する。

第1節　マーティンによる乞食の実態調査

マーティンは1796年の初めから，ロンドンの乞食について調査を始めたが[5]，この調査の初期の段階（1796年）に設立された"Society for bettering the Condition and increasing the Comforts of the Poor"（「貧民の状態改善及び快適増進のための協会」）の会員となり，しばらく書記をつとめていた。彼は乞食の状態に関する自分の計画が，同協会の目的の1つとなることを提案し，それが受け入れられた。調査実施の資金援助を仰ぐために同協会の代表団（マーティンを含む）は，ポートランド公爵を訪問し，その計画について説明し，公爵の推薦で大蔵省から1,000ポンド（500ポンドずつ2回）の援助を受けることができた。この援助を得て，マーティンは，ロンドンの乞食についての本格的な調査を1800年から開始し，1803年初めまで続けたのである[6]。

彼はこの時の調査結果と自分の提案をまとめ，1803年にMartin, *Letter* として出版した。*Letter* は，のちにみるように，1811年にはMartin, *Substance* として再出版されている。*Substance* は *Letter* の要旨であるが，*Letter* では省略されていた調査項目や調査結果の一部が記載されている。以下，これらのパンフレットによって，乞食の実態調査についてみてみよう。

調査の目的は，第1に，乞食の本質と広がりについて発見することであり，第2に，議会当局の下で，この悪を抑圧するための正規の計画にまとめられるような提案をすることであった[7]。

調査方法は次の通りである。マーティンは乞食に配布するためのチケットを印刷させ，約6,000枚のチケットを1枚3ペンスで多くの人に購入してもらった。彼らはロンドンにいる乞食にそれを配布し，乞食はそのチケットを持って乞食調査事務所〔ウェストミンスター（Westminster）のマーシャム通り（Marsham-Street, No.8）〕を訪れ，3ペンスないししばしばそれ以上の

金額を受け取った。ここで一人一人の乞食について次のような詳細な質問がなされ，それに対する答が記録された。チケット No., 性別，年齢，身長，顔色，目の色，髪の色，その他の特徴，名前，既婚か否か，子供の有無（扶養すべき子供の人数），昨夜の宿泊先，所属教区，職業，収入，教区から手当を受け取っているか否か，衣食住等に関する1週間の支出，質入れした財産の有無と額，借金の額と借金した相手，困窮の原因，教区役人への救済申請の有無及びその教区名と申請の結果，治安判事の前に引き出されたことがあるか，働く意志と能力の有無，当人の話の真実性と人格について保証してくれる人の有無，援助してくれる友人や親類の有無，チケットをもらった人（男か女か）及び場所，日時，等々[8]。さらにこれらの質問を通じて，乞食の性格（「好ましい」「好ましくない」「疑わしい」等）が記録された。

(1) 乞食の分類

マーティンは約7カ月で，2,000人の乞食について調査した[9]。個々の乞食の生活全般にわたる事項についてこのような大規模な調査を実施したのは，彼がおそらく最初であろう。第6-1表は，2,000人の乞食と彼らに扶養されるべき子供3,096人を分類した表である。子供の数を合わせると，乞食の合計は5,096人になる。

第6-2表は，乞食を男女別に分類した表である。これらの表をもとに乞食の特徴をみてみよう。まず第6-2表より明らかなように，大人の乞食のうち約9割は女性であり，男性は1割にすぎない。また独身女性は，既婚女性よりもずっと少ない。この理由として，マーティンは，男性の方が女性よりも強く，資力も多いため自活しやすいことを指摘している。また独身の女性の方が，既婚女性よりも使用人として職を得るのに適しているし，普通は扶養するのは自分だけであることをあげている。寡婦の乞食が多いのは，多くの場合年を重ねてなお扶養すべき子供がいるからであるという[10]。

第 6-1 表　乞食の分類とその人数

Ⅰ教区民	大人	教区不明 （イングランド内）	子供	合計
a 近くの教区	750	140	1,384	—
b 遠くの教区	336		489	—
合計	1,226		1,873	3,099
Ⅱ非教区民	大　　人		子供	合計
a アイルランド人	679		1,091	1,770
b スコットランド人	65		103	168
c 外国人	30		29	59
合計	774		1,223	1,997
総計	2,000		3,096	5,096

注）(1)（出所）Martin, *Letter*, p. 8. ただし，大人の欄については，Appendix の Summary of 2000 Cases of Paupers の集計により筆者が付け加えた。
　　(2) 表中，「近くの教区」とは，ロンドン内及びロンドンから 10 マイル以内の教区であり，「遠くの教区」とは，ロンドンから 10 マイル以上の教区である。
　　(3) 表中，子供の数とは，大人の乞食が扶養しなければならない子供の数である。

第 6-2 表　乞食の分類とその人数

	大　　人	
	男性	女性
独身	45	127
既婚	100	1,100
男やもめ	47	
寡婦		581
合　計	192	1,808

注）　　（出所）Martin, *Letter*, Appendix より抜粋。

　マーティンは，ロンドンの乞食を教区民と非教区民の2つのクラスに大別している。さらに教区民を，a. 近くの教区民と b. 遠くの教区民に区分し，非教区民を a. アイルランド人，b. スコットランド人，c. 外国人に区分した（第6-1表）。
　教区民の乞食は，全体の約6割を占めていたが，彼らが乞食の状態に陥る原因として，マーティンは，次の2点を指摘した。それは第1に，ロンドンでは広く普及していることだが，ワークハウス外の被救恤民に救済を拒否しているためである。第2に，自分の法的セツルメント（legal settlements）がある区域内に住んでいない教区の貧民に，十分な救済を，特別な場合に命

令するための法律上の規定が欠如しているためである。以上の2点は，現行のプア・ローに対する批判であった。この他にも彼は乞食に陥る原因や経路の多様性を指摘している。すなわち定職が無いこと，故意の怠惰ないし怠慢，酒場でついた悪習慣や借金，小売店で必需品を購入すること（重量が足りなかったり，品質が悪かったりするものが多い）。そして，その結果としての借金，自分の衣服を質入れする習慣，家賃を支払うのに十分な毎週の金額を貯えておくのが困難もしくは不可能なため，病気，詐欺，及び他人の圧制的な行為である[11]。彼は調査に基づいて，「乞食になるのは，多くの場合すき好んでというよりは，不幸な出来事の結果であり，また自活するための意志が無いからというよりは，収入の不足によるものである」[12]と述べ，貧困が原因で乞食生活に陥るケースが多いことを重視した。乞食に対する公的な政策としては，プア・ローや浮浪者法があったが，マーティンはプア・ローについてのみ言及している。彼は，プア・ローが勤勉な者に仕事を与え，怠惰な者を矯正し，老人と無能力者には扶養を命じていることを「すぐれた精神」と評価した[13]が，その実施については次のように批判した。「不完全で部分的な実施によって，プア・ローは怠惰の誘因，不遜な要求を助長することに変えられてきた。そしてその結果，勤労が軽視され，怠惰な浮浪者の扶養のために莫大な出費を招いてきた。老人と無能力者は，適時のそして十分な救済もなく，困窮の中で憔悴したり，死んだりするのを見捨てられてきた」[14]。

　教区の被救恤民の救済は，当人のセツルメントがある教区が行うべきであった。マーティンはそう考えたが，プア・ローを次のように改正することも提案している。すなわち，教区の被救恤民は，自分が住んでいる教区で救済を受けられるようにし，治安判事が，そこに住んでいる理由を認めれば，その被救恤民の法的なセツルメントのある教区が，救済費用を払い戻すということである[15]。

　ロンドンにいる非教区民の乞食の大部分は，アイルランド人とスコットランド人であった（第6-1表）。マーティンによれば，アイルランド人は乱暴で不品行であることが多く，スコットランド人は，もっと忠実で真面目で，勤勉であるという。彼は非教区民については送還することをすすめている[16]。

(2) 乞食の数

　ロンドンにおける乞食の数は，マーティンより先に，P. カフーンが 3,000 人と推定していた[17]。しかし，マーティンは，彼が乞食の数を非常に少なく見積もったと考えた[18]。すでに第 6-1 表でみたように，マーティンによれば，ロンドンにおける乞食の数は，5,096 人であった。しかし彼は，乞食は実際にはこの 3 倍はいるであろうと推測し，第 6-1 表における乞食の数をすべて 3 倍にして考えた[19]。この理由として，彼は①ロンドンの乞食の 3 分の 1 以上が，7 カ月という短い期間に事務所を訪れたということはありえないこと。②チケットが，とりわけウェスト・エンドで使用されたこと。③職業的乞食や，恥ないし犯罪を意識して，自分の性格調査を避けたいと思った者は事務所に来なかったからであるという 3 点をあげている。以上の理由に基づいて，彼は乞食の総数を 1 万 5288 人（5,096 × 3）と推測した。（そのうち，大人の乞食は，2,000 × 3 ＝ 6,000 人，彼らに扶養されるべき子供は，3,096 × 3 ＝ 9,288 人である）。さらに大人の乞食 1 人を 1 日扶養するのに 6 ペンス，彼らの子供 1 人を 1 日扶養するのに 3 ペンスかかるとし，公衆は年間 9 万 7126 ポンド 10 シリングを強制的に支払わされていると試算した[20]。

　彼がロンドンにおける乞食の数を，実際に調査した数の 3 倍と大ざっぱに推定したことには，問題が残るであろう。また彼自身も認めているように，職業的乞食や犯罪者等，ある種の乞食は事務所に来なかったため，彼らの実態についてはほとんど把握できなかった。

(3) 乞食の性格

　乞食の性格調査については，マーティン自身も重視しているが，彼の調査によれば，性格の良い者が多かったという[21]。彼は，「ロンドンには貧民の世話をまかせられてきた多くの人がいるだろうが，彼らは自分自身の怠慢を弁解するために，乞食に汚辱と醜行の烙印を押すことに興味があるのであろう」[22] と述べて，これを批判している。彼は調査を通じて，「この軽蔑されてはいるが，社会の中で多数の階層の人々について伝えられた全般的な悪口は，多くの場合不当であると考えるに至った」[23] という。以上のように，マーティンは乞食に対する面接調査を通じて，従来の貧困観（貧困の原因は個人

にあるという考え）[24]や乞食観に異議を唱えたのである。

(4) 貧民の福祉

　マーティンは，貧民の福祉にとってとりわけ重要な点として，①宗教及び道徳の教育，②雇用，③健康によい食料と燃料の適度の供給をあげている[25]。そして「すべてのキリスト教国において，貧民がこれらを期待するのはもっともなことである」[26]と述べた上で，さらに次の救済をすすめている。彼らにきちんとした，そして快適な衣服と住居を与えること。病気や出産の場合には，彼らに医療の援助を与えること。他人の圧制によって，人的権利ないし人的財産を害された時には，彼らのために法律上の助言を得るための大きな機関を提供すること[27]。以上のように，彼の考えた福祉とは，プア・ローの枠を超え，貧民の生活全般にわたる政策にまで及んでいたのである。

(5) 乞食調査の影響

　1811年4月5日に，「貧民の状態改善及び快適増進のための委員会」の特別の会合があり，マーティンは同委員会に *Letter* を提出した。そして，この会合では，マーティンの指導の下で，*Letter* の要旨をまとめた *Substance* が2,000部印刷され，議会の両院の各議員に1部ずつ送付することが決められた[28]。これによって，彼の調査内容は，議員の間でも知られることになったのである。「貧民の状態改善及び快適増進のための委員会」は，内務大臣のライダー（Richard Ryder）に連絡し，乞食調査が再開できるよう要請し，ライダーは大蔵大臣にそのことを申請した[29]。

　マーティンは，同委員会をはじめ多くの人々の寄付によって，1811年から1815年まで再び乞食調査を実施している[30]。この時の調査結果を，彼は早くも1812年に *An Appeal to Public Benevolence, for the Relief of Beggars; with a view to a Plan for Suppression of Beggary* として出版したが，乞食の調査人数は500人にとどまり，議会でも評価されなかった。議員の間で注目されたのは，*Substance* の方であった。1815年6月8日に下院で，G. ローズは，マーティンの乞食調査を引用し，ロンドンでは1万5000人以上が乞食生活をしていることや，乞食の分類，さらに乞食の扶養のために年

間10万ポンドがかかること等を詳しく述べ，議会がロンドンにおける乞食に注目するよう要請した。ローズは，「ロンドンおよびその近隣の乞食の状態について調査し，議会にそれを報告し，それについての意見を述べるために委員会が任命されるべきである」という動議を提出し，それが認可された[31]。こうしてローズを委員長として，上記の委員会が任命された。同委員会は何人もの証人を議会に呼び，乞食について，証言や参考意見を求めその記録を，*Report*, 1815（1815年7月11日付，以下，『15年報告書』と略す）と *Report*, 1816（1816年5月28日付，以下，『16年報告書』と略す）としてまとめた。『15年報告書』には，マーティンの *Substance* の全文と，証言内容，『16年報告書』には彼の提案も掲載されている。このことは，議会が彼の乞食調査や提案をいかに重視していたかを示す証拠である。同委員会の要請で，マーティンは，1815年6月15日に第1番目の証人として下院に呼ばれ，自分の乞食調査について詳しく証言している。ローズは調査の方法や乞食の数，分類に特に注目し，マーティンが，乞食の数を実際に調査した人数の3倍と推定した理由等についても詳しく聞いている[32]。委員会は，彼の2度目の調査にも期待していたが，これがほとんど成功しなかったため，提案内容を直接彼に聞いている。以下，彼の提案とそれに対する委員会の反応についてみてみよう。

(6) マーティンの提案

マーティンの提案[33]の要旨は次の通りである。
① 「一時的な救済を与える目的で，ロンドン及びその近隣にいる乞食の事例を調査するための乞食警察委員会（The Mendicant Police Board）」が，内務大臣の権限下で任命されるべきである。
② そのために，ロンドン及びその近隣は，シティを別として，4つの地区に区分される。そして，地区ごとに，1名の委員，1名の登録係，4人の調査員を配備すること。さらに，1名の書記の援助を得て，全体の監督官として活動する委員を1名つけること（つまり以上をまとめると，マーティンが提案した委員会は，合計5人の委員，1名の書記，4人の登録係，16人の調査員）。さらに彼らに加えて1名の使者によって構成され，調査員は必要な時には使者として，また警官としても活動すると

いうものであった。

③彼はさらに各地区に，貧民を収容するための1つ以上の小屋ないし，大部屋を借りることを提案した。

彼は以上の計画を実現するためには，年間5,000ポンドが必要であると試算した。これに対して委員会は，この計画の実行には，その他の支出も含めて，7,000ポンドないし8,000ポンドが必要であると推定し，「このケースが成功するという楽観的期待をあえて述べない」[34]とし，彼の計画を否定した。つまり委員会は，乞食に関する調査を国家の政策として実施することを拒否したのである。マーティンの乞食調査は，1815年には終わるが，彼の調査方法や提案は，その3年後にロンドンで設立された乞食撲滅協会にも影響を及ぼすことになる。事実この協会は，マーティンを副会長の1人として迎え入れている。次に同協会の活動についてみてみよう。

第2節　ロンドンにおける乞食撲滅協会

乞食撲滅協会（以下協会と略す）は，1818年3月25日，ロンドンにおいて設立され[35]，同日その事務所をホウバン（Holborn）のレッド・ライオン・スクウェア（Red Lion Square）に開設した。今日我々は，協会の活動内容，乞食の実態等を，協会が残した140年間にわたる詳細な報告書〔1819年（第1次報告書）〜1959年（第145次報告書）〕によって知ることができる。ここでは，主として協会の初期の報告書をもとに，協会が乞食をめぐる政策において，どのような役割を果たしたのかを検討し，その意義について考察する。

(1) 協会の組織

協会の設立にあたって，主力となったのは，ボドキン（Bodkin, William Henry, 1791-1874）であった。彼は協会設立と同時に書記となり，協会の初期の報告書を執筆したが，それ以前にも，宿無し貧民の救済のための協会（The Association for the Relief of the Houseless Poor）の書記や，クラークンウェル（Clerkenwell）のセント・ジェームズ（Saint James）教区で貧民

監督官をつとめた経験があった[36]。またプア・ローの分野では1847年に制定されたいわゆるボドキン法（10 & 11 Victoria, c. 110）の立案者として知られている。

　1818年設立当初の協会は次のような役職によって構成されていた。パトロンのヨーク公爵（The Duke of York），会長のノーサムバーランド公爵（The Duke of Northumberland），25人の副会長〔公爵や伯爵の他にバーンを含む4人の議員，マーティンを含む〕，68人で構成される管理委員会〔D. リカードウを含む〕，5人の監査役，各1名の法律顧問，弁護士，書記，駐在事務員，記録員，調査員，事務員，慈善金募集係，8人の警官（協会によって雇用された警官は，乞食を逮捕して事務所に連行した）。協会は，任意の団体であったが，上記のようにその役職の中に何人かの議員を含んでいる。また1822年には，内務大臣に就任したロバート・ピールが協会を認可し，彼はその副会長を引き受けた[37]。

　協会の活動資金は，多くの人々の寄付によって支えられていた。協会は毎年の報告書に，寄付をした多数の人々の名前と金額を掲載しているが，寄付の金額は1人1ポンドから100ポンドまでさまざまである。例えば1821年の場合，協会の収入は4,290ポンド2シリング7ペンスであり，そのうち3,127ポンド19シリング6ペンスが寄付金によるものであり，残りは公債の収益や乞食の逮捕に対する報酬金等によるものである。同年の支出額は，3,895ポンド2シリング6ペンスであるが，そのうち，874ポンド15シリングが乞食に対して使われた。またこれとは別に乞食の食事に対して308ポンド6シリング10ペンス，彼らの衣服に対して275ポンド16シリングが支出された[38]。

　協会は，ロンドンの路上にいる乞食に配布するためのチケットを発行し，それを受け取って事務所に来た乞食や，協会の警官が逮捕した乞食に食事を与え，彼らの供述をもとに，詳しい調書を取った。さらに，彼らの供述の真偽を徹底的に調査し，この調査結果に基づいて，各乞食の事情に応じてのちにみるような種々の政策を施した。各年の報告書の付録には，個々の乞食に対するこれらの記録と協会が取った措置についての抜粋が掲載されているが，この資料は他に類をみないいわば，乞食の履歴書となっており，のちにメイヒュー（Mayhew, Henry, 1812-1887）も利用している[39]。

　協会は，「無差別の施しは慈善ではない」と考え，プア・ローが，これま

で無分別，無差別な方法で実施されてきたことを批判した[40]。書記のボドキンは，第1次報告書で次のように述べている。「虐弱者と労働能力者，勤勉な者と怠惰な者，援助に値する者と悪徳者に無差別に援助を与えるという危険な原則を避けるために，貧民の管理に関する最近の調査が引き出したぞっとするような事実を我々に教えよ。少なくとも，個人の慈悲心の行使にあたっては，よりよいコースを採らせよ。救済する前にいつも調査せよ。すべてのケースの状況を詳細に調査し，——当事者の人物と性質を十分に調査した上で，救済はもしそれに値するならば，当人にとって本当に最も役に立つ方法で，また贈与者の感情を最も満足させるやり方で与えられるであろう」[41]。

さらにボドキンは，プア・ローがその規定通りに実施されていないことを次のように批判している。「協会に申し込んできた乞食のうち，かなりの割合の者はロンドンの教区において法的請求権を有していたが，それらの教区に訴えた時に，法律が命じるように救済されたり，雇用されたり，移動させられるのではなく，彼らは6ペンスないし1シリングという金額を与えられて放逐されるか，もし教区のワークハウスに収容されたとしても，そこから出来るだけすぐに再び退所させられ，入所期間中にいだいていた自活に対するよりよい期待は無いことがほとんどである」[42]。協会はプア・ローを厳格に実施することが，乞食撲滅のための前提であると考えた。

(2) 乞食の実態と協会の活動

チケットを持って協会を訪れた，あるいは協会の警官によって逮捕された乞食は，どのような人達だったのであろうか。第6-3表は，第4次報告書（1822年）に掲載された協会への申請者（職業別，元の職業を含む）の抜粋である。

これによれば，2,339人の申請者のうち，乞食は103人で，残りの者は何らかの職業についていたことがわかる。船員や兵士が多いのは，ナポレオン戦争終結のためである。ただしのちにみる第6-5表によれば，この2,339人の申請者のうち，協会の調査によって「詐欺師及び常習的な乞食であることが確認され，起訴されるよう命令された者」が607人いるため，職業を偽って申請した者も多いと考えられる。そうではあるが，他方では一般の人達が，のちにみるような種々の原因によって乞食となり，プア・ローの適用も受けずに，協会を訪れるケースも多かったことがわかるのである。

第6-3表　乞食撲滅協会への申請者の職業

職業	人数	職業	人数
船員	462	零細なよろず屋的店舗小売商	12
労働者	321	海兵隊員	12
(種々の)サーバント	202	マンチュア(ガウン)製造者及び婦人帽子屋	11
兵士	132	パン屋	11
行商人	128	コック	10
女裁縫師等	105	桶屋	9
乞食	103	染物屋	9
洗濯女	98	帽子屋	9
靴屋	55	ブラシ製造者	8
織工	38	肉屋	8
鍛冶屋	37	煙突掃除夫	8
流しのイタリア音楽師等	32	魚屋	8
馬丁等	29	理髪師	8
紡績工	25	印刷工	8
ペンキ職人、ガラス工等	23	ロープ製造者	8
仕立屋	21	男教師	8
船大工等	21	時計屋	8
庭師	20	刃物屋	7
煉瓦工、左官等	19	衣服アイロン掛け職人	7
鉄器商及び真鍮細工師	18	羊皮商人	7
家具師、室内装飾師	18	航海士	7
(種々の)事務員	17	木挽き	7
弁護士の書記	12	以上小計	2,138
石工	12	以下省略	
		合計	2,339

注)　*The Fourth Report*, 1822, pp. 5-6 より抜粋。ただし、表中に小計を入れ、6人以下の職業については省略した。

　次に協会に申請した，あるいは逮捕された乞食の帰属地（第6-4表）と彼らに対する協会の政策（第6-5表）について，みてみよう。

　第4次報告書では，種々の乞食が次の5つのクラスに分類されている。第1に，一時的で不定住の乞食（Casual and Non-Resident Beggars）。第2に，アイルランド人及びスコットランド人。第3に，外国人，黒人，イギリスの植民地生まれの人。第4に，農村の教区にセツルメントのある乞食。第5に，ロンドンの教区にセツルメントのある乞食である。

　なおのちにみるように，1821年には，浮浪者法について考えるために，下院に特別委員会が設置され，ボドキンは同委員会から最初の証人として呼ばれ，下院で証言をしている。この証言の中には，上記の乞食に関する部分も含まれているので，それも利用して乞食の実態についてみてみよう。

第1の一時的な不定住の乞食というカテゴリーには，放浪中の乞食，船員，適所を得ていないサーヴァント，雇用口を探している人，ロンドンの教区の一時的な住人になっているあらゆる種類の人々が含まれる。これらの乞食の具体例を第4次報告書からみてみよう。

「No.13, 516 [43] – P.F.（28歳）はほとんど裸の状態で現れた。彼は有能な船員であったようだが，お金を無分別に使ってしまい，自分の衣服を質に入れてしまった。数日で彼のために出生証明書が入手され，グレイヴゼンド（Gravesend）で彼を船に乗せるために，わずかなお金と必要な服が与えられた」[44]。このように「船員は思慮のなさ，貯蓄心のなさによって困窮に陥ることが多いが，彼らはめったに教区による保護の対象としてはみなされていない」[45] という。

第6-4表　乞食撲滅協会への申請者の帰属地

報告書	第1次報告書	第2次報告書	第4次報告書
申請者の帰属地	人数	人数	人数
ロンドンの教区	720	845	472
農村教区	1,022	1,305	873
アイルランド人	927	1,561	593
スコットランド人	129	201	115
ウェールズ人	59	220	59
あらゆる国の外国人	427 [2]		
自分の出生地が不明なためセツルメントがない者		224	47
アメリカ人		69 [3]	48 [4]
アフリカ人		46 [3]	12 [4]
アジア人		28 [3]	42 [4]
ドイツ人		32	13
スウェーデン人		25	12
フランス人		23	18
スペイン人		21	2
ロシア人		18	4
イタリア人		18	22
オランダ人		14	1
プロイセン人		13	
ポルトガル人		9	
ガーンジー島の人		5	
ジャージー島の人		3	
オーストリア人		2	
ジブラルタルの人			6
合　　計	3,284	4,682	2,339

注）1)（出所）*The First Report*, 1819, p. 15, *The Second Report*, 1820, p. 3, *The Fourth Report*, 1822, p. 4 より作成。

2) *The First Report*, 1819 には，外国人の詳しい内訳は記載されてない。
3) アメリカ人，アフリカ人，アジア人の合計人数 143 人のうち 117 人は黒人。
4) アメリカ人，アフリカ人，アジア人の合計人数 102 人のうち 58 人は黒人。

第6-5表　乞食撲滅協会への申請者に対する政策

報告書	第1次報告書	第2次報告書	第4次報告書
種々のケース	件数	件数	件数
協会の干渉によってロンドンの教区に委ねられ、臨時ないし、永久の救済を得た者	1,222	1,142	451
詐欺師及び常習的な乞食であることが確認され、起訴されるよう命令された者	564	537	607
調査に基づいて、自活できるだけの収入を受け取るべきことが判明した者	286	355	14
仕事を与え、一部の者に衣服を与えた	216	257	
勤め口と道具ないしは効率的に自活するための手だてを与えた	186	242	319
救済され、農村の教区に送還された者	184	462	352
必要物が与えられ、教区の救済が拒否された者（大部分のケースは、ワークハウスへの入所が提供された）	146	391	85
協会が命令した通りには帰らなかった者	137	1,232	171
衣服を与え、救済し、船乗りを薦めた者	128	24	108
ワークハウスへの入所	92		
病院及び診療所への入所	69	15	46
協議会及び外務大臣への申請によって、外国へ送還された者	54		
船員委員会に照会		15	
スコットランド協会に照会		10	3
アイルランド、スコットランド等へ送還される際に、現金と衣服を与えられ、救済された者			157
困窮した外国人に関する協会に頼った者			11
スコットランドやアイルランド等へ帰ることを拒否した者			10
海員協会によって引き受けられた者			3
困窮者のための保護所に送られた者			2
合　　計	3,284	4,682	2,339

注）　（出所）*The First Report*, 1819, pp. 14-15, *The Second Report*, 1820, pp. 2-3, *The Fourth Report*, 1822, pp. 3-4 より作成。

「No.14, 263 － M. D.(30歳)，チャタム(Chatham)出身。夫に遺棄されたが，彼がロンドンにいると聞いたので追って来た。しかし旅の目的に失望し，乞食をせざるを得なくなった。協会は不変の慣行に従ってそのケースを調査した。以下は視察員の報告書からの抜粋である。

『私が視察したあらゆる悲惨な有様の中で，私はこれを最も徹底したもの

として述べなければならない。部屋には家具は全くなかった。私が訪問したのは，午前8時半頃であった。一番年下の子供を抱いた母親は，胸の悪くなるようなベッドからちょうど起きたところであった。そのベッドは汚いぼろぼろの短いわらで作られており，その上では，2人の年上の子供が衣服を着，さらに母親の古いマントでおおわれて熟睡していた。彼らはベッドの布は全く持っていなかったし，朝食を調達するためのものも何も持っていなかった』。

救済が早速与えられ，この女性の陳述が真実であることが確認されたので，一家が法的に定住し，親戚のいるシアネス（Sheerness）に彼らを送還することが得策であると考えられた。それで彼らの船賃が支払われ，船旅の間，彼らの扶養のためにわずかな金銭が与えられた」[46]。

「No.14, 304 – C. C.(20歳），バークシャ出身。彼はチケットを呈示した際に，雇用口がなくて大変困窮していると述べ，自分の教区にどうしても帰りたいという希望を述べた。彼の陳述の真実性を確かめるために，手紙が書かれた。2日後に，レディング（Reading）の刑務所から警官が事務所を訪れ，この男を逮捕するためにやって来たことを述べた。警官がいうには，彼は夜盗の罪で投獄されていた刑務所から脱獄したので，再逮捕には報酬金が出るということであった。しかし，この男は協会の事務所から逃亡していた」[47]。

第2のカテゴリーは，アイルランド人及びスコットランド人である。第6-4表より明らかなように，協会への申請者のうち，とりわけアイルランド人の占める割合は高く，第2次報告書では申請者の3分の1はアイルランド人である。協会設立の翌年には，1819年救貧法改正法が成立し，第33条では，「スコットランド，アイルランド，ガーンジー島，ジャージー島，マン島の生まれで，イングランドの教区の負担になっている貧民を送還する」ことが決められたが，この規定は協会の活動に大きな影響を与えることになった。

ボドキンの証言によれば，1819年救貧法改正法の通過以前には，アイルランド人の貧民はロンドンでかなりの救済を受けていた[48]。しかし，同法通過後，彼らに対する救済は打ち切られ，強制送還させられることになった。ボドキンは，協会の記録から，20年以上もロンドンに住んでいながら，同法によって移動させられた人の例やアイルランド人でひどい病人や出産の近い女性が移動させられると脅かされた例をあげて，同法による強制送還の問題点を指摘した。さらに同法が，冬季の非常に天候の厳しい時期に実施さ

れたのは遺憾なことであると述べている[49]。彼は結局同法の実施によって，多くの場合アイルランド人等は窮乏化したとし[50]，彼らに対する協会の活動が有効であったことを次のように述べている。「私の考えでは，協会によって与えられた救済がなければ，結果は重大なことになっていたであろう。つまり，天候が大変厳しい時に，また救済を受ける権利があると思っていた人が，与える救済はないと突然いわれた時に，（協会は）救済を与えたのである」[51]。第4次報告書によれば，協会へ申請したアイルランド人及びスコットランド人は，708人（第6-4表）いるが，協会はこのうち157人に，送還に際して現金と衣服を与え，救済している（第6-5表）。このクラスの乞食の例についてみてみよう。

「No.14, 231 － M. F. アイルランド出身。ジェントルマンのサーヴァントであり，2人の子供があったが，仕事が無くなり，極度の困窮に陥った。彼はゴールウェイに立派な友人がいると述べ，そのことが本当であると判明したので，協会は彼をそこまで送還するのを援助した」[52]。

「No.16, 676 － T. C.（30歳），アイルランド出身。波止場に送られたが，ひどい喘息のため働くことができなかった。彼は6年間兵士をつとめたことがあり，ワーテルローの戦いに行った。その後，シティの市民軍に加わったが，協会は彼を故郷へ送還するために，市民軍から除隊させた。その間彼は協会の名簿にずっと記録され，教区の救済が得られた」[53]。

第3の乞食は，外国人，黒人，イギリスの植民地生まれの人である。ボドキンの証言によれば，この中には「陸軍もしくは海軍で我々の軍役についたことがあるために，祖国の領事によって，援助を要求する権利がないと考えられている多くの外国人のケースがある。彼らは教区のセツルメントを取得したことがないので，何ら生計の資もなく路上にいるのである」[54]。つまり彼らは，イギリスのために従軍しながら，教区でセツルメントを取得できず，プア・ローの対象から排除され，祖国からも見離され，祖国に帰る手段もなく路上で乞食生活を余儀なくさせられている人々である。協会は，これらの「外国人と同様に，黒人や，我々の植民地生まれの者については，常に大変な困難を経験した。しかも彼らに対しては，十分な法的規定を制定することが実行不可能であるとこれまで考えられてきた」[55]と述べている。

このクラスの乞食について，協会はその乞食が住んでいた教区から当人に対する援助を得ようと努めるか，当人の祖国の領事に申請するという処置を

取った。しかしこれらの試みは必ずしも成功しなかった。ボドキンは，外国人を治安判事の前へ，さらに内務大臣の所へまで連れて行き，彼らの救済について審理するよう努めたが，失敗したケースを覚えていると証言している[56]。彼は「委員会（1821年の特別委員会）は，教区の救済に対する外国人の権利について議論されたケースを思い出すであろう」[57]と述べて，その時の議論を引きつつ，外国人の救済される権利に関する法的規定が全く欠如していることを暗に批判している。先にみたように，1819年救貧法改正法は，アイルランド人等については，彼らを送還させることで問題を解決しようとしたが，その他の外国人については，無視したのである。プア・ローの対象から排除され，乞食となった外国人の例についてみてみよう。

「No.12, 893 － H. C. (49歳)，サンタクルーズ出身。22年間船に乗っていたが，そのうち11年間はイギリス海軍におり，デンマークとイングランドとの間の戦争に従軍した。したがって，デンマークの領事（協会はここに照会したが）は彼を救済することはできなかった。彼はほとんど裸だったので，協会は衣服を支給し，2月1日から，彼がわずかな財産を受け取る権利がある自国までの船賃の代わりに乗船中働く機会が与えられた3月6日まで，彼を名簿に記載し続けた」[58]。

「No. 13, 131 － J. A. (56歳)，ジブラルタル出身。21年間イギリス海軍の船員であったが，1814年に除隊され，それ以来国のいろいろな場所で乞食をすることによって自活してきた。彼が事務所に問い合わせ，自分の隷属期間について述べた時，年金ないしは捕獲賞金を得る権利があるかどうかを確認するために調査が始められ，綿密な調査の結果（彼は改名していた）年に14ポンド12シリングの年金とわずかの捕獲賞金が彼のために獲得された。彼は協会の名簿に6週間近く記載されていた」[59]。

第4の乞食は，農村の教区に所属する乞食である。このクラスの乞食は，農村の教区に合法的に定住していたが，ロンドンに定住するようになった人々だけを含んでいる[60]。第4次報告書によれば，農村教区に帰属する乞食は873人いたが（第6-4表），そのうち352人（40.3％，第6-5表）は救済され，農村の教区に送還されている。またこのクラスの乞食の中には，協会の仲介によって，農村教区からの援助が得られ，一時的な困窮の間救済されたため，農村へ送還する必要がなくなったケースもある。なお多くのケースでは，乞食は協会独自で，あるいは彼らが住んでいる教区と共同で救済さ

れた[61]。このクラスの乞食の例についてみてみよう。

「No. 13,526 – A. C. 3人の子供を持つ寡婦。彼女のセツルメントはサセックスにあった。彼女が住んでいた教区は，彼女を家へ運ぶことを拒否したが，協会からの申請に基づいて，教区役人はその費用の半分を支払うことに同意した。そして彼女は荷馬車で送られた」[62]。

「No. 13,865 – M. A. S. この女性は夫の病気のためやむを得ず乞食をすることになった。彼女の夫は，リューマチ熱のため7週間寝床に引きこもっている。セツルメントがウェールズにあるため，教区役人は救済を認めようとはしなかった。協会は，夫が回復し，パン職人として仕事を再び始めるまで，彼らを扶養した」[63]。

第5の乞食は，ロンドンの教区に所属する乞食である。第4次報告書は彼らについて次のように述べている。「このクラスの乞食の処置については，申請は一般的に教区当局になされるべきであると考えるのが当然であろう。ロンドンに合法的に定住していた多くの家族が，極度に困窮して協会に申請してきた。これらの中には，彼らが教区の援助を申請する方法を知らなかった例もあるが，教区役人のさまざまな業務の中で，彼らの要求が見落とされることの方が多かった」[64]。協会は次のようなケースをあげている。

「ロンドンの教区に合法的なセツルメントを有していたある男やもめは，町の別の地区（そこで彼は家賃を免除されて住むことを許されていた）に住んでいるという理由で，教区の援助に対する申請が認められなかった。彼には4人の子供があったが，失望して子供に乞食をさせるために送り出し，彼らはホワイトホールの近くで，嘆願書を持って立っていた。……それから彼らは協会の警官によって発見され，事務所に連行された。調査の結果，そのケースは極度の困窮の1つであることが判明した。つまり父親の仕事はしばらくの間，全く停職状態にあり，子供が最初に通りに出た時には，遺憾ながら，彼らは餓死の危険にさらされていることが明らかであった。母親は自分の境遇に重なる不幸に耐えきれず，少し前に悲嘆にくれて亡くなった。即座の援助が協会によって与えられ，そのケースは彼らの次の会合で教区当局に陳情がなされた。その結果，週ぎめで手当がすぐに与えられ，その男は以前の勤め口に復職することができた」[65]。

なおこのクラスの乞食の中には，多くの常習的な，そしてみなれた乞食，盲目の人，足の悪い人，何か目立つ生まれつきの疵があるか「不具」であり，

ロンドンの通りに幾年間もはびこっている人がいた[66]。

以上協会の分類にしたがって，5つのクラスの中の一部の乞食についてみてきた。乞食の分類について，協会はマーティンの調査の影響を受けているが，独自の分析視角から雑多な乞食の実態と問題点をより鮮明にしたといえよう。

「一時的で不定住の乞食」は新しい区分であるし，プア・ローの対象から排除された「外国人，黒人，イギリスの植民地生まれの人」を重視していることは，注目すべきであろう。協会は，1819年救貧法改正法の第33条を全否定することはなかったが，アイルランド人等に対する差別的な取扱い（強制送還）には批判的であった。またロンドンの教区にセツルメントがありながら，プア・ローの対象とされていない多くの人々の存在を明らかにし，法律の条文とその実施との間に大きな隔たりがあることを批判した。さらに，農村教区からロンドンに移動し，乞食となり停留しているケースも多いことが判明した。

次にこれらの乞食の居住教区についてみてみよう（第6-6表）。セント・ジャイルズ・イン・ザ・フィールズ，ホワイトチャペルには乞食が極めて多いが，これらの教区にはアイルランド人の乞食が多かった。また「住居無し」という乞食が多く，ボドキンは，これらの多くの宿無し貧民に対する永久的な避難所の設立の可能性についても関心を示している[67]。

① 乞食の逮捕

協会はこうした種々の乞食について個別調査を行い，第6-5表にみられるような措置を取ったが，この活動こそが協会の特徴といえる。一人一人の乞食について，どのような政策を施すかということは，毎週月曜日に開かれる協会の管理委員会の会合で決められた。ここで注目すべきことは，協会が乞食を救済の対象としてだけでなく，刑罰の対象としてもみていたことである。すでに述べたように，協会は1818年の設立時から警官を雇用し，乞食を逮捕させた。第4次報告書によれば，「詐欺師及び常習的な乞食であることが確認され，起訴されるよう命令された者」は，607人（第6-5表）であり，これは協会が扱った乞食の約4分の1を占めている。1829年に首都警察がピールによって設置されると，協会の警官は2人を残して解雇された。しかし多数の乞食が路上にいるため，協会は1834年には6人の警官を採用して

いる[68]。

第6-6表　哀れな者が居住しているのをみつけられた教区

教区	第2次報告書 人数	第4次報告書 人数
セント・ジャイルズ・イン・ザ・フィールド	1,230	492
住居無し	870	429
ホワイトチャペル	329	181
ビショップスゲート	—	152
セント・アンドルー（ホウバン）	260	122
セント・マーガレッツ（ウェストミンスター）	205	82
セント・ジョーンズ（バラ）	164	79
セント・ジョンズ（ワッピング）	—	67
セント・メリルボン	145	41
セント・ジェームズ（ウェスト・ミンスター）	122	14
セント・セパルカ	112	37
セント・リュークス	109	28
セント・パンクラス	100	39
セント・ジョージズ（ハノーヴァー・スクウェア）	75	14
セント・ジョージズ（イースト）	55	39
クラークンウェル	55	13
小　　計	3,831	1,829
以下省略		
合　　計	4,682	2,339

注)　（出所）*The Second Report*, 1820, pp. 4-5, *The Fourth Report*, 1822, pp. 6-7 より作成。ただし，表中に小計を入れ，一部省略した。

協会は，この他にも乞食を仕事につけることを実施した。次に，この政策についてみてみよう。

② 困窮の原因と協会の乞食雇用政策

第6-7表は，乞食の困窮の原因を示した表である。女性の場合，夫の死及び夫による遺棄によって乞食に陥るケースも多かった。なお家族遺棄者は，刑罰の対象であった。

同表より明らかなように，雇用口の不足は，人々の収入の途を閉ざし，彼らを困窮に陥らせ，乞食生活に至らしめる大きな原因となっていた。貧民を仕事につけることは，すでに1601年のエリザベス救貧法や1782年のギルバート法にも規定されていたが，とりわけナポレオン戦争後の貧民の増加の中で，それは必ずしも実行されず，さらにこの規定そのものが批判の対象となって

いた。協会は第1次報告書の中で，プア・ローによる雇用政策の難点を次のように指摘している。「教区の多くは，労働能力はあるが，仕事が無いことが自分達の困窮の原因であると述べている者を雇用するために設立された機関を持たないので，救貧税額が増加する恐れからだけではなく，全く雇用することができないことから，そのような人々に心を向けることを避けたり，しばしば全く拒否したりするよう一般に努めているのである」[69]。

第6-7表 困窮の原因

報告書	第1次報告書	第2次報告書	第4次報告書
困窮に関して申し立てられた原因	件数	件数	件数
老齢及び虚弱	587	216	170
病気及び傷害	537	857	444
夫の死及び夫による遺棄	219	380	259
帰る手段のない外国人	106	209	35
仕事の道具及び用具の不足	122	82	26
衣服の不足	98	131	74
賃金や戦利賞金の支払い中止	47	30	25
商売の失敗	—	50	241
困窮の原因が明らかなケース（以上の合計）	1,716	1,955	1,274
真実にせよ偽りにせよ，仕事が無いために乞食生活をすると弁解したケース	1,568	2,727	1,065
合　計	3,284	4,682	2,339

注）（出所）*The First Report*, 1819, p. 15, *The Second Report*, 1820, p. 4, *The Fourth Report*, 1822, p. 5 より作成。

プア・ローによる雇用政策の行詰まりを指摘した上で，協会は，労働能力はあるが仕事についていない乞食に対して，「無料の援助の代わりに仕事を与え」る[70]政策を実行した。協会は乞食の雇用政策として，まず道路修理用の砕石作業に着目した。この計画は，有料道路を管理するトラストの承認と協力を得て実施され，雇用された乞食には，砕石1トン当たり一定の金額が，出来高に応じて協会から支払われた。ただし，雇用された各人が自分の生存に絶対に必要なものを超えて稼いだ金額については，その境遇が免除される際に，本人の手当に当てるために，協会が保留した[71]。なお，第4次報告書では，「手仕事によってこれまで砕かれた石の使用は，ロンドン近くのいくつかの道路については，非常に限られているので，（協会の）管理者は自分達の計画が，以前に雇用されたいかなる人の労働も妨げないであろうと確信している」[72]と述べている。

ただし協会はこのような仕事を「永久の雇用源」とするつもりはなかった
し[73]、乞食を砕石の労働に強制的につかせることは、問題点も生じさせた。
第4次報告書によれば、その仕事につかされた乞食は6週間で257人いたが、
そのうち196人は逃亡している[74]。この他にも、協会は1820年には、200
人から300人の乞食を1日8ペンスと2人分の食料で、道路清掃人として雇
用している[75]。

第3節　協会の提案と浮浪者法の改正

　協会は乞食の実態と協会の活動について、1819年以来報告書を発行し、
この問題に関して世論を喚起するとともに、以下でみるように第1次報告書
では、11項目の改革案（以下「19年提案」と略す）を提言し議会にも訴え
た。1821年3月14日、浮浪者法について考えるために、下院に特別委員会
（以下委員会と略す）が設置され、委員長にチェットウィンド（Chetwynd,
George, Sir, 1783-1850）が就任した。協会は、浮浪者の問題について得たど
んな情報でも委員会に提供するよう求められた[76]。委員会は、24人の証人
を下院に呼んで証言や参考意見を求めたが、ボドキンは、1821年3月19日
と22日に最初の証人として呼ばれ証言をしている。同年5月23日付けで、
委員会によって報告書（*Report from the Select Committee*, 1821, 以下『21
年報告書』と略す）が作成され、これに基づいて新しい浮浪者法案が起草さ
れた。そして議会での審議をへて、1822年浮浪者法（3 George Ⅳ. c. 40）、
1824年浮浪者法が成立した。

　筆者は浮浪者法改正に至るこの過程において、さらに改正された浮浪者法
の内容に、協会の「19年提案」や、ボドキンの証言が影響を及ぼしたと考
えている。以下この点について考察してみよう。

　第4次報告書によれば、協会の「管理委員は、浮浪者に関する問題がチェッ
トウィンド氏によって下院に提出された時に、彼らの見解の中で有益な変更
を生ずるよう考慮された法案の草案をすでに準備していた」[77]という。し
たがって、協会が乞食撲滅のための活動を続けながら、浮浪者法の改正を議
会に要求していたことがわかるであろう。この「草案」が何を指すのかは必
ずしも明確ではないが、協会の「19年提案」はそれに相当するものと考え

られる。この提案を要点ごとに整理すれば，第1に浮浪者法の修正，第2に浮浪者の監督，逮捕のための行政上の体制整備に分けられるであろう。ここでは，この中でもとりわけ重要な浮浪者法の修正に関する協会の以下の7つの提案についてみてみよう[78]。すなわち，①有罪の決定を受けた労働能力のある浮浪者は，重労働に服すべきである。②怠惰で風紀を乱す人間（idle and disorderly persons）は，その罪をくり返すと，ならず者及び浮浪者（rogues and vagabonds）とみなされるべきである。③身体の傷や「奇形」部分を人目にさらすことによって，通行人の同情を誘おうと試みている者は，逮捕されるべきである。④浮浪者の逮捕に対して，現在州によって10シリングの報酬が支払われているが，その代わりに，それと同額ないしそれより高い額が犯罪の発生する教区によって，支払われるべきである。乞食の問題に関して教区が無関心であることは，利害関係の動機からこのように訂正されると良い。⑤浮浪者を彼らのセツルメントのある場所へ移動させることに関する法律は，有罪決定後も相変わらず実行されるべきであり，さらに彼らを雇用し，扶養することを教区に指示することが，厳格に施行されるべきである。⑥困窮者を先に投獄することなく，彼らのセツルメントのある場所へ移動させるための自由裁量的権限を治安判事に与えよ。教区は負担となっている人々を，遠くのセツルメントに移動させることを嫌がるので，彼らを移動させるために，治安判事が浮浪者法に関わらされることが頻発する。⑦セツルメントを持っていない浮浪者の場合には，彼らを浮浪者法が行使された教区に受け渡すべきであることを命じた1740年法（13 George Ⅱ. c. 23）のその部分を復活すべきである。以上の提案のうち，①，②，③についてはのちにみる1824年浮浪者法に採用されている。④は浮浪者逮捕に対する報酬制度，⑤，⑥，⑦は浮浪者を移動させることに関する提言であるが，これらの問題については，『21年報告書』，ボドキンの証言，浮浪者法の改正を検討する中でみてみよう。

　『21年報告書』での勧告の要点は次の通りである。第1に，種々の浮浪者法を1つの法律に統合し，改正することである。（この300年間に，浮浪者に関して49の法律が通過したが，そのうち27の法律が部分的に実施されているという状況であった）。

　第2に，アイルランドないしスコットランド生まれではない浮浪者については，彼らをセツルメントのある場所へ移動させるという慣行を，1822年9

月1日以降1年間一時中止することである。これは1年間という期限付きではあるが、従来の規定を廃止する大胆な試みであった。この勧告の背景には、浮浪者を逮捕し、扶養し、移動させるための州の負担（州税から支出）が急増していることがあった。ただしこの勧告によれば、先にみた1819年救貧法改正法の第33条は変更されないことになっていることに注意しておきたい。

すでにみたように、協会は「19年提案」において、浮浪者をセツルメントのある場所に送還する政策を継続すべきであると考え、活動の中でそれを実践してきた。しかし、ボドキンは下院での証言では、一転して、浮浪者を移動させることを全く廃止した方が良いと述べた。その理由として、彼は浮浪者を運搬することが、放浪して歩く浮浪者の習慣と全く一致することを指摘している[79]。彼らはたとえ目的地に到着しても、教区役人によって当地にひきとめられず、たいていの場合、数シリングを受け取って、すぐにその場を離れ、また浮浪を続けるという。ボドキンは、証言の中で、最近の例として、ウェスト・エンドの教区に少なくとも20回送られ、そこでいつも半クラウン（2シリング6ペンス）ないし3シリングを受け取り、釈放される男のケースをあげている[80]。こうして彼は、浮浪者を「移動させることは全く役に立たない。それは公衆に巨額の年間の支出を負わせるが、何の有益な結果も伴わない」[81]と証言した。

第3の勧告は、上記の第2の勧告内容を、浮浪者に対するより長期間の拘禁と組み合わせて実施すべきであるということである。より具体的には、浮浪者は初犯に対しては、1カ月よりも短い期間拘禁されるべきではないこと、また拘禁中は重労働につかされるべきこととされた[82]。この背景には、拘禁がもはや恐怖でなくなっていたことがある。したがって、勧告の意図は浮浪者に対する刑罰をより厳しくすることで、彼らの増加を防ぐことにあった。拘禁中の浮浪者に重労働を課すべきであるという提案は、すでにみた協会の「19年提案」にも盛り込まれていた。またボドキンは、「ミドルセックスでは、矯正院の中に製作所を建設して、多くの人を重労働につけることを計画中であると聞いたが、もしその計画が採用されれば、それは極めて有益であろう」[83]と述べている。この点については、協会の提案は勧告の内容と一致するものであった。

第4の勧告は、浮浪者の逮捕に対する報酬金制度[84]を廃止することであっ

た。従来は 1744 年法（17 George Ⅱ. c. 5）によって，「怠惰で風紀を乱す者」1 人の逮捕につき 5 シリング，「ならず者及び浮浪者」1 人の逮捕につき 10 シリングの報酬金が支払われることが規定されていた。しかし，『21 年報告書』は，浮浪者の逮捕が商売になってしまっていること，また逮捕者と浮浪者とが共謀して，獲得した報酬金を分け合う例をあげて[85]，この制度自体の廃止を勧告した。一方ボドキンは，この制度を全廃してしまうことには疑問を持っており，この問題に関しては「19 年提案」と同じ考えを述べている。

以上，『21 年報告書』の勧告の骨子とボドキンの証言をみてきたが，両者の見解は，浮浪者の逮捕に対する報酬金制度の問題を除いては，一致した。

ところで，協会の活動の中でも，委員会が最も注目したのは，協会が独自に雇用した警官の活動であった。乞食ないし浮浪者をどう取締まるかということが，委員会の関心事であり，チェットウィンドは，ボドキンに警官の活動内容や給与等について詳しく聞いている[86]。『21 年報告書』は，「乞食撲滅協会という有益な団体（useful institution）が設立されるまでは，法廷で（ロンドンの）ならず者及び浮浪者が起訴された例は，たとえあるにしても，きわめて少数である」[87] と記し，協会の警官の活動を高く評価した。

第 4 節　浮浪者法の制定

『21 年報告書』の勧告に基づいて，浮浪者法案が起草され，議会での審議を経て，1822 年浮浪者法が成立した。同法は従来の種々の浮浪者法を廃止したが，1824 年 9 月 1 日までの時限立法であったため，議会は 1824 年 6 月 21 日に，浮浪者法の集大成ともいえる 1824 年浮浪者法を制定した。こうして従来の浮浪者法にかわって，新しい浮浪者法が生まれたのである。

1822 年浮浪者法は，『21 年報告書』の勧告にしたがって，アイルランドないしスコットランド生まれではない浮浪者については，彼らをセツルメントのある場所へ移動させるという原則を一時的に廃止した。協会は，第 4 次報告書の中で，同法を支持して次のように述べている。「チェットウィンド氏によって導入されたその法律は，実験の 1 つと考えられており，1 年間の時限立法にとどまっている。しかし，管理委員は同法の実施は大変有益であると考えているので，その原則が永久に採られることを望み，乞食を移動させ

ることに関する以前の慣行が廃止されることを望んでいる」[88]。しかしこの規定は「実験」にとどまり，1824年浮浪者法では，有罪が決定した浮浪者は，当人の最新の法的なセツルメントがある教区へ送還させられることが決められた。また1819年救貧法改正法の第33条の規定も変更なく継続されることが決められた。

1824年浮浪者法[89]は，浮浪者を次のように3つの段階に区分し，誰が浮浪者とみなされるのかを新たに示し，彼らに対する刑罰を規定した。

① 「怠惰で風紀を乱す者（idle and disorderly persons）」。ある者が自活ないし家族を扶養できるにもかかわらず，意図的にそうすることを拒否ないし怠り，その結果本人または家族が教区の負担になる場合。合法的に移動させられたにもかかわらず，戻ってきて教区の負担となっている者。施し物を請い，集めるために放浪し，公道や街道に身をおいている者。子供に施し物を請わせたり，集めさせたりしている者。許可書を持たない呼売商人や小行商人。娼婦。**処罰は1ヵ月までの重労働を課す投獄。**

② 「ならず者及び浮浪者」（rogues and vagabonds）。**上記（①）の罪をくり返す者。**人を欺きだますために，ずるい技術や装置を使い，手相術等によって運勢を占うふりをするか，そう偽る者。猥褻な印刷物，春画ないし卑わいな陳列品を公衆の目にさらす者。身体をみだらに露出する者。**身体の傷または「奇形」部をみせることによって，施し物を集めようと努める者。**虚偽または詐欺的口実によって，慈善的寄付金を集めようと努める者。逃亡し，教区に負担となる妻ないし子供を置き去りにする者。住居を破壊して侵入するための道具もしくは，重罪を犯すための攻撃用武器を所持する者。非合法的な目的のために，住宅，倉庫，馬車置き場の離れ屋，家畜小屋，離れ家，塀をめぐらした中庭，庭ないし空き地にいるところを発見された者。重罪を犯す目的で，公共の場所に常に集まっている容疑者ないし盗人とみなされている者。逮捕に抵抗する怠惰で風紀を乱す者。処罰は3ヵ月までの重労働を課す投獄。

③ 「矯正不能のならず者（incorrigible rogues）」。脱獄者。ならず者及び浮浪者として，有罪が決定した者。逮捕に抵抗するならず者及び浮浪者。処罰は1年までの重労働を課す投獄，鞭打ち（鞭打ちは男性のみ）。

上記の規定のうち，強調部分については，すでにみた協会の「19年提案」の影響があったと考えられる。

浮浪者の逮捕に対する報酬金制度は『21年報告書』の勧告にしたがって，廃止された。この問題に関しては，協会の提案は受け入れられなかった。

第5節　結びにかえて

　乞食とは何者か，乞食に陥る原因は何か，彼らに対してどのような政策を施すべきか，という問題は古くて新しい問題である。我々は，19世紀初頭のロンドンを中心として，この問題について考察してきた。マーティンによる「乞食の発見」は，この問題に関する議会の関心を呼び起こしたが，彼の提案は議会には受け入れられなかった。協会は雑多な乞食の実態と問題点をより鮮明にし，乞食に対する無差別な慈善を批判しつつ，個々の乞食の状況に応じた政策を施した。すでにみたように，協会はプア・ローの厳格な実施と，浮浪者法の改正を要求し，その提言は1824年浮浪者法の内容にも影響を及ぼした。しかし同時に，協会の調査と活動は，プア・ローや浮浪者法のみでは，増大する乞食を撲滅することは困難であることをも示していたといえよう。

　はじめに指摘したように，この時期には貧民が増加し，プア・ローの対象者（被救恤民）と浮浪者法の対象者との境界線があいまいになっていた。議会は，この境界線を明確にし，乞食＝浮浪者法（刑罰）の対象とするために，1824年浮浪者法を制定した。一方，被救恤民はプア・ローの対象であったが，マーティンや協会の調査が明らかにしたように，同法が厳格に実施されていないことから，あるいは同法の対象者から漏れたり意図的に排除されたりすることによって，乞食になる人も多かった。1819年救貧法改正法（第33条）は，アイルランド人等の貧民を送還させることを決めたが，乞食は少なくならなかった。乞食や浮浪者に陥る原因を追求することなく，彼らを刑罰と送還の対象として規定したところに，この時期の公的な政策の特徴と限界があったといえよう。

注）

1) 本章では mendicity を乞食，vagrant を浮浪者と訳した。
2) Jones, 1968, p. 11. 別の資料によれば，「1813-1819 年の間に，約 33 万 8000 人が除隊した」(Mingay (ed.), 1989, p. 707)。
3) Nicholls, 1854, Vol. 2, p. 466.
4) この改革に関しては，本書第 2 部第 5 章を参照。
5) この調査結果については，バーナードが Bernard, 1798, pp. 122-128 で紹介し，論評している。
6) Martin, *Letter*, pp. 4-6.
7) Martin, *Letter*, p. 17.
8) Martin, *Substance*, pp. 22-24.
9) マーティンによれば，この間に 600 人以上の被救恤民がチケットを持参したが，彼らは自分自身を乞食と認めなかったので，調査対象にしなかったという (Martin, *Letter*, pp. 6-7)。マーティンが被救恤民と乞食を区別していることに注意すべきである。
10) Martin, *Letter*, p. 12.
11) Martin, *Letter*, pp. 17-18.
12) Martin, *Letter*, p. 12.
13) Martin, *Letter*, p. 13.
14) Martin, *Letter*, p. 14.
15) Martin, *Letter*, p. 21.
16) Martin, *Letter*, p. 23.
17) Colquhoun, 1797, p. xi. 同書の初版は 1796 年であるが，マーティンが参照したのは，1797 年版である。
18) Martin, *Letter*, p. 18.
19) Martin, *Letter*, p. 19.
20) 1801 年当時のロンドンの人口は，111 万 7000 人であったから (Mitchell, 1988, p. 25)，乞食の数を 1 万 5288 人と推測すると，これは人口の 1.37％に相当する。19 世紀初頭のロンドンの乞食の数については，不明である。リンダート (Lindert) とウィリアムソン (Williamson) は，1801-1803 年時のイングランド及びウェールズにおける浮浪者の家族数を 17 万 9718 人としており，これは全体の家族数 (219 万 3114 人) の 8.2％を占めている (なお，浮浪者は，被救恤民とは区別されている) (Mitchell, 1988, p. 102)。しかし，浮浪者は家族持ちとは限らないから，この推計値にも問題があるといえよう。
21) Martin, *Letter*, p. 11.
22) Martin, *Letter*, p. 11.
23) Martin, *Letter*, p. 4.
24) 例えば，1797 年に『貧民の状態』(*The State of the Poor*) 全 3 巻を著した F. M. イーデンは貧困の原因は個人にあると考えた（この点については本書第 2 部第 4 章を参照）。
25) Martin, *Letter*, p. 27.

26) Martin, *Letter*, pp. 26-27.
27) Martin, *Letter*, p. 27.
28) Martin, *Substance*, p. 3.
29) *Report*, 1815, p. 5.
30) 1811年の11月にはウェストミンスターのBrewer's GreenのArtillery Place, No.23に乞食調査事務所が新たに開設された。
31) *Parliamentary Debates*, Vol.XXXI, 1815, pp. 686-689.
32) *Report*, 1815, pp. 5-10.
33) *Report*, 1816, p. 17.
34) *Report*, 1816, p. 13.
35) 協会の報告書は，類似の協会が各地に設立されていることを記している。「バース，エディンバラ，オックスフォード，ダブリンにおける乞食協会に加えて，類似の協会が最近，チェスター，バーミンガム，ソールズベリ，ブリストル，リヴァプール，コベントリー，ケンドル，キングストン等に設立された」。*The First Report*, 1819, p. 27.
36) *Report from the Select Committee*, 1821, p. 15.
37) *The Fourth Report*, 1822, p. 25.
38) *The Fourth Report*, 1822, p. 27.
39) Mayhew, [1861-1862] 1968, pp. 399-403.
40) *The First Report*, 1819, p. 12.
41) *The First Report*, 1819, p. 13.
42) *The First Report*, 1819, p. 18.
43) この番号は，協会を訪れた乞食の通算番号である。この場合には，1万3516人目の乞食である。
44) *The Fourth Report*, 1822, p. 35.
45) *The Fourth Report*, 1822, p. 9.
46) *The Fourth Report*, 1822, p. 36.
47) *The Fourth Report*, 1822, p. 41.
48) *Report from the Select Committee*, 1821, p. 18.
49) *Report from the Select Committee*, 1821, p. 22.
50) *Report from the Select Committee*, 1821, p. 18.
51) *Report from the Select Committee*, 1821, p. 23.
52) *The Fourth Report*, 1822, p. 50.
53) *The Fourth Report*, 1822, pp. 50-51.
54) *Report from the Select Committee*, 1821, p. 24.
55) *The Fourth Report*, 1822, pp. 15-16.
56) *Report from the Select Committee*, 1821, p. 24.
57) *Report from the Select Committee*, 1821, p. 24.
58) *The Fourth Report*, 1822, p. 56.
59) *The Fourth Report*, 1822, p. 59.
60) *The Fourth Report*, 1822, pp. 16-17.

61) *The Fourth Report*, 1822, p. 17.
62) *The Fourth Report*, 1822, pp. 60-61.
63) *The Fourth Report*, 1822, p. 60.
64) *The Fourth Report*, 1822, p. 17.
65) *The Fourth Report*, 1822, pp. 17-18.
66) *The Fourth Report*, 1822, p. 19.
67) *The Second Report*, 1820, p. 18.
68) *Report from the Select Committee*, [1846] 1970, pp. 163-164.
69) *The First Report*, 1819, pp. 18-19.
70) *The Fourth Report*, 1822, p. 12.
71) *The Fourth Report*, 1822, pp. 12-13.
72) *The Fourth Report*, 1822, p. 13.
73) *The Fourth Report*, 1822, p. 12.
74) *The Fourth Report*, 1822, p. 13.
75) *The Second Report*, 1820, p. 18.
76) *The Fourth Report*, 1822, p. 23.
77) *The Fourth Report*, 1822, p. 23.
78) *The First Report*, 1819, pp. 22-24.
79) *Report from the Select Committee*, 1821, p. 24.
80) *Report from the Select Committee*, 1821, p. 21.
81) *Report from the Select Committee*, 1821, p. 24.
82) *Report from the Select Committee*, 1821, p. 5.
83) *Report from the Select Committee*, 1821, p. 24.
84) 浮浪者逮捕に対する報酬金制度は，1662年居住制限法によって始められ，当初は1人の逮捕につき2シリングの報酬金が支払われた。Webb, [1927] 1963, p. 369.
85) *Report from the Select Committee*, 1821, p. 3.
86) *Report from the Select Committee*, 1821, p. 20.
87) *Report from the Select Committee*, 1821, p. 4.
88) *The Fourth Report*, 1822, p. 23.
89) 1824年救貧法改正法については，Theobald, 1836, pp. 626-632, Rose, 1988, pp. 9-16を参照。

第7章 ワークハウス訪問協会について
―*Journal of the Workhouse Visiting Society* を中心として

はじめに

　エイベル・スミスによれば，19世紀中葉以降のイギリスにおける救貧法改革運動は，3つの相異なるグループのゆるい連携で進められたという。すなわち，「1つは患者が必要とする治療を提供するため専門職としてのより大きな独立を望む医師たちであり，もう1つは手ごわいナイチンゲール女史の指導する看護職改革者，最後にワークハウスの生活実態はどのようなものであるかを確かめようとする善意の一般人たちであった」[1]。

　本章で考察するのは，このうちの3番目のグループに属するワークハウス訪問協会（Workhouse Visiting Society 以下協会と略す）についてである。1858年に設立された協会は，会員によるワークハウスへの訪問を続け，翌1859年から6年間にわたって機関誌*Journal*（*Journal of the Workhouse Visiting Society*）を継続刊行した。*Journal* は，今日われわれが協会の活動や当時のワークハウス等の状態を知るための貴重な資料であるが，全号（No.1–32）の利用は難しく[2]，従来の研究においても一部の利用にとどまっていた[3]。しかし，1999年にカリフォルニア州立大学図書館所蔵のサッター・コレクション[4]がマイクロフィッシュ版に収められ，*Journal* の全号が利用できるようになった[5]。以下ではまず，協会の発足とその方針について述べ，次に同誌を中心として，協会の活動の意義について考察する。

第1節　ワークハウス訪問協会の発足とその方針

(1) ルイーザ・トワイニングの役割

1857年10月にバーミンガムで開催されたイギリス社会科学振興協会[6]（1857年設立）の社会経済部会で，ルイーザ・トワイニング（Twining, Louisa, 1820–1912）[7]は，'A Paper on the condition of Workhouses'[8]を報告し，ワークハウスの収容者の状態とその管理（management）について，以下の問題点を指摘した[9]。

まず最大の問題は，ワークハウスにおいて不適格な職員を雇用していることである。例えば管理官（masters and matrons）は本来，事前の訓練あるいは貧民や彼らの行状についての知識が必要とされるが，実際にはその能力がない人たちが任務に就いている。また貧民看護婦（pauper nurse）が雇用されているが，貧民を責任のある職務に雇用することは不適当である。したがって，責任を果たせる人による監督（superintendence）が必要である。

ワークハウスの欠点として，第1に，教戒師（chaplain）の問題が指摘された。すべての教区は専任の教戒師を雇うべきであり，彼らの薄給が問題とされた。第2に，ワークハウス内では，収容者を区別せず，善人と悪人，正直者と不正直者を同様に扱い，嫡出子の母親と非嫡出子の母親とを同じ部屋に収容する等弊害があること。第3に，老人はワークハウスでの食事の際，飲み物として水しか与えられていないこと（以前は半パイントのビールが与えられることもあったが，その後救貧法委員会の命令によってやめられる）。第4に，ワークハウス内の老人及び身体虚弱者の処遇が問題とされる。すなわち，ワークハウスは若者と労働能力者に対してはできるだけ不快な場所にすべきであるが，老人や身体虚弱者にとっては，休息所であるべきである。また収容者が若者の場合でも，ワークハウスは，カウンティの刑務所並みに快適にすべきである。第5に，もし各ワークハウスに住み込みの教戒師，ジェントルマンの保護委員（guardians），公認の女性訪問者，現在より高給の管理官がいれば，もっとよくなるであろう。

トワイニングはこのようにワークハウスの管理上の欠点を指摘した上で，いくつかの提言をした。すなわち，管理官はホールで収容者と共に食事をす

ること。またワークハウス収容者の仕事が針仕事や槇肌[ヒノキやマキの内皮を砕き,柔らかい繊維としたもの。舟・桶などの水の漏るのを防ぐため,合せ目または接ぎ目に詰め込む。]作りに限定されていることを批判し,より有益な仕事の導入を勧めた。さらにワークハウス内に単純なゲームやパズルを持ち込むことで退屈な時間や単調さを紛らわせると考え,読書室や図書室の設置を提案した。

　ワークハウスの管理について,トワイニングがとりわけ重視したのは,収容者の分類(classification)であった。彼女は収容者の分類は「救貧法の規則によって大変強く実施されてきているが,依然として極めて不完全にしかなされていないことは驚くべきことである」[10]と述べて,当局を批判した。

　以上のトワイニングの記述は,彼女自身や友人が実際にワークハウスを訪問することによって得られた情報に基づいていた。彼女はワークハウスを訪問する女性委員会が結成され,これまでに2つのワークハウスを訪問したことを報告している。1つはセント・パンクラスであり,ここのワークハウス(2,000人収容)には約2年間訪問が続けられており,この計画は判然たる成功をおさめ,もう1つは,ウェスト・ロンドン・ユニオンであり,ここのワークハウスへの訪問は開始されたばかりであるという。

　要するにトワイニングの報告は,新救貧法下でのワークハウスの管理やその原則(劣等処遇の一律の適用),救貧法委員会に対する痛烈な批判であった。知識人たちの集まりであるイギリス社会科学振興協会でのトワイニングの報告は,その会報である *Transactions* (*Transactions of the National Association for the Promotion of Social Science*),1857に掲載された[11](ただし,全文ではなく,編集者がトワイニングの論説を引用しつつまとめたもの)。そして以上みてきたこの論説こそが,ワークハウス訪問協会の結成とその方針の決定に大きな影響を及ぼしたのである。

　トワイニングがこの報告をしたバーミンガムでの大会で,イギリス社会科学振興協会は会合を開き,そこでワークハウス訪問促進のための中心となる協会を設立する提案が提示された[12]。そして,ワークハウスの管理に関する問題について特別に検討するために,イギリス社会科学振興協会の社会経済部会に小委員会が設置されたのである[13]。

(2) ワークハウス訪問協会の発足とその方針

1858年6月7日，イギリス社会科学振興協会の社会経済部会の委員会の会合が，3 Waterloo Place, Pall Mall にある同協会の事務所で開かれ，ワークハウスについての小委員会の報告書が読みあげられ，以下の事項が決議された[14]。

①報告書は受理された。

②ワークハウス内部の管理について，現在これらの大多数の施設で行われているよりも有効な監督をすることが好ましい。

③ワークハウスの収容者は，性，年齢，性格によって，現在よりもはるかに入念に分類されるべきであり，子供はとりわけ，大人の被救恤民とはいつも完全に分離されるべきである。

④職業訓練と仕事が，より広く導入されるべきである。

⑤救貧委員によって認可された，無給のとりわけ女性の訪問者による視察の制度が，ワークハウス内部の状態を改善するために考慮されるであろう。

⑥上記の見解を推進するために，社会経済部会は，ワークハウス訪問協会の設立を認可する。

こうして，ワークハウス訪問協会は，イギリス社会科学振興協会の分科会として組織され，活動を開始したのである。協会の事務所は，イギリス社会科学振興協会の事務所を借りてロンドンの3 Waterloo Place, Pall Mall, S.W. に設置された。

協会は，イングランド及びウェールズに10万人以上いるワークハウス収容者の道徳及び精神の改善を促進するために設立され，その目的に関心のあるすべての人々のために，連絡と情報のセンターを提供することを目指していた。協会は以下の目的のために，保護委員及び教戒師の認可の下，ワークハウスを訪問するという自発的な方法を導入した。第1に，困窮者及び孤児が学校にいる間，そしてワークハウスに収容された後，助けるために。第2に，病人及び苦しんでいる人の指導と慰安のために。第3に，ワークハウスの役人を助けることによって，無教育者と堕落した者のために，暇な時間に実用的な仕事を奨励する，もしくは保護委員にとって役に立ち有益であると思われる何か他の仕事を教えるためのクラスをつくる[15]。

(3) 協会の組織

　設立当初の協会は，下院議員の W. クーパーを会長とし，以下 41 名の委員から構成されていたが，委員の数は 1860 年には，64 名に増加した。彼らはロンドン主教を含む 5 名の主教，9 名の聖職者，5 名の医者，4 名の下院議員，24 名の女性（3 人のレディ，ジェムソン夫人（Jameson, Anna, 1794-1860），ルイーザ・トワイニングほかを含む）等から構成されていた[16]。協会設立の中心となったルイーザ・トワイニングは書記をつとめた。以上 1 名の会長と 64 名の委員の他に，協会は多くの会員達によって支えられていた。会員数は，1859 年 8 月には 86 名であったが，その後 123 名（1860 年 7 月），234 名（1861 年 7 月），259 名（1862 年 7 月），258 名（1863 年 7 月）と増加し，1864 年 7 月には，208 名に減少した。協会の会員の特徴として，彼ら全員がプロテスタントであったことがあげられる。英国国教会の信者は，協会の会員として受け入れられたが，カトリック教徒は協会への参加を認められなかった[17]。また協会の会員の約 8 割は女性であった。これらの会員に加えてイギリス社会科学振興協会との共通会員が，各年とも 18～19 名在会していた。この中には，エドワード・ソーントン，ダベンポート・ヒル，メアリ・カーペンター等が含まれていた。

第 2 節　*Journal* について

(1) *Journal* の刊行

　協会の活動のなかで，最も重要なことは，協会の機関誌である *Journal* の発行であった。協会にとって，*Journal* は「情報と通信のための機関」であった。トワイニングは，*Journal* の中で次のように述べて，ワークハウスに対する無関心こそが大きな問題であるとした。「法律による（貧民）救済の管理について，ほとんど関心が持たれないこと，またそれの詳細については，国民にほとんど明らかにされないこと，あるいは国民がその詳細についてほとんど尋ねないことは，しばしば驚くことであり，注目すべきことである。そのことについての全般的な無関心が情報を明らかにしたくないことと相応して

いるのであり，巨額の支出のことを考えれば，このことは本当に驚くべきことである」[18]。そうであるから，*Journal* の目的は，まずワークハウスの実態に関する情報を収集し，それを公開し，この問題に対する世論を喚起することにあった。

Journal は，1859年1月に創刊（第1号）され，1865年1月の最終号（第32号）まで，6年間継続刊行された。刊行回数は，1859年4回，1860-1862年は，6回ずつ，1863年5回，1864年4回，1865年1回である。各号は，30-36ページ（ほとんどが32ページ）であったが，第17号は，56ページ，最終号は40ページから成り，創刊号から最終号までの総ページ数は，1,000ページを超えた。発行部数は号によって異なるが，創刊号は2,000部，第2号は500部[19]，1860年の *Report of the Workhouse Visiting Society* は2,000部[20]，第26号（1863年7月）〜第30号（1864年7月）は，各750部であった。同誌は協会の会員には，年間5シリングの会費で，また彼らが実際にワークハウスの訪問者である場合には，年間2シリング6ペンスの会費で配布された。同誌は一般販売もされたが，出版費は，協会の会員による会費と，協会の活動に賛同する人達の寄付によってまかなわれた。

(2) *Journal* の内容

6年間にわたって *Journal* に収められた情報は多岐にわたるが，全体としてみれば，同誌は論説，協会の活動記録，協会以外のワークハウス訪問活動，議会の議事録や報告書の引用，著書，パンフレット，雑誌，新聞等からの引用ないし転載，通信及び投書等から構成されている。

論説は各号に掲載されたが，それらのうち以下の11編は，イギリス社会科学振興協会の年次大会で報告されたものである。① J. C. Symons, 'District and Industrial Schools', (*Journal* ――以下省略, No. 3, Aug., 1859), ② Louisa Twining, 'On the Supervision and Training of Workhouse Girls' (No. 4, Nov., 1859), ③ Do., 'Workhouse Inmates' (No. 10, Nov., 1860), ④ Do., Workhouse Education' (No. 15, Sept., 1861), ⑤ Do., 'The Sick, Aged and Incurable in Workhouses' (No. 27, Oct., 1863), ⑥ Mr. E. Adamson, 'The Poor Laws' (No. 10, Nov., 1860), ⑦ Miss Elliot and Miss Cobbe, 'Destitute Incurables in Workhouses' (No. 11, Jan., 1861), ⑧ Frances Power Cobbe, 'The Sick in

Workhouses' (No. 15, Sept., 1861), ⑨ E. Carleton Tufnell, 'The Education of Pauper Children' (No. 20, July, 1862), ⑩ Mary Carpenter, 'On the Education of Pauper Girls' (No. 21, Sept., 1862), ⑪ Mark S. O'Shaughnessy, 'Rearing of Pauper Children out of Workhouses, and the Legislative Provisions necessary for their Protection' (No. 23, Jan., 1863)。これらのうち，②，③，④，⑥，⑦，⑨，⑩，⑪については，イギリス社会科学振興協会の会報 *Transactions* に掲載されている[21]。このように，協会は発足時と同様に実際の活動においてもイギリス社会科学振興協会の協力を得ていた。換言すれば，協会の会員はイギリス社会科学振興協会の年次大会（各地で開催）を利用して，ワークハウスに関する論説を報告したのである。トワイニングはもちろんのこと，エリオット，コッブ，カーペンターは協会の会員であった。*Journal* の編集者は，彼女たちの論説を他の論説とともに同誌に収録し，より多くの読者にアピールしたのである。報告の成果は，アイルランドにも波及した。トワイニングによれば，1861年に協会の活動が，ダブリンで開催されたイギリス社会科学振興協会の大会で紹介[22]され，多くの支持を得た。2つの大きなワークハウスを訪問するための地方委員会をつくるために，内々の会合が有力な住人の自宅で開かれ，それ以来，ワークハウスへの訪問がコーク及びダブリンの女性たちによって長年うまく続けられているという[23]。

Journal に最も多く寄稿したのは同誌の編集責任者をつとめたトワイニング[24]であった。彼女の論説には，前掲の他にも 'Facts and Statistics about Workhouses'[25] (No. 16, Nov., 1861), 'Fourth Report of the Workhouse Visiting Society' (No. 20, July, 1862), 'Women's Work in Workhouses' (No. 23, Jan., 1863)[26], 'The Sick and Incurable in Workhouses' (No. 26, July, 1863) がある。また創刊号の 'The Objects and Aims of the Workhouse Visiting Society' (No. 1, Jan., 1859) も，トワイニングによるものと推察される[27]。最終号に彼女は 'A Letter to the Members of the Workhouse Visiting Society' (No. 32, Jan., 1865) を執筆し，同誌の廃刊を告げている。

協会の活動記録としては，年次報告，会合の記録，会計報告等の他に，協会が設立した若い女性のための職業施設（The Industrial Home for Young Women），不治の病及び身体虚弱な女性のための施設（The Home for Incurable and Infirm Women）についての報告書が重要である。またトワイニングは下院の「貧民救済に関する特別委員会」での諮問に応じてい

るが，協会の活動は，議会においても注目されていたのである〔'Extracts from the Select Committee on Poor Relief – (England) – June 25, 1861,〕(No. 17, Jan., 1862),〔'Extracts from the Select Committee on Poor Relief – (England) – July 2, 1861,〕(No. 18, Mar., 1862)。

協会の活動のなかで最も重要なワークハウスへの訪問の記録は，内容からみれば，①ワークハウス内の貧民の状態の記録，②彼らの処遇改善のための提案，③訪問者の活動内容に大別できる。③の例として，ワークハウスへの訪問者が，子供におもちゃ，人形，衣服，楽器，キャンディ等を配ったり，クリスマスにはクリスマスツリーやプレゼントを贈ったりすることが記されている（No. 24, Mar., 1863）。また彼らは，ワークハウス内の病人に花や果物を持参し，外国人を本国へ送還するための費用を負担した（No.9, Sept., 1860, No. 16, Nov., 1861, No. 30, July, 1864）。さらに多くのワークハウスに本を寄贈し，読書室もつくっている（No. 18, Jan., 1862）。

協会はロンドン以外でも，ワークハウスへの訪問を普及させようとしていた。例えばトワイニングは，1862年にウィガンの保護委員会の議長に手紙を書き，当地で女性による訪問協会を組織するにあたって，議長が彼女を援助してくれるかどうか尋ねている。議長は，最終的にはワークハウスへの女性の訪問を許可し，彼女たちの仕事は大変うまく行っているという（No. 20, July, 1862）。*Journal* は協会の活動と共に，他の地域のワークハウス訪問協会の活動も視野に入れていた。すでに述べた経緯によって設立されたコーク及びダブリンでのワークハウス訪問協会の活動についても報じている（No.11, Jan., 1861, No. 28, Jan., 1864）。

Journal に収められた議会の報告書で最も多いのは，救貧法委員補佐のE. C. タフネルや次のような視学官が作成した報告書の引用である。いくつか例をあげておこう。E. C. タフネル，J. ラドック，H. G. ボイヤー，T. B. ブラウン，J. C. サイモンズによる 'Extracts from the Reports of her Majesty's Inspectors of Schools of Parochial Unions for the Year1858' (No. 5, Feb., 1860). そして 'From a Report by J.C.Symons, Esq. Workhouse Children and Teachers' (No. 6, Apr., 1860). さらに 'Reports of her Majesty's Inspectors on Schools for Pauper and Vagrant Children, 1860' のうち，タフネル，ラドック，ブラウン，サイモンズが作成した報告書（No. 9, Sept., 1860, No. 10, Nov., 1860），タフネルによる報告書 'Extracts from the Reports of her Majesty's Inspectors of Schools,

1861' (No. 24, Mar., 1863), 'Extracts from Reports on Poor Law Schools, 1862' (No. 31, Oct., 1864). 協会の視点が，ワークハウス内の子供の状態，そして子供の教育体制に向けられていることがうかがえる。

ワークハウスに関する新聞，雑誌の記事の再録としては，例えば，'Chelsea Workhouse' (No. 4, Nov., 1859, *Times*), 'Libraries in Workhouses' (No. 7, May, 1860, *City Press*), 'Pauper Girls' (No. 7, May, 1860, *Philanthropist*), 'Death in the Streets' (No. 7, May, 1860, *Lancet*), 'Workhouse Children' (No. 24, Mar., 1863, *the Western Daily Press*) 等がある。パンフレットとして出版されたものを *Journal* に収録した例としては，ハナ・アーチャの 'A Scheme for Befriending Orphan Pauper Girls' (1861) (No. 17, Jan., 1862) がある。

各号のおわりには通信，投書欄が設けられた。協会の会員がワークハウスを訪問して書いた通信の他に，*Journal* の読者から寄せられた投書が掲載された。投書は匿名の人の他にワークハウスの教戒師，保護委員，産業学校の管理人等さまざまな人から寄せられた。同誌はワークハウスを運営する側の人達によっても読まれていたのであり，読者層のひろがりと反響をうかがい知ることができる。

(3) *Journal* の視点

Journal に記録された情報は広範囲にわたるが，これらの情報はいくつかの視点から収集，分析され，論じられていることがわかる。

第1に，ワークハウス内の収容者を分類するという視点が貫かれている。ワークハウス内に収容されている人達を，若い女性，病人，老人，不治の病人，貧困児童，孤児の貧困少女，精神障害者，盲人，聾唖者，てんかん病者等に分類し，現在の状態，問題点を指摘し，それぞれに応じた政策が提案ないし実行されている。

第2に，収容者を上記のように分類することによって，ワークハウスの機能の限界や改善すべき点を示し，あるカテゴリーの収容者については，他の施設や政策へ委ねることを提案している。

第3に，ワークハウスの管理という視点から，救貧行政やワークハウスの運営に従事する人（保護委員，管理官，教師，看護婦，教戒師等）の問題に

ついて論じていることである。救貧法をめぐる問題は、いかに貧民を処遇するかという、いわば管理する側の視点から論じられることが多かった。協会は逆に、管理する側の問題点を指摘したのである。

第4に、情報の多くが、ワークハウスの訪問者の視点から記録されたことである。それらの多くはワークハウスの管理者や保護委員、議会の報告書によっては明らかにされなかった情報である。

(4) *Journal* にみる協会の提言と実践的活動

Journal の視点と論点は多岐にわたるが、そのなかから、まず「若い女性のための職業施設の設立」、次に「不治の病人に関する政策」そして「ワークハウスの管理と女性の登用」について考察する。

①若い女性のための職業施設の設立

協会の活動の中でも、職業施設の設立は、最も重要な意味をもっている。協会はワークハウスの改善のためにさまざまな提案と活動を行ったが、職業施設の設立は、それが実現した貴重な例である。以下その設立の経緯と内容についてみてみよう。

1860年に協会は、ワークハウスの問題点と職業施設設立のための協会の提案及び取り組みについて記した報告書（*Report of the Workhouse Visiting Society*）をまとめ、2,000部印刷した。この中で協会はワークハウスの問題点として、第1に、収容者の分類がなされていないこと、第2に、若い女性のために有益な仕事が与えられていないこと、第3に、彼らを十分に監督できていないことを指摘した[28]。これらの問題点は、すでにみてきたように協会設立当初より、*Journal* を通じてくり返し指摘されてきたことである。

報告書はまずワークハウス内の若い女性の状態について明らかにする。1860年2月時点でロンドンにある27のワークハウス内で、「労働能力者」とされる16歳から30歳までの若い女性は335名いた。彼女達はワークハウス内の部屋で、槇肌作りの仕事を与えられていた。収容者の分類は性格ではなく年齢によってなされるが、多くの中年女性が若い女性にまじってみられるという。槇肌作りは「（午前）8時から（午後）5時ないし6時まで続けら

れ、途中昼食時の休憩時間があるが、仕事が完了しない場合には、食事抜きないし他の処罰が課せられることがある。女性の中には時々洗濯に雇われる者もおり、幾人かは家の掃除に雇われる。しかし、彼女達が台所ないしは針仕事の部屋に行くことはめったにない。ワークハウスの管理官の多くは、洗濯、料理及び針仕事をする中年の女性は（ワークハウス内に）たくさんいると述べた」[29]。

協会はこれらの仕事のうち、槇肌作りについては、囚人に適した仕事であり、この仕事を罪人ではない若い女性の習慣的仕事として採用することは、浅慮で不得策な制度であるとして強く批判した[30]。さらに槇肌作りの仕事中に、会話等によって、最も悪い女性がすぐに自分のレベルにまで他の全員を引き下げてしまうという。

以上のようにワークハウスにおける女性の状態を述べたあとで、協会は勤め口ないし家庭を失って、ワークハウスに来る者の中で最も有望な女性を永久的な被救恤化から救済するために、ロンドンの中心部に職業施設を設立することを提案した。職業施設には、ワークハウスから連れ出された16歳以上の少女が受け入れられる。その目的は、彼女たちに針仕事と同様に台所や洗濯場で家事仕事を教えることによって、家庭ないし植民地で、役立つように訓練することにあった。同施設は、これらの職務の経験のある管理官と、ワークハウス訪問協会の女性による監督の下で運営され、読み書き算術も教えられる予定である[31]。

協会は以上のような提案をストランド教区連合、ウェストロンドン教区連合、ホウバン教区連合、セント・ジェームズ、セント・ジャイルズ、ランベス等のロンドンの保護委員会に送り、同意を求めた。その結果、5つの保護委員会からは、ワークハウスから送り出した少女が、協会の職業施設にいる間は、彼女たちの扶養費を支払うことに同意する旨の返事が送られて来た。ランベスでは、何の決定もなされなかったが、ストランド教区連合の保護委員は、その問題について救貧法委員会に照会を求めた。しかし、1859年12月28日付の手紙で、救貧法委員会は、協会が計画している施設の収容者に対して救貧税を支出することは正当ではないと判断を下した[32]。労働能力者に対する救貧費を救貧税から支出することは法律に反すると考えられたのである。

救貧法委員会からは認められないまま、協会は1861年3月18日に、ロン

ドン，22 ニューオーモンド通りに，若い女性のための職業施設を開設した。同施設は，ロンドン主教の支持を得て，ワークハウス訪問協会の小委員会の管理の下に運営された。この小委員会には，職業施設のための建物の家賃等を負担したアンジェラ・バーデット・クーツほか6名が入った。以下，訪問者として A. W. サラルド師，管理官，教師を各1名配置し，ルイーザ・トワイニングは，指導監督者をつとめた[33]。なおまもなく，財務委員会が設置され，ルイーザ・トワイニングのいとこである S. H. トワイニングほか2名が入り，さらに会計監督官1名が加わった[34]。

施設の財源は多くの人々からの寄付によってまかなわれた。また制定法によっては認められなかったにもかかわらず，同施設は7つの異なる保護委員会から，施設の収容者に対して，1週間に1人当たり4シリングを受け取っていた[35]。

同施設の目的は，前述したように，ワークハウス内の大人の収容室から15-25歳の若い女性（以前の提案が修正された）を分離し，施設内に入れて，洗濯，アイロンがけ，料理，針仕事，衣服づくり等の家事労働を教え，就労のみちを開くことにあった。この施設はその後，1863 年には 25&26 Victoria, c. 43 (An Act to provide for the Education and Maintenance of Pauper Children in certain Schools and Institutions) の下で認証された。協会はそのことによって，「何らこれ以上の疑念もなく，保護委員会から（収容者に対する）支払い金額を受け取ることができるだけでなく，十分に資格のある検査官の検査と助言を得る法律上の立場という利益をも与えられる」[36]ことになった。事実，1863 年 12 月 31 日の同施設の会計報告によれば，協会は施設内の収容者に対して，教区連合及び教区から 144 ポンド6ペンス受け取っている[37]。また制定法による認証後，タフネル及び救貧法委員会の検査官が同施設を訪問した[38]。協会の職業施設は制定法下で認可されることによって，軌道に乗ったといえよう。

1861 年 3 月の施設開設以来 1865 年 1 月までに善良な性格をもった約300人の少女が入所を認められ，職業訓練と道徳上の訓育（聖書拝読，礼拝参加等）を受けた[39]のちに，家庭や植民地で家事使用人として職をみいだした。

以上協会の設立した職業施設についてみてきたが，その特徴について指摘しておきたい。第1に，職業施設は，従来のワークハウスの問題点，すなわち収容者の分類，監督，そして彼らに対する雇用政策の不十分さを改善する

ために建設されたという点である。分類についていえば，施設の目的は，「まずワークハウスから少女を連れ出すだけでなく，彼女たちが（ワークハウス内の）大人の収容所へ入ることを防ぐこと」[40]にあった。入所前には性格調査が行われ，性格の良い少女だけが選別され受け入れられた[41]。さらにカトリック教徒は，同施設への入所を認められなかった[42]。すでにみたように施設の指導監督はトワイニングが担当し，彼女の下に管理官，教師，洗濯女が施設内に住み込んで指導にあたった。雇用対策については先にみた通りである。

第2に，協会の活動は，キヤサリーン・ジョーンズが指摘するように「法律に基づくものと，ボランタリなものの協力を体現していた」[43]。トワイニングは，「保護委員が少女を施設に送り，法律による認可が与えられる以前でさえ，彼女達の扶養のために毎週の費用を支払う（教区連合における彼女達の扶養費の範囲内）ことに同意してくれた」[44]ことを高く評価している。さらにトワイニングは職業施設の成功が，首都ワークハウス検査官のH. B. ファーナル氏の援助によるものであったことを次のように述べている。彼は「最初から職業施設が必要であると考え，それの創設を推進した。ワークハウスの訪問に関する他のすべての問題について，私は彼の重要な協力に感謝したい」[45]。

②不治の病人に関する政策

1860年9月，グラスゴーで開催されたイギリス社会科学振興協会の年次大会で，協会の会員であるエリオットとコップは，「ワークハウス内の極貧の不治の病人」について報告した。この論説は，翌年1月の*Journal*にも掲載された[46]。以下その内容についてみてみよう。彼らはイングランドにおいて毎年，不治の病で死亡する人が8万人以上（癌が5,500人以上，水腫が9,800人以上，結核が6万4000人以上）いることを示し，そのうち約3分の2，すなわち5万人が貧民であると推測した。しかし，イングランドには，不治の病人のための病院は1カ所しかなく，彼らの多くは，ワークハウスに収容されていた。エリオットとコップは，「ワークハウス内の極貧の不治の病人は，被救恤民としてではなく，患者として扱われるべきである」と主張し，彼らの状態が，病院にいる治癒可能な病人の状態と比較して，はるかに劣悪であることを指摘した。エリオットとコップは，このような状況を改善するため

に，次の計画を提案した。すなわち，第1に，ワークハウス内で，水腫，肺結核，癌のような病気におかされている人は全員，彼らのために特別に割り当てられた病室に収容されるべきであり，それは男性の不治の病人，女性の不治の病人のための病室と呼ばれるべきである。第2に，これらの特別な病室では，病人の苦痛を軽減するものはすべてとり入れるために，私的な慈善が許可されるべきである。

協会は以上の提案を手紙の形式にまとめ，タイムズやデイリーニューズをはじめ，約40の他の新聞に送った。さらに世論の支持を得るために，協会はこの提案を回状の形式でイングランドのすべての保護委員会に送り，協会がこの計画を実行するための援助を要請した。この申請の結果，さまざまなワークハウスで訪問者が認可され，上記の計画が部分的に採用された。アイルランドには回状は送られなかったが，当地のキャリックマクロスのワークハウスでは，この計画が実行された[47]。ここでは保護委員会の認可を得て，女性で不治の病におかされている人のために，ワークハウス内に快適な個々の病室が，個人の寄付によって割り当てられたのである。協会は「不治の病人のための基金」を設立し，募金を集め，10ポンドをキャリックマクロスのワークハウスに送っている[48]。

さらに協会は寄付金を集め，1861年に独自に不治の病及び身体虚弱な女性のための施設をロンドンNo. 23ニューオーモンド通りに開設した。協会は，当初その施設として，「若い女性のための職業施設」の裏手にある大きな部屋を使用していたが，1862年には隣の家を借りることができた。同施設には16人が収容可能であったが，1863年には満員であった[49]。ただし，16人を収容するためには年間250ポンドの経費がかかるため，協会は自発的な寄付による財源の必要を考えている。またこれに対処するために，協会は若い女性のための職業施設で家事労働等を教えられた女性を，不治の病及び身体虚弱な女性のケアに参加させるという提案をしている[50]。これらの2つの施設の設立は，協会の実践的活動の成果として評価できる。

③ワークハウスの管理と女性の登用

ワークハウスの管理に関する問題点についてはやくから言及していたのは，「協会の委員会の中で最も影響力があり，尊敬された会員の1人であるジェムソン夫人」[51]であった。彼女は1860年に亡くなったが，とりわけ

The Communion of Labor [52] は，トワイニングにも大きな影響を与えた。トワイニングは，Journal の最終号で，同書の中のワークハウスに関する部分を転載している。以下，ジェムソンとトワイニングの見解についてみてみよう。

　ジェムソンは，保護委員，ワークハウスの管理官，教戒師，看護婦等の問題点を指摘し，次のように幸辣に批判した。「保護委員会の中で，ジェントルマン，すなわち，十分な教育を受けた人，聡明で情け深い人は概してわずかである」[53]。管理官については，その資格や前歴を問題にし，元警察官，あるいは小さなパブの管理人，あるいはワークハウスの門番として勤務していた者が，管理官になっている例をあげた。また教戒師の低賃金，ワークハウスで働く看護婦に高齢者が多く，彼女たちの賃金が低いこと等を指摘した。また，ジェムソンは，イギリスのワークハウスにおいて，女性と男性の監督の組み合わせが必要であると考えていた[54]。以上のようなジェムソンの見解は，すでにみたトワイニングの 'A Paper on the Condition of Workhouses' にも影響を及ぼしたのである。

　トワイニングとジェムソンとは協会設立以前より，共にワークハウスの訪問を続けた友人同士であった。トワイニングによれば，イングランド及びウェールズの 646 のワークハウスの収容者 11 万 3000 人のうち，ほぼ 3 分の 2 は女性と子供であった。しかしながら，「ワークハウスの管理は専ら保護委員の手にあり，唯一の権勢ある責任を伴う女性はしばしば有給の管理官」[55] であった。トワイニングはさらに次のように述べている。「これらの施設には，いつも住み込みの女性ないし女性の管理官が，若者や老人のためにいるといわれるであろう。確かにそうだが，男性の本来の活動領域の総数と比較して，このように雇用された女性の本来の活動領域（"Feminine element"）[56] の総数はどれほどであろうか。支配し命令する権限は専ら男性が持っているのであり，細部の管理を男性によってまかされた女性が，改善を始めたり，あるいは道徳的影響を与えたりすることすらできる階級であることはめったにない。すべての施設において，われわれは権勢があるより高い階級の女性を多く必要としているのである」[57]。トワイニングは，ワークハウスの管理のすべての部門に女性を登用するよう主張したが，とりわけ女性の保護委員の選出を重視した。初の女性保護委員が誕生したのは，Journal の廃刊から 10 年後の 1875 年であった。その後トワイニング自身も，

ケンジントンで6年間（1884-1890），タンブリッジウェルズで3年間（1893-1896）保護委員の職につき，「救貧法による保護委員として女性の選出を促進する協会」の会長をつとめた。

第3節　*Journal* の廃刊

Journal は，1865年1月，第32号で廃刊となった。トワイニングは，その一因を次のように述べている。「博愛（philanthropy）だけという1つの部門に限定される雑誌においては，必然的にかなりの程度同じ（内容に）にならざるをえないし，なされる議論や問題は，ある期間が過ぎると退屈で単調にならざるをえない」[58]。ここには，*Journal* を通じてワークハウス制度の問題点を改善することの限界がうかがえよう。

廃刊に至った第2の理由は，会員数の伸び悩みにあった。すでに指摘したように，1863年7月には258名いた会員が，1864年7月には，208名に減少した。会員数の減少は，*Journal* の発行部数の減少に直結した。会員の支払う予約購読代金（会費）は，*Journal* の印刷等の支出をまかなうには十分であり，財源には問題はなかった。しかし，「もし会員の支払いが，彼らの関心の何らかの基準であるとすれば，それは本当に大変限られていた」[59]。*Journal* の No. 26 (July, 1863) ～ No. 30 (July., 1864) の印刷部数は，各750部であり，このうち，予約購読代金を支払った208人の会員には1部ずつ送付され，176部は出版社によって販売され残りは全く支払いなしで送付された[60]。このような状況は，*Journal* を続けるための「励みになる誘因」ではなかった。*Journal* の廃刊後，協会は *Half-Yearly Report* (*Half-Yearly Report of the Workhouse Visiting Society*) を刊行するが，これは1号限りで終わったようである。

第4節　結びにかえて

Journal の最終号でトワイニングは，協会の活動の成果と残された課題について記している。まず協会の意義については次のように述べている。「法

律の直接の制定,あるいは中央当局によってなされえた変更によるよりも,何らかの機関を設立することによって,世論に影響を与え,関心を喚起することの方が,より多くのことができるであろうというのが,当初からのわれわれの確信であった。この信念が正しかったことが最近わかってきた」[61]。

協会の活動による第1の成果は,ワークハウスへの訪問が普及したことである。ロンドンの半分のワークハウスは,依然として訪問者を拒否していた。しかし,トワイニングは,「地方では,われわれが名前をあげることができないような地域の人が,自分たちの近隣のワークハウスについて尋ね,どうしたら彼らの貧しい収容者を最も良く援助できるか尋ねている」[62]と述べている。ワークハウスへの訪問を通じて,人々の関心がその収容者に向けられるようになったことは,大きな成果であった。

第2に,*Journal* が,ワークハウスに関する「情報と通信」の発信源として,広く影響を及ぼしたことである。*Journal* は訪問者による情報や知識人による論説を掲載し,ワークハウス内の種々の貧民の処遇改善を訴える提言を発信し続けた。これらの情報は協会の会員のみならず,イギリス社会科学振興協会の会員,議会の議員,保護委員会の委員,ワークハウスの管理に従事する者,新聞,雑誌等に伝えられ,現実の政策にも影響を及ぼしたのである。

第3の成果としては,若い女性のための職業施設,不治の病及び身体虚弱な女性のための施設の開設があげられる。協会は,これらの施設の運営をボランティアの枠内にとどめず,世論や保護委員会に訴え,若い女性のための職業施設については,最終的に制定法による認可を得た。トワイニングは,*Journal* の廃刊後もこの2つの施設への寄付を要請している。

以上のような成果はあったが,協会の主張にもかかわらず,実現しなかった政策も多かった。ワークハウス収容者の分類については,繰り返し主張されてきたが,トワイニングによれば「それは不必要であり,望ましくないとする最も経験のある当局の1人の意見によって実現していない」[63]。

協会はまた,ワークハウスの管理において,女性の影響力を増大させることを提言した。確かにワークハウスへの女性の訪問者は増加したが,上層階級の女性をより多くワークハウスでの職務につけることは,なかなか実現しなかった。ワークハウス収容者のより完全な分類と,それに応じた収容室の設置[64],救貧行政における責任のある地位への女性の登用(とりわけ女性保護委員の選出)[65] は *Journal* の廃刊後に持ち越された。

協会の活動は一方では「法律に基づくものと、ボランタリなものの協力を体現していた」。しかし、それはまた「保護委員やその他の人の偏見と偏狭な反対」[66]との戦いでもあった。トワイニングは、彼らがいかにして協会の仕事を妨害したかについて明らかにし、「われわれの貧民の管理には、より賢明で偏見のない保護委員を参加させることが必要である」[67]と強調した。

6年間にわたる *Journal* の刊行を通じて、トワイニングは活動の成果と限界とを十分に認識していたといえよう。「十分な種をまくがよい。そうすれば、さらなる思考と行動へと実を結ぶ」[68]。彼女はこの言葉で最終号をしめくくった。

以上本章では、*Journal* の内容の一部を検討し、協会の活動の意義について考察した。ワークハウス内の子供の状態、子供の教育、他の論説の内容、通信や投書の分析等、残された重要な諸問題についての考察は今後の課題としたい。

注）

1) Abel-Smith, 1964, p. 71, 邦訳, 105 ページ。
2) クロンプトンは、*Journal* が全号そろっているのは、オックスフォードのボドレー図書館のみであるとしている（Crompton, 1997, p. 252）。
3) Longmate, 1974, pp. 142-143. 同書では、ワークハウス訪問協会の設立を1859年としたり、*Journal* を月刊としたりする等、誤りがみられる。
4) 1639年から1890年までのイギリスの救貧法に関する書籍、パンフレットのコレクション。
5) サッター・コレクションの中には、ワークハウス訪問協会が *Journal* の廃刊後に刊行した *Half-Yearly Report* も含まれている。
6) イギリス社会科学振興協会については、McCrone, 1982, 井上琢智（1987）, 59-88ページ, 同（1988a）, 199-213ページ, 同（1988b）, 107-132ページを参照。
7) ルイーザ・トワイニングは、紅茶商で有名なトワイニング家の末娘（兄7人、姉1人）として生まれた。父親は第5代社主のリチャード・トワイニングⅢで、家庭は国教会信徒。ルイーザは1853年よりワークハウスの訪問を始める。1858年、ワークハウス訪問協会設立の中心となり、同協会の書記並びに協会の機関誌 *Journal*（1859-1865）の編集責任者となる。その間協会が設立した「若い女性のための職業施設」(The Industrial Home for Young Women) さらに「不治の病及び身体虚弱な女性のための施設」(Home for Incurable and Infirm Women) の指導監督官をつとめる。1884年、ケンジントン保護委員会のメン

バーに選出され，以後 6 年間保護委員として活躍。1890 年，タンブリッジウェルズに移り，当地で 3 年間（1893-1896）保護委員をつとめる。また「救貧法による保護委員として女性の選出を促進する協会」(Society for Promoting the Return of Women as Poor Law Guardians) の会長，「地方自治体協会における女性」(the Women in Local Government Society) の副会長，「ワークハウス看護協会」(Workhouse Nursing Association) の書記，のちに副会長を歴任した。トワイニングについては，Deane, 1996, pp. 122-142 を参照。トワイニング家については，Twining, S. H., 1956 を参照。

8) この論説は，トワイニングが 1857 年に *The Church of England Monthly Review* に掲載した 'Workhouses and Women's Work' のリプリント版と合わせて出版されている。Twining, L., 1858.

9) Twining, L., 1858, pp. 39-53.

10) Twining, L., 1858, pp. 48-49. 新救貧法下での被救恤民の分類は次のように決められた。①老齢ないし身体虚弱の男性，②労働能力のある男性及び 13 歳以上の少年，③ 7 歳以上 13 歳未満の少年，④老齢ないし身体虚弱の女性，⑤労働能力のある女性及び 16 歳以上の少女，⑥ 7 歳以上 16 歳未満の少女，⑦ 7 歳未満の児童。*Second Annual Report*, 1836, pp. 89-90.

11) 'Workhouses', *Transactions*, 1857, pp. 571-574.

12) Twining, L., 1880, p. 22.

13) Twining, L., 1858, p. 35.

14) Twining, L., 1858, pp. 54-55 を参照。

15) *Journal*, No.1, January, 1859, p. 3, pp. 29-30.

16) *Report of the Workhouse Visiting Society*, p. 2.

17) *Journal*, No. 17, January, 1862, pp. 539-540.

18) *Journal*, No. 10, November, 1860, p. 294.

19) *Journal*, No. 3, August, 1859, p. 91.

20) *Journal*, No.8, July, 1860, p. 260.

21) ただし，トワイニングは，*Transactions*, 1857 に掲載された自分の論説を一部修正して，*Journal* に再録している。

22) これは本文のトワイニングの④，コップの⑧の報告を指している。

23) Twining, L., 1880, p. 45.

24) トワイニングは，著書 Twining, L., 1880, Do., 1893, Do., 1898 の他，以下のような多くの論説，パンフレット等を執筆している（本章の本文及び脚注であげた論説等はのぞく）。'A Few Words about the Inmates of Our Union Workhouses', 1855. 'Metropolitan Workhouses and their Inmates', 1857 (are print of letters to *the Guardian*). 'A Letter to *the Times* on Workhouse Nurses', 1858. 'A Paper on the Management of Workhouses', 1858 (read at the meeting of the National Association of Social Science at Liverpool). 'A Paper on our Poor laws and our Workhouses', 1862. 'Preface to Tales of Crowbridge Workhouse by M.A.B.', 1863. 'The Supervision of Girls in Service', *The Reformatory and Refuge Union Journal*, 1863. 'Readings for Visitors to

Workhouses and Hospitals', 1865. 'A Letter to the President of the Local Government Board', 1866. 'Prayers for Workhouses and Hospitals', 1868. 'State Organization and Voluntary Aid', *The Charity Organisation Reporter*, June, 1882. 'Suggestions for Women Guardians', 1885. 'Thoughts on the diet of Nurses in Hospitals and Infirmaries', (read at a Meeting of the Hospitals Association, 1885, and published in the Journal). 'State Hospitals, or Nursing in Workhouse Infirmaries', *Good words*, 1885, and reprinted in *Nursing Notes*, 1888. 'Workhouse Cruelties', *Nineteenth Century*, 1886. 'Women's Work Official and Unofficial', *The National Review*, 1887. 'Fifty Years of Women's Work', *do.*, 1887. 'Letter to the President of the Local Government Board', 1887. 'Some facts in the Working of the Poor Law', *do.*, 1888. 'Poor Law Infirmaries and their Needs', *do.*, 1889. 'Poor Law Relief in Foreign Countries, and Outdoor Relief in England', 1889. (The Abuse of Relief to Unmarried Mothers in Workhouse Wards', (read at the South Eastern Poor Law Conference, Exeter Hall, 1889). 'Neglect of the Poor in Workhouse Infirmaries', *the Hospital*, 1890. 'The duty of Workhouse visiting', *Monthly Packet*, 1890. 'Women as Public Servants', *Nineteenth Century*, 1890. 'Thoughts on Poor Law Legislation', *Newbury House Magazine*, 1891. 'Christmas Beer in Workhouses', 1891. 'Nursing in Workhouses', (a Paper read at the Meeting of the Women's Worker's Union, Liverpool, 1891). 'Outrelief and charity', *A Threefold Cord*, 1892. *Leaflet on the Aged Poor*, 1893, (reprint of a letter to *the Guardian* in 1892 on the question of Old Age Pensions). 'Women as official Inspectors', *Nineteenth Century*, 1894. 'Charity at the End of the Nineteenth Century', London: Westminster Church Press, 1901, reprinted from *The Charity Organisation Reporter*, 1884.

25) 1861年9月にマンチェスターで開催されたイギリス科学促進協会 (British Association for the Advancement of Science) の会合でトワイニングが報告した論説を収録。

26) *Journal* には本論説の執筆者の署名がないが、トワイニングは1862年オックスフォードで開催された教会大会 (Church Congress) でこれを報告したことを記している (Twining, L., 1898, p. 269)。

27) トワイニングは *Transactions*, 1858 (発行は1859), pp. 666–671 に 'The Objects and Aims of the Workhouse Visiting Society' を執筆している。

28) *Report of the Workhouse Visiting Society*, p. 3.

29) *Report of the Workhouse Visiting Society*, p. 4.

30) *Report of the Workhouse Visiting Society*, p. 4.

31) *Report of the Workhouse Visiting Society*, p. 6.

32) *Report of the Workhouse Visiting Society*, pp. 7–8.

33) *Journal*, No. 12, March, 1861, p. 391.

34) *Journal*, No. 13, May, 1861, p. 428.

35) *Journal*, No. 17, January, 1862, p. 542.

第7章　ワークハウス訪問協会について　277

36)　*Journal*, No. 25, May, 1863, pp. 39-40.
37)　*Journal*, No. 29, April, 1864, p. 186.
38)　Twining, L., 1880, p. 30.
39)　*Journal*, No. 32, January, 1865, p. 265, No. 17, January, 1862, p. 543.
40)　*Journal*, No. 9, September, 1860, p. 261.
41)　*Journal*, No. 17, January, 1862, p. 544.
42)　*Journal*, No. 17, January, 1862, p. 533.
43)　Jones, K., 1994, p. 70. 邦訳，81ページ。「多くの点でそれ（ワークハウス訪問協会の活動）は典型的なヴィクトリア朝的ボランタリ改革運動であったが，三つのきわだった特徴を持っていた。第1に，宣伝方法がきわめて専門家的であった。ルイーザ・トワイニングは『ワークハウス訪問と管理の思い出』（1880年）の中で，救貧法庁や議員用の文書起草方法，『ガーディアン』『エコノミスト』『ジョンブル』を含む新聞・雑誌への記事の書き方，事実の照合方法や圧力のかけ方等を説明している。第2に，それは法律に基づくものと，ボランタリなものの協力を体現していた。ボランタリ協会の大部分はそれ自身の独自のサービスを行ったが，ワークハウス訪問協会は一つの基本的な国家サービスの改善に努めたのだった。第3に，それはフェミニスト運動であった」邦訳，81ページ。ただし訳文を一部変更した。
44)　Twining, L., 1880, p. 30.
45)　Twining, L., 1880, pp. 30-31.
46)　*Journal*, No. 11, January, 1861, pp. 329-338.
47)　*Journal*, No. 26, July, 1863, pp. 71-72.
48)　*Journal*, No. 15, September, 1861, p. 488.
49)　*Journal*, No. 25, May, 1863, p. 42.
50)　*Journal*, No. 25, May, 1863, p. 43.
51)　*Journal*, No. 7, May, 1860, p. 200.
52)　Jameson, [1857] 1976, pp. 143-302.
53)　Jameson, [1857] 1976, p. 233. *Journal*, No. 32, January, 1865, p. 289.
54)　Jameson, [1857] 1976, pp. 233-246. *Journal*, No. 32, January, 1865, pp. 288-292.
55)　*Journal*, No. 16, November, 1861, p. 502.
56)　"Feminine element" という言葉は，ジェムソンが *The Communion of Labor* のなかで使っている（Jameson, [1857] 1976, p. 236)。
57)　*Journal*, No. 23, January, 1863, p. 747. なお1858年3月には，「女性の産業面での雇用，教育，その社会的地位に関するあらゆることを論じるための専門の機関誌である月刊誌」*English Women's Journal* が刊行されている。同誌の後継誌とみなされる *English Women's Review* は，1866-1910年まで継続刊行された。これらの雑誌については河村貞枝（1987），262-292ページ参照。同論文は，河村貞枝（2001），53-84ページに再録されている。
58)　*Journal*, No. 32, January, 1865, p. 261.
59)　*Half-Yearly Report*, 1865, p. 2.
60)　*Half-Yearly Report*, 1865, p. 2.

61) *Journal*, No. 32, January, 1865, p. 263.
62) *Journal*, No. 32, January, 1865, p. 263.
63) *Journal*, No. 32, January, 1865, p. 264.
64) ヴィクトリア朝のワークハウスについては Driver, 1933, Wood, 1991, Crowther, 1981 を参照。
65) Hollis, 1987, pp. 195-299 を参照。
66) *Journal*, No. 32, January, 1865, p. 267.
67) *Journal*, No. 32, January, 1865, p. 264.
68) *Journal*, No. 32, January, 1865, p. 269.

第8章 リチャード・ウッドワードのプア・ロー論

はじめに

　アイルランドにおいて，プア・ロー（An Act for the more effectual Relief of the Poor in Ireland, 1&2 Victoria, c. 56）が成立したのは，1838年7月31日のことであるが，プア・ロー制定の必要性については，すでに早い時期から議論されていた[1]。本章でとりあげる *An Argument*（*An Argument in Support of the Right of the Poor in the Kingdom of Ireland, to a National Provision; in the Appendix to which, An Attempt is made to settle a Measure of the Contribution due from each Man to the Poor, on the Footing of Justice.*）もそのうちのひとつである。1768年にダブリンで出版されたこのパンフレットについて，のちにマカロックは，「アイルランドに，貧民のための強制的法的規定を導入するための最も早い，また最も立派な嘆願書のひとつとして注目に値する」[2]と高く評価している。

　このパンフレットの著書であるリチャード・ウッドワード[3]は，1726年7月にイングランドのグロスターシャのビトン近くのオールドランドで生まれ，洗礼を受けている。彼はグロスターシャのフランシス・ウッドワード（Francis Woodward, 1730年没）とブリストルのエリザベス・バード（Elizabeth Bird）を両親として生まれたが，エリザベスは夫の死後，グロスターシャの首席司祭（dean）であるジョサイア・タッカー（Josiah Tucker）と結婚した。

　ウッドワードは，タッカーのもとで教育を受け，1742年10月21日にオックスフォードのウォダムカレッジに入学し，1749年10月16日に教会法学士を，1759年2月14日に教会法博士号を取得している。彼はサマセットのドニアットの教区牧師の所領を与えられたが，大陸を旅行中にトマス・コノ

リー（Thomas Conolly）と知り合ったことが契機となり，彼の説得によって，アイルランドに来ることになった。1764年1月31日に，ウッドワードはクロアの首席司祭に任命され，1781年まで在職。1772年7月4日に，彼はセント・パトリックの主教代理（chancellor）に任命されたが，1778年5月に，自分の主教代理の地位をラウスの教区牧師の所領と交換している。そして1781年2月4日に，彼はコークにあるクロインの主教（bishop）に任じられた[4]。〔ちなみに，1734年から1752年までクロインの主教をつとめたのは，ジョージ・バークリ（Berkeley, George, 1685-1753）であった。〕

　一方で彼は，アイルランドの貧民の福祉に深い関心を寄せ，1768年に前述の *An Argument* を出版した。後年彼はダブリンにおける勤労の家（House of Industry）の主な設立者の1人となり，それに関連して，1775年には，*An Address* [5]を著した。このパンフレットには，1768年に出版した *An Argument* が再録されており，はじめダブリンで，ついで同じ1775年にロンドンで再版が出版された。

　本章の課題は，主として *An Argument* を中心として，ウッドワードがアイルランドにおける貧困の原因をどう捉え，どのような論拠に基づいてプア・ローの必要性を説いたのかを明らかにすることにある。さらに，彼のパンフレットが現実の政策やプア・ローをめぐる論争の中で，どのような影響を及ぼしたのかを考察し，彼の業績を意義づけることにある。

第1節　ウッドワードのプア・ロー論

(1) プア・ロー導入の論拠

　ウッドワードは，「この王国（アイルランド）における貧民の必要物と権利に真の光を当てる」[6]ために，*An Argument* を著した。本論に先立って，彼は貧民と富者をつぎのように定義している。すなわち，貧民とは，「社会にとって有害である怠惰な浮浪者ではなく，労働する意志はあるが，労働によって生きて行くことのできない人だけである」[7]。また富者とは，「単なる生活必需品の供給以上のものをもっている者すべてを含む」[8]。

ウッドワードは，自らの見解をつぎの3点に要約している。第1に，貧民はこの王国における自発的な寄付金では，極めて不十分な扶養しかされないので，扶養に対する何らかの法的権原（legal title）を必要としている。第2に，貧民に対して十分な生活物資を与えることは，富者の避けることのできない義務である。第3に，この義務が十分かつ効果的な方法で免除されることは，共同社会（Commonwealth）の利益にとって顕著である[9]。以下，これらの主張についてみて行くことにしよう。

まず第1の論点について，ウッドワードは「下層階級の人々が，住宅，衣類，さらには食糧でさえ，極めて不十分にしか当てがわれていないということは，彼らの生活様式を知っている人なら，誰にとっても明白なことである」[10]とし，彼らが貧困に陥っている原因についてのべることから始めている。

彼はとりわけ，アイルランドにおける多数の貧しい借地人，小屋住みに焦点を当てて，彼らの貧困が緩和されずに続いている原因として，つぎの点を指摘した。すなわち，借地権に対して何の手当もなく，農場を最も高い入札者に貸し，貧しい借地人から法外な地代を取りたてること。広い土地を，暴虐な行為と強奪に慣れた請負人に貸すことによって，転借人と同様に地主にも害を及ぼしていること。さらに小屋住みの労働に対する賃金が低く，彼らの支出金は全く節約の余地がなく，貯蓄をする余裕もないこと。こうした状況が他の事情と結びつき，アイルランドの小屋住みの状態は，ヨーロッパのほとんどすべての国の小作人（tenant）以下になっているとウッドワードはいう[11]。

しかしながら他方で，こうした貧民の労働によって，富と尊大さを得ている地主の多くは，他の王国に住んでいるのである[12]。したがって，「われわれが一方で，小作人全体の驚くべき極貧について熟考し，他方でこの王国から離れている不在地主の数，そしてまた在住のジェントリーの邸宅から多くの所有地が遠いことを考慮に入れれば，……（中略）貧しい借地人の必需品と，彼らの地主の施し物との間には調和はありえないし，それどころか何の均衡もないということが直観的に明らかになるであろう」[13]。ウッドワードは貧民が，主に近隣の借地農ないしは小屋住みにさえ依存していることを指摘し，「富裕な地主にとって，自分自身の貧しい借地人の1人が，いわば，自分の子供の口から取ったパンを他人に与えるのをみるよりも（もし地主がそれをみなかったり，知らなかったりすれば，それは彼自身の怠慢である）

啓発され，同時に恥ずべき惨状がありうるであろうか」[14)]として，地主が貧民に対して無関心であることを，きびしく批判した。それと共に，彼はアイルランドの財産が，貧民の扶養のために全く課税されていないことを問題にしている[15)]。

以上のように，貧困の原因を捉えた上で，ウッドワードは，第2の命題にすすみ，貧民の権利と富者の義務について言及する。従来，貧民の擁護者は，貧民救済に際して，富者の同情（compassion）を起こさせることで満足していた。これに対してウッドワードは，「厳密な正義（strict justice）に基づいて，貧民が富者から確実な生存権（title to a subsistence）を得ることを主張」[16)]しようとした。彼は社会契約説に基づいて貧民の生存権を論じる見解をひとまず評価しつつも，そのような思考には，限界があり，現実に即さないと考えていた。彼は自然法→社会契約説→生存権という思考について，つぎのようにのべている。

「すべての友人は，人類共通の権利に対して，つぎのことを快く認めるであろう。すなわち，いかなる政治制度も，社会の成員であるすべての階級の人の福祉（welfare）について，その社会における彼らの状態を，いわゆる（いく分非哲学的ではあるが，平易な言葉でいえば）自然状態よりも好ましいものにするような注意を払わなければ，賢明かつ公正に構築されえないということである。さて，（自らの権利を国内の犯罪行為によって喪失したことのない）すべての市民は，自分が属する共同体に対して，上記のことを要求する権利があるので，自然法についての著述家の中には，政府の起源として，ある契約（compact）の考えに頼ってきた者もいる。その考えは決して十分には起こらなかったが，社会に対する市民の奉仕とそれの法律に対する服従との交換条件として，すべての人に内在する生存権と保護権（right to subsistence and protection）をえがくことには，十分役立つ。その考えは衡平（equity）に基づいている。というのは，すべての市民法は，その各成員が自分自身の幸福に合理的な注意を払えば，自発的にその法律に従うと想定することができるように作成されるべきであったからである。この仮定の上で，暗示された契約に基づく時，保護と服従のための互いに相反する義務が形成される。そして，どちらかが自分の相互義務を怠れば，統治者が臣民の財産ないし生命を奪い去る権利と，臣民が統治者の権力に抵抗し，かつその権力を消滅させる権利が形成される」[17)]。

しかしウッドワードは，国家と臣民との間の契約が同意に基づいたものではないことを強調する。すなわち，「誰でも国家の支配権から自由になる力がなければ，たとえ彼がいつでも国家の臣民になることに同意しなくとも，あるいは自然状態の自由を捨てて，その共同体の成員の特権を取ることに同意しなくとも，ある国家の臣民になってしまっているのである」[18]と。したがって，「この契約とは，権利という考えを伝えるために取り上げられた一種のフィクションにすぎない」[19]として，社会契約説の有効性を否定した。

　彼はまた，社会契約説に基づく限り，必然的に生まれてくる問題点について，つぎのようにのべている。「最初の契約についての考えが，自由を愛する者にとって，どんなに快いものであろうと，また統治者と被統治者の権利と義務を確定することがどんなに有用であろうとも，実際にはすべての人は自分の両親が市民であった社会に，強制的に取り入れられ，公的な富のうち，相続によって自分のものとなる部分に対してのみ権利を与えられ，他のものに対する占有に関するすべての権利から除外される。それゆえ，もし彼の両親が彼に対して何らの世襲財産をも譲ることができないほど貧困であるならば，彼はそのすべての場所が，誰か他人に占有される土地の住民として生まれるのである。したがって，彼は財産を侵害し，法律の刑罰を受けることなしには，自分の食糧として，いかなる動物，植物をも捕獲することができない」[20]。

　このような状況下で，自分の労働の他に扶養の源をもたない下層市民が，病気等によって生計費を稼ぐことができなくなった場合に，彼の富める隣人が，十分な生計の資を与える義務があるのかどうかという問題について，ウッドワードはつぎのように反問している。「もしその必要がないとすれば，彼らの富める隣人は，当人を彼らの社会の一員とし，彼の出生地の分前，そこに自生する果実を食べたり，野原の野獣を支配したりすることから彼を除外し，それに違反すれば，鞭打，投獄，または死刑に処するという，そのような法律の制定を，どのような権利があって引き受けたのか？（というのは，すべての文明国において，立法府を構成するのは富者であるから）。彼らは貧民が決して関与しない富者の法律によって，それらの共通の権利から除外された貧民の生計の資を返報として与えることに同意しなければ，人類共通の遺産の中で，彼らの排他的所有権（exclusive property）をどうして正当化できようか？」[21] つまり，「社会の中で少数派である富者は，多数派であ

る下層階級の人々が，法規を破るか，それを従順に守って死ぬかという恐ろしい二者択一をせざるを得ないとき，彼らに生活の資を保証することなしに彼らを公的な全財産のいかなる部分からも除外する権利はないのである。したがって，共同社会の福祉が服従と排他的所有権を必要とする時には，それによって除外された貧民のために，十分な生計の資を与えることが富者の避けられない義務となるのである」[22]。

　以上のように，ウッドワードは，富者が貧民に十分な生計の資を与える義務，換言すれば貧民の生存権の保証を，財産の排他的所有権に対するコラロリーとして確立すべきであると主張したのである[23]。

　ただし，彼は生存権については，「貧民が衡平という基本原則によって，富者から扶助される権利があるという思弁的な信念を確証するだけでは議論はここで終わりになるであろう」[24]と考えていた。なぜなら，「思弁は利害によって反対される時，実行される見込みがほとんどない」[25]からである。そこで彼は，貧民救済のメリットを国家の利益と結びつけて論じる第3の命題の証明にすすむ。

　彼は，①貧民の慎重な管理と扶養が，②人口の増加と人々の勤勉（industry）を促し，そのことによって，③国益，国力，国富が増加すると考えていた。ただしこのうち，②→③への関係は「すべての思慮分別のある政治家にとって，主要な原理であるように思われる」[26]とのべ，①→②への関係を証明することを，ここでの課題とする。

　すでにみたように，ウッドワードは，労働する意志はあるが，労働によって生きて行くことのできない人を貧民と定義し，彼らと怠惰な浮浪者や乞食とは峻別すべきであることを強調していた。ここでは彼は貧民を，さらに①幼児の貧民，②病気の貧民，③老人の貧民に分けて考察している。まず彼は，幼児の貧民の状態として，彼らが一般的には，かろうじて生命を維持するのに必要なものしか与えることのできない哀れみ深い貧しい隣人の小屋にいるか，さもなければ，泣いて施し物を無理に取るために，放浪する乞食によって国中を連れまわされなければならないことをのべている。とりわけ，乞食生活の中で子供を養育することから生じる悪影響については，立法府の理解を求めている。こうした状態を改善するため，彼は，幼児の貧民に対する扶養と，教育を提案する[27]。子供の教育については，プロテスタントのワーキングスクールやチャータースクール（18世紀にカトリック貧民にプロテ

スタント教育を与える目的でアイルランドに設立されたプロテスタントの学校）をすすめている[28]。

つぎに病気の貧民について，彼は労働者階級の病気の世話をし，治療を施せば，生命を救い，病気による労働の中断を短くし，彼らの勤勉の総量を増すことを強調した[29]。

最後に，老人の貧民の救済は，彼らの延命，雇用期間の延長をもたらし，わずかではあるが勤勉が維持されるので，救済費の多くは返済されるという。またたとえ彼らが自分の生計費の半分しか稼ぐことができなくとも，残りの半分を補助することによって，彼らが乞食になることを防止できる。一生を終える時には，彼らは無制限の負担となるが，その短期間は，彼らの以前の奉仕を理由に，救済を申し立てればよいと，ウッドワードはいう[30]。こうしてウッドワードは，貧民救済の目的が，彼らの勤勉の育成，回復ないし維持にあることを示したのである。

以上3つの命題の考察により，彼はつぎの2点を結論づけている。第1に，国家の利益のために，富者が貧民のために，十分な生活の資を与える強制的な法律が必要である。第2に，下層階級の人々の正当な権利を保証するよう手はずを整え，同時に人々の数と勤勉を増すことによって，一般の福利を促進することが，立法府の義務である[31]。

(2) プア・ロー反対論に対する反論

以上のように，ウッドワードはアイルランドにおいて，プア・ローが必要である論拠を示したが，その導入については強固な反対論があった。その要点は第1に，「貧民のための法的制度は，労働者階級に怠惰と出費をまねくので，得策ではない」[32]ということであり，第2に，同制度は「ある面では得策であるが，その得策に相当する以上の費用を伴うであろう」[33]ということであった。

このプア・ロー反対論に対するウッドワードの反論をみてみよう。

まず第1のプア・ロー反対論は，労働者が困窮時に，もし必要品を確実に得られれば，あまり勤勉でなくなり，貯蓄もしなくなるであろうという仮定に基づくものである。ウッドワードはこれに対して，下層の人々の所得が極めてわずかであり，病気や老齢に備えて十分な貯蓄をすることはできないこ

とをのべている[34]。そして老齢や病気のために，食糧や薬を求めて泣き叫ぶ怠惰な放蕩者を，放置しておけないことをつぎのように訴えている。「救済が怠惰を助長しないかどうか，そして最後に政治的害悪になるかどうかということについて，深くまた疑念をもって考え，すべてのやさしい感情をおさえ，同情という本能による救済の手を彼に差しのべることをやめたり，平然と冷淡に，彼が死ぬのを誰が黙認したりすることができるであろうか」[35]。

さらに，貧民の救済方法として，慈善とプア・ローとを比較し，プア・ローの方がすぐれている理由を彼はつぎのように説いている。つまり，貧民の救済を，現在のように慈善にまかせておくと，自分の土地から離れて住んでいたり，貧民の悲惨な状況に無情な富者は，その救済費を負担しなかったりで，すべての負担が在住者や思慮深い人や慈悲深い人にかかってしまう。これに対して，プア・ローは負担をする者にとって最も公平であり，救済を受ける者にとって最も効果的である[36]。

つぎにウッドワードは，プア・ローが怠惰と浪費を助長するという主張が，事実に基づいているのかどうか疑問視している。彼はもしそうであるとすれば，プア・ローのある所（たとえば，イングランドやオランダやスイスのベルン邦）では，大多数の人が怠惰であろうと批判し，逆にそのような所では，最も普遍的な勤労の精神があると反論している[37]。彼によれば，「うまく管理された法的規定は決して怠惰に仕向けるよう意図されているのではなく，怠惰を見つけるのに役立ち，それを罰し，禁止するために行使されなければならない」[38]のである。

第2のプア・ロー反対論は，貧民救済のための負担をめぐる問題である。この反対論について，ウッドワードは，「自分達の過大な救貧税に対するイギリスのジェントリーの不平」[39]であるとし，以下の4点をあげて反論している。

第1に，「愚者ないしは無情な者の不平の声がどんなものであろうと，イギリス国民の中で最も徳が高く思慮分別のある人々は，プア・ローをその貿易王国の英知と人間性に対する敬意として，常にみなしてきた」[40]こと。

第2に，たとえイギリスの地主が，貧民が要求する必需品以上のものを支払っても，それは彼自身の責任であるということ[41]。

第3に，プア・ロー制度に，もし欠点や悪用があれば，それをまねるので

はなく，その経験から学ぶべきであること[42]。

　第4に，労働者がアイルランドよりも，ずっと良い生活をしているイングランドの貧民救済費を，アイルランドにも適用することは無理であること[43]。

　ウッドワードは，この4番目の論点に関連して，アイルランドにおける貧民救済費の負担の規準を示している。この点については次節で考察するが，ここでは，彼は1,600以上の家族のいる教区についての調査に基づき，貧民救済費は，富者の地代の20分の1に相当することを指摘している[44]。

　そして，「20人のうちの1人が死にさらされるよりも，すべての財産所有者が，法律によって自分の所得の20分の1を削減されるべきであるということの方が，ずっと無理がないのではないだろうか？」[45]とのべている。貧民救済費の問題については，次項でみてみよう。

(3) 貧民救済費の負担

　すでにみてきたように，ウッドワードは，富者が公的な財産に対して排他的所有権を行使していることを理由に，正義に基づいて，富者が貧民を扶養する義務と貧民の生存権とを主張した。しかし，この考えを政策として提言するためには，正義，義務，権利といった彼がこれまでのべてきた概念を具体的に示してみせなければならなかった。それらの問題は，貧民救済費の負担をめぐる以下の議論の中で解明される。

　彼は「正義に基づいて，各個人から貧民に支払われるべき出資金の規準を確立すること」[46]が必要であるとのべ，貧民救済の財源を，各人の所得に対する課税によって負担することを提案した。ただし，課税の前に，その所得から，その所有者と家族が，生活必需品を購入するために必要なだけの金額を差し引くべきであるとした[47]。その根拠となる考えを彼はつぎのようにのべている。「誰しも自分自身の生存に絶対に必要なものを他人に与える義務はない。これに対しては，誰もが専有権（exclusive right）をもっているのであり，まさに貧民の要求こそは，その専有権に基づいているのである」[48]と。

　彼はこれまで「正義」の内容については言及してこなかったが，彼のいう「正義」とは，誰もが自分自身の生存に絶対に必要なものに対しては専

有権をもっている,ということであると理解してよいであろう。さらに彼はその金額が「労働者とその家族を扶養するのに十分な金額であると考えられなければならない各国の最低賃金率によって」[49] 決められることをのべ,「この王国(アイルランド)では,それを超えることは公正とは考えられない」[50] としている。18世紀には,最低賃金制はまだいずれの国においても制定されていなかった。しかし,ウッドワードが貧民の生存権の保証を主張した時,その内容が,人間の生存に絶対に必要なものの保証を意味し,その水準は,前述のような最低賃金率によって示されるべきであるとしていたことが明確になった。

彼によれば,貧民救済のために「すべての人は,自分の過剰物(つまり,労働者の生計を超える過剰所得)から,ある割合で公平に拠出する義務があり,その割合が一般に通用すれば,生活必需品が与えられないでいる者は誰もいなくなるであろう」[51] と考えられた。彼はさらに,「隣人に,その正義の不足を補うために,その割合を超えて与えたものは何でも,その総計は,そしてそれだけが慈善と呼ばれうるのである」[52] とのべ,正義の領域と慈善の領域とを区別した。法律によって強制されるべきは,正義の領域であり,富者が貧民を扶養する義務や貧民の扶養される権利は,正義の問題として位置づけられる。これに対して,慈善は法的強制ではなく,自由意志にまかされるべき領域の問題である。ウッドワードが何よりも強調したことは,「貧民への我々の寄与について,正義と慈善との間の境界を決めること」[53] であり,貧民救済費の負担の規準を決めることは,そのために必要であったのである。

貧民救済費を負担するのは富者であった。彼はアイルランドの富のほとんど大部分を構成しているのは地所(landed property)であることを指摘した上で,すべての土地の所有者と富める借地人が,土地から得る自分達の所得に比例して,単なる生存を超えて,その土地にいる貧民の救済費を負担すべきであることを主張した[54]。彼は,生命を維持するに足る金額を,被救恤民1人につき1週間に1シリングと推定し[55],その金額の3分の2を地主が負担し,残りの3分の1を富める借地人達が負担することを提案した[56]。これによれば,地主の負担は1年間に1ポンド14シリング8ペンスとなるが,この税額は,地主の1年間の地代の1%にすぎないと彼はいう[57]。この負担割合は,前述の計算(貧民救済費は,富者の地代の20分の1

に相当する）よりもさらに低くなっており，統一性を欠く。しかしながら，彼はプア・ローが導入されても，地主の負担は軽いことを強調しようとしたのである。

第2節　*An Address* について

An Argument において，「正義を基盤として，国家の規定に彼ら（貧民）の絶対的権利を確立した」[58]ウッドワードは，1775年に *An Address* を著した。これは本文93ページから成るパンフレットであるが，彼はその前半で，勤労の家について，またイギリスのプア・ローについて見解をのべている。後半はケイムズ（Kames, Henry Home, Lord, 1692-1782）が *Sketches of the History of Man*（1774）[59]のなかで展開したプア・ロー反対論に対するウッドワードの反論によって構成されており，これがこのパンフレットの主な目的となっている。

まずウッドワードは，経済性の面から勤労の家での貧民の救済が有利であることを示している。彼によれば，ダブリンにおいて路上にはびこる乞食を2,000人と推定した場合，1人あたり1週間の住居費は6ペンスであり，年間では全員で2,600ポンドが必要であるという。同様に衣服費は，1人当たり1年間に1ポンド，つまり全員で2,000ポンド，食糧，石炭，ろうそくは，1人当たり1日3ペンス，全員で1年9万1255ポンドかかる。したがって以上の合計支出額は1万3725ポンドになる。しかし勤労の家で彼らを救済した場合には3,600ポンドの費用ですみ，年間で1万125ポンドの節約になる。しかも，2,000人の乞食のうち，1,500人を働かせば，1人年間7ポンドを稼ぎ年間では1万500ポンドに達するという[60]。

つぎに彼は，イギリスのプア・ローについて，これまで故意に避けられてきた2つの問題を指摘している。それは①貧民に救済に対する法的権利（legal right to relief）を付与することと，②定住権（right of settlement）をただひとつの教区のような大変狭い地域に限定することである。第1の問題は，虚偽の陳述に基づく多くの申請を引き起こし，第2の問題は，定住教区をめぐる煩わしい論争と，費用のかかる移動を引き起こす[61]。ウッドワードが，貧民の救済される権利を基盤にしたプア・ローを提唱したことはすでにみた

通りである。彼は教区単位で定住権を制限することは,「労働者が自由に仕事につくことを妨げるだけでなく,小屋を破壊する一因となる」62) として,これに反対している。

　前述した通り,このパンフレットの主目的は,ケイムズのプア・ロー批判に対する反論を示すことにあった。ケイムズは,イギリスのプア・ローをあらゆる面から批判し,プア・ローよりも慈善を優先させることを主張した。ケイムズの考えは「貧窮に対する恐怖の念は,働く貧民を勤勉にする唯一の有効な動機である。したがって,その恐怖の念を取り除けば,彼らは勤勉でなくなる」63) というものであり,ウッドワードの考えとは根本的に対立した。

　ウッドワードは,イギリスのプア・ローに対するケイムズの反対論が,その管理と道義に関する考察から出ていることに着目する。ケイムズは,イギリスのプア・ローを「過酷で不公平である」64) と批判したが,このうち「過酷」とは,彼によれば,貧民監督官が2人の治安判事の認可を得て,救貧税を課すことができることを指していた。

　しかしこの見解に対してウッドワードは,貧民監督官が徴収した救貧税額の総計は照査されること,またその税額については,「長年の慣習によって決められ,大きな不安を生むことなく,毎年の役人によって不平等に変えられることもなく,自分の財産に対する適切な割合で拠出することを義務づけられる」65) として,反論している。

　またケイムズは,「勤勉な貧民が風情な者の扶養を負わされる」ことを理由に,プア・ローを「不公平」であると批判した66)。彼によれば,「イングランドでは,すべての人は怠惰になる権利をもっており,すべての怠惰な者は生計費をもっている。なぜなら彼は労働を嫌う時にはいつでも,彼自身と子供のためにパンを手に入れることができるからである。彼が賃金を好まないなら,仕事を全くすてて,自分自身を教区に委ねるのである」67)。

　ウッドワードは,ケイムズのこうした見解を「異常な主張」68) としてしりぞけ,1601年エリザベス救貧法では,本当の貧民でさえ,自分の体力に応じて仕事につくよう命じられ,別の法律では,乞食が乞うことを禁じられていることを指摘して,反論している。逆にウッドワードは,つぎのようにのべて,プア・ローを擁護している。「たとえ勤労者が,困窮者の救済のために拠出するとしても,彼は基金を増やしているだけであり,彼や彼の困窮した家族は,苦難の時には,それを利用できるのである。それは彼の利益で

あり，彼自身のための間接的な貯蓄である」[69]と。

つぎに道義に関する問題について，ケイムズは，「ロンドンでは，繁盛している実業家が年老いた病気の両親を放っておくのをよくみる。それは教区が彼らにパンをみつけてやる義務を負っているからに他ならない」[70]とのべ，プア・ローが親子の情愛の基盤を破壊するとして批判した。これに対してウッドワードは，プア・ローが親族の扶養義務を規定していること〔1597年法（39 Elizabeth I. c. 3）によって，労働無能力者の父母および子供は，彼ら（労働無能力者）の扶養を義務づけられ（この責務の不履行の場合には1カ月に20シリングの罰金が課せられる），1601年エリザベス救貧法は，さらにこの命令を，祖父，祖母および子供にまで拡張した〕を指摘し[71]，ケイムズに反論した。

全体として，ケイムズは，プア・ローよりも慈善を優先すべきだと考え，ウッドワードは，慈善よりもプア・ローを優先すべきであると考えていたので，両者の対立は当然のことであった。

第3節　影響

以上のようなウッドワードの主張は，政策上，またプア・ローをめぐる論争上，どのような影響を及ぼしたのであろうか。

彼の主張は，ダブリン協会（Dublin Society）で一定の賛同を得，1772年に議会は，アイルランドのすべてのカウンティと市において，行政機関（その構成員は，職務上のメンバー，治安判事，寄付者。市においては管理機関のメンバー）を設立し，この行政機関が，勤労の家を建設すべきであることが法制化（1772年法，11&12 George Ⅲ. c. 30）された[72]。さらに，勤労の家は，大陪審によって，贈与と寄付金によって維持されることも決められた。同法はダブリンですぐに実行され，勤労の家の所長も任命され，ダブリンにおける勤労の家は，1777年から議会の補助金を付与された。しかしながら，この1772年法はあまり大規模には適用されなかった。アイルランドにおいて18世紀末までに建設された勤労の家は，わずか8つであり，それらのうち3つは全く自発的な寄付金によって維持されていた[73]。勤労の家の財源を，全く自発的な寄付金に依存してしまうことは，ウッドワードの見解に沿うも

のではなかった。

　1778年には，勤労の家の維持のために，ダブリンの戸主にレイトを課す準備をするために法案が提出された。しかし，救貧税の賦課に対する反対が，下院で強く表明された。レイトは，貧民救済費を支払う最も公平な方法であるということが強く主張されたが，法案は66対64で廃案となり，救貧税の導入は実現しなかった[74]。

　ウッドワードのパンフレットは，ダブリンとロンドンで出版されたが，彼が提起した問題は，アイルランドのみならず，イギリスのプア・ローをめぐる論争の中で論じられることになる。とりわけ，貧民の救済される権利定立の是非は，18世紀末〜19世紀にかけてのプア・ロー論争の中で，ひとつの核心的問題となってくるのである[75]。

　An Argument が出版されて約30年後の1797年，F. M. イーデンは，自らの大著 *The State of the Poor* [76] の中で，このパンフレットをとりあげ，ウッドワードのプア・ロー賛成論について論評している。イーデンはプア・ローの通用対象を，幼児の貧民，病気の貧民，老齢の貧民に限定し，彼らを救済するメリットを国家の生産力増大の観点から指摘し，それは結果的に国富の増大につながると考えた[77]。したがって，この点に関する限り，ウッドワードの主張と共通する。

　しかしながら彼は，プア・ローが貧民の救済される権利を根拠として定立されるという考えをつぎのように否定し，ウッドワードの見解とは真っ向から対立した。「共同体の極貧階級の救済のための国家の法的規定が，つぎの根拠によって支持されることは，誤った原理の1つであり，しかもその少なからぬものである。その根拠とは，共同体のすべての個人を，労働能力のある間は仕事につかせ，労働能力がなくなった時には扶養するため，立法府が積極的かつ直接に干渉することに対して，当人が人間社会のまさに本質と法律に基づいた要求だけでなく，権利をももつということにある。しかしながら，いかなる権利も，満足に実行されないようなものは存在するといえるかどうか疑わしい」[78]と。このように，貧民の救済される権利（生存権）の存在自体を否定する考えは，同時代人であるT. R. マルサスによって評価された[79]。

　しかし他方では，ウッドワードのように，貧民の救済される権利をよりどころにして，プア・ローの正当性を訴える論者も登場してくる。こうした論

者としては、トマス・ラグルズ（Ruggles, Thomas, 1737–1813）[80]、ウィリアム・コベット（Cobbett, William, 1762–1835）[81]、フレデリック・ペイジ[82]、ミカエル・トマス・サドラー（Sadler, Michael Thomas, 1780–1835）らがあげられる。

とりわけサドラーは、1828年に著した著書の中で、アイルランドにおけるプア・ローの導入を熱心に説き、ウッドワードの*An Argument*の内容を紹介し[83]、それをつぎのように高く評価している。「その神性、人間性、そして主唱された政策原理には反駁できない。その著者の名誉のためにいえば、彼はプア・ロー制度をアイルランドに拡張することを提案した最初の人ではないとしても、そのうちの1人であった。彼の提案は、もうしばらく反対されるかもしれないが、実際問題として、人類の義務と感情によって支持され、確実に普及するのであろう」[84]と。

しかしながら、すでに1800年に「合同法」が成立し、翌1801年より、アイルランドは、イギリスに併合されており、プア・ロー制定は、徹底したイギリス主導のもとに行われることになる。数々の論争を経て、最終的にアイルランドのプア・ロー制定に決定的な影響を及ぼしたのは、イギリスにおける1834年の新プア・ローの成立と、同法の下でプア・ロー委員をつとめていたジョージ・ニコルズが作成した報告書であった。彼は内務大臣ジョン・ラッセル卿（Russell, John, Lord, 1792–1878）の依頼に応じて、1836年8月から9週間アイルランドに滞在し、同年11月15日に、第1報告書をラッセル卿に提出した。同報告書は12月13日にイギリス政府によって採用され、ニコルズは自分の忠告を具体化するために、アイルランドのプア・ロー法案の作成に参加したのである[85]。ニコルズはこの報告書の中で、貧民の救済される権利をつぎのようにはっきりと否定した。「私は困窮者に対してさえ、救済される権利を与えることを提案しない。私の提案は、中央当局の手にすべての救済の命令と指示を委ねることである。イングランドでは、救済に対する要求は、法律の制定というよりも指令に基づいているといえよう。というのも、1601年エリザベス救貧法は、困窮貧民の救済のために救貧税を課すことを規定しているが、同法は彼らに救済を要求する権利（right to claim relief）を一切与えていないからである。そしてその管理は、地方当局の自由裁量に専ら委ねられている」[86]。

ニコルズのこうした提言は、1838年に成立したアイルランドのプア・ロー

の基盤となり，同法の条文には，貧民の救済される権利は盛り込まれなかったのである。

第4節　結びにかえて

　これまでみてきたように，ウッドワードは，アイルランドの貧困の原因として不在地主制，高地代，低賃金等を指摘し，貧民の生存権の保証を基盤としたプア・ローの導入を早くから主張した。彼は，自分の権利を主張することのできない貧民の代弁者として，*An Argument* を書き，貧民の生存権の具体的な規準を決めようとした。さらに従来の慈善による貧民救済策から強制的なプア・ローへと政策を転換することによって，貧民救済費の負担がより公平になることを説いた。

　以上のような彼の主張は，勤労の家の設立となって実現し，プア・ロー論争においても影響を及ぼすことになったのである。これらの点において，ウッドワードのプア・ロー論は評価されなければならない。しかしながら，イギリスの主導によって制定された1838年のアイルランドのプア・ローには，貧民の「権利性」は一切盛り込まれなかったのである。

注）

1）　アイルランドのプア・ローをめぐる議論については，Black, 1960, pp. 86-133 を参照。
2）　McCulloch, 1991, p. 300.
3）　ウッドワードの経歴については，*D. N. B.*, Vol. XXI, p. 896 を参照した。
4）　ウッドワードは，クロインの主教就任後の1782年，アイルランド貴族院で，ローマカトリック教徒に対する刑罰の廃止を熱心に主唱して名をあげた。1787年には，彼はアイルランド教会を擁護して，*The Present State of the Church in Ireland* を出版したが，これは数カ月で9版を重ね，ダブリンのクライスト・チャーチの首席司祭及び参事会から感謝された。このパンフレットの中で，彼は国教会の信奉者だけが，国家に愛着をもつことができることを示そうと努め，ローマカトリック教徒と長老派教会の人を攻撃している。彼は1794年5月12日に没し，クロイン大聖堂に埋葬され，その北翼廊には，彼のために記念碑が建立された（*D. N. B.*, Vol. XXI, p. 896）。
5）　Woodward, *An Address*.

6) Woodward, *An Argument*, p. 5.
7) Woodward, *An Argument*, p. 9.
8) Woodward, *An Argument*, p. 9.
9) Woodward, *An Argument*, p. 13.
10) Woodward, *An Argument*, p. 14.
11) Woodward, *An Argument*, pp. 15-16.
12) Woodward, *An Argument*, pp. 17-18.
13) Woodward, *An Argument*, pp. 21-22.
14) Woodward, *An Argument*, pp. 23.
15) Woodward, *An Argument*, p. 18.
16) Woodward, *An Argument*, p. 26.
17) Woodward, *An Argument*, pp. 27-28.
18) Woodward, *An Argument*, pp. 28-29.
19) Woodward, *An Argument*, p. 28.
20) Woodward, *An Argument*, pp. 29-30.
21) Woodward, *An Argument*, pp. 32-33.
22) Woodward, *An Argument*, p. 34.
23) ミッチェルは，ウッドワードの *An Argument* の議論について，「救済される権利を，財産権に対するコラロリーであるとみなした道徳哲学の中に，プア・ローの正当性を探し求めた」としている（Dean, 1991, p. 118）。
24) Woodward, *An Argument*, p. 35.
25) Woodward, *An Argument*, p. 35.
26) Woodward, *An Argument*, p. 36.
27) Woodward, *An Argument*, pp. 37-40.
28) Woodward, *An Argument*, pp. 39-40.
29) Woodward, *An Argument*, p. 40.
30) Woodward, *An Argument*, pp. 41-42.
31) Woodward, *An Argument*, p. 43.
32) Woodward, *An Argument*, p. 47.
33) Woodward, *An Argument*, p. 55.
34) Woodward, *An Argument*, pp. 47-48.
35) Woodward, *An Argument*, pp. 48-49.
36) Woodward, *An Argument*, p. 49.
37) Woodward, *An Argument*, pp. 51-52.
38) Woodward, *An Argument*, p. 53.
39) Woodward, *An Argument*, p. 56.
40) Woodward, *An Argument*, pp. 56-57.
41) Woodward, *An Argument*, p. 57.
42) Woodward, *An Argument*, p. 58.
43) Woodward, *An Argument*, p. 58.
44) Woodward, *An Argument*, p. 59.

45) Woodward, *An Argument*, p. 60.
46) Woodward, *An Argument*, p. 65.
47) Woodward, *An Argument*, p. 67.
48) Woodward, *An Argument*, p. 67.
49) Woodward, *An Argument*, p. 68.
50) Woodward, *An Argument*, p. 68.
51) Woodward, *An Argument*, pp. 68-69.
52) Woodward, *An Argument*, p. 69.
53) Woodward, *An Argument*, p. 66.
54) Woodward, *An Argument*, pp. 69-70.
55) ウッドワードは，被救恤民1人につき1週間に1シリンングという救済費についてつぎのようにのべている。「この手当は，貧民に快適な生計費を与えようと思っており，またチャータースクールないしは他の慈善施設の1人当たりの経費と比較するかもしれない慈悲深い人々にとっては，あまりにも不十分であると思われるかもしれない。しかし，この推定額は，慈善のための十分な方策を確立するためのものではないということを心に留めておくことで，彼らは満足するであろう。その意図は，不公正なしに，保留されえない自分の貧しい借地人に対するすべての人の無条件の恩義を決めることにあるだけである」(Woodward, *An Argument*, p. 73)。
56) Woodward, *An Argument*, p. 73.
57) Woodward, *An Argument*, p. 74.
58) Woodward, *An Address*, p. 71.
59) Kames, 1774.
60) Woodward, *An Address*, pp. 23-26.
61) Woodward, *An Address*, pp. 41-42.
62) Woodward, *An Address*, p. 50.
63) Kames, 1774, p. 41. なお，ケイムズのプア・ロー批判については，同書の pp. 36-59 を参照。
64) Kames, 1774, p. 39, Woodward, *An Address*, p. 52.
65) Woodward, *An Address*, p. 52.
66) Kames, 1774, p. 39, Woodward, *An Address*, p. 54.
67) Kames, 1774, p. 41, Woodward, *An Address*, p. 54.
68) Woodward, *An Address*, p. 54.
69) Woodward, *An Address*, p. 55.
70) Kames, 1774, p. 43, Woodward, *An Address*, p. 54.
71) Woodward, *An Address*, p. 55.
72) McDowell, 1979, p. 56.
73) McDowell, 1979, pp. 56-57.
74) McDowell, 1979, p. 57.
75) イギリスのプア・ローにおける救済される権利を考察した著書として，大沢真理(1986)がある。

76) Eden, [1797] 1966.
77) Eden, [1797] 1966, Vol. 1, pp. 411-412. イーデンはプア・ロー全廃論者ではなかったが，プア・ローの適用対象とケースを最小限に限定し，あとの大部分を自発的な慈善や自助，友愛協会に委ねることを提案した。この点に関しては本書第2部第3章を参照。
78) Eden, [1797] 1966, Vol. 1, p. 447.
79) マルサスは，イーデンの *The State of the Poor* を読んで，つぎのように評価している。「サー・F. M. イーデンは，労働能力のある時は職が与えられ，それがなくなると保護が与えられるという貧民の想像的権利について語った際，いみじくも次のように述べている。『しかしながら，いかなる権利も，満足に実行されないようなものは存在するといえるかどうか疑わしい』と。vol. i. p. 447. 　救貧法の影響について判断を下すのに必要な資料をサー・F. M. イーデンほど多く収集した人はいない。そしてその結果を彼は次のように述べている。『したがって，全般的に貧民の強制的扶養から期待されうる善の総計よりも，それが必然的に作り出す害悪の総計の方がはるかに多いと結論すべき正当な根拠があるように思われる。』 vol. i. p. 467. ——救貧法に関する私の意見が，このように実践的な研究者の容認を得ていることに私は満足している」(Malthus, 1826, pp. 92-93, 邦訳，424ページ)。
80) ラグルズのプア・ロー論については，Ruggles, 1793を参照。また同書の内容については，中村幸太郎（1955）を参照。
81) コベットのプア・ロー論については，大前朔郎（1961），224-238ページ，福士正博（1982）を参照。
82) ペイジのプア・ロー論については，廣重準四郎（1996）を参照。
83) Sadler, 1828, pp. 264-272.
84) Sadler, 1828, p. 271.
85) ニコルズの報告書がアイルランドのプア・ローの基盤となった経緯については，本書第2部第9章を参照。
86) Nicholls, *Three Reports*, pp. 36-37.

第9章 ニコルズの報告書とアイルランドにおけるプアー・ローの特徴

はじめに

　アイルランドにおいて，プア・ロー（An Act for the more effectual Relief of the Poor in Ireland, 1&2 Victoria, c. 56）が成立したのは，1838年7月31日のことである。プア・ロー制定の必要性については，すでに18世紀より議論されていた[1]が，実現しなかった。1800年に，グレイト・ブリテンとアイルランドの連合王国の形成，アイルランド議会の廃止等を内容とする「合同法」が成立し，翌1801年より，アイルランドはイギリスに併合されることになった。以後，種々の政策がすすめられることになるが，アイルランドにおけるプア・ロー制定は，徹底したイギリス主導のもとにすすめられた政策のひとつとして位置づけられる。

　アイルランドのプア・ローの基礎となったのは，1834年のイギリスの新プア・ロー下でプア・ロー委員をつとめていたジョージ・ニコルズ[2]の作成した報告書であった。彼は，内務大臣ジョン・ラッセル卿の依頼に応じて，1836年8月から9週間アイルランドに滞在し，同年11月15日に，第1報告書をラッセル卿に提出した。同報告書は12月13日に政府によって採用され，ニコルズは自分の忠告を具体化するために，プア・ロー法案の作成に参加したのである[3]。その後，ニコルズは1837年8月末に再びアイルランドに赴き，10月初めまで調査を続け，同法案に対してなされた反論にこたえるために第2報告書を書き，同年11月3日に，ラッセル卿に提出した。さらに，1838年彼はオランダとベルギーにおける貧困階級の状態と救貧行政を調査するために，これらの国に派遣され，同年5月5日に第3報告書をまとめた。これらの報告書は，1838年に *Three Reports by George Nicholls, esq., to Her Majesty's Principal Secretary of State for the Home*

Department として出版されている。

　本章の課題は，まずこれらの報告書のうち，主として第1報告書の内容を検討し，ニコルズがアイルランドにおける貧困の原因をどこに求め，どのような意図のもとにプア・ローを提案したのかを明らかにすることにある。つぎに，1838年に成立したアイルランドのプア・ロー（以下，1838年アイルランド救貧法と呼ぶ）を，ニコルズの提案，さらにイギリスの新プア・ローと比較し，その特徴を考察することにある。

第1節　第1報告書について

(1) アイルランドの現在の状態及び人々の習慣と感情

　第1報告書の目的は，第1に，アイルランドの人々の状態と習慣，彼らの性格と必要物を調査すること，第2に，1834年に成立したイギリスの新プア・ローをアイルランドにどこまで通用できるのかを確かめることにあった[4]。9週間のアイルランド滞在中にニコルズが観察したことはごくわずかであったが，まず第1の点からみていこう。

　ニコルズは自分の調査から，「アイルランドの状態は，全体としては，この30年間に次第に改善されてきている」[5]という楽観論をのべているが，この見解には何の証拠もない。彼は，「同時期にイングランドにおける改善が大きかったので，私はアイルランドでも同じであったと信じている」[6]という極めて不正確な推測をのべているにすぎない。

　逆にそのすぐあとでは，アイルランドでは「国の資本は増加してきたが，人口の増加はもっと大きかった」[7]とし，そのため，各個人の所有する資本ないしは安楽の増加にはつながっていないことを彼はのべている。

　アイルランドの状態についてニコルズがとりわけ注目したことは，農村における土地の細分化と小農民の状態についてであった。すなわち，「富の増大が十分うかがえる都市は，みじめな乞食の住民を宿らせるみる影もないあばら屋から成る郊外によって囲まれている。農村では，土地の極度の細分化の証拠が至る所でみられる。そしてその結果，土地はふつうなら肥沃なのであるが，絶え間ない刈取りによって，疲弊している。というのは，乞食のわ

ずか上の水準にまで落ちぶれることの多い入札小作人（cottier tenant）は，自分の土地に肥料をやることができないからである」[8]。

　土地の細分化についてニコルズは，地主が地代収入をふやすため，あるいは自分の政治的影響を増やすために，自分の土地を，5 ないし 10，あるいは 15 エーカーの小保有地に細分化した例をあげている[9]。この他にも彼は，小作人に賃貸した土地が転貸され，さらに土地が細分化されたケース，また小農民が占有した小土地を息子や娘に分けて保有させる場合には，土地は 2 ないし 3 あるいは 5 エーカーにまで細分化されることをあげている[10]。いずれにせよ土地の細分化はこのようにして繰り返され，「ついに，最低限の生存（minimum of subsistence）にまで行きつく。そして，これ（細分化された土地）が現在，アイルランドの大部分の小農民の唯一の資力である。一つまり土地は彼らにとって，最大の生活必需品である。サーヴァントの雇用は存在しない。人は日雇い労働者として，自分の生計を得ることはできない。彼は馬鈴薯を栽培するために，小区域の土地を占有しなければならないのであり，さもなければ餓死してしまうのである」[11]。このようにニコルズは，プア・ローのないアイルランドでは，土地を占有することが，貧窮に対する唯一の防護策であることを指摘していた[12]。

　アイルランドの小農民の状態について，彼はつぎのようにのべている。「彼らは何の誇りも競争も感じないようにみえ，現在に関して不注意であり，将来についてはなげやりなようにみえる。彼らは（小農民について総括的にいえば）自分の身なりを改善するよう努力したり，自分の楽しみをふやしたりすることもない。彼らの小屋は依然として薄汚く，煙で黒くなっており，ひどく不潔なままであり，家具ないし有用品あるいは人並みの暮らしに必要なものは，ほとんど無い。小屋に入ると，汚物のただ中で，豚と家禽に囲まれて，女と子供が床に座っているのをたびたび目にする。男はドアにもたれかかっており，そこに近づくためには，泥をこえて進まなければならない」[13]。

　アイルランドの小農民の状態はこのように悲惨であったが，ニコルズは，「貧困が，アイルランドの小農民のこの生活様式の原因ではない。いや少なくとも唯一のそして直接の原因ではない」[14]とする。そして，小農民がこのような状態に陥っているのは，彼らの教育のなさ，自尊心のなさにも原因があるという[15]。さらにニコルズは，彼らが散漫で怠惰であるとし，蒸留酒を好むことをあげている[16]。この他にニコルズの注意を引いたことは，

アイルランドにおける乞食の多さであった。しかも乞食の中には，嘘つき，ぺてん師，詐欺師がおり，それが彼らの職業の一部になっていることを指摘している[17]。

(2) 貧困の原因とプア・ロー導入の意図

すでにみたように，ニコルズは農村における土地の細分化の進展と，たとえわずかの土地でも借りなければ，生きて行けない小農民の状態についてのべていた。しかし彼は，「土地に対する激しい執着と，小区分農地への細分化は，私が思うに，アイルランド人の急増の原因と結果でもあり，彼らの間で広がっている極貧と困窮の原因と結果でもある」[18]と捉えていた。こうした状況下で，アイルランドにプア・ローを導入すれば，「移行期」(transition period) に役立つであろうとニコルズは考えた。ここでいう「移行期」とは，彼によれば，「アイルランドで現在広まっている土地の小区分農地化割当て，細分化の制度から，日雇い賃金労働というより良い慣行へ」[19]の変化の時期を意味する。つまり，小土地占有者を土地から追放し，彼らを賃労働者化するための過程に他ならない。ニコルズは，この政策を推進する過程で生じる貧民に対して，プア・ロー導入の必要性を説いたのである。

アイルランドの地主の中には，1815年のナポレオン戦争終結後の農産物価格の下落に直面して，小土地占有者を追放し，土地の統合を行う者もいた[20]。そしてこのことが，貧民発生の大きな原因となっていたのである。ニコルズの考えるプア・ロー導入の意図は，こうした地主の意向に沿うものであったといえよう。

(3) 救済の方法と原則

報告書の第2の目的は，イギリスの新プア・ローをアイルランドにどこまで通用できるかを確かめることにあった。しかしニコルズは，新プア・ローを模範としつつも，アイルランドのプア・ローには，「イングランドにおける経験から引き出された修正」[21]を施すことが必要であると考えた。この点に注意しつつ，ニコルズの提案をみてみよう。

アイルランドにプア・ローを導入するにあたって，ニコルズが第1に提案

したことは，ワークハウス制度の確立であった。彼は，ワークハウスを①困窮（destitution）のテストとして，また②救済の手段として位置づけた[22]。このうち，困窮のテストとは，救済の理由として認められるのは，困窮だけであるということである[23]。したがって，労働能力者であっても，困窮者として認められれば，ワークハウス内での救済は可能であった。

さらにニコルズは，ワークハウス内の管理の原則として，いわゆる劣等処遇の原則を確認している。しかしこの原則は，イギリスにおいても徹底されていないことを，彼は指摘している[24]。ニコルズは劣等処遇の原則を重視しつつも，「アイルランドのワークハウスの収容者の住居，衣服，食事を，アイルランドの小農民のそれよりも劣らせるよう企てることは，たとえそれが好ましくとも，おそらくむだであろう。彼らの生活様式の水準は，不幸にも大変低いので，それをさらに低くすることは難しく，どんな状況下でも私には不得策であると思われる」[25]とのべている。彼は，それよりも，ワークハウス内で退屈な労働をさせ，規律をきびしくし，そこに閉じこめ，独立した労働者がもっている楽しみを奪えば，人々はワークハウスに入りたくなくなるであろうと考えていた[26]。そしてこのようなワークハウスを教区連合ごとに１つずつ設置することを提案している[27]。

第２の提案は，第１の提案と関連するが，困窮者の救済をワークハウス内に限定すること，つまり院外救済を禁止することである。現物での救済も含めて，いかなる形の院外救済をも一切認めるべきではないことをニコルズは強調している[28]。イギリスの新プア・ロー下では，院外救済がある場合には行われていたが，この点を彼は批判し，アイルランドのプア・ロー下では，院外救済の禁止を徹底させようとしたのである。

これらの提案に加えて第３に，ニコルズは救済される権利をつぎのようにはっきりと否定している。

「私は困窮者に対してさえ，救済される権利を与えることを提案しない。私の提案は，中央当局の手にすべての救済の命令と指示をゆだねることである。イングランドでは，救済に対する要求は，法律の制定というよりも指令に基づいているといえよう。というのも，1601年エリザベス救貧法は，困窮貧民の救済のためにレイトを課すことを規定しているが，同法は彼らに救済を要求する権利（right to claim relief）を一切与えていない。そしてその管理は，地方当局の自由裁量に専らゆだねられている」[29]。

以上，①ワークハウスの設立，②院外救済の禁止，③救済される権利の否定の3点が，ニコルズの主張の中心点であった。

(4) 困窮者の数

ワークハウスの設立に関して，ニコルズはそこに収容されるべき人数をつぎのように推計している。「アイルランドの人口は約800万人である。私の推測では，ワークハウス施設は1％，すなわち8万人に時おり必要とされるであろう。この施設として，それぞれ800人の収容者を保有することができる大体100のワークハウスが準備されるべきである」[30]。

この推計は，何に基づくものであろうか。ニコルズは，イングランドの「ケント，サセックス，オックスフォード，バークシャでは，院内救済の貧民の総数が，昨年（1835年）9月29日の報告書によれば，人口のわずか1％であった」[31]ことを理由に，この割合を何の調査もせずにそのままアイルランドにもあてはめたのである。

この推計は，1836年に出されたアイルランド貧民調査委員会[32]による第3報告書（*Third Report of Commissioners for Inquiring into the Condition of the Poorer Classes in Ireland*）の結果とは，大きくへだたっていた。同委員会の見解によれば，「アイルランドにおいて1年間のうち30週間失業して（out of work）困窮している人の数は，58万5000人以下と推定することはできないし，彼らに依存している人の数は，180万人以下と推定することもできない。したがって，その総数は238万5000人となる[33]。委員会は，そのような多数の人を施設に入れることは不可能だと考えていた。委員会は，ワークハウスの建築費用を400万ポンド，さらに1日1人につきその扶養費を$2\frac{1}{2}$ペンスと見積もっていた[34]。したがって，「238万5000人を30週間扶養するのにかかる費用は，1年間で500万ポンド以上となる。しかし，アイルランド（都市は除く）の総地代は，1年間に1000万ポンド以下と推定され，地主の純所得は600万ポンド以下，国庫歳入はわずかに400万ポンドと推定される」[35]。以上の推計に基づき，ワークハウス制度のアイルランドへの導入に委員会は反対していた。

(5) 移住政策

　すでに指摘したように，ニコルズは，土地に対する小農民の激しい執着と，農地の細分化が貧困の原因であり，結果であると考えていた。これに加えて彼は，アイルランドの人口は国が与える雇用の手段と比較して，過剰であることを指摘している[36]。つまり，アイルランドにおける困窮の原因は労働者の過剰と雇用の不足にあると捉え，解決策としては，雇用の量を増やすかそれに依存している労働者の数を減らすかのどちらかであると考えていた[37]。しかし，彼は「アイルランドにおいて雇用増加の達成をただちに目指すことは，そのような増加がいかに望ましくとも，出来ないように思われる」[38]とのべ，もう一方の政策，すなわち過剰労働者を減らすことを重視した。

　そして，労働能力のある労働者が，雇用不足のため困窮者になった場合には，本当に困窮しているならば，老齢や虚弱によって，困窮の状態に陥った人と同じように公費で救済されなければならないとし，彼らに対してつぎの3つの救済方法をあげている[39]。

　① 当人がいる教区連合のワークハウス内への収容
　② 雇用が得られる他地域への移住 (migration)
　③ イギリスの植民地への移住 (emigration)

　これらのうち，①についてはすでにみた通りである。②，③は移住政策であるが労働能力のある失業者の場合は，移住も救済の重要な手段として位置づけていることに注目すべきである。このうち，③についてニコルズはつぎのようにのべている。「私が思うには，移住 (emigration) はイギリスの植民地に限定すべきである。……本国では彼ら（アイルランドの過剰労働者）は厄介者であるが，新天地では帝国の全般的な生産力を増大させるとともに，イギリスの生産物に対する需要を拡大するであろう」[40]。さらに移住費用については，政府と教区連合が折半して負担することを提案している[41]。

　以上のことから，ニコルズは，アイルランドのプア・ロー体系の中に，移住条項を盛り込むことによって，イギリスの植民地政策とも同化させようとしていたことがわかるであろう。この政策は，定住法否定の上で有効となりうるものである。移住条項を盛り込むためには，つぎにみるように定住法という足枷をつくらないことが必要であったのである。

(6) 定住法（Settlement Act）

　アイルランドには定住法はなかったが，プア・ロー導入にあたって，同法をイギリスと同様に採用するか否かということが，最大の論点となった。この点についてニコルズはまず，イギリスにおいては，教区単位の定住法が多くの禍，訴訟と出費を生じてきたことを指摘する[42]。つぎに，「アイルランド人には放浪性があり，彼らの移動は彼らの自由意志次第である。定住法を制定することは，彼らを一地方へ固定させることになるであろう」[43]として，定住法の導入に反対した。

　さらにイギリスにおける定住権取得の要件（徒弟，1年間の雇用，不動産賃借，出生等）についてニコルズは言及するが，結論として，アイルランドでは「定住法は全くなしですます方が良いであろう」[44]とのべている。彼は，定住法がなくとも，ワークハウスの食事や規律を全国統一にすることによって，乞食や放浪者がある特定の教区連合に移動することを防止できると考えた[45]。

　定住法の問題と密接なつながりがあったのは，「救済される権利」の問題であった。すでにみたように，ニコルズはこの権利を否定したが，この点についてつぎのようにのべている。「もし立法機関が定住法を全くなしですますことに決めるとすれば，教区連合を創設する際に，とりわけ初期の教区連合では，実在であれ，想像上であれ，いかなる階級の人々にも，救済される権利を分与することを避けるために，十分な配慮と注意が必要であろう」[46]。こうしてニコルズは，定住法も救済される権利も同時に否定したのである。

　イギリスにおいては，定住法の存在は救済する側の義務，そして救済される側の権利の問題を生じさせており，ニコルズはこのことを十分に承知していた。定住法の否定は，アイルランドに住む人々の自由な移動を意味したが，このことは，先にみた移住政策と密接にリンクしていたのである。

(7) 救貧税負担

　アイルランドでは，プア・ロー成立以前には，貧民救済のための強制的な課税制度は存在しなかった。ニコルズはプア・ロー制度の財源となる救貧税

の導入を提案したが，問題は何に基づき，誰がどのような割合でそれを負担するのかということであった。彼はまず，1836年にイギリスで成立した教区査定法（6&7 William IV. c. 96）にしたがって，救貧税は財産の純価値に基づいて支払われるべきであるとした[47]。

プア・ロー導入以前のアイルランドにおける貧民救済は自発的なものであったが，その費用の負担について，ニコルズはつぎのような問題点を指摘している。「現在では，そのような（困窮者の）救済の負担は，ほとんど専ら，いわゆる下層階級（the lower classes）にかかっている。しかし一方で，上層階級（the higher classes）は一般に，また不在の所有者はその負担に対する直接の関与から全く免れている」[48]。つまり，アイルランドでは，「困窮者のほとんどすべての扶助が小作人の負担となっている」[49]ことが問題であった。この改善策として，ニコルズは救貧税負担については，課税されるべき財産（土地等）の所有者と占有者とが折半することを提案した[50]。「イングランドでは，救貧税の全額が財産の占有者によって支払われる」[51]。しかし，「スコットランドでは，救貧税は（財産の）所有者と占有者との間で均等に折半される」[52]。このような例をあげて，彼はアイルランドでは，救貧税の半分を財産の所有者（地主）が負担するよう求めたのである。

(8) 救貧行政

救貧行政機構について，ニコルズは基本的にはイギリスの新プア・ロー下でのそれをアイルランドに導入しようとした。すなわち，行政の単位として，教区を統合し教区連合をつくり，その行政当局として，保護委員会をおくことを提案した[53]。

しかし教区連合で行政を担当する保護委員については，アイルランドでは若干の変更が必要であると考えた。まずイギリスの新プア・ロー下では，各教区連合内に住んでいる州のすべての治安判事は，保護委員会の職権上の（ex-officio）メンバーとされた。しかし，アイルランドでは治安判事の数が多く，もしこの規定を採用すると，彼らの人数の方が選挙された保護委員の数よりも多くなる場合が予想された。これを防ぐために，ニコルズは職権上の保護委員の数が，選挙された保護委員の数の3分の1を超えてはならないことを提案した[54]。つぎに，イギリスの新プア・ロー下では，いかなる宗

教の聖職者も，選挙によるにせよ，職権上にせよ，保護委員になる資格があった。しかしニコルズは，アイルランドにおいては，聖職者ないし何らかの宗教の牧師は，保護委員として活動する資格を与えられるべきではないことを提案している。この提案の背景には，アイルランドにおける宗教的対立があった。この点についてニコルズはつぎのようにのべている。「国教会の聖職者の多くは，治安官でもあるので，保護委員会の職権上のメンバーとして活動する資格があるであろう。もし（彼らが保護委員としては）全般的に不適格であるということが確立されなければ，このことはおそらく多くの人によって，大部分の人々がカトリックである地域においては，不当な優勢を国教会の聖職者に与えるとしてみなされるであろう」[55]。

　ニコルズは，保護委員会での審議や貧民への救済命令が宗教によって影響されることを避けたかったのである。さらにこの提案は，アイルランドの圧倒的多数がカトリック教徒であることを考えると，カトリックの聖職者を保護委員につけさせないことによって，彼らの影響をプア・ロー行政から一切排除するねらいをもっていたといえよう。

　保護委員の選挙権については，ニコルズは救貧税額に応じて複数投票権を付与することを提案し，多額納税者の意向を救貧行政により反映させようとした。具体的には，課税額5ポンド以上50ポンド未満では1票，50ポンド以上100ポンド未満では2票，100ポンド以上150ポンド未満では3票，150ポンド以上200ポンド未満では4票，200ポンド以上では5票を付与することを提言した[56]。こうしてニコルズは，救貧行政における地主の役割に期待した。他方でニコルズは課税額5ポンド未満の財産の占有者については，選挙権を付与せず，その代わりに，彼らの救貧税を地主ないし財産の所有者が支払うことを提案している[57]。つまり，救貧税の立替払い制度を組み合わせて，多くの小占有者を救貧行政への関与から排除しようとした。以上は教区連合を単位とする地方当局に関する提案であった。

　ニコルズはイギリスと同様に，保護委員会の活動を指揮し，命令を下すために，中央当局の設置を提案し，この当局に多大な権限を付与することを強調している。中央当局であるプア・ロー委員会については，アイルランドに独自の委員会を組織するか，イギリスの同委員会が兼務するかということが問題であった。ニコルズは，プア・ロー委員会がイギリスのプア・ローに精通していなければならないことを理由に，イギリスのプア・ロー委員会が，

アイルランドの同委員会を兼務することをすすめている[58]。

(9) その他の提案

① 乞食の抑圧

すでにみたように、ニコルズはアイルランドにおける乞食の多さを問題視していた。そこでプア・ローによって、困窮者を救済すると共に、乞食に対しては抑圧が必要であることを強調した[59]。

② 被救恤民の白痴並びに精神異常者（pauper idiots and lunatics）の収容

ニコルズは、危険な精神異常者及び白痴については、カウンティやディストリクトの精神病院に入れるべきであるとし、これらの施設をプア・ロー行政とは全く区別すべきであるとしている[60]。しかし他方で、危険な状態にない精神異常者及び白痴については、ワークハウスに入れることを提案している[61]。

③ 非嫡出子法の不通用

イギリスには非嫡出子法があるが、アイルランドでは、同法は通用されるべきではないとニコルズはのべている。ただし、非嫡出子とその母親は、貧民救済に関するすべての事について、困窮のみを理由として、他の困窮者と同じ方法で扱われるべきであるとしている[62]。

(10) 経過

すでに「はじめに」でのべたように、以上のようなニコルズの報告書は政府によって採用され、彼自身も法案作成に加わった。法案はそのために特別に任命された内閣の委員会で、一条一条綿密に調査され、多くの校訂を受けたのちに1837年2月13日に下院に提出された。この時同時に、ニコルズの報告書も下院に提出された[63]。

第1読会を経て、第2読会では、定住法の問題と乞食の条項が、とりわけ議論された。定住法は、ニコルズの提案にしたがって、法案には盛り込まれなかったが、多くの議員は依然として、同法が必要であるという見解を持っていた。しかし、議論の結果、120対68で定住法の導入は反対された[64]。

つぎに乞食の条項についてであるが、これは教区連合内の乞食を抑圧する

という条項であり，法案の中に含まれていた。しかしこの条項については，さらに考慮すべきであるとして，後回しにされた[65]。

　法案の審議は続けられる予定であったが，1837年6月20日にウィリアム4世が亡くなると，議会は停会し，法案は廃案となった[66]。議会の停会後，ニコルズは再びアイルランドに赴き，11月3日に第2報告書をラッセル卿に提出したのである。

第2節　第2報告書について

　第1報告書と，それをもとに作成された法案は議会の内外で批判された[67]。第2報告書は，これらの反論にこたえるために書かれたものである。その論点は多岐にわたるが，ニコルズは基本的には，第1報告書でのべた主張を変えていない。ここでは，第2報告書のいくつかの論点のうち，困窮者の数，定住法の2点についてみてみたい。

　まず，第1報告書でアイルランドにおいて，困窮のために救済を必要とする人数を人口の1％，すなわち8万人と推測した見解については，批判がなされた[68]。ニコルズはこの点については，第2報告書で自分の非を認め，その数を少なくとも40万人に修正し[69]ている。しかし，この修正論の根拠はつぎのようなものであった。イングランドのケント，サセックス，オックスフォード，バークシャのワークハウス内の困窮者は人口の1％であるが，それに加えて院外救済は人口の4％ないし5％に達している。このことから，ニコルズはこの割合をアイルランドの場合にも当てはめ，救済者数を40万人と類推したのである。つまりこの数字もまた，アイルランドにおける調査に基づいたものではなかった。

　定住法の導入については，第1報告書と同様に，ニコルズはこれを否定している。その理由として彼は，同法が労働の自由な分配を妨げることをあげている[70]。さらに定住法は「雇い主と労働者を守るために同様に必要な，公正かつ自由な競争を破壊する。公正かつ自由な競争によって，労働市場における供給と需要の均等化が保たれうる」[71]とのべている。

　しかし，つぎのような理由で，定住法の導入を要求する見解があった。すなわち，毎年アイルランドからイギリスに移住する労働者は，妻や家族をア

イルランド東部の港湾都市に残しておくため，定住法が確立されなければ，これらの都市は重い負担を負わされるであろうという見解である[72]。

これに対してニコルズは，イギリスにおけるアイルランド人移民の現状を説明しつつ反論している。この点は重要であるので，少し長くなるが引用しておこう。

「もしイングランドで労働者に対する需要があれば，アイルランドにおける失業者はそれを利用するであろうし，その逆もまた同じである。長期間，ある季節に，スコットランドとイングランドに大量のアイルランド人労働者の流入が続いてきたし，それは毎年増加しているようにみえる。そうして移住する者のうち多くは，帰らずにイングランド及びスコットランドの大きな町の全土に散らばってとどまり，そこである部門の仕事，つまりより粗野で骨のおれる種類の仕事は，ほとんど専らアイルランド人によって行われる。工業地区にも，これらの労働者の子供とアイルランドから直接連れて来られた子供が工場で雇われている。したがって，現在では，イングランド及びスコットランドに永住する多数のしかも急速に増加しつつあるアイルランド人が実際にいる。

これらの移住民は，収穫期の始めと終わりに，アイルランドとグレイト・ブリテンとの間を毎年行き来する農業労働者の定期的な移動とは異なっている。それゆえ彼ら（このような農業労働者）に対して，定住法を主に適用することが切に求められてきた。これらの刈取り人夫が移動する季節は，5, 6, 7, 8月である。彼らはほとんどアイルランドの西部，しかも大部分はコノート地方の人である。彼らはほとんど全員小土地を占有し，自分自身の少しの作物を植えるとすぐに，イングランドないしはスコットランドに乗り出すために東部の港に向けて出発する。彼らは一般的には，妻や家族を自宅に残しておくが，港湾都市までないしは海峡を越えて彼らを同伴する場合もある。いずれの場合も，彼らは扶助の手段として物乞いをすることが多い。しかしながら，家族は大部分自宅にとどまる。移住者の中には，土地を占有しない多くの独身の若者もいるが，大部分は先にのべた通りである。

イングランドとスコットランドにおける干し草と穀物の収穫期の間，これらのアイルランド労働者の貢献は，大変重要である。したがって，多くの地域では，収穫は彼らの援助なしには，ほとんどたくわえられなかった。

……（中略）……

イングランドで収穫期に得た金で，彼らは自分達の地代を支払い，衣服と必需品を買うことができるのである」[73]。

以上のニコルズの見解でとりわけ注目すべきことは，①アイルランド人移民を永住型と季節型に分けて論じていること。②アイルランド人移民の労働力を，イギリスとスコットランドにとって不可欠であると捉えていること。③したがってアイルランドには，定住法は必要ないと考えていることである。

これに続いてニコルズは，アイルランド移民の家族の救済をワークハウス内に限定すること，しかもそこで使われた救済費を農業労働者が収穫を終えて帰って来た時に，彼らから取り戻すようにすれば，ダブリンや他の東部の港湾都市に負わされた負担は，現在よりも少なくなるであろうとして定住法の導入に反対している[74]。

以上みてきたようにニコルズは，アイルランドの貧民について不十分な調査しかせず，イギリスの支配と利益を織り込んだプア・ローを提案したのである。のちにペロウ（Perraud）は，「この著作（ニコルズの報告書）を読む人は誰でも，著者（ニコルズ）がアイルランドをイギリスの偏見を通してしかみていないことがはっきりする」[75]と酷評している。

第3節　1838年アイルランド救貧法の成立

ニコルズの第2報告書を受理して約1カ月後の1837年12月1日に，ジョン・ラッセル卿はアイルランドのプア・ロー法案を，議会に再提出した。第1読会では意見の不一致はなかったが，第2読会ではオコンネル（Daniel O'Connell）が法案に強く反対した[76]。定住法に関する問題は，再び十分に議論され，その導入は103対31で否決された。また乞食の条項も，乞食の抑圧には将来別の手段があるであろうという条件で撤回された[77]。つまり，乞食の抑圧に関しては，ニコルズの提案は受け入れられなかったことになる。

1838年4月30日，法案は第3読会を経て下院を通過し，翌日上院の第1読会へかけられた[78]。上院では，法案は激しい反対にあった。とりわけアイルランドの貴族の多くは，救貧税の驚異的な負担に驚いた。彼らは救貧税が，自分達の所得の大部分を食ってしまうと恐れたのである[79]。

第2読会に先立って，ウェリントン公爵（Duke of Wellington）のすすめ

によって法案のいくつかの条項に変更が加えられた。例えば第44条は，救済の費用を教区連合全体ではなく，各選挙区が負担することに変更された。このような変更は，政府の承認を得て，ウェリントンとニコルズの間ですすめられたのである[80]。

ウェリントンは，アイルランドに現存する困窮を認め，第2読会においてつぎのような観点から法案を積極的に支持した。①プア・ローはアイルランドの人々の社会的関係を改善し，困窮を防止すること。②プア・ローは，アイルランドのジェントリーが在住，不在にかかわらず，自分達の財産を管理し，彼らの土地にいる住民の状態に注意を払うよう仕向けるであろうということ。③プア・ローは，地主と小作人，土地の占有者と労働者の間の社会的関係を改善するであろうということ。④また定住法を制定すれば，無限の訴訟が生じ，誰も結末を予想できない論争になると，ウェリントンは確信した[81]。結果的に，第2読会で，同法案は149対20で認可された。その後7月6日からの第3読会を経て，7月31日にアイルランドにおける初めてのプア・ローが成立した[82]。

第4節　1838年アイルランド救貧法について

1838年アイルランド救貧法は125条から成るが，以下では，同法の内容[83]を，行政機構，救済の方法と原則，移住，救貧税という面からニコルズの提案と比較しながら検討してみよう。

(1) 行政機構

まず行政機構について，その概要をまとめるとつぎのようになる。

(I) 中央当局：しばらくの間，プア・ロー委員会を同法実施のための委員会とする（第1条）。プア・ロー委員会は，つぎのような目的のために命令を出す権限を付与される。①ワークハウス，勤労の家，捨子養育院と，そこにいる貧民の管理，②その吏員の指導，管理，任命及び解任，③すべての保護委員，官吏，困窮貧民の管理ないし救済のために活動している有給もしくは無給の吏員の指導と管理，④会計簿の記帳，検査，承認ないし否認。⑤

困窮貧民の管理ないし救済に関する，あるいは彼らの救済のための支出に関する問題の契約。さらに⑥同委員会が必要であると考える他のすべての点で，同法を実施するために命令を出す権限を付与されることが規定された。ただし，同委員会は，救済を命令するために個々のケースに干渉することはできない（第3条）。同委員会によって出された一般規則は，国務大臣に提出され，40日後でなければ実施されない（第4条）。さらに同委員会は，同法を実施するための吏員として，委員補佐（Assistant Commissioner），事務局長（Secretary），事務局長補佐（Assistant Secretary），書記（Clerk），他の吏員を任命し，指導することが規定された（第9条）。なおアイルランドにおけるプア・ロー委員会とは，イングランド及びウェールズにおける1834年の新プア・ロー下で任命されたプア・ロー委員会を意味することが明記された（第118条）。エリザベス女王は，4人目のプア・ロー委員を任命する権限がある（第119条）。プア・ロー委員会の1人は，同法の条項を実施するために，アイルランドにおいて活動することができる。その間同委員は，一般規則を作る権限を除いて，同法がプア・ロー委員会に付与したのと同じ権限をもつ（第122条）。

（Ⅱ）行政単位：教区連合が行政単位とされたが，教区連合はさらに選挙区に区分された。プア・ロー委員会は教区連合を組織し，選挙区に区分する権限を付与された（第15条，第18条）。

（Ⅲ）地方当局：教区連合においては，保護委員会が組織され，保護委員が選出されなければならない（第17条）。プア・ロー委員会は，各選挙区の状況を考慮して，保護委員の数を決定すべきである（第19条）。この保護委員は，各選挙区で選出された保護委員と職権上の保護委員（治安判事）とによって構成されたが，その資格ないし数については，つぎのような制限が盛り込まれた。すなわち，いかなる宗教の聖職者も保護委員としての資格はない（第19条）。治安判事は，有給治安判事（Stipendiary Magistrate），高等法院の弁護士補佐（Assistant Barrister），聖職者，何らかの宗教の宗派の正規の牧師でなければ，自分が住んでいる教区連合の職権上の保護委員である（第23条）。しかし，彼らの数は，選挙された保護委員の3分の1を超えてはならない（第24条）。

教区連合〔1839年法（2 Victoria, c. 1）で「教区連合」から「選挙区」に訂正された〕[84] の保護委員の選挙において，すべての救貧税納付者は，課

税された財産の純年価値（net annual value）等に応じて，複数投票権が与えられる（第81条）。

　保護委員は，彼らの自由裁量で，ただし，すべてのケースについて，プア・ロー委員会の命令に従って，ワークハウス内で困窮貧民を救済し仕事につけるために適切な手段をとることができる（第41条）。また保護委員には，教区連合内の課税しうる法定相続財産（hereditaments）のすべての占有者に対して，必要な救貧税を決定し，課す権限が付与される（第61条）。プア・ロー委員会は，保護委員の選挙において，救貧税徴収に際して課税されるべき財産の検分と評価において，また困窮貧民の救済及び管理行政において，監督，実行，補助のために，その他同法の規定を実施するために，有給の吏員を任命することができる。さらに同委員会は，彼らの職務を規定し，雇用の継続，解任，俸給等を決めることができる（第31条，第33条）。

(2) 行政機構の特徴

　アイルランドのプア・ロー行政機構は，イギリスの新プア・ローをモデルにして組織されたが，いくつかの点で，それとは異なっていた。プア・ロー行政機構の特徴を，イギリスのそれと比較しながらみてみよう。

　第1に，アイルランドにおける救貧行政には，イギリスによる統治という側面が強かった。それは何よりも，ニコルズの提案にしたがって，イギリスのプア・ロー委員会が，アイルランドのプア・ロー委員会を兼務したこと（第118条参照）にあらわれている。つまりアイルランド人は，最初からこのメンバーに加わることさえできなかったのである。すでに1834年新プア・ロー下でプア・ロー委員の1人として任命されていたニコルズは，駐在のプア・ロー委員として（第122条参照），1838年から1842年までダブリンに居住し，プア・ロー実施の指揮をとったのである。アイルランドにおいてプア・ローを施行するために，ニコルズはイギリスから，4人のイギリス人の委員補佐を同行し，彼らに4人のアイルランド人の委員補佐を参加させ，さらに1840年には別の3人の委員補佐を加えた[85]。イギリスのプア・ロー委員会が，アイルランドのプア・ロー委員会を兼務する行政は1838年から1847年まで続いたのである[86]。

　第2に，イギリスにおいてもアイルランドにおいても，プア・ロー委員会

には多大な権限が付与された。しかし，アイルランドのプア・ローは，イギリスのそれ以上に，同委員会に権限を付与した。その点を保護委員会との関係でみてみよう。まず，イギリスでは，ワークハウスの教戒師（chaplain）や教区連合の会計検査官（auditor）の任命権は，保護委員会に付与されていたが，アイルランドでは，それはプア・ロー委員会に付与された[87]。つぎに，イギリスにおいても，アイルランドにおいても，プア・ロー委員会は，救済を命令するために個々のケースに干渉することを妨げられていた。しかし，アイルランドでは，プア・ロー委員会が命令した時に，教区連合の保護委員会の例会が開かれなければ，あるいは，もし保護委員の怠慢によって，保護委員会における彼らの職務が，アイルランドのプア・ローの意図に従って有効に履行されなければ，プア・ロー委員会はそのような保護委員会を解散させ，あらためて選挙を命令する権限を付与された。さらにもし新たな保護委員会が，同様に彼らの職務を有効に履行しなければ，プア・ロー委員会は同法を実施するために有給の吏員を任命する権限を有することが規定された[88]。

第3に，アイルランドのプア・ローには，ニコルズの提案にしたがって，保護委員の資格ないし数について，イギリスのそれにはない規定が盛り込まれた（第19条，第23条，第24条参照）。とりわけ，聖職者を保護委員から一切排除した第19条の規定の影響は大きかったものと推察される。

第4に，行政単位は，イギリスの新プア・ローでもアイルランドのプア・ローでも，教区連合とされた（ただし，イギリスでは，課税や定住法については，教区単位の行政が残っていた）。しかし，アイルランドでは教区連合がさらに選挙区に区分され，選挙区ごとに保護委員の数が決められ，選挙が行われた。教区連合を選挙区に区分することを提案したのは，ウェリントンであったが，このような制度は，イギリスにはなかった。この選挙区は，教区連合のワークハウスに収容された被救恤民のための救貧税負担と巧みに組み合わされた。すなわち，ワークハウス内の被救恤民の救済費は，本人が住民として登録されている各選挙区の負担となり，彼らが教区連合内の選挙区に住民として登録されていない場合には，救済費は教区連合全体の負担となることが規定された（第44条）。例えば，1845年7月31日の時点でアイルランドに開設されたワークハウスは119あり，そこに収容された被救恤民の総数は3万9001人であった。このうち，各選挙区の負担となった者が3万3512人，

教区連合全体の負担となった者が 5,489 人であった[89]。

(3) 救済の方法と原則

ニコルズは第 1 報告書において，困窮貧民の救済をワークハウスに限定し，院外救済を禁止することを主張した。さらに救済される権利を否定した。これらの提言は，1838 年アイルランド救貧法でつぎのように規定された。プア・ロー委員会が，ワークハウスを困窮貧民の収容に通していると宣言するちょうどその時に，保護委員は彼らの自由裁量で，ただしすべての場合について，プア・ロー委員会の命令にしたがって，ワークハウス内で以下の人を救済し，仕事につけるために，適切な手段をとることができる。そのような困窮貧民とは，まず第 1 に老齢，虚弱，欠陥があるという理由で，自活できない困窮貧民及び困窮した子供であり，第 2 に保護委員が困窮貧民とみなし，自分の勤労ないし他の法的手段では自活できない人である（第 41 条）。救済の方法と原則に関しては以下の特徴があげられよう。

第 1 に，困窮貧民の救済は，ワークハウス内で行われることになり，院外救済については，一切法制化されなかった。イギリスの新プア・ローにおいては，一部の対象者については，院外救済が認められていたので[90]，この点は大きな相違点である。なおアイルランドのプア・ローに院外救済が導入されるのは，1847 年法（10&11 Victoria, c. 31）からである。これは 1845 年秋からのじゃがいもの凶作に起因する大飢饉の発生後，救済者が急増し[91]，ワークハウス内だけでの救済が難しくなったからである。

第 2 に，誰を救済するかという問題は，専ら保護委員の自由裁量とプア・ロー委員会の命令にゆだねられ，貧民の側から救済を要求する権利については，全く触れられなかった。ニコルズの主張にしたがって，救済される権利は否定されたと考えてよいであろう[92]。

第 3 に，労働能力のない者だけでなく，労働能力者も救済の対象となった。例えば，1846 年 3 月 25 日の時点で，123 のワークハウスに収容されていた被救恤民 5 万 375 人のうち，労働能力者は 8,246 人であった（第 9-1 表参照）。

第 4 に，劣等処遇の原則については，1838 年アイルランド救貧法の条文には盛り込まれなかったが，ある程度までは実施されたようである。クローフォード（Crawford）はアイルランドのワークハウスの食事に焦点を当てて，

劣等処遇の原則は，1845年の飢饉の年までは達成されたとしている[93]。

第9-1表 アイルランドにおけるワークハウス内の被救恤民の数
(1844年，1845年，1846年)

日付	開設されたワークハウスの数	被救恤民の数							
		労働能力者			他の収容者			労働能力者		
		男	女	合計	男	女	合計	男	女	合計
1844年3月25日	109	1,780	5,386	7,166	16,067	16,250	32,317	17,847	21,636	39,483
1845年3月25日	116	1,788	5,309	7,097	17,517	17,902	35,419	19,305	23,211	42,516
1846年3月25日	123	1,984	6,262	8,246	20,985	21,144	42,129	22,969	27,406	50,375

注) (出所) McCulloch, 1867, p. 704.

(4) 移住政策

ニコルズは，貧民をイギリスの植民地へ移住させることも救済方法の1つとして位置づけていたが，これもつぎのように法制化された。もし選挙区の救貧税納付者の会合で，出席者の過半数が，貧民の移住を援助するために救貧税を調達することに賛成すれば，プア・ロー委員会はその目的に適合すると考えられる額（その選挙区の課税しうる財の純年価値に基づいて1ポンドにつき1シリング以下）を同法下での救貧税によってか，あるいは将来の救貧税負担によって保護委員に調達するよう命令することができる。そしてそのようにして調達される金は，プア・ロー委員会の指示で，教区連合の保護委員によって，選挙区に住んでいる貧民がイギリスの植民地に移住することを助けるために使われるべきである（第51条）。かくして，アイルランドのプア・ローは，イギリスの植民地政策の一貫として組み入れられた。

アイルランドの貧民を，イギリスの植民地に移住させるための費用を，救貧税から調達するという条項は，その後細かな修正を加えられつつも，1843年法(6&7 Victoria, c. 92, 第18条)，1847年法(第13-15条)，1849年法(12&13 Victoria, c. 104, 第26条)によって，継続されていく。しかし，制定法の意図とは裏腹に，これらの条項に沿って，移住させられた貧民は実際には少なかった。ブラック（Black）によれば，1843年から1847年の間に，救貧税からの援助を受けて海外移住したのは，わずか306人であったという[94]。またニコルズによれば，1850年に，救貧税から援助を受けて海外移住したの

は，1,721人（360人の大人の男子，844人の大人の女子，517人の子供）であった[95]。1847年から1850年に海外移住したアイルランド人の総数は83万3692人にも達していた[96]が，彼らの大多数は救貧税からの援助を受けなかったといえよう。ブラックも，救貧税から援助を受けて海外移住した人の数は，自発的な流出と比較して，わずかなものにとどまったことを指摘している[97]。彼はこの原因について，(移住よりも）即座の救済（immediate relief）を求める圧力が大変強かったこと，そして多くの教区連合が財政困難に陥っていたことをあげている[98]。

なおイギリスの新プア・ローにおいても，貧民の海外移住のための費用を，救貧税から調達することができるよう規定されていた[99]。しかし，この条項ではアイルランドのプア・ローとは異なり，貧民の移住先については，何ら触れられていない。また，この条項に基づく最初の1年間の海外移住件数は，わずか320件であった[100]。

(5) 救貧税

プア・ローを実施し，困窮貧民の救済に必要な財源を調達するために，1838年アイルランド救貧法はレイトの賦課を規定した（第61条）。これによって，アイルランドにおいてはじめて，貧民救済のための強制的な課税，すなわち救貧税が導入されることになった。

その課税客体及び免税の対象については詳細に規定された（第9-2表参照）が，これは課税客体をめぐる係争を防止する意図があったと考えられる。そして，これらの課税客体の純年価値の推計に基づいて，1ポンド当たりいくらという税（poundage rate）が決められることになった（第64条）。

納税義務者は，課税しうる財産の占有者とされた（第71条）。しかし，すべての占有者は，所有者に支払う地代から，自分が支払った救貧税の半分を差し引くことが規定された（第74条）。このことは，占有者と所有者とが救貧税の負担を結果的に折半することを意味している。この点は，ニコルズがとりわけ主張したことであり，彼の提案が採用されたことになる。イギリスのプア・ローでは，救貧税の納税義務者は，法定相続財産の占有者であった。アイルランドのプア・ローは，結果的に，救貧税の半額を所有者（地主）に負担させることを盛り込んだ点で，イギリスのそれとは大きく異なっていた

のである。

第 9-2 表　1838 年アイルランド救貧法による救貧税の規定

課税客体	法定相続財産（hereditaments）。具体的には土地，建物，7 年間以上開いている鉱山，共有地，入会権，土地から受け取るべきあるいは得るべき他のすべての利潤，漁獲権，運河，水路，航行権，土地の通行権と他の地役権，そのような権利と地役権に関して徴収された使用税及びすべての使用税（第 63 条）。
免税の対象	泥炭の泥沼，泥炭の堤，開いてから 7 年間経過していない鉱山，教会，礼拝堂，その他専ら宗教の礼拝にささげられた建物，専ら貧民の教育のために使用される建物，墓地ないし埋葬地，診療所，病院，慈善学校，その他専ら慈善目的に使用される建物，公共の目的のために使用される建物や土地ないし，法定相続財産。ただし，私的利潤の生じるものや，個人的に使用されるものを除く（第 63 条）。

　さらに十分の一税の納税義務者は，自分が支払う十分の一税から，同税が生じる法定相続財産に対して賦課された救貧税の全額を差し引くこととされた（第 76 条）。（つまりこの場合，救貧税負担は十分の一税の受領者である教会や聖職者に転嫁される。なお 1838 年の「十分の一税置換法」によって，地主も十分の一税を負担することが規定された）。また財産の年間の純年価値が，5 ポンドに満たない場合には，その占有者と彼の直接の地主が署名して文書によって要求し，教区連合の保護委員が，保護委員会の覚え書きによってそれに賛成すれば，地主が占有者の代わりに課税されることが規定された（第 72 条）。このような立替払い制[101]についても，ニコルズの提案が活かされたといえよう。

　以上のことから，救貧税を支払っているすべての占有者，救貧税を控除した地代のすべての受領者，十分の一税の所有者が，救貧税納付者とみなされるべきであるとされた（第 80 条）。そして，保護委員の選挙においては，彼らが占有している財産の純年価値，純地代の総額，十分の一税の純年価値に応じて，彼らに複数投票権が付与された。すなわち，それらが 20 ポンド未満では 1 票，20 ポンド以上 50 ポンド未満では 2 票，50 ポンド以上 100 ポンド未満では 3 票，100 ポンド以上 150 ポンド未満では 4 票，150 ポンド以上 200 ポンド未満では 5 票，200 ポンド以上では 6 票が付与された（第 81 条）。なおこの基準は，すでにみたニコルズの提案とは異なっている。

第5節　結びにかえて

　これまでの考察によって、ニコルズの提案の多くが、1838年アイルランド救貧法の基盤となったことを明らかにした。イギリスは、アイルランドにプア・ローを制定することで、アイルランドの貧民を当地の救貧税で救済させる制度をスタートさせた。1838年アイルランド救貧法はイギリスの新プア・ローの一部修正版であり、その中にはアイルランドの自治、宗教等に関するイギリスの支配的側面が巧みに盛り込まれていた。それはこれまでみてきたように、イギリスのプア・ロー委員会がアイルランドの同委員会を兼務するということ、聖職者を保護委員から一切排除すること、労働能力のある失業者をイギリスの植民地に移住させる費用を救貧税から支出すること等であった。

　ニコルズの提案にしたがって、1838年アイルランド救貧法に定住法を盛り込まなかったことは、イギリスの労働力政策にとって、極めて重要な意味をもっている。定住法の否定は、イギリスにとって、アイルランドから季節労働者、安価な労働力の調達を容易にするためにも必要であったからである。1838年アイルランド救貧法下では、貧民の救済はワークハウス内か移住かに限定され、しかも救済される権利は否定されていた。定住法の欠如は、救済する側の責任の回避を意味した。そうであるから、このようなプア・ローは、貧民の側からすれば、骨抜き立法であり、そのため膨大な数のアイルランド人が貧困ゆえに海外への移住を余儀無くされたのである[102]。

　1838年アイルランド救貧法はアイルランド貧民救済のための初めてのプア・ローであったが、それはまたイギリスによるイギリスのための政策でもあったといえよう。

注）

1）　アイルランドにおけるプア・ローの必要性を説いた初期のすぐれたパンフレットとしては、Woodward, *An Argument* がある。この点については本書第2部第8章を参照。アイルランドのプア・ローをめぐる議論については、Black, 1960, pp. 86-133 が詳しい。

2） ニコルズ（Nicholls, George, Sir, 1781-1865）。プア・ロー改革者，行政官。コーンウォール（Cornwall）のセント・ケバン（St. Kevern）のソロモン・ニコルズ（Solomon Nicholls）の長男として，1781年12月31日に生まれる。ニコルズは，セント・ケバン・チャーチタウンの教区学校で学び，のちにヘルストン・グラマースクール（Helston grammar school）で，最後にデボンシャ（Devonshire）のニュートン・アボット（Newton Abbot）で学んだ。ニコルズは1796年から1815年まで，船員をつとめるが，1815年に彼の指揮下の船が火災で破損して，約3万ポンドを失った。その後わずかな財産で，7年間ノッティンガムシャ（Nottinghamshire）に住み，1821年から2年間サウスウェル（Southwell）の教区の貧民監督官をつとめた。在任中に，彼はサウスウェルでの救貧費を大幅に減少させた。1821年には，*Nottingham Journal*に8通の'Letters by an overseer'を書き，これはのちにパンフレットとして再刊された。ニコルズの主な考えは，院外救済（outdoor relief）を廃止し，貧民の状態を向上させる手段として「ワークハウステスト」をよりどころにすることであった。1823年から1827年まで，彼はトマス・テルフォード（Thomas Telford）と共に，さまざまな運河と港の計画に従事した。1826年，イングランド銀行のバーミンガム支店の支配人となり，7年間の管理は大成功であった。1829年に，ニコルズは内務大臣のロバート・ピールから，バーミンガムの全般的な状態について助言を求められた。1834年8月に，新プア・ローが成立し，同月にニコルズは，T.フランクランド・ルイス（Sir T. Frankland Lewis），J. G. ショウ＝ルフィーヴァ（J. G. Shaw-Lefevre）と共に，プア・ロー委員に任命された。彼は1847年までその職にあった。1836年と1837年に，ニコルズはジョン・ラッセル卿（Lord John Russel）の依頼でアイルランドに派遣され，アイルランドのプア・ロー（1&2 Victoria, c. 56）成立の基礎となる報告書を書き，議会に提出した。1838年，ニコルズは，オランダとベルギーにおける貧困階級の状態と救貧行政を調査するために，政府によってこれらの国に派遣され，報告書をまとめた。1838年，アイルランドのプア・ロー成立後，1842年まで，プア・ロー委員としてアイルランドに滞在し，その執行に尽力した。1847年，イギリスでプア・ロー庁（poor law board）ができると，ニコルズは事務次官になり，職務を続けた。ただし年俸は，2,000ポンドから1,500ポンドに減った。1851年，70歳で，不健康のため事務次官を退職。同年バス上級勲爵位士（K.C.B.）を授与され，年間1,000ポンドの特別年金を受ける。彼は余生を，貧民とプア・ローに関する著書の執筆にささげた。この他にも彼は，1844年にバーミンガム運河会社（Birmingham Canal Company）の取締役になり，1853年には会長に選ばれ，1864年までその任についていた。また1848年から1865年に84歳で亡くなるまで，ロック生命保険会社（Rock Life Assurance Company）の取締役をつとめた。1865年3月24日，ロンドンの自宅で死去。ニコルズの著作としては，つぎのものがある。(1) *Eight Letters on the Management of our Poor and the General Administration of the Poor Laws By an Oberseer*, 1822. (2) *Three Reports by George Nicholls, esq., to Her Majesty's Principal Secretary of State for the Home Department*, 1838. (3) *The Farmer's Guide*, Dublin,

第 9 章　ニコルズの報告書とアイルランドにおけるプア・ローの特徴　　323

1841. (4) *The Farmer*, London, 1844. (5) *On the Condition of the Agricultural Labourer*, 1847. (6) *The Flax-Grower*, 1848. (7) *A History of the English Poor Law*, 2 Vols, 1854. (8) *A History of the Scotch Poor Law*, 1856. (9) *A History of the Irish Poor Law*, 1856.（ニコルズについては，D. N. B., Vol.XIV, pp. 438-441, Webb, [1929] 1963, pp. 107-108 を参照した。）

3) Nicholls, [1856] 1967, p. 188.
4) Nicholls, *Three Reports*, p. 5.
5) Nicholls, *Three Reports*, p. 7.
6) Nicholls, *Three Reports*, p. 7.
7) Nicholls, *Three Reports*, p. 7.
8) Nicholls, *Three Reports*, p. 7.
9) Nicholls, *Three Reports*, p. 7.
10) Nicholls, *Three Reports*, pp. 7-8.
11) Nicholls, *Three Reports*, p. 8.
12) Nicholls, *Three Reports*, p. 8.
13) Nicholls, *Three Reports*, pp. 9-10.
14) Nicholls, *Three Reports*, p. 10.
15) Nicholls, *Three Reports*, p. 10.
16) Nicholls, *Three Reports*, pp. 10-11.
17) Nicholls, *Three Reports*, p. 8.
18) Nicholls, *Three Reports*, p. 16.
19) Nicholls, *Three Reports*, p. 16.
20) Connell, [1950] 1975, p. 175.
21) Nicholls, *Three Reports*, p. 15.
22) Nicholls, *Three Reports*, p. 21.
23) Nicholls, *Three Reports*, p. 25.
24) Nicholls, *Three Reports*, p. 23.
25) Nicholls, *Three Reports*, p. 24.
26) Nicholls, *Three Reports*, p. 23.
27) Nicholls, *Three Reports*, p. 25.
28) Nicholls, *Three Reports*, p. 38.
29) Nicholls, *Three Reports*, pp. 36-37.
30) Nicholls, *Three Reports*, p. 64.
31) Nicholls, *Three Reports*, p. 64.
32) イギリスのグレイ（Grey）内閣の下で 1833 年 9 月に任命されたこの委員会は，9 人の委員〔委員長はダブリンのプロテスタントの大司教ウェイトリ（Whately），他の委員としてダブリンのローマカトリックの大司教マリ（Murray）等〕から構成される。同委員会は，1835 年に第 1 報告書，1836 年に第 2 報告書，第 3 報告書を出している。これらの報告書は，いずれも大部であり，アイルランドの貧民についての詳細な調査結果や彼らに関する　種々の政策提言等から構成されている。しかし，イギリス政府はこれらの報告書の内容を受け入れなかった。

そこで，ニコルズがアイルランドに派遣されたのである。ニコルズはこれらの報告書の要点をのべ，コメントを加えている（Nicholls, [1856] 1967, pp. 118-152）。

33) Nicholls, [1856] 1967, pp. 133-134.
34) Nicholls, [1856] 1967, p. 134.
35) Nicholls, [1856] 1967, p. 134.
36) Nicholls, *Three Reports*, p. 53.
37) Nicholls, *Three Reports*, pp. 53-54.
38) Nicholls, *Three Reports*, p. 54.
39) Nicholls, *Three Reports*, p. 54.
40) Nicholls, *Three Reports*, p. 56.
41) Nicholls, *Three Reports*, p. 56.
42) Nicholls, *Three Reports*, p. 46.
43) Nicholls, *Three Reports*, p. 44.
44) Nicholls, *Three Reports*, p. 46.
45) Nicholls, *Three Reports*, p. 47.
46) Nicholls, *Three Reports*, p. 47.
47) Nicholls, *Three Reports*, p. 42.
48) Nicholls, *Three Reports*, p. 14.
49) Nicholls, *Three Reports*, p. 43.
50) Nicholls, *Three Reports*, p. 43.
51) Nicholls, *Three Reports*, p. 44.
52) Nicholls, *Three Reports*, p. 44.
53) Nicholls, *Three Reports*, p. 27.
54) Nicholls, *Three Reports*, p. 29.
55) Nicholls, *Three Reports*, p. 30.
56) Nicholls, *Three Reports*, p. 41.
57) Nicholls, *Three Reports*, p. 41.
58) Nicholls, *Three Reports*, pp. 59-60.
59) Nicholls, *Three Reports*, p. 48.
60) 因みに1834年の救貧法改正法は，危険な精神異常者ないし白痴をワークハウスに14日以上拘留することを禁止している（第45条）。同法の条文については，Lumley, 1843を参照した。
61) Nicholls, *Three Reports*, pp. 52-53.
62) Nicholls, *Three Reports*, p. 50.
63) Nicholls, [1856] 1967, p. 189.
64) Nicholls, [1856] 1967, p. 194.
65) この理由についてニコルズは，「プア・ローが全土で十分に確立されるまでは，乞食を防止するために何事もなされるべきではないという強い感情が，議会内にあったようである」とのべている（Nicholls, [1856] 1967, p. 195）。
66) Nicholls, [1856] 1967, p. 195.

67) ニコルズの報告書に対する議会外での批判としてはKennedy, 1837, Macnaghten, 1838を参照。
68) 例えば、Kennedy, 1837, p. 32.
69) Nicholls, *Three Reports*, p. 99.
70) Nicholls, *Three Reports*, p. 84.
71) Nicholls, *Three Reports*, p. 84.
72) Nicholls, *Three Reports*, p. 90.
73) Nicholls, *Three Reports*, pp. 91-92.
74) Nicholls, *Three Reports*, p. 92.
75) Perraud, 1864, p. 308.
76) Nicholls, [1856] 1967, p. 210. オコンネルは、「アイルランドにおける全階級の人々が、それ（法案）に反対であり、同法案は慈善の流れを止めるであろうと主張した」(Lefevre, 1887, p. 189)。
77) Nicholls, [1856] 1967, p. 211.
78) Nicholls, [1856] 1967, p. 211.
79) Nicholls, [1856] 1967, p. 217.
80) Nicholls, [1856] 1967, pp. 220-221.
81) Nicholls, [1856] 1967, p. 219.
82) Nicholls, [1856] 1967, pp. 220-221.
83) 1838年アイルランド救貧法の内容については、*Digest of the Act of Parliament*を参照した。
84) Nicholls, [1856] 1967, p. 229, p. 233.
85) Nicholls, [1856] 1967, p. 234, p. 236, p. 246.
86) 1847年法（10&11 Victoria, c. 90）によって、アイルランドに独自の委員会"Commissioners for Administering the Law for Relief of the Poor in Ireland"が設置された。
87) McCulloch, 1867, p. 702.
88) McCulloch, 1867, p. 702. この規定は、1838年アイルランド救貧法の第26条による。
89) McCulloch, 1867, p. 704.
90) 老齢ないし身体が虚弱なために労働することができない貧民については、2人の治安判事がワークハウス外救済を命じることが規定されている（第27条）。
91) 1845年12月31日には、ワークハウスで救済されていた貧民は4万2068人であったが、1846年12月31日には、その数は9万4437人に急増している（Nicholls, [1856] 1967, p. 323）。
92) アイルランドのプア・ロー（1838年アイルランド救貧法）が、貧民の救済される権利を否定したとする考えについては、McCulloch, 1867, p. 88, Mokyr, 1983, p. 290を参照。
93) Crawford, 1997, pp. 207-222.
94) Black, 1960, p. 226.
95) Nicholls, [1856] 1967, p. 373.

96) Nicholls, [1856] 1967, p. 386.
97) Black, 1960, p. 235.
98) Black, 1960, p. 235.
99) 4&5 William Ⅳ. c. 76, 第62条。
100) Nicholls, 1854, Vol. 2, p. 324.
101) イギリスのプア・ローでは，1819年救貧法改正法（第19条）に立替払い制の規定がみられる。同法によれば，家賃が年間6-20ポンドの家屋については，その占有者ではなく所有者が（その家屋のある教区に住んでいようがいまいが）救貧税を支払うべきであるとされた。
102) 貧困と移民との関連を検討した論稿として，斎藤英里（1985）を参照。

参考文献

I

(Biographies)

Blackwell Dictionary of Evangelical Biography: The Blackwell Dictionary of Evangelical Biography:1730－1860, 2 Vols., edited by D. M. Lewis, 1995, Blackwell Publishers.

D. N. B.: The Dictionary of National Biography: from the earliest times to 1900/ founded in 1882 by George Smith; edited by Leslie Stephen and Sidney Lee, 1973, Oxford University Press.

O. D. N. B.: Oxford Dctionary of National Biography: in association with the British Academy: from the earliest times to the year 2000/ edited by H.C.G. Matthew and Brian Harrison, 2004, Oxford University Press.

(Dictionaries)

Palgrave's Dictionary of Political Economy: Palgrave's Dictionary of Political Economy, 3 Vols., edited by Henry Higgs, 1923－25, Macmillan.

(Statistics)

Abstract of British Historical Statistics: Abstract of British historical statistics, by Brian R. Mitchel, with the collaboration of Phyllis Deane, 1962, Cambridge University Press.

British Historical Statistics: British historical statistics, by Brian R. Mitchel, 1988, Cambridge University Press.

Review of Economic Statistics and Supplements: The review of economic statistics and supplements, preliminary volume, 1919, Kraus Reprint, 1963, Harvard University Press.

(Sources)

Annals of Agriculture: Annals of Agriculture and Other Useful Arts, 1784－, London.

Annual Register, 1817: Annual Register, 1817.

Christian Observer: The Christian Observer, Vol. 2 (1803).

Digest of the Act of Parliament: Digest of the Act of Parliament for the Relief of the Poor in Ireland, 1&2 Victoria, Chapter 56; with an Index, and the Act of Parliament, 1838, Dublin.

Fortieth Report of the Society: The Fortieth Report of the Society for Bettering the Condition and Increasing the Comforts of the Poor (1817), London.

Gentleman's Magazine: The Gentleman's Magazine: and Historical Chronicle, Vol. 120

(1816).

Half-Yearly Report: *Half-Yearly Report of the Workhouse Visiting Society*, 1865.

Insurance Cyclopaedia: *The Insurance Cyclopaedia by Cornelius Walford*, 1871–1880, New York: J.H. & C.M. Goodsell ; London: C. and E. Layton.

Journal: *Journal of the Workhouse Visiting Society.*

Martin, *Letter*: *Letter to the Right Hon. Lord Pelham, on the State of Mendicity in the Metropolis*, by Matthew Martin, 1803.

Martin, *Substance*: *Substance of a Letter, dated Poet's Corner, Westminster, 3d March, 1803, to the Right Hon. Lord Pelham, on the State of Medicity in the Metropolis*, by Matthew Martin, 1811.

Nicholls, *Three Reports*: *Three Reports by George Nicholls, esq., to Her Majesty's Principal Secretary of State for the Home Department*, 1838, London.

Parliamentary Debates: *Parliamentary debates from the year 1803 to the present time*, 1812–1820, T. C. Hansard.

Poor Law Report, [1834] 1974: *The Poor Law Report of 1834*, reprint of the 1834 ed., Penguin Books.

Quarterly Review: *The Quarterly Review*, Vol. 15 (1816).

Report from the Select Committee, [1846] 1970: *Report from the Select Committee, on District Asylums (Metropolis)*, reprint of the 1846 ed., Irish University Press.

Report from the Select Committee, 1821: *Report from the Select Committee on the Existing Laws Relating to Vagrants*, 1821.

Report of the Workhouse Visiting Society: *Report of the Workhouse Visiting Society upon the Proposed Industrial Home for Young Women, And the Correspondence with the Poor Law Board*, 1860.

Report, 1815: *Report from Committee on the State of Mendicity in the Metropolis*, 1815.

Report, 1816: *Report from the Select Committee on the State of Mendicity in the Metropolis*, 1816.

Reports of the Society: *The Reports of the Society for Bettering the condition and Increasing the comforts of the Poor*, Vol. I (1798, the forth edition, 1805), Vol. II (1800, the forth edition, 1805), Vol. III (1802), Vol. IV (1805), Vol. V (1808), Vol. VI (1814), London.

Second Annual Report, 1836: *Second Annual Report of the Poor Law Commissioners for England and Wales; with Appendixes A.B.C.D.*, London.

The First Report, 1819: *The First Report of the Society for the Suppression of Mendicity*, 1819.

The Second Report, 1820: *The Second Report of the Society for the Suppression of Mendicity*, 1820.

The Fourth Report, 1822: *The Fourth Report of the Society for the Suppression of Mendicity*, 1822.

Transactions: *Transactions of the National Association for the Promotion of Social Science*, London: John W. Parker and Son.

V. H. C. :*The Victoria History of the Counties of England, A History of Berkshire*, Vol. 1, 1972, Oxford University Press.

Woodward, *An Address*: *An Address to the Public, on the Expediency of a Regular Plan for the Maintenance and Government of the Poor: in which its Utility with respect to Industry, Morals, and Public Economy, is proved from Reason; and confirmed by the Expedience of the House of Industry lately established in Dublin. With some General observations on the English System of Poor Laws ; and an Examination of the Chapter in Lord Kames's Sketches of the History of Man, relative to the Poor. To which is added, An Argument in Support of the Right of the Poor in the Kingdom of Ireland to a National Provision*, by Richard Woodward, 1775, Dublin.

Woodward, *An Argument*: *An Argument in Support of the Right of the Poor in the Kingdom of Ireland, to a National Provision; in the Appendix to which, An Attempt is made to settle a Measure of the Contribution due from each Man to the Poor, on the Footing of Justice*, by Richard Woodward, 1768, Dublin.

II

Abel-Smith, Brian, 1964: *The Hospitals 1800-1948, a Study in Social Administration in England and Wales* [B. エイベル＝スミス『英国の病院と医療：二百年のあゆみ　1800-1948』多田羅浩三，大和田建太郎訳，1981 年，保健同人社], Heinemann.

Baker, James, 1819: *The Life of Sir Thomas Bernard, London*.

Baker, J. Bernard (ed.), 1930: *Pleasure and Pain* (1780-1818), London.

Baugh, Daniel A., 1975: The Cost of Poor Relief in South-East England 1790-1834, in: *The Economic History Review*, Vol. 28, pp. 50-68.

Berman, Morris, 1978: *Social Change and Scientific Organization : the Royal Institution, 1799-1844*, Heinemann Educational Books.

Bernard, Thomas, 1798: *The Reports of the Society for Bettering the Condition and Increasing the Comforts of the Poor*, Vol. 1, London.

―――, 1812: *The Barrington School*, London.

――― (ed.), [1809] 1970: *Of the Education of the Poor*, reprint of the 1809 ed., The Woburn Press.

Biesty, Stephen & Platt, Richard, 1993: *Stephen Biesty's Cross-sections Man-of-war* [S. ビエスティ『輪切り図鑑　大帆船』北森俊行訳，1994 年，岩波書店], Dorling Kindersley.

Black, R. D. Collison, 1960: *Economic Thought and the Irish Question 1817-1870*, Cambridge University Press.

Bland, Alfred Edward, Brown, Philip Anthony & Tawney, Richard Henry, 1914: *English Economic History Select Documents*, G. Bell and Sons.

Blaug, Mark, 1963: The Myth of the Old Poor Law and the Making the New, in: *The Journal of Economic History*, Vol. 23, pp. 151-184.

―――, 1964: The Poor Law Report Reexamined, in: *The Journal of Economic History*, Vol. 24, pp. 229-245.

Boyer, George R., 1990: *An Economic History of the English Poor Law, 1750-1850*, Cambridge University Press.

Bruce, Maurice, 1968: *The Coming of the Welfare State* [M. ブルース『福祉国家への歩み イギリスの辿った途』秋田成就訳, 1984年, 法政大学出版局], B. T. Batsford.

Brundage, Anthony, 1978: *The Making of the New Poor Law 1832-1839*, Hutchinson.

Burke, Edmund, 1790, 1791: *Reflections on the Rvolution in France,: and on the proceedings in certain societies in London relative to that event./ In a letter intended to have been sent to a gentleman in Paris*, 1st ed., 1790, 11th ed, 1791 [『世界の名著41 バーク マルサス』1980年, 中央公論社, エドムンド・バーク「フランス革命についての省察」水田洋訳], London.

―――, 1800 : *Thoughts and Details on Scarcity, originally presented to the right Hon. William Pitt, in the month of November, 1795* [E. バーク「穀物不足にかんする思索と詳論」永井義雄訳『世界大思想全集 社会・宗教・科学思想篇11』, 1957年, 河出書房], London: Printed For F. and C. Rivington.

Burn, Richard, 1825: *The Justice of the Peace, and Parish Officer*, 28th ed., Vol. 4, C. Roworth & Sons.

Burnett, John, [1966] 1989: *Plenty & Want, a Social History of Diet in England - from 1815 to the present day*, third edition of the 1966 ed., Routledge.

―――, [1978] 1983: *A Social History of Housing 1815-1970*, rev. ed. of the 1978 ed., Methuen.

Caird, Sir James, 1852: *English Agriculture in 1850-1851*, Longman, Brown, Green, and Longmans.

Cannan, Edwin, 1896: *The History of Local Rates in England*, Longmans & Green.

Carter, John & Muir, Percy H. (ed.), 1967: *Printing and the Mind of Man: the impact of print on the evolution of western civilization during five centuries* [J. カーター, P. H. ムーア (編)『西洋をきずいた書物』西洋書誌研究会訳, 1977年, 雄松堂書店], London, Cassell.

Chambers, Jonathan David & Mingay, G. E., 1966: *The Agricultural Revolution 1750-1880*, B. T. Batsford.

Clark, Peter, 2000: *British Clubs and Societies 1580-1800*, Oxford University Press.

Cole, George Douglas & Postgate, Raymond William, [1949] 1968: *The Common People 1746-1946*, fourth edition of the 1949 ed., Methuen.

Colquhoun, Patrick, 1797: *A Treatise on the Police of the Metropolis: containing a detail of the various crimes and misdemeanors by which public and private property and security are, at present, injured and endangered; and suggesting remedies for their prevention*, 5th ed., London.

Connell, Kenneth Hugh, [1950] 1975: *The Population of Ireland, 1750-1845*, reprint of the 1950 ed., Greenwood Press.

Cowherd, Raymond G., 1977: *Political Economics and the English Poor Laws*, Ohio University Press.

Crawford, E. Margaret, 1994: The Workhouse Diet in Ireland before and during the Great Famine, in: Burnett, John, & Oddy, Derek J. (ed.), *The Origins and Development of Food Policies in Europe*, 1994, Leicester University Press, pp. 207-222.

Crompton, Frank, 1997: *Workhouse Children*, Sutton Publishing.

Crowther, Margaret Anne, 1981: *The Workhouse System, 1834-1929: the history of an English social institution*, Batsford Academic and Educational Ltd.

Davies, David, [1795] 1977: *The Case of Labourers in Husbandry Stated and Considered*, reprint of the 1795 ed., Augustus, M. Kelley Publishers.

Dean, Mitchell, 1991: *The Constitution of Poverty: toward a genealogy of liberal governance*, Routledge.

Deane, Theresa, 1996: Late Nineteenth-century Philanthropy the case of Louisa Twining, in: Digby, A. & Stewart, J. (ed.), *Gender, Health and Welfare*, Routledge 1996, pp. 122-142.

Driver, Felix, 1993: *Power and Pauperism : the Workhouse System, 1834-1884*, Cambridge University Press.

Dunkley, Peter, 1982: *The Crisis of the Old Poor Law in England, 1795-1834*, Garland Publishing, Inc.

Eden, Frederick Morton, Sir, [1797] 1966: *The State of the Poor*, 3 Vols, facsimile of the 1797 ed., Frank Cass.

―――, 1798: *Porto-Bello: or a plan for the improvement of the port and city of London*.

―――, 1800: *An Estimate of the Number of Inhabitants in Great Britain and Ireland*.

―――, 1801: *Observations on Friendly Societies, for the maintenance of the industrious classes during sickness, infirmity, old age, and other exigencies*.

―――, 1802: *Eight Letters on the Peace; and on the Commerce and Manufactures of Great Britain*.

―――, *1806: Brontes: a cento to the memory of the late Viscount Nelson, duke of Bronté*.

―――, [1807] 1808: *Address on the Maritime Rights of Great Britain*, second edtion of the 1807 ed.

―――, [1820] 1828: *The vision*, another edition of the 1820 ed.

Engel, Ernst, 1895: *Die Lebenskosten belgischer Arbeiter Familien früher und jetzt. Ermittelt aus Familien Haushaltrechnungen und vergleichend zusammengestellt von Dr. Ernst Engel*［エルンスト・エンゲル『ベルギー労働者家族の生活費』森戸辰男訳，1947年，第一出版］, Dresden, C. Heinrich.

Gilbert, Thomas, 1781: *Plan for the Better Relief and Employment of the Poor; for enforcing and amending the laws respecting houses of correction, and vagrants, and for improving the police of this county*, London.

Ginter, Donald E., 1992: *A Measure of Wealth: the English land tax in historical analysis*, McGill-Queen's University Press.

Gordon, Barry, 1976: *Political Economy in Parliament: 1819-1823*, Macmillan.

Hadcock, Richard Neville, 1979: *The Story of Newbury*, Countryside Books.

Hammond, John Lawrence & Barbara, [1911] 1978: *The Village Labourer*, reprint of the 1911 ed., Longman.

Hennell, Michael M., 1958: *John Venn and the Clapham Sect*, Lutterworth Press.

Hilton, Boyd., 1988: *The Age of Atonement: the influence of Evangelicalism on sociail and economic thought 1785-1865*, Clarendon Press.

Hobsbawm, Eric J., 1968: *Industry and Empire an Economic History of Britain since 1750* [E. J. ホブズボーム『産業と帝国』浜林正夫, 神武庸四郎, 和田一夫訳, 1984年, 未来社], Weidenfeld and Nicolson.

Hobsbawm, Eric J. & Rüde, G., 1969: *Captain Swing*, Lawrence and Wishart.

Hollis, Patricia, 1987: *Ladies Elect: women in English local government l865-1914*, Oxford University Press.

Horn, Pamela, 1981: *A Georgian Parson and his Village: the story of David Davies (1742 -1819)*, Beacon Publications.

Hutchins, B. L. & Harrison, Amy, 1911: *A History of Factory Legislation*, 1903, second edition, revised 1911 [B. L. ハチンズ, A. ハリソン『イギリス工場法の歴史』大前朔朗, 石畑良太, 高島道枝, 安保則夫訳, 1976年, 新評論], London, P.S.King & Son.

Innes, Joanna, 1990: Politics and Morals: the reformation of manners movement in later eighteenth-century England, in: Hellmuth, E. (ed.), *The Transformation of Political Culture: England and Germany in the late eighteenth century*, Oxford University Press 1990, pp. 57-118.

―――, 2002: Origins of the Factory Acts: the health and morals of Apprentices Act, 1802, in: Landau, N. (ed.), *Law, Crime and English Society 1660-1830*, Cambridge University Press 2002, pp. 230-255.

Jameson, Mrs. Anna, [1857] 1976: *Sisters of Charity, Catholic and Protestant and The Communion of Labor*, reprint of the 1857 ed., Westport, Conn.: Hypersion Press.

Jones, E. L., 1968: *The Development of English Agriculture, 1815-1873* [G. E. ミンゲイ, E. L. ジョーンズ『イギリス産業革命期の農業問題』亀山潔訳, 1978年, 成文堂], Macmillan.

Jones, Kathleen, 1994: *The Making of Social Policy in Britain l830-1990* [K. ジョーンズ『イギリス社会政策の形成――1830-1990年』美馬孝人訳, 1997年, 梓出版社], The Athlone Press.

Kames, Henry Home, Lord, 1774: *Sketches of the History of Man,* Vol. 2, Edinburgh: Printed for W. Creech.

Keith-Lucas, B., 1952: *The English Local Government Franchise*, Oxford Basil

Blackwell.
Kennedy, John Pitt, 1837: *Analysis of Projects Proposed for the Relief of the Poor of Ireland*, London.
Lavery, Brian, 1989: *Nelson's Navy the Ships, Men and Organisation 1793‒1815*, Naval Institute Press.
Lefevre, G. Shaw, 1887: *Peel and O' Connell*, London.
Lindert, Peter H. & Williamson, Jeffrey G., 1983: English Workers' Living Standard during the Industrial Revolution: a new look, in: *The Economic History Review*, Vol. 36, pp. 1‒25.
Little, James Brooke, 1901: *Poor Law Statutes*, Shaw & Sons, Butterworth.
Longmate, Norman, 1974: *The Workhouse: a social history*, Maurice Temple Smith.
Lumley, William Golden, 1843: *Statutes Relating to the Relief of the Poor*, Charles Knight.
Macnaghten, Francis Workman, Sir, 1838: *Poor Laws Ireland: observations upon the report of George Nicholls, Esq.*, London.
Malthus, Thomas Robert, 1803: *An Essay on the Principle of Population*, second edition 〔T. R. マルサス『人口論：各版対照』Ⅰ-Ⅳ巻，吉田秀夫訳，1948‒1949年，春秋社〕, London.
─────, 1826: *An Essay on the Principle of Population*, sixth edition 〔T. R. マルサス『人口の原理』〔第6版〕大淵寛，森岡仁，吉田忠雄，水野朝夫訳，1985年，中央大学出版部〕, London.
Mandeville, Bernard, 1723: *The Fable of the Bees: or, private vices, publick benefits*, second editon 〔B. マンデヴィル『蜂の寓話 私悪すなわち公益』泉谷治訳，1985年，法政大学出版局〕, London.
Mantoux, Paul, 1959: *La Revolution Industrielle au XVⅢe siécle. Essai sur les commencements de la grande industrie modorne en Angleterre* 〔P. マントー『産業革命』徳増栄太郎，井上幸治，遠藤輝明訳，1964年，東洋経済新報社〕, Paris, Edition Génin.
Marshall, Dorothy, 1926: *The English Poor in the Eighteenth Century: a study in social and adminitrative history*, George Routledge & Sons.
Marshall, John Duncan, 1968: *The Old Poor Law 1795‒1834*, Macmillan.
Marx, Karl, [1867] 1962: *Karl Marx, Friedrich Engels Werke*, Band 23, *Das Kapital, Kritik der Politischen Ökonomie*, Erster Band, Buch I: Der produktionsprozeß des Kapitals, Institut für Marxismus-Leninismus beim ZK der SED 〔カール・マルクス『資本論』第1巻第2分冊，マルクス＝エンゲルス全集刊行委員会訳，1968年，大月書店〕, Dietz Verlag, Berlin.
Mayhew, Henry [1861‒1862] 1968: *London Labour and the London Poor*, Vol. Ⅳ, reprint of the 1861‒1862 ed., Dover Publications.
McCrone, Kathleen E., 1982: The National Association for the Promotion of Social Science and Advancement of Victorian women, in: *Atlantis*, Vol. 8, pp. 44‒66.
McCulloch, John Ramsay, [1845] 1991: *The Literature of Political Economy*, reprint of

the 1845 ed., Augustus M. Kelley.

―――, 1867: *A Descriptive and Statistical Account of the British Empire*, Vol. 2, third edition, London.

McDowell, Robert Brendan, 1979: *Ireland in the Age of Imperialism and Revolution, 1760-1801*, Clarendon Press.

Mingay, G. E., 1963: *English Landed Society in the Eighteenth Century*, Routledge and Kegan Paul.

―――, 1968: *Enclosure and the Small Farmer in the Age of the Industrial Revolution* 〔G. E. ミンゲイ, E. L. ジョーンズ『イギリス産業革命期の農業問題』亀山潔訳, 1978 年, 成文堂〕, Macmillan.

―――(ed.), 1989: *The Agrarian History of England and Wales*, Vol. VI: 1750-1850, Cambridge University Press.

Mitchelson, N., 1953: *The Old Poor Law in East Yorkshire*, East Yorkshire Local History Society pamphlet, 1953, cited in Marshall, J. D., 1968, p. 21.

Moir, Esther, 1969: *The Justice of the Peace*, Penguinbooks.

Mokyr, Joel, 1983: *Why Ireland Starved: a quantitative and analytical history of the Irish economy, 1800-1850*, George Allen & Unwin.

Neuman, Mark, 1982: *The Speenhamland County: poverty and the Poor Laws in Berkshire, 1782-1834*, Garland Publishing, Inc..

Nicholls, George, 1854: *History of English Poor Law*, Vol. 1, Vol. 2, William Clowes, & Sons.

―――, [1856] 1967: *A History of the Irish Poor Law*, reprint of the 1856 ed., Augustus M. Kelley.

Oddy, Derek J., 1990: Food, Drink and Nutrition, in: Thompson, Francis Michael Longstreth (ed.), *The Cambridge Social History of Britain, 1750-1950*, Cambridge University Press 1990, pp. 251-278.

Oliver, R. C. B., 1976: David Davies, Rector of Barkham in Berkshire, 1782-1819, in: *The National Library of Wales Journal*, Vol. 19, No. 4, pp. 362-394.

Owen, David Edward, 1964: *English Philanthropy 1660-1960*, Harvard University Press.

Oxley, Geofrrey W., 1974: *Poor relief in England and Wales 1601-1834*, David & Charles: Newton Abbot.

Paine, Thomas, [1792] 1819: *Rights of Man; being an answer to Mr. Burke's atack on the French Revolution, 1819 ed., part 1, part 2* 〔トマス・ペイン『人間の権利』西川正身訳, 1971 年, 岩波書店〕, London: printed and pub. by R. Carlile.

Perraud, Abbé, 1864: *Ireland under English Rule*, translated from the french of Adolphe Perraud, Dublin.

Polanyi, Karl, [1957] 1975: *The Great Transformation: the political and economic origins of our time*, reprint of the 1957 ed. 〔K. ポランニー『大転換――市場社会の形成と崩壊』吉沢英成, 野口建彦, 長尾史郎, 杉村芳美訳, 1975 年, 東洋経済新報社〕, Octagon Books.

Poynter, John Riddoch, 1969: *Society and Pauperism: English ideas on poor relief 1795 - 1834*, Routledge & Kegan Paul.
Prochaska, Frank K., 1988: *The Voluntary Impulser*, Faber and Faber.
Redford, Arthur, [1964] 1968: *Labour Migration in England 1800 - 1850*, second edition of 1964 ed., edited and revised by W. H. Chaloner, Augusts M. Kelley Publishers.
Ricardo, David, 1952: *The Works and Correspondence of David Ricardo*, edited by Piero Sraffa, with the collaboration of M.H. Dobb, Vol. 5, Speeches and evidence [『デイヴィド・リカードウ全集』第Ⅴ巻, 杉本俊郎監訳, 1978年, 雄松堂書店], Cambridge University Press.
Roberts, M. J. D., 2004: *Making English Morals: voluntary association and moral reform in England, 1787-1886*, Cambrigde University Press.
Robinson, Francis John Gibson [et al.], 1981: *Eighteenth-century British Books : an author union catalogue: extracted from the British Museum General Catalogue of Printed Books, the Catalogue of the Bodleian Library, and of the University Library, Cambridge*, Wm. Dawson & Sons.
Rogers, J. E. T., 1886: *Local Taxation, especially in English cities and towns*, Cassell.
Rose, Lionel, 1988: *Rogues and Vagabonds: vagrant underlife in Britain, 1815-1985*, Routledge.
Ruggles, Thomas, 1793: *The History of the Poor: their rights, duties, and the laws respecting them : in a series of letters.*, London.
Sadler, Michael Thomas, 1828: *Ireland; its evils and their remedies*, London.
Salaman, Redcliffe Nathan, [1949] 1985: *The History and Social Influence of the Potato*, revised impression of the 1949 ed., edited by J. G. Hawkes, Cambridge University Press.
Satre, Marian Carter, 1978: *Poverty in Berkshire: a descriptive synthesis of the effects of the 1834 Poor Law amendment*, University Microfilms International.
Smith, Adam, [1776] 1976: *An Inquiry into the Nature and Causes of the Wealth of Nations*, Vol.Ⅰ, edited by R. H. Cambell and A. S. Skinner [アダム・スミス『国富論Ⅰ』大河内一男監訳, 1976年, 中央公論社], London.
Snell, K. D. M., 1985: *Annals of the Labouring Poor Social Change and Agrarian England, 1660-1900*, Cambridge University Press.
Stone, Lawrence (ed.), 1994: *An Imperial State at War: Britain from 1689 to 1815*, Routledge.
Supple, Barry, 1970: *The Royal Exchange Assurance: a history of British Insurance 1720-1970*, Cambridge University Press.
Taylor, James Stephen, 1969: The Mythology of the Old Poor Law, in: *The Journal of Economic History*, Vol. 29, pp. 292-297.
Theobald, William, 1836: *A Practical Treatise on the Poor Laws*, London.
Thompson, Francis Michael Longstreth, 1963: *English Landed Society in the Nineteenth Century*, Routledge & Kegan Paul.

Turner, Michael, 1984: *Enclosures in Britain 1750-1830* ［M. ターナー『エンクロージャー』重富公生訳，1987年，慶應通信］, Macmillan.

Twining, Louisa, 1858: *Workhouses and Women's work. also, a Paper on the Condition of Workhouses*, London: Longmans.

――――. 1880: *Recollections of Workhouse and Management during Twenty-five Years*, London: C. Kegan Paul.

――――. 1893: *Recollections of Life and Work: being the autobiography of Louisa Twining*, London: Edward Arnold.

――――. 1898: *Workhouses and Pauperism and Women's Work in the Administration of the Poor Law*, London: Methuen.

Twining, Stephen Herbert, 1956: *The House of Twining 1706-1956*, R. Twining.

Wade, John, [1833] 1835: *History of the Middle and Working Classes*, third edition of 1833 ed., London.

Wagg, Henry J. & Thomas, Mary G., 1932: *A Chronological Survey of Work for the Blind*, London.

Webb, Sidney & Beatrice, [1906] 1963: *English Local Government, Vol. 1, The Parish and the County*, reprint of the 1906 ed., Frank Cass.

――――. [1927] 1963: *English local government, Vol. 7, English Poor Law History, part 1: The Old Poor Law*, reprint of the 1927 ed., Frank Cass.

――――. [1929] 1963: *English Local Government, Vol. 7, English Poor Law History, part 2: The Last Hundred Years*, reprint of the 1929 ed., Frank Cass.

Wilberforce, Robert Isaac and Wilberforce, Samuel, 1838: *The Life of William Wilberforce*, 5 Vols., London.

Williams, Karel, 1981: *From Pauperism to Poverty*, Routledge & Kegan Paul.

Wood, Peter, 1991: *Poverty and the Workhouse in Victorian Britain*, Alan Sutton.

Young, Arthur, [1800] 2006: *The Question of Scarcity Plainly Stated and Remedies Considerd*, 1800, London, reprint ed., in: *Conceptual Origins of Malthus's 'Essay on Population'*, Vol. 2, edited by Yoshinobu Yanagita, Eureka Press.

III

青山吉信，今井宏（編）(1982):『概説イギリス史 伝統的理解をこえて』(有斐閣)。

新井嘉之作（1959）:『イギリス農村社会経済史』(御茶の水書房)。

荒又重雄（1985）:「福祉国家論と社会政策学――福祉国家に関する戸原四郎氏と岡田与好氏の所説によせて」『経済学研究』(北海道大学) 34巻4号, 89-100ページ。

井上琢智（1987）:「イギリス社会科学振興協会とヴィクトリア中期の女性問題――NAPSS（1857～1886）の『会報』を中心として」『大阪女学院短期大学紀要』18号，59-88ページ。

――――（1988a）:「イギリス社会科学振興協会（1857-86）――その歴史」久保芳和博士退職記念出版物刊行委員会（編）『上ケ原三十七年』（創元社), 199-213ペー

ジ。
─── (1988b):「イギリス社会科学振興協会と経済学──『会報』を中心として」『経済学論究』42 巻 2 号，107-132 ページ。
伊部英男（1979）:『新救貧法成立史論』（至誠堂）。
大内兵衛，武田隆夫（1955）:『財政学（経済学全集 XIV）』（弘文堂）。
大河内一男［1940］（1969）:『社会政策の基本問題』（日本評論社）（『大河内一男著作集』第 5 巻（青林書院新社））。
─── (1952):『社会政策の経済理論』（日本評論新社）。
─── (1979):『社会保障入門』（青林書院新社）。
─── (1982):『社会政策（総論）増訂版』（有斐閣）。
大沢真理（1979）:「『自由主義』的社会福祉の理念に関する基礎研究──十九世紀初期イギリスにおける救貧法改革の場合」岡田与好（編）『十九世紀の諸改革』（木鐸社），13-85 ページ。
─── (1983):「『新救貧法』のインパクト──'right to relief' を主軸として」(1)，(2)『社会科学研究』35 巻 3 号，1-72 ページ，35 巻 4 号，161-256 ページ。
─── (1986):『イギリス社会政策史』（東京大学出版会）。
大前朔郎（1961）:『英国労働政策史序説』（有斐閣）。
─── (1975):『社会保障とナショナルミニマム』（ミネルヴァ書房）。
─── (1983):『増補版 社会保障とナショナルミニマム』（ミネルヴァ書房）。
岡田与好（1961）:『イギリス初期労働立法の歴史的展開』（御茶の水書房）。
─── (1970):『イギリス初期労働立法の歴史的展開・増補版』（御茶の水書房）。
─── (1981):「社会政策とは何か」『社会科学研究』32 巻 5 号，261-275 ページ。
岡村東洋光（2004）:「ジョーゼフ・ラウントリーのガーデン・ビレッジ構想」『経済学史学会年報』46 号，31-47 ページ。
貝塚啓明（1984）:「一つの福祉国家論」根岸隆，山口重克（編）『二つの経済学 対立から対話へ』（東京大学出版会），114-125 ページ。
金澤周作（2000）:「近代英国におけるフィランスロピー」『史林』83 巻 1 号，39-70 ページ。
川北稔（1990）:『民衆の大英帝国──近世イギリス社会とアメリカ移民』（岩波書店）。
川北稔（編），綾部恒雄（監修）（2005）:『結社のイギリス史 クラブから帝国まで』（山川出版社）。
河村貞枝（1987）:「『イングリッシュウーマンズ・レヴェー』誌の一考察──ジェントルウーマンとフェミニズム」村岡健次，鈴木利章，川北稔（編）『ジェントルマン──その周辺とイギリス近代』（ミネルヴァ書房），262-292 ページ。
─── (2001):『イギリス近代フェミニズム運動の歴史像』（明石書店）。
神戸正雄（1913）:「家計統計に就いて」『生計費問題』（社会政策学会編纂『社会政策学会論叢』第 6 冊）（同文舘），73-99 ページ。
琴野孝（1961）:「産業革命と生活水準──計量研究の再検討」『社会経済史大系 VII 近世後期 II』（弘文堂），175-219 ページ。
小松淑郎（1963）:「産業革命期の労働者の生活水準──『数量楽観説』の自己崩壊について」『北海道学芸大学紀要 第一部 B. 社会科学編』14 巻 2 号，77-93 ページ。
─── (1964):「産業革命期と生活水準（2）：ホブスバウム，ハートウェル論争を

中心に」」『北海道学芸大学紀要』15巻2号，53-67ページ。
小山路男（1962）：『イギリス救貧法史論』（日本評論新社）。
小山路男（編）（1983）：『福祉国家の生成と変容』（光生館）。
斎藤英里（1985）：「19世紀のアイルランドにおける貧困と移民——研究史的考察」『三田学会雑誌』78巻3号，82-92ページ。
椎名重明（1962）：『イギリス産業革命期の農業構造』（御茶の水書房）。
高島道枝（1964a）：「産業革命期イギリスにおける手当制度(アロワンスシステム)の成立についての一考察」『経済学論纂』5巻2号，69-89ページ。
―――（1964b）：「イギリス産業革命期における手当制度(アロワンスシステム)の展開——その実態を中心に」(1)『経済学論纂』5巻3号，80-114ページ。
―――（1964c）：「イギリス産業革命期における手当制度(アロワンスシステム)と居住法」『経済学論纂』5巻5号，62-83ページ。
―――（1965）：「産業革命期におけるイギリス救貧法と労働者救済」『経済学論纂』6巻2号，92-120ページ。
―――（1966）：「一八三四年イギリス救貧法改正の労働政策的意義について——手当制度の終焉」(1)『経済学論纂』7巻6号，93-148ページ。
―――（1967）：「一八三四年イギリス救貧法改正の労働政策的意義について——手当制度の終焉」(2)『経済学論纂』8巻1号，50-128ページ。
武居良明（1970）：「イギリス産業革命と救貧行政」『社会経済史学』36巻4号，1-23ページ。
―――（1971）：『産業革命と小経営の終焉』（未来社）。
武川正吾（1985）：「労働経済から社会政策へ——社会政策論の再生のために」社会保障研究所（編）『福祉政策の基本問題』（東京大学出版会），3-32ページ。
中鉢正美（1948）：「生活研究の発生——イーデンの貧民の状態について」『三田学会雑誌』41巻10号，53-64ページ。
都築忠七（1951）：「イーデン『貧民の状態』(1797年) その一 貧民の歴史」『山口経済学雑誌』2巻3号，80-100ページ。
―――（1952）：「イーデン『貧民の状態』(1797年) その二 救貧制度と労働者階級」『山口経済学雑誌』3巻1号，72-92ページ。
東京大学社会科学研究所（編）（1984）：『福祉国家1 福祉国家の形成』（東京大学出版会）。
戸原四郎（1984）：「マルクス経済学と福祉国家論」根岸隆，山口重克（編）『二つの経済学 対立から対話へ』（東京大学出版会），99-113ページ。
永井義雄（1993）：『ロバアト・オウエンと近代社会主義』（ミネルヴァ書房）。
―――（2003）：『ベンサム』（研究社）。
永田正臣（編）（1985）：『産業革命と労働者』（ミネルヴァ書房）。
中西洋（1982）：『増補 日本における「社会政策」・「労働問題」研究 資本主義国家と労資関係』（東京大学出版会）。
中野保男（1976）：「一九世紀初期のイギリス友愛協会と相互扶助」『社会福祉評論』44号，1-35ページ。
―――（1978）：「F. M. イーデンの友愛協会論批判（上）」『社会福祉評論』46号，11-42ページ。

―――― (1981):「初期のイギリス友愛協会」『人文学報』50 号, 85-149 ページ。
―――― (1984):「F. M. イーデンの友愛協会論批判（下）」『人間関係論集』1 号, 88-108 ページ。
中村幸太郎 (1955):「ラグルズ著『貧民史』について」『社会福祉評論』9 号, 16-35 ページ。
中村英勝 (1976):『イギリス議会政治史論集』（東京書籍）。
並河葉子 (2000):「クラパム派のソーシャル・リフォーム運動――ジェントルマンの新しい博愛主義のかたち」山本正（編）『ジェントルマンであること－その変容とイギリス近代』（刀水書房）, 126-145 ページ。
橋本比登志 (1987):『マルサス研究序説』（嵯峨野書院）。
浜林正夫 (1980):「イギリス労働者階級の成立」階級闘争史研究会『近現代社会における階級闘争』（『階級闘争の歴史と理論』第 3 巻）, 52-70 ページ。
林田敏子 (2003):「富と国家――パトリック・カフーンと 18, 19 世紀転換期イギリス社会」『摂大人文科学』11 号, 3-37 ページ。
廣重準四郎 (1996):「実務者の救貧法論――フレデリック・ペイジ『イギリス救貧法原理』をめぐって」経済史研究会（編）『欧米資本主義の史的展開』（思文閣出版）, 127-148 ページ。
福井修 (1983):「イギリス重商主義期における旧救貧法について――定住法と労役場制度に限って」大前朔郎（編）『労働史研究』（啓文社）, 187-199 ページ。
福井英雄 (1965):「議会の黄金時代における治安判事と議会政治の構造」(1), (2)『法学雑誌』（大阪市立大学）12 巻 1 号, 118-148 ページ, 2 号, 95-130 ページ。
福士正博 (1982):「ウィリアム・コベットの『急進』主義――とくに農業労働者の社会的抗議を中心として」『土地制度史学』24 巻 2 号（94 号）, 38-54 ページ。
―――― (1984):「アーサー・ヤングと貧困問題」『土地制度史学』27 巻 1 号（105 号）, 52-62 ページ。
松浦高嶺 (1970):「十八世紀のヨーロッパ諸国家」『岩波講座 世界歴史 17（近代 4）』（岩波書店）, 249-287 ページ。
松村高夫 (1970):「イギリス産業革命期の生活水準」『三田学会雑誌』63 巻 12 号, 25-37 ページ。
―――― (1989):「イギリス産業革命期における生活水準論争再訪（上）」『三田学会雑誌』82 巻 2 号, 165-184 ページ。
―――― (1990):「イギリス産業革命期における生活水準論争再訪（下）」『三田学会雑誌』83 巻 1 号, 133-155 ページ。
B. R. ミッチェル（編）(1983):『マクミラン世界歴史統計 (I) ヨーロッパ編〈1750-1975〉』中村宏監訳（原書房）。
美馬孝人 (1985):「貧民の発生－スミスとイーデン」『北海学園大学経済論集』33 巻 1 号, 1-9 ページ。
毛利健三 (1964):「1815-6 年のイギリス農業不況――「1815 年恐慌」分析の一節」『土地制度史学』6 巻 4 号（24 号）, 1-25 ページ。
森建資 (1974):「イギリス農業革命期における農業労働力の存在形態」『土地制度史学』16 巻 2 号（62 号）, 1-16 ページ。
矢崎光圀 (1984):「イギリス法近代化 現代化過程におけるパタナリズムと自由人

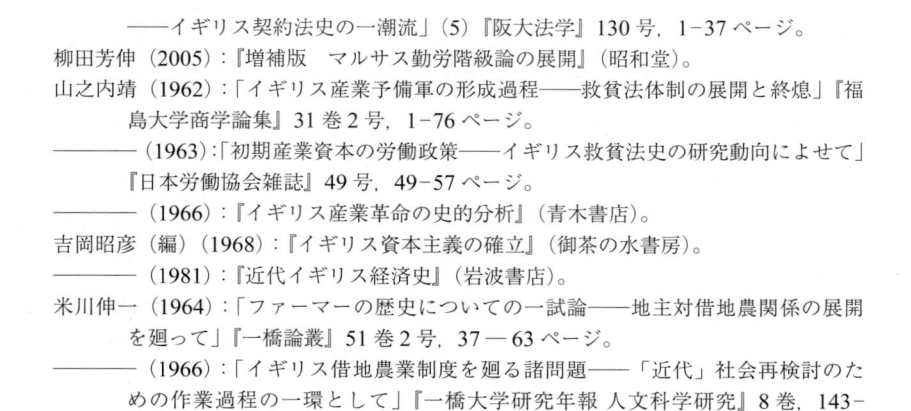

　　　　──イギリス契約法史の一潮流」(5)『阪大法学』130号，1-37ページ。
柳田芳伸（2005）：『増補版　マルサス勤労階級論の展開』（昭和堂）。
山之内靖（1962）：「イギリス産業予備軍の形成過程──救貧法体制の展開と終熄」『福島大学商学論集』31巻2号，1-76ページ。
──────（1963）：「初期産業資本の労働政策──イギリス救貧法史の研究動向によせて」『日本労働協会雑誌』49号，49-57ページ。
──────（1966）：『イギリス産業革命の史的分析』（青木書店）。
吉岡昭彦（編）（1968）：『イギリス資本主義の確立』（御茶の水書房）。
──────（1981）：『近代イギリス経済史』（岩波書店）。
米川伸一（1964）：「ファーマーの歴史についての一試論──地主対借地農関係の展開を廻って」『一橋論叢』51巻2号，37－63ページ。
──────（1966）：「イギリス借地農業制度を廻る諸問題──「近代」社会再検討のための作業過程の一環として」『一橋大学研究年報　人文科学研究』8巻，143-257ページ。

【著者略年譜】

吉尾　清（よしお　きよし）

1959 年	12 月	広島県尾道市に生まれる。
1979 年	4 月	関西学院大学 経済学部入学（〜 83 年 3 月 同卒業）
1983 年	4 月	岡山大学 大学院経済学研究科 修士課程入学
		（〜 86 年 3 月 同修了）
1986 年	4 月	関西学院大学 大学院経済学研究科 博士課程入学
		（〜 89 年 3 月 同単位修得退学）
1989 年	4 月	関西学院大学 大学院経済学研究科 特別研究員
		（〜 90 年 3 月）
1990 年	4 月	長崎県立大学 経済学部経済学科 専任講師
1997 年	4 月	長崎県立大学 経済学部経済学科 助教授
2000 年	9 月	ロンドン大学歴史研究所 客員研究員（〜 01 年 3 月）
2005 年	4 月	長崎県公立大学法人長崎県立大学 経済学部経済学科 助教授
2006 年	9 月	逝去（享年 46 歳）

【主要業績】（＊を付してあるのは掲載論文が本書に所収されている共著書および論文）

共著書
　　坂本忠次, 和田八束, 伊東弘文, 神野直彦編『分権時代の福祉政策』（敬文堂）1999年
　　坂本忠次, 住居広士編『介護保険の経済と財政』（勁草書房）2006年
＊飯田裕康, 出雲雅志, 柳田芳伸編『マルサスと同時代人たち』（所収「サー・トマス・バーナードと貧民の境遇改善協会」）（日本経済評論社）2006年

論　文
＊「イギリス18世紀末〜19世紀初頭におけるプァー・ローの展開－農業州バークシャーの事例を中心にして」岡山大学大学院経済学研究科修士論文（1986年）
＊「イギリス18世紀末〜19世紀初頭におけるプァー・ローの展開－農業州バークシャーの事例を中心にして」（修士論文要旨）『岡山大学経済学会雑誌』18巻1号（1986年）
　「スピーナムランド制度と救貧税」『関西学院経済学研究』19号（1986年）
＊「D. ディヴィスの救貧政策とスピーナムランド制度」『関西学院経済学研究』20号（1987年）
　「中小企業とパートタイム労働者――西宮の事例を中心として」『関西学院経済学研究』21号（1988年）
＊「スタージス・バーンの1817〜19年のプァー・ロー改革」『関西学院経済学研究』22号（1989年）
＊「F. M. イーデンのプァー・ロー批判」『関西学院大学経済学論究』45巻2号（1991年）
＊「F. M. イーデンの貧困観」『長崎県立大学論集』28巻2号（1994年）
＊「ニコルズの報告書とアイルランドにおけるプァー・ローの特徴」『長崎県立大学論集』29巻3号（1996年）
＊「リチャード・ウッドワードのプァー・ロー論」『長崎県立大学論集』30巻2号（1996年）
＊「ロンドンにおける乞食をめぐる問題, 1800-1824年」『岡山大学経済学会雑誌』30巻4号（1999年）
＊「ワークハウス訪問協会について――*Journal of the Workhouse Visiting Society* を中心として」『関西学院大学経済学論究』56巻3号（2002年）
　「少子化社会の社会保障と子育て支援の事例研究」『関西福祉大学研究紀要』9号（2006年）

あとがき——論文集の編集・刊行について

　著者の吉尾　清氏が 2006 年 9 月に 46 歳の若さで急逝された後，生前に氏とさまざまな形で親交のあった者の間に，氏の論文集を刊行したいという思いが自然とわきあがり，本書の編集・刊行を進めることとなった。

　著者は生前，それまでの研究を著書としてまとめ，世に問う構想をもっていたが，残念ながらそれを自ら果たすことができないまま他界した。この著者の思いを受け止め，何とか論文集としてまとめることができればと考えるにいたった。

　著者は関西学院大学経済学部在学中に，社会政策担当の故大前朔郎教授のゼミナールに所属した。これがきっかけとなり，著者は大前教授の研究分野の重要なひとつであるイギリス労働政策史の研究に特に関心をもち，イギリス救貧法・貧民問題を研究テーマに選んだのであった。

　これはやがて，岡山大学大学院経済学研究科において坂本忠次教授の指導のもと，修士論文「イギリス 18 世紀末～19 世紀初頭におけるプア・ローの展開——農業州バークシャーの事例を中心にして」の作成へと進んだ。この後，関西学院大学大学院経済学研究科博士課程に進学して研究が進められ，さらに 1990 年以降は，長崎県立大学経済学部の教員として，研究がいっそう展開されることとなった。

　研究業績リストから分かるように，著者は日本の社会政策や社会福祉問題に関連した論文や調査報告を発表しており，この面での研究も軽視することはできない。しかし，著者の主要な研究は一貫してイギリス救貧法・貧民問題の歴史的研究にあり，この領域にこそ著者の研究の特徴が最もよく現れている。

　そこで，この論文集の表題を『社会保障の原点を求めて——イギリス救貧法・貧民問題（18 世紀末～19 世紀中ごろ）の研究』とした。ただ，「社会保障の原点を求めて」というのは，著者自らが論文の中で用いている言葉であり，その歴史研究の目的を明確にするために他ならない。

　このようにして，この論文集の第 1 部は，著者の研究の出発点をなす修士

論文を配することとし，それ以後展開された諸論文を第2部として収めることにした。第2部中の各章の配列については，イギリス救貧法・貧民問題をまず，イングランドを中心に，その後にそれと関連したアイルランドに関する論文を配することとした。

　この論文集の刊行によって，できれば，著者の果たしえなかった思いに応え，著者の学界への貢献を改めて問うと共に，さらにまた，これがご遺族の優子夫人と，二人のお子様，周友子ちゃんと友里ちゃんの，心の支えともなればまことに幸いである。これが編集・刊行委員一同の切なる願いである。

　本書の編集・刊行は次の5名（順不同）の協力によって進められた。坂本忠次（岡山大学名誉教授），池田　信（元関西学院大学経済学部教授），柳田芳伸（長崎県立大学経済学部教授），岩井隆夫（長崎県立大学経済学部教授），田中敏弘（関西学院大学名誉教授，元長崎県立大学学長）。委員それぞれが作業を分担したが，とくに原稿のワープロ処理，校正，索引の作成は岩井隆夫氏のご努力によるものである。ここに特記して感謝したい。

　最後になったが，この論文集を，著者の出身大学である関西学院大学の出版会から刊行できたことに対して，出版会の山本栄一理事長をはじめ，直接お世話になった田中直哉氏にお礼を申し上げる次第である。

　2007年9月

　　　　　　　　　　　　編集・刊行委員を代表して　　田中敏弘

地名・人名索引

B

ベンサム（Bentham, Jeremy, 1748-1832）
　152, 157, 175
バークシャ（Berkshire）‥3, 7, 22-25, 35-39, 43-48, 52-54, 56, 61-66, 68, 69, 71-73, 75-78, 80, 83, 86, 91, 92, 98-102, 105, 107, 113, 115, 118, 120-124, 126, 127, 153, 167, 172, 183, 220, 225, 241, 304, 310
バーナード（Bernard, Thomas, Sir, 1750-1818）
　‥‥ 4, 129-134, 136-142, 144-154, 254
ダラム主教（Bishop of Durham）（Barrington, Shute, 1734-1826）
　‥‥‥‥‥ 130-133, 136, 145, 147, 148
ボドキン（Bodkin, William Henry, 1791-1874）
　‥‥‥ 235-238, 241-243, 245, 248-251
バーン（Bourne, William Sturges, 1764-1845）
　5, 157, 175, 211, 216, 218, 219, 222-225, 227, 236
バーク（Burke, Edmund, 1729-1797）
　‥‥‥‥‥‥‥‥‥‥‥‥‥ 163, 164, 176

C

チャドウィック（Chadwick, Edwin, 1800-1890）
　‥‥‥‥‥‥‥‥‥‥ 21, 29, 63, 175
カフーン（Colquhoun, Patrick, 1745-1820）
　‥‥‥‥‥‥‥‥‥‥‥ 132, 152, 232
カーウェン（Curwen, John, 1756-1828）
　‥‥‥‥‥‥ 211, 216, 218, 222, 223
デイヴィス（Davies, David, 1742-1819）

　4, 55, 80, 113-117, 119-127, 172, 178, 206, 207
ダンダス（Dundas, Charles, 1751-1832）
　‥‥‥‥‥ 61-63, 65, 75, 79, 120, 121

E

イーデン（Eden, Frederick Morton, Sir, 1766-1809）　4, 28, 39, 55, 57, 80, 91, 157-185, 187-196, 201-209, 254, 292, 297
エンゲル（Engel, Christian Lorenz, 1821-1896）
　‥‥‥‥‥‥‥ 157, 170, 171, 179, 187
イングランド　24, 33, 37, 40-44, 46-48, 50, 53, 57, 59, 62, 73, 76, 86, 88, 91, 96, 97, 104, 113, 114, 116, 129, 133, 142, 145, 146, 151, 157-159, 172, 180, 181, 183, 185-187, 189, 193, 195, 196, 204, 206, 212, 214, 218-221, 225, 227, 241, 243, 254, 260, 269-271, 279, 286, 287, 290, 293, 300, 302-304, 307, 310-312, 314, 322

G

ギルバート（Gilbert, Thomas, 1720-1798）
　‥‥‥‥‥‥‥‥‥‥ 12, 54, 78, 99, 175

H

ホブズボーム（Hobsbawm, Eric J., 1917-）

345

·· 29, 55

I

アイルランド ········ 6, 34, 97, 150, 218, 230, 231, 238-243, 245, 249, 251, 253, 263, 270, 279-282, 285, 287, 288, 291-294, 297, 299-325

K

ケイムズ（Kames, Henry Home, Lord, 1696-1782） ············ 289-291, 296

L

ロンドン ··············· 4, 5, 129, 130, 132, 134-136, 145, 147-150, 156, 194, 196, 215, 220, 227, 228, 230-241, 243-245, 247, 251, 253, 254, 259, 260, 264, 266-268, 270, 273, 280, 291, 292, 322, 323

M

マルサス（Malthus, Thomas Robert, 1766-1834） 137, 144, 153, 155, 157, 174, 175, 178, 203, 204, 209, 216, 292, 297
マンデヴィル（Mandeville, Bernard, 1670-1733） ····················· 201
マーティン（Martin, Matthew, 1748-1838） 5, 132, 152, 227-236, 245, 253, 254
マルクス（Marx, Karl, 1818-1883） 16, 28, 55, 157, 176, 204
マカロック（McCulloch, John R., 1789-1864） ······················ 157, 209, 279

N

ニコルズ（Nicholls, George, Sir, 1781-1865） 6, 219, 222, 225, 293, 297, 299-313, 315-325

O

オーエン（Owen, Robert, 1771-1858） ····················· 154, 216, 223, 224

P

ペイジ（Page, Frederick, 1769-1834） 65, 66, 80, 293, 297
ペイン（Paine, Thomas, 1737-1809） 170
ピール（Peel, Robert, Sir, 1788-1850） 132, 141, 142, 154, 236, 245, 263, 322
ペリカン・イン（Pelican Inn） 35, 61, 69, 120, 121, 153
ピット（Pitt, William Morton, 1759-1806） 121, 132, 133, 143, 151, 152, 158, 160, 162, 168, 169, 175, 180, 181, 195, 207
ポランニー（Polanyi, Karl, 1886-1964） 19, 20, 29

R

リカードウ（Ricardo, David, 1772-1823） 216, 224, 236
ローズ（Rose, George, 1744-1818） ··132, 175, 233, 234

S

スコットランド ··············· 97, 114, 172, 181, 183, 193, 195, 218, 230, 231, 238-

地名・人名索引　347

242, 249, 251, 307, 311, 312
シーニア（Senior, Nassau William, 1790-1864）
　21
スミス（Smith, Adam, 1723-1790）　28, 138,
　157, 168, 169, 173, 176, 177, 179, 188, 204
スピーナムランド（Speenhamland）　35,
　36, 52, 53, 61, 63, 65, 68, 69, 78, 81, 106,
　120, 121, 123, 125

T

トワイニング（Twining, Louisa, 1820-1912）
　258, 259, 261, 263, 268, 269, 271-277

W

ウェールズ　‥‥33, 40-44, 48, 50, 53, 57,
　59, 73, 96, 97, 104, 114, 116, 126, 151, 158,
　159, 172, 181, 183, 185-187, 194, 195, 212,
　219, 221, 227, 239, 244, 254, 260, 271, 314
ウォーリングフォード（Wallingford）
　36, 37, 54, 70, 123
ウェッブ夫妻（Webb, Sidney, 1859-1947, Webb,
　Beatrice, 1858-1943）　13, 16, 28, 113,
　201
ウィットブレッド（Whitbread, Samuel, 1758
　-1815）　‥‥‥‥‥　90, 127, 224
ウィルバーフォース（Wilberforce, William,
　1759-1833）　130-133, 135, 138, 142,
　143, 145, 151, 152
ウッドワード（Woodward, Richard, Dr., 1726
　-1794）　‥‥‥　5, 162, 175, 279-296

Y

ヤング（Young, Arthur, 1741-1820）　55,
　133, 144, 155, 157

あ

大河内一男（1905-1984）　‥10, 17, 26, 27
大沢真理　‥‥‥‥‥‥16, 27, 30, 96, 296
大前朔郎（1922-2005）　10, 26, 27, 29, 56,
　60, 96, 107, 176, 297
岡田与好　‥‥‥‥‥‥‥‥‥26, 28, 127

か

神戸正雄（1877-1959）　‥‥‥‥179, 204

た

高島道枝　‥‥‥‥‥‥12, 26, 27, 30, 80
武居良明　‥‥‥‥‥‥‥‥‥‥12, 26, 27

な

中野保男　‥‥‥‥‥‥27, 175, 179, 204

ま

松村高夫　‥‥‥‥‥‥‥‥‥‥56, 205,

や

山之内靖　‥‥‥‥‥‥‥11, 26, 27, 107

事項索引

あ

エンクロージャー（enclosure） 31-33, 38, 39, 56, 86, 87, 184, 189, 190, 206

か

家計調査 113-115, 118, 119, 121, 123-125, 160, 170, 172, 187, 188, 194, 203, 206, 207
学校 126, 129-131, 134, 138, 145-147, 150, 165, 213, 214, 216, 222, 225, 260, 265, 285, 320, 322
救済 3, 4, 12, 14, 17, 19-21, 24, 25, 28, 29, 31, 36, 37, 40-44, 46-52, 54-59, 63, 65-69, 71-74, 76-78, 80, 81, 83, 84, 92, 93, 95-101, 107-109, 113, 114, 117, 119, 121-125, 129, 133, 137-139, 141, 144, 146, 147, 149, 151, 158, 162, 163, 165-167, 173, 180, 181, 184, 192, 197, 200, 211, 212, 214, 215, 217, 219, 220, 222, 224, 225, 227, 229-231, 233-235, 237, 240-245, 261, 263, 267, 282, 284-290, 292-294, 296, 302-310, 312-319, 321, 322, 325
救済される権利（right to relief） 16, 163, 165, 173, 243, 289, 292-296, 303, 304, 306, 317, 321, 325
救済に対する法的権利（legal right to relief） 289
救貧院（poor house） 35, 107, 165
救貧行政 3, 13-15, 17, 18, 20, 24, 25, 28, 29, 35, 61, 63, 65-68, 72, 74-79, 83, 85, 100, 107, 108, 214, 215, 220, 221, 265, 273, 299, 307, 308, 315, 322
救貧支出 3, 24, 31, 40, 43-45, 61, 83, 100, 107, 212, 220
救貧税（poor rate） 3-5, 12, 15-17, 21-23, 25, 29, 31, 35, 36, 38, 40, 43, 45, 50-52, 56, 63-66, 80, 83-98, 100, 101, 108, 109, 113, 114, 116, 117, 119-122, 125, 126, 129, 138, 143, 144, 149-151, 157, 160, 165, 167-170, 173, 177, 178, 180, 181, 184, 189, 191, 192, 195, 197-201, 205, 212-219, 221-225, 247, 267, 286, 290, 292, 293, 306-308, 312-316, 318-321, 326
救貧体制 12
救貧費 267, 322
救貧法（プア・ロー）（poor law） 1, 3-7, 11-14, 16-19, 21, 24-26, 28, 29, 33, 53, 54, 56, 58, 59, 101, 107, 111, 113, 114, 121, 129, 133, 137, 147, 154, 155, 157, 158, 161-170, 173, 174, 178-182, 184, 192, 197, 203, 209, 211-213, 221-224, 227, 231, 233, 236, 237, 242, 243, 245, 247, 253, 257-259, 264, 266-268, 272, 274, 275, 279, 280, 285, 286, 289-297, 299-303, 305-309, 312-319, 321, 322, 324-326
旧救貧法（プア・ロー） 3, 9, 10, 13, 15-22, 24, 27, 77, 99, 101, 107
新救貧法（プア・ロー） 10, 14, 23, 36, 79, 99, 259, 275, 293, 299, 300, 302, 303, 307, 314-317, 319, 321, 322
救貧法（プア・ロー）委員会 258, 259,

267, 268, 308, 313-318, 321
救貧法庁　　・・・・・・・・・・・・・・・・・・・・・・・・ 277
窮乏　　・・・・・・・・・・・・・・・・・・・・・ 47, 121, 203
窮乏化　 20, 24, 32, 52, 71, 85, 89, 93, 95, 211, 242
教育　　 75, 129, 134, 136-142, 144, 145, 147, 150, 163, 166, 168, 169, 173, 216, 233, 260, 265, 271, 274, 277, 279, 284, 285, 301, 320
教区（parish）　　13-15, 22-25, 27-29, 35-37, 39, 43-45, 50, 51, 54-56, 62-72, 74-78, 80, 81, 85, 86, 90-96, 98, 105, 108, 113-118, 120-126, 133, 135, 138, 141-144, 146, 148, 149, 154, 158-160, 165, 167-170, 172, 173, 180-184, 188, 191, 192, 195-197, 199-203, 207, 212-222, 224, 225, 229-231, 235, 237-239, 241-247, 249, 250, 252, 258, 268, 279, 280, 287, 289-291, 306, 307, 316, 322, 326
教区民　　50, 64, 69, 159, 182, 197, 230, 231
教区連合（Union）　　・・・・・・ 14, 27, 35-37, 74, 75, 78, 99, 138, 267-269, 303, 305-309, 313-320
凶荒　　・・・・・・・・ 155, 184, 185, 188, 189, 205
クラパム派　　・・・・・・・・・・・・・ 132, 135, 136
工業資本家　　・・・・・・・・・・・・・・・ 14, 83, 219
『国富論』　　・・・・・・・・・・・・・・・・・・ 138, 177
穀物価格　　 32, 34, 59, 95, 98, 101, 108, 109, 185
乞食（mendicity）　　・・・・・ 5, 28, 134, 138, 140, 151, 152, 176, 227-240, 242-249, 251, 253-255, 284, 285, 289, 290, 300, 302, 306, 309, 312, 324
国家　　 17, 18, 74-76, 78, 99, 100, 133, 138, 140, 150, 153, 158, 160, 162, 163, 165-169, 172, 180, 184, 188, 190, 195, 201, 203, 214, 215, 221, 235, 277, 283-285, 289, 292, 294
小屋住み農　　・・ 117, 129, 134, 137, 138, 144
雇用　　・・ 3, 24, 25, 29, 32, 35, 37, 39, 51-55, 58, 61, 77, 99, 100, 107, 118, 129, 135-137, 141, 142, 144, 160, 166-168, 176, 184, 188, 189, 203, 206, 214-216, 222, 224, 233, 236,

237, 239, 241, 245-249, 251, 258, 268, 269, 271, 277, 285, 301, 305, 306, 315

さ

産業革命　　・・・・・・・・・・・・・・・・・・ 10-12, 24, 26, 28, 30-33, 43, 55, 61, 78, 79, 83, 87, 88, 129, 137, 157, 173, 185, 203, 205
産業資本　　・・・・・ 10-12, 14, 15, 29, 31, 55
四季裁判　　・・ 62, 68-70, 76, 77, 79, 85, 100, 108, 120, 121
慈善　　・・・・・・・・ 87, 129, 134, 138, 139, 145, 147, 149, 150, 159, 161-163, 165-167, 173, 176, 181, 185, 194, 205, 236, 252, 253, 270, 286, 288, 290, 291, 294, 296, 297, 320, 325
失業　　・・・・・・・・・・・・・・・・・ 16, 19, 21, 29, 32, 54, 59, 99, 100, 107, 117, 122, 201, 202, 211, 222, 227, 304, 305, 311, 321
地主　　 10-12, 14, 15, 19, 20, 25, 31, 38, 64, 75-79, 83-98, 100, 101, 108, 116, 120, 129, 132, 133, 136, 143, 144, 169, 211-213, 220, 221, 223, 227, 281, 282, 286, 288, 289, 294, 301, 302, 304, 307, 308, 313, 319, 320
資本家　　・・・・・・・・・・・ 10, 12, 89, 90, 136
社会事業　　・・・・・・・・・・・・・・・・・・・・・ 11, 17
社会政策　　・・・・・・・ 9-11, 17, 18, 28, 179
社会保障　　 1, 9, 18, 19, 23, 53, 99, 100, 107
借地農（tenant farmer）　　・・・・ 12, 14, 15, 25, 29, 39, 58, 64, 76, 80, 83-90, 92, 94, 95, 97-101, 108, 120, 143, 144, 211-213, 221-223, 227, 281
借家人（tenant）　　 72, 91-93, 98, 101, 108, 214, 281
州（county, shire）　　・・・・・・・・・・・・・ 3, 7, 13, 15, 21-25, 36-40, 42-50, 52, 54, 56-59, 61-66, 68, 74-78, 80, 84, 85, 91, 101, 107, 113, 116, 118, 120, 121, 126, 131, 143, 147, 152, 158, 159, 172, 181, 183, 187, 194-196, 198-200, 202, 207, 212, 220, 225, 249, 250, 307
十分の一税　　 81, 95, 97, 144, 159, 182, 320

小農民（peasantry） 12, 15, 116, 117, 189, 300-303, 305
『人口論』 137, 174, 178, 216
スピーナムランド制度（Speenhamland System） 3, 4, 10-17, 19-22, 24, 25, 28, 29, 31, 33, 35-37, 51-53, 56, 59, 61-63, 65, 66, 69, 75, 80, 83, 86, 89, 94, 99-101, 107, 108, 113, 119-125, 153, 163, 165, 167, 173, 188
生活水準 32, 55, 61, 185, 187, 202, 203, 205
生計費 126, 170, 179, 283, 285, 290, 296
生存権 35, 163, 164, 173, 282, 284, 287, 288, 292, 294
船員 131, 195-197, 199-202, 208, 237-240, 243, 322
1834年報告 16-21, 23, 53, 81, 99, 107

た

治安判事（justice of the peace） 3, 15, 25, 35, 44, 59, 61-79, 81, 85, 86, 90, 91, 94, 100, 107, 108, 120, 121, 127, 141-143, 152, 154, 159, 168, 182, 214, 217, 220, 221, 225, 229, 231, 243, 249, 290, 291, 307, 314, 325
地代 15, 20, 59, 64, 72, 80, 86-89, 92-94, 96-98, 100, 108, 120, 137, 144, 159, 182, 197, 205, 211, 213, 217-219, 221-223, 227, 281, 287, 288, 294, 301, 304, 312, 319, 320
賃金 12, 16, 17, 19-23, 26-30, 32, 33, 35, 36, 39, 47, 51-53, 55, 59, 89, 92, 97-99, 101, 107, 108, 114-127, 137, 146, 153, 158, 159, 167, 170, 172, 176, 177, 181, 182, 184, 185, 187, 188, 191, 193, 203, 205, 211, 222, 227, 247, 271, 281, 288, 290, 294, 302
手当制度（allowance system） 12, 16, 20, 29, 36, 53, 99, 107, 213, 214, 216
定住法 11, 19, 22, 27, 305, 306, 309-313, 316, 321
転嫁 3, 12, 15, 17, 25, 52, 83, 86-90, 92, 94, 95, 98, 100, 101, 107-109, 151, 218, 221, 223, 320

トーリー党 30, 144, 216
特別教区会 5, 44, 46, 47, 54, 59, 72-76, 81, 213, 214, 217-222, 225
徒弟 129, 130, 134, 140-42, 154, 215, 306

な

ナポレオン戦争 21, 31, 39, 63, 86-89, 92-94, 99, 100, 108, 211, 218, 221, 227, 237, 246, 302
農業革命 12, 31, 38, 61, 137
農業資本家 14, 15, 31, 39, 51, 76, 137

は

馬鈴薯 69, 81, 190, 193, 206, 207, 301
被救恤民（pauper） 11, 16, 20, 47-52, 54, 59, 65-67, 99, 151, 153, 160, 189, 215, 223, 230, 231, 253, 254, 260, 263-265, 268, 269, 275, 288, 296, 309, 316-318
病院 4, 129, 134, 147-150, 155, 156, 165, 240, 269, 309, 320
貧困 4, 17, 20, 24, 29, 31, 32, 35, 43, 63, 68, 69, 75, 93, 95, 100, 116, 121, 122, 129, 130, 136, 137, 140, 144, 145, 167, 173, 179, 180, 184, 188, 192, 193, 195, 201-203, 217, 223, 231, 232, 254, 265, 280-283, 294, 299-302, 305, 321, 322, 326
貧民（poor） 1, 4, 19, 20, 22-24, 28, 29, 32, 33, 35, 38-46, 52-55, 63, 65-74, 76-78, 80, 81, 85, 89, 92, 93, 96, 97, 99, 100, 108, 111, 113, 114, 116, 118, 121, 122, 127, 129, 130, 133-145, 148-153, 155, 157-159, 161-169, 171-173, 176, 179, 180-184, 188, 189, 191, 192, 194, 195, 197, 201-204, 209, 211, 212, 214-220, 225, 227, 228, 230, 232, 233, 235, 237, 241, 245, 246, 253, 258, 261, 263, 264, 266, 269, 273, 274, 279-290, 292-294, 296, 297, 302

　　　　　-304, 306-309, 312-315, 317-323, 325
貧民監督官　　　3, 14, 15, 25, 35, 44, 54, 63-
　　　74, 76-78, 80, 81, 85, 86, 91, 100, 107, 108,
　　　116, 117, 149, 159, 217, 235, 290, 322
貧民救済費（金）　　14, 40, 42-44, 46, 47, 57,
　　　59, 73, 151, 287, 288, 292, 294
『貧民の状態』　　4, 157, 158, 170, 172, 174,
　　　178-181, 187, 195, 204, 209, 254
福音主義　　129, 130, 133, 135, 136, 139, 140,
　　　143, 150, 151, 157
福祉（welfare）　　9, 19, 130, 144, 149, 152,
　　　166, 181, 233, 280, 282, 284
福祉国家（welfare state）　　9, 18, 19, 26
富者（rich）　　114, 149, 162, 194, 280-288
不動産　　　　　　15, 84, 96, 97, 215, 306
フランス革命　　121, 129, 139, 152, 163, 164
浮浪者（vagabond）　　5, 201, 202, 227, 228,
　　　231, 238, 248-254, 256, 280, 284
兵士　　195-197, 199-202, 207, 208, 237, 238,
　　　242
ホイッグ党　　　　　　　　30, 77, 215

や

家賃　　　　　　　　　　　　　　　25,
　　　90-95, 98, 99, 101, 108, 109, 114, 115, 118,
　　　144, 217, 219, 225, 231, 244, 268, 326
家主　　　　　　　　　　　　　　90-94
友愛協会（friendly society）　　117, 135,
　　　158-160, 171, 173, 178-182, 192, 195, 200,
　　　297

ら

レイト（rate）　　85, 90, 91, 93, 97, 98, 144,
　　　160, 199, 292, 303, 319,
レセ・フェール（laissez-faire）　　121, 173,
　　　188
労働権　　　　　　　　35, 163, 165, 173

労働者　　11, 12, 16, 17, 19-21, 25, 26, 28, 29,
　　　31-33, 36, 39, 51, 54-56, 59, 61, 80, 83, 85,
　　　89-95, 98-101, 107-109, 113, 114, 116-
　　　118, 120, 122, 123, 125,-127, 134, 137, 143,
　　　144, 150, 151, 157-160, 162, 163, 167, 170
　　　-173, 176, 177, 179-185, 187-190, 192-
　　　195, 201-204, 207, 211, 216, 218, 219, 222,
　　　223, 227, 238, 285, 287, 288, 290, 301-303,
　　　305, 310-313, 321
労働貧民（labouring poor）　　28, 153, 176,
　　　181, 193, 202

わ

ワークハウス（work house）　　・・・・・・・・
　　　5, 27, 72, 116, 133, 137, 138, 147, 148, 160,
　　　167, 168, 170, 230, 237, 240, 257-275, 277,
　　　278, 303-306, 309, 310, 312, 313, 315-318,
　　　321, 322, 324, 325

法令索引

1563年エリザベス5年法（5 Elizabeth Ⅰ. c. 4） ……… 117, 118, 120, 121, 127
1597年法（39 Elizabeth Ⅰ. c. 3） ‥291
1601年エリザベス救貧法（43 Elizabeth, c. 2） 19, 53, 77, 84, 95, 96, 167, 173, 246, 290, 291, 293, 303
1603年ジェームズ1年法（1 James Ⅰ. c. 6） 120, 121
1662年定住法（居住制限法）（13&14 Charles Ⅱ. c. 12） ………… 27, 219, 256
1722年ナッチブル法（9 George Ⅰ. c. 7） 28, 33, 66-68
1740年法（13 George Ⅱ. c. 23） ‥‥249
1744年法（17 George Ⅱ. c. 5） ‥‥251
1772年法（11&12 George Ⅲ. c. 30） 291
1782年ギルバート法（22 George Ⅲ. c. 83） 3, 10, 11, 14, 20, 24, 28, 31, 33, 36, 37, 51, 52, 54, 61, 78, 100, 107, 163, 173, 246
1793年法（33 George Ⅲ c. 8） …… 199
1795年定住法（35 George Ⅲ. c. 101） 19
1795年法（35 George Ⅲ. c. 34） ‥‥202
1795年割当法（35 George Ⅲ. c. 5,c. 9,c. 29） 195-197, 207, 208
1796年ウィリアム・ヤング法（36 George Ⅲ. c. 23） ………… 36, 81, 153
1796年法（36 George Ⅲ. c. 10, c. 23） 67, 68
1801年法（41 George Ⅲ. c. 23） 69, 71, 81, 85
1802年法（42 George Ⅲ. c. 73） 129, 140, 141-143
1810年法（50 George Ⅲ. c. 49） ‥‥81
1814年法（54 George Ⅲ. c. 170） ‥‥91
1815年法（55 George Ⅲ. c. 137） 81, 225
1818年法（58 George Ⅲ. c. 69） 5, 211, 213, 215, 220, 221, 224
1819年居住制限法改正法（59 George Ⅲ. c. 50） ………… 5, 211, 218, 219
1819年救貧法改正法（59 George Ⅲ. c. 12） 5, 44, 71-73, 81, 91, 93, 94, 108, 144, 211, 213, 216, 218-221, 225, 227, 241, 243, 245, 250, 252, 253, 326
1822年浮浪者法（3 George Ⅳ. c. 40） 248, 251
1824年浮浪者法（5 George Ⅳ. c. 83） 227, 248, 249, 251-253
1834年救貧法改正法（新プア・ロー）（4&5 William Ⅳ. c. 76） …… 17, 19, 324
1836年教区査定法（6&7 William Ⅳ. c. 96） 307
1838年アイルランド救貧法（1&2 Victoria,c. 56） 6, 279, 293, 294, 299, 300, 312, 313, 317, 319-321, 325
1839年法（2 Victoria,c. 1） ……… 314
1843年法（6&7 Victoria, c. 92） ‥‥318
1847年ボドキン法（10&11 Victoria, c. 110） 236
1847年法（10&11 Victoria, c. 31） ‥317
1847年法（10&11 Victoria, c. 90） ‥325
1849年法（12&13 Victoria,c. 104） ‥318
1948年国民扶助法 …………… 19

※編集・刊行委員会注：1796年法および1796年ウィリアム・ヤング法については、36 Geo Ⅲ, c. 10, c. 23のうち、c. 10は1795年6月22日,c. 23は同年12月24日に成立しているが、著者はニコルズに倣って1796年としている（Nicolls, 1854, Vol. 2, p. 122, 伊部英男（1979）,25-26ページ）。なお、大沢真理氏は1795年としている（大沢真理（1986）, 38ページ）。

社会保障の原点を求めて
イギリス救貧法・貧民問題（18世紀末～19世紀半頃）の研究

2008年2月28日初版第一刷発行

編 者	吉尾清論文集編集・刊行委員会
著 者	吉尾 清
発 行 者	宮原浩二郎
発 行 所	関西学院大学出版会
所 在 地	〒662-0891　兵庫県西宮市上ケ原一番町 1-155
電 話	0798-53-7002
印 刷	大和出版印刷株式会社

©2008 Kiyoshi Yoshio
Printed in Japan by Kwansei Gakuin University Press
ISBN 978-4-86283-024-1
乱丁・落丁本はお取り替えいたします。
本書の全部または一部を無断で複写・複製することを禁じます。
http://www.kwansei.ac.jp/press